서양의 역사에는 초야권이 없다

서양사에 관한 12가지 편견과 사실

서양의 역사에는 초야권이 없다

김응종 지음

푸른역사

차례
서양의 역사에는 초야권이 없다

프롤로그
우리의 '현재'에서 서양사 다시 읽기 7

1장 민족주의를 넘어서 17
nationalism의 두 의미| 몸젠과 퓌스텔 드 쿨랑주의 논쟁| 민족주의와 국민주의| 부흥 민족주의와 통합 민족주의| 민족주의 역사학| 한국의 역사전쟁| 국사에서 한국사로| 민족주의를 넘어 휴머니즘으로

2장 혁명의 희생자들 43
혁명과 반란| 긍정으로서의 혁명| 영국 혁명의 희생자들| 프랑스 혁명의 희생자들| 러시아 혁명의 희생자들| 혁명! 혁명?

3장 박애인가 형제애인가 73
프랑스 혁명 예찬| 프랑스 혁명과 삼색기| 프라테르니테의 다양한 의미| 혁명가들의 프라테르니테와 민중의 프라테르니테| 프랑스 혁명기의 자유-평등-형제애| 형제애의 부활| 형제애, 양날의 칼

4장 절대왕정의 명암 103
절대왕정의 성격 논쟁| 문명화 과정을 통해 본 절대왕정| 문명과, 문화| 문명화의 역설| 문명화 과정을 둘러싼 논쟁들| 중앙과 지방

5장 관용의 사도 피에르 벨 125
관용론자, 벨| 벨의 출생과 성장| 벨의 저술 활동| 역사적 비판적 사전| 회의주의자

6장 위대한 인문주의자 세바스티앵 카스텔리옹 147
섭정정치의 실체| 칼뱅에 대항한 카스텔리옹| 종교개혁과 인문주의

7장 virtue의 본뜻 169

virtue의 여러 가지 뜻| virtue의 역사|
마키아벨리의 virtue| 비르투와 포르투
나| 로베스피에르의 "virtue의 공화국"

8장 초야권은 없다 185

초야권 이야기| 불확실한 지식들| 만들
어진 권리, 초야권| 초야권과 결혼세|
성직자 초야권의 허구| 초야권 논쟁|
사실에 대한 경외심

9장 이단과 정통의 차이 211

진정한 기독교인을 자처한 이단들| 순수
한, 너무나 순수한 카타르파| 십자군과
이단 재판소| 빈자의 친구 발도파| 이단
이 된 발도파| 발도파의 수난| 후스의 개
혁| 후스의 후계자들| 역사의 비극

10장 중세의 위대한 발명—의회 261

중세는 암흑기인가?| 중세의 빛| 의회
의 탄생과 발전| 의회의 기원, 봉건제|
법원으로 발전한 프랑스의 parlement|
중세의 문명

11장 율리아누스 황제를 위한 변명 293

배교자인가?| 율리아누스의 불행한 가족
사| 역사 바로 세우기| 철학자 율리아누스

12장 아테네 민주정의 경이 317

유럽의 발명품, 민주주의| 아테네 민주정
의 틀| 추첨제의 환상| 참여민주주의의 어
려움| 대중독재| 아테네 민주정의 몰락|
자유로 위장된 전체주의| 시민의 힘

에필로그
대화로서의 역사 345

역사는 설명이다| 내적 설명과 외적 설명|
비교사| 구조적 설명| 계량적 설명| 국면
의 변화들| 관점의 역사학| 포스트모던 역
사 이론| 결국 필요한 것은 대화이다

주석 369
찾아보기 387

우리의 '현재'에서 서양사 다시 읽기

역사의 여신女神 클리오Clio는 제우스와 기억의 여신 므네모시네 사이에서 태어난 아홉 뮤즈 가운데 한 명이다. 뮤즈들에게 처음으로 이름을 붙인 사람은 헤시오도스인데, 클리오 외에도 칼리오페(서사시의 여신), 에라토(서정시의 여신), 에우테르페(음악의 여신), 멜포메네(비극의 여신), 폴리힘니아(종교의 여신), 테르프시코레(무용의 여신), 탈리아(희극의 여신), 우라니아(천문의 여신) 등이 있다. 뮤즈는 일반적으로 시나 음악의 신으로 알려져 있지만, 고대에는 역사나 천문학까지도 포함하는 학예의 신이었다.

클리오의 어의語義는 '기념하다'이다. 미술 작품에 표현된 클리오 여신은 머리에 월계관을 쓰고 왼손에는 책을 오른 손에는 트럼펫을 들고 있다. 클리오는 아마도 기억의 여신의 딸로서 승자의 무훈을 기록하는 여신이라는 의미일 것이다. 클리오는 심판을 보기도 했으며, 또 전쟁에 직접 참가하지 않는 여성이라는 점에서, 객관적으로 기술한다는 뜻을 담고 있다고 보아도 무방할 것 같다.

그런데 클리오는 책 대신 물시계를 들고 있는 모습으로도 나타난다. 물시계는 물동이 밑바닥에 작은 구멍을 뚫어 그곳을 통해 유출되거나 유입되는 물의 양으로 시간을 측정하던 기구이다. 시계의 역사에서, 물시계를 가장 잘 이용한 사람들은 고대 그리스인으로 알려져 있다. 이들은 클렙시드라라고 불리는 물시계를 이용하여 연설이나 재판의 변론 시간을 제한했다. 뮤즈의 후예들이 책을 물시계로 대체한 이유는 무엇일까? 물동이에 물이 다 차거나 비면 물시계는 다시 시작한다. 이런 의미에서 물시계의 시간은 유한하며 순환한다. 책에 기록된 승자의 영광은 영원하지만, 물시계는 그것이 이미 지나간 물이요 지나간 승리임을 말해주는 것이 아닐까?

근대 역사학의 아버지라 불리는 랑케. 그는 원사료에 충실하면서 사실을 있는 그대로 서술할 것을 강조했다.

책에 기록된 것은 모두 지나간 과거이다. 그렇지만 물시계에서는 모든 것이 다시 시작한다. 그리스인들은 만물은 유전流轉한다고 보았다. 시간 앞에서 변하지 않는 것, 부패하지 않는 것은 없다. 그러나 밤이 지나면 다시 아침이 오고 겨울이 지나면 봄이 오듯이, 시간은 만물을 소생시키기도 한다. 시간은 승자에게는 겸손함을 요구하고 패자에게는 희망을 준다.

클리오의 후예인 역사가의 도구는 시계이다. 역사가는 시간과 시간 지속을 측정하고 변화를 관찰한다. 랑케(Leopold von Ranke, 1795~1886)는 역사가의 임무는 "그것이 본래 어떠했나"를 밝히는 것이라고 했는데, 이것은 '사실'의 중요성을 강조한 말로서 역사학의 제1원칙이다. 랑케가 '본래'라는 말로 강조한 것은 시간이 아닐까 싶다. 다시 말해 모든 사건은 어느 한 시점에서 일어난다는 뜻이다. 또 그 시점에서 직접,

〈회화 예술〉요하네스 베르메르作 1666~1667년. 머리에 월계관을 쓰고 양손에는 책과 트럼펫을 들고 있는 클리오의 모습.

랑케 식으로 표현하면 신과 연결되어 있으니, 그만큼 고유하고 중요하다는 것이다. 그것은 비교의 대상이 아니다. 사건의 중요성은 이러한 의미에서 절대적이다.

'사실'이 없으면 역사는 없다. 그러나 사실만 열거하면 역사가 아니다. 사실의 의미를 찾는 일도 역사가가 직접 해야 한다. 의미를 발견하기 위해서는 시간의 변화 위에서 사건을 읽어야 한다. 그래서 '과

프랑스의 역사가 블로크. 그는 《역사를 위한 변명》에서 역사학의 대상은 "시간 속에 있는 사회의 인간들"이라고 말했다.

거'의 사건이 '현재'에 어떠한 의미를 주는지 밝혀낼 때, '현재'에 비추어 '과거'의 사건이 어떤 의미를 가지는지 확인할 때 역사가의 작업이 완료된다. 블로크(Marc Bloch, 1886~1944)가 역사는 인간의 학문이지만, 정확히 말하면 "사회 속 인간들"의 학문이요, 좀 더 정확히 말하면 "시간 속에 있는 사회의 인간들"의 학문이라고 말한 것은 정확하다. 브로델(Fernand Braudel, 1902~1985) 식으로 말하면 역사는 과거와 현재의 변증법이다.

역사가의 작업은 '현재'까지 이어짐으로써 완료된다. 동시에 역사가의 작업은 '현재'에서 시작한다. 역사가는 현재 속에서 살아야 한다. 역사가는 현재 사회와 동떨어진 상아탑 속에서 진리를 탐구하는 사람이 아니다. 역사가에게는 순수하고 보편적이며 객관적인 진리란 존재하지 않는다. 모든 것은 변하기 때문이다. 따라서 현재는 항상 새롭다. 역사가는 이 달라진 현재에서 '문제'를 발견하고, 그 문제의 의미를 더욱 더 잘 이해하기 위해, 또는 그 문제를 해결할 수 있는 방법을 찾기 위해 과거를 바라본다. 이렇게 해서 역사가의 작업이 시작되는 것이다. 페브르(Lucien Febvre, 1878~1956)가 역사가는 '사료'에서 출발하지 않고 '문

제' 에서 출발한다고 강조한 것은 이런 의미이다.

역사의 출발은 '현재' 이다. 현재는 항상 새롭기에 역사 또한 항상 새로워질 수 있는 것이다. 아니 항상 새로워져야 한다. 역사가는 결코 과거에 매달리는 사람이 아니다. 역사가는 현재 시간을 가리키는 시계를 차고 있어야 한다. 그러나 고장 난 시계를 차고 있거나 자기가 만든 자기만의 시계를 차고 있거나, 거꾸로 가는 엉터리 시계를 차고 있거나, 브로델이 말한 "세계의 시간"과 동떨어진 시간을 알려주는 시계를 차고 있는 역사가가 많다. 또 시간의 흐름에 따라 정확하게 맞추어지지 않은 채 과거 어느 한 시점에 고정되어 있는 시계도 많다. 이렇게 틀린 시간을 알려주는 시계를 가지고 현재를 바라보는 것은 시대착오요, 거기에서 나온 잘못된 문제를 가지고 과거를 바라보는 것 역시 시대착오이다. 페브르에 따르면, 시대착오는 역사가의 치명적인 죄이다.

브로델은 구조적인 설명방식을 선호했던 아날학파의 대표적인 역사가였다. 그에게 있어 역사는 어제, 오늘 그리고 내일의 모든 관점과 모든 작업들의 총체였다.

이 책은 기본적으로 역사를 바라보는 관점의 문제를 제기하고 있다. 랑케의 가르침대로 역사는 '사실' 을 지향하지만, '관점' 없이 바라볼 수는 없다. 관점은 때때로 시대착오라는 잘못을 제공하기도 한다. 그러나 안경이 거추장스럽다고 해서 벗어버리면 아무것도 볼 수 없는 법이다. 공기의 저항이 새를 힘들게 하지만 그 공기가 새를 떠 있게 만드는 이치와 같은 것이다. 눈을 감으면 상상하고 명상하고 어떤 영감을 받을 수는 있다. 그러나 '사실' 을 바라볼 수는 없다. '사실' 을 바라본다는 것은 사건이 남긴 흔적, 즉 사료를 읽는 것이다. 사료가 없으면 '사실' 이 없기 때문에 결국에는 역사도 없다. 사료가 없으면 오로지 상상과 직관과 필요에 의해서 만들어지는 '신화'가 있을 뿐이다.

사실의 모습은 관점에 따라 달라진다. 카(E. H. Carr, 1892~1982) 식으로 말하면, 역사가가 사료와 나누는 '대화'에 따라 달라진다. 그렇기 때문에, 사료를 통해 확인된 사실도 랑케가 희망했던 '본래' 모습과는 거리가 있을 수밖에 없지만, 그것은 사료 없이 만들어진 신화와는 질적으로 구분된다. 랑케가 희망했던 것은 현실에서는 실현될 수 없는 "고귀한 꿈"이다. 그러나 그 꿈을 포기하는 사람은 역사가가 아니다. 역사가는 그것이 불가능하다는 것을 잘 알면서도 그곳을 향해 순례를 떠나는 사람이다.

블로크와 《사회경제사연보》를 창간하여 아날학파를 형성한 페브르. 그는 역사가는 '사료'가 아닌 '문제'에서 출발한다고 강조하였다.

역사가는 자기가 확인한 사실이 불완전하다는 것을 분명히 안다. 역사적 사실이 불완전한 이유는, 한편으로는 사료가 불완전하기 때문이고 다른 한편으로는 역사가가 '자기의 관점'으로 바라보기 때문이다. 자기의 관점과는 다른 관점이 존재할 수 있다는 점을 인정해야 한다. 자기가 확인한 사실이 '본래'의 바로 그 사실이라고 확신하는 사람이 있다면 그는 역사가가 아니다. 그가 제시한 지식은 역사적 지식이 아니라 독단에 불과하다. 포스트모던 역사 이론은 역사학이 본질적으로는 픽션, 즉 '만들어진 것'이기 때문에 창작 장르와 다르지 않다고 말한다. 이것은 역사학의 사실적 측면을 도외시하는 잘못을 범하고는 있지만 역사적 지식의 상대성을 강조한다는 점에서는 옳다. 역사적 지식은, 다른 모든 지식과 마찬가지로, 담론적 지식이다. 그것은 대화를 제기하는 것이며, 토론을 요청하는 것이다. 우리나라처럼 '다른' 주장을 '틀린' 주장으로 인식하고, 새로운 주장을 수정주의나 개량주의라는 이름으로 배격하며 오래된 주장을 정통주의라는 이름으로 고수하는 지적 풍토에서는 더욱더 대화의 필요성이 절실하다. "모든 것을 의심해보자"라는 마르크스의 좌우명을 굳이 들먹이지 않더라도, 일체의 지적 권위를 재검토하는 작업은 '현재' 역사가들의 시대적 사명이다.

이 책은 교양인들이 서양 역사를 바라보는 데 도움을 주기 위해 쓴 것이다. 나는 이 책에서 심도 있는 분석을 가하거나 독창적인 해석을 내리지 않았다. 그렇지만 논점과 관점은 단순하고 분명하게 제시했다. 이 책의 목적은 '다른' 시각에서 역사를 바라볼 수 있다는 점을 강조하기 위한 것이기 때문이다. 이미 국내에는 교양인을 위한 서양사 관련 서적들이 많이 있지만 사실 위주거나 흥미 위주여서 진지한 독자들의 관심

"역사란 현재와 과거의 끊임없는 대화"라고 말했던 카.

을 끌기에 부족하며, 관점과 논점이 분명하지 않아 대화를 유도하지 못하고 있다. 또 일부 번역서들은 이 책과 마찬가지로 테마별 기술을 하고 있지만 선정된 테마가 우리의 관심과는 동떨어진 것이 많아 흥미롭지 못하다. 이 책에 선정된 12개의 테마는 모두 '우리의 현재'에서 우리의 지적 관심과 흥미를 유발시킬 수 있는 것이며, 후속적인 대화와 토론을 유도할 수 있도록 기술되었다. 종교와 혁명을 다룬 몇몇 장들은 자극적이어서 충격을 줄 수 있을 것으로 기대한다. 그 충격이 너무 커서 아예 본능적인 거부 반응을 일으키지 않을까 우려되기도 하지만, 어쨌든 반응이 있다면 그것으로 성공이다.

이 글을 읽으며 독자들이 자기의 시계를 들여다보기를 바란다. 우

선 시계가 없다면 시계를 구입해야 한다. 시계가 고장 났거나 멈추어 있다면 시간을 정확히 맞추어야 한다. 현재 시간에 맞추어야 한다. 이미 지나가버린 과거에 매달려서는 안 된다. 죽은 과거의 제단에서 제사지내는 것은 역사가의 일이 아니다. 역사의 목적은 과거를 숭배하는 데 있지 않고 현재를 이해하는 데 있다. 죽은 이데올로기는 과거로 보내고 새로운 이데올로기를 만들어내야 한다.

방학 때만 되면 어린 학생들에게 예절 교육을 시킨다는 명분으로 한복 입은 할아버지가 《명심보감》을 가르치는 것은 얼마나 시대착오적인가? 명심보감에만 예절이 들어 있는가? '우리 것'에만 '과거'에만 예절이 들어 있는가? 《명심보감》에 들어 있는 것은 과거의 예절이지 현재가 필요로 하는 예절이 아니다. 현재 필요한 예절은 무조건 윗사람을 공경하는 전통 예절이 아니라 시민사회에서 '타인'을 배려하는 예절이다. 정치 이데올로기에서도 마찬가지이다. 배타적인 민족주의에 매달리고 교조적인 사회주의에 매달리는 것은 시대착오이다. 브로델이 말한 "세계의 시간"에 우리의 시계를 맞추어야 한다. 클리오의 시계는 항상 현재를 가리키고 있다.

그러니, '우리'의 '현재'에서부터 출발하도록 하자. 현재 우리를 사로잡고 있는 문제는 '민족주의'이다. 민족주의는 '민족'을 최우선적인 가치로 여기기 때문에 필요한 경우 개인의 자유나 인권의 희생을 요구한다. 또 민족주의는 같은 민족끼리 나라를 이루어 살자는 배타적이며 폐쇄적인 이데올로기이다. 그러나 무엇보다도, 민족주의는 실체가 불분명한 '민족'이라는 개념 위에 서 있는 그 역시 불분명한 개념이다. 역사적인 관점에서 본다면 '민족'은 사실이 아니라 신화이다. 이 민족주의의 그림자가 현재 한국 사회에 짙게 깔려 있다. 이 그림자에서 벗어나야 한다. 어떻게 할 것인가? 한국의 역사를 바라볼 것인가? 아니다. 한국의 역사에서는 민족주의를 넘어설 수 없다. 한국의 역사에는 '민족'만 있지 '시민'이 없기 때문이다. 서양의 역사를 바라보아야 한다. '시민'의 빛을 찾아서 서양의 역사를 거슬러 올라가보자.

1장

민족주의를
넘어서

대한민국은 민족주의 공화국이다. 민民은 없고 민족만 있다. 개인은 없고 집단만 있다. 민족주의는 통합 이데올로기이면서 동시에 배타적인 이데올로기이다. 민족주의가 위험한 것은 그것이 본질적으로 배타적이기 때문이다. 위험성을 극복하기 위해 '열린 민족주의'를 천명하기도 하나, '열린 민족주의'란 없다. 배타적이지 않은 민족주의는 없으며, 민족주의는 자폐적이지 않을 수 없다. 나치의 유대인 학살을 경험한 서양 사람들은 민족주의를 가장 위험한 이념이라고 생각한다. 우리 사회에서는 통일에 대한 열망과 '외세의 위협' 때문에 민족주의의 힘이 더욱더 강해지고 있다. 좌파적인 사람이나 우파적인 사람이나 민족주의자라는 점에서는 동지이다. 우리 사회의 특수한 사정상 민족주의는 필요하지만, 그것이 대단히 위험한 사상임을 알고 경계해야 한다.

Nationalism의 두 의미

"우리는 민족중흥의 역사적 사명을 띠고 이 땅에 태어났다." 중고등학교에 다닐 때 달달 외웠던 '국민교육헌장'의 첫 구절이다. 그 당시 일주일에 한 시간씩 '국민교육헌장'을 가지고 경건하게 공부했던 기억이 난다. 그때는 '국민교육헌장'에 대해서 거부감을 느낀 사람이 별로 없었다.

지금은 '국민교육헌장'이 역사 속으로 사라졌다. 왜 사라졌을까? 정치적인 속사정은 잘 모르겠지만, 아마도 '국민교육헌장'에 담겨 있는 과도한 민족주의 내지 국가주의 때문이 아니었을까 싶다. 민주화의 요구가 높아지면서, '국민교육헌장'에 담겨 있는 이데올로기가 개인의 자유를 억압하고 민주화를 가로막는 도구로 사용되었다는 인식이 확산되었기 때문일 것이다. 사실, 그때는 몰랐지만, 국민교육헌장은 민족주의를 주입하는 헌장이었다. 가장 중요하다고 할 수 있는 첫 구절은 분명히 민족주의적이다. "우리는 민족중흥의 역사적 사명을 띠고 이 땅에 태어났다." 세상에 어떤 사람이 사명을, 그것도 민족중흥의 역사적 사명을 띠고 태어날까? 자라면서 교육에 의해 사명이 부여될 뿐이다. 국민교육헌장은 대한민국의 어린 학생들에게 민족중흥의 사명을 주입한 것이다. 민족주의 시대에 유럽의 국가들이 그렇게 했듯이, 우리 정부도 그렇게 한 것이다.

국민교육헌장의 퇴장과 함께 민족주의도 사라졌을까? 민주화가 이루어지면서 민족주의도 사라졌을까? 그렇지는 않은 것 같다. 세계화의 파고가 높아지면서 우리 사회의 개방성이 높아지고 있지만, 다른 한편으로는 세계화의 파고로부터 우리 것을 지키기 위한 방파제도 높아지고 있다. 민족주의는 민주화와 사회주의의 도전으로 주춤했지만, 통일이라는 역사적 사명 덕분에 더욱 강한 형태로 부활했다. "민족중흥의 역사적 사명"이 낭독되지 않는 반면, "우리의 소원은 통일"은 더욱 경건하게 울려 퍼지지 않는가? 국민교육헌장과 "우리의 소원은 통일" 모두 민족주의의 구호이므로 우리는 한편으로는 민족주의를 보내고 한편으로는 민족주의를 부르고 있는 셈이다.

일본과 중국의 "역사 왜곡"을 경계하는 민족주의적인 목소리가 높아지는 가운데, 일부에서는 민족주의 역사를 비판하고 국사의 해체와 국사로부터의 해방을 선언하고 있다.[1] 민족의 영광을 위해서는 목숨을 바치겠다는 사람이 아직도 많은 상황에서 "민족주의는 반역이다"[2]라는 신성모독적인 말이 나오고 있다. '민족의 중흥'을 위해서 태어나고 '민족의 통일'을 위해서 목숨 바치는 것이 무슨 잘못이라고 이런 '반역적인' 담론들이 등장하는 것일까? 민족주의는 해방의 이데올로기인가 아니면 억압의 이데올로기인가? 아니면 이 둘을 다 지니고 있는 양면적인 이데올로기인가?

민족주의에 대한 해석이 혼란스러운 이유는 일차적으로 nationalism에 대한 혼란스러운 번역에 기인한다. 우리가 민족주의를 '민족주의적으로' 이해하지 못하고 서구의 nationalism 개념에 종속되어 우왕좌왕

하기 때문이다. nation은 어원적으로는 출생, 종족에서 나온 말이지만, 그 의미가 확대되어 민족, 국민, 국가 등의 의미를 담고 있다. 따라서 nationalism은 민족주의, 국민주의, 국가주의 등의 내용을 포함하는 다중적인 개념이다. 이 가운데 어느 것으로 옮기느냐에 따라 내용이 달라지며 심지어는 서로 대립적으로 변하기도 한다. nation-state을 어떤 사람은 '국민국가'로 어떤 사람은 '민족국가'로 번역하고, 독일의 나치즘 Nazism을 어떤 사람은 국가사회주의로 어떤 사람은 민족사회주의로 번역하는데, 그 의미는 사뭇 다르다. nation이 다중적 의미가 있는 반면, 우리말의 국민과 민족은 의미가 분명히 다르다. 국민은 말 그대로 한 국가의 구성원이다. 외국 사람도 국적을 취득하면 국민이 될 수 있지만 '민족'이 될 수는 없다. 왜냐하면 국민은 선택적인 반면, 민족은 혈연적이기 때문이다. 국민은 개방적인 반면 민족은 폐쇄적이다. 민족이 되기 위해서는 그 민족으로 태어나는 방법 밖에 없기 때문에, 민족은 원초적이며 배타적이다. 민족주의가 자기 민족과 타 민족의 구분에서부터 시작하고, 자기 민족의 이익을 최우선시하며, 경우에 따라서는 타他 민족의 배제와 절멸로 이어지는 이유는 이 때문이다.

우리말의 민족주의 개념에 부합되는 nationalism은 혈통이라는 객관적인 사실로 확인되는 민족주의, 즉 '객관적 민족주의'이다. 의사意思로 확인되는 '주관적 민족주의'는 우리말의 민족주의와 어울리지 않는다. 이 경우는 '주관적 민족주의'가 아니라 다른 말로 번역해야 한다. nationalism이라고 해서 그 의미와 관계없이 무조건 민족주의로 옮기고, 두 가지 종류가 있음을 알리기 위해서 옹색하게 '주관적 민족주의'와 '객관적 민족주의'로 구분하는 것은 민족주의 개념 자체를 혼란스럽게 만든다. '열린 민족주의'와 '닫힌 민족주의'를 구분하는 것 역시 민족주의를 옹호하기 위한 궁여지책에 불과하다. 민족주의란 원래 닫혀 있기 때문이다. 그렇다면 주관적 민족주의는 어떻게 옮겨야 할까? 그것은 '국민주의'로 옮겨야 한다. 이렇게 구분해야 민족주의의 성격이 분명해진다.

몸젠과 퓌스텔 드 쿨랑주의 논쟁

'민족이란 무엇인가'에 대한 논쟁은 독일이 1871년 프랑스와의 전쟁에서 승리한 후 알자스로렌 지방을 병합함으로써 촉발되었다. 이 지역은 중세 이래 신성로마제국의 영토였으나, 1789년 이후 프랑스에 병합되었다가, 1871년에 독일제국에 병합된 후 1차 세계대전 이후 다시 프랑스에 병합되어 오늘에 이르고 있다. 이 땅은 프랑스 땅인가 독일 땅인가? 이곳은 원래부터 독일 땅이었으니 독일 땅인가? 1871년 지역 의회 의원들이 독일의 병합에 대해 항의했지만, 언어

독일 역사가인 몸젠. 그는 인종과 언어가 민족을 구성하는 요소라고 주장했다.

와 문화적으로 보아 독일적이기 때문에 독일 땅인가? 아니면, 주민들의 의사를 고려해서 프랑스 땅으로 보아야 하나?

보불전쟁이 끝나기도 전에 독일 역사가 몸젠Mommsen은 알자스로렌 지방이 독일 땅임을 주장했다. 그가 이렇게 병합을 요구하며 그 요구의 정당성을 뒷받침한 근거는 인종과 언어였다. 알자스로렌 사람들은 인종적으로 독일인이며 언어적으로 독일어를 사용한다는 것이다. 여기에 대해 프랑스의 역사가 퓌스텔 드 쿨랑주가 비판에 나섰다. 이미 유럽의 모든 국가들은 원초적 인종이 아니라 혼혈인이기 때문에 인종을 들먹이는 것은 비현실적이라는 것이다.[3] 언어의 경우에도, 프랑스에는 다섯

개의 언어가, 스위스에는 세 개의 언어가 사용되고 있지만 그렇다고 해
서 프랑스가 민족적 통일성unité nationale을 결여하고 있다거나, 스위스
는 민족nation이 아니라고 말할 수 없다. 스트라스부르에서는 독일어를
사용했지만 최초로 '라 마르세예즈'를 부른 지방이었다는 것이다. 이어
서 퓌스텔 드 쿨랑주는 다음과 같이 반박한다.

> 당신은 뛰어난 역사가입니다. 그러나 우리가
> 현재에 대해 말할 때에는 시각을 역사에 지나
> 치게 고정시키지 맙시다. 인종, 그것은 역사에
> 속합니다. 그것은 과거에 속합니다. 언어, 그것
> 역시 역사에 속합니다. 그것은 먼 과거의 나머
> 지이며 표시입니다. 현실적이고 살아 있는 것,
> 그것은 의지, 생각, 이해利害, 정서입니다. 역사
> 는 아마 알자스는 독일 땅이라고 당신에게 말
> 할지 모릅니다. 그러나 현재는 그것이 프랑스
> 땅임을 당신에게 증명합니다. 그것이 몇 세기
> 전에는 독일에 속했기 때문에 독일로 돌아가
> 야 한다는 것은 어린애 같은 생각입니다.

프랑스의 역사가인 퓌스텔 드 쿨
랑주. 그는 유럽의 모든 국가들은
모두 원초적인 인종이 아니라 혼
혈이기 때문에 인종을 거론하는
것은 비현실적이라고 주장했다.

　이렇게 퓌스텔 드 쿨랑주는 과거보다는 현재가 기준이 되어야 한다
고 주장하면서, '근대적인 원칙'을 제시한다.

　우리를 인도할 것으로 역사보다 더 나은 것이 있습니다. 19세기에 우리
가 가지고 있는 공법公法의 원칙은 당신의 소위 민족nationalité의 원칙보
다 훨씬 더 분명하고 확실합니다! 우리가 가지고 있는 원칙은 사람들은
자기들이 자유롭게 받아들이고 있는 제도에 의해서만 지배될 수 있으

며, 그의 의지와 자유로운 동의에 의해서만 한 국가État에 속한다는 것입니다. 바로 이것이 근대적인 원칙입니다.[4]

몸젠의 원칙과 퓌스텔 드 쿨랑주의 원칙은 민족주의 논의에서 일반적으로 이야기되는 객관주의적 민족 이론과 주관주의적 민족 이론이다. 몸젠의 원칙은 원초론primordialism에 속하며 퓌스텔 드 쿨랑주의 원칙은 도구론instrumentalism에 속한다고 볼 수 있다.

그런데, 앞에서도 말했지만, 민족주의를 두 유형으로 나누어 보는 것 자체가 개념을 혼란스럽게 하는 주범이다. 다양한 현상을 왜 하나의 개념 속에 억지로 넣으려는 것일까? 민족 개념에는 주관주의적 민족 개념이 있고 객관주의적 민족 개념이 있다고, 원초론적 민족 개념이 있고 도구론적인 민족 개념이 있다고 현학적으로 설명하는 것보다는 각각 다른 언어를 사용하는 편이 간명하지 않을까? 퓌스텔 드 쿨랑주도, 프랑스의 원칙을 말할 때 nation이라는 다중적인 의미를 가진 단어가 아니라 état(국가)라는 단어를 사용했음을 유의할 필요가 있다. 이제 정정할 때가 되었다. 앞에서 편의상 unité nationale을 '민족적 통일성'이라고 번역했지만 사실 그것은 '국민적 통일성'으로 번역해야 옳으며, 스위스를 nation으로 말할 때 그것 역시 '민족'이 아니라 '국민'으로 번역해야 옳다. 이것이 우리말 어법에 잘 들어맞을 뿐만 아니라 nation의 어원적 의미와도 정확히 일치한다.

민족주의와 국민주의

민족주의는 하나이다. 주관적 민족주의와 객관적 민족주의가 따로 존재하는 것이 아니다. 주관적 민족주의와 객관적 민족주의 모두

nationalism이지만 우리말로 옮길 때에 전자는 국민주의, 후자는 민족주의로 옮겨야 한다. 임지현 교수는, "낭만주의를 민족주의의 철학적 기반으로 간주하는 속설은 사실상 수용하기 어렵다. 오히려 민족주의는 고대의 특권적이고 제한된 시민공동체를 평등주의적이고 자유로운 민족으로 발전시키고자 했던 계몽사상에 이념적 뿌리를 두고 있었던 것"이라고 말하지만,[5] 동의하기 어렵다. 오히려 민족 개념을 독일의 낭만주의에서 기원한 것으로 보는 속설이 옳다. 계몽사상에 뿌리를 두고 있는 것은 '민족'이 아니라 '국민'이다. 최갑수 교수가 지적하듯이, 프랑스 혁명과 더불어 탄생한 것은 '민족'이 아니라 '국민'이기 때문이다.[6]

프랑스 혁명기에 등장한 nation은 '국민'이었다. 시예스는 〈제3신분이란 무엇인가〉에서 "국민은 모든 것에 앞서 존재하며, 모든 것의 원천이다. 그 의지는 언제나 합법적이며, 법 그 자체이다"라고 국민을 정의했다. 국민은 군주제를 타도한 혁명적 존재였다. 따라서 1789년 6월 17일에 삼신분의회의 제3신분 대표들이 스스로 '국민의회'라고 선언했을 때 그것은 국민주권의 탄생을 알리는 것이었다. 1789년의 '인간과 시민의 권리 선언'은 "모든 주권의 원리는 본질적으로 국민에게 있다"며 이를 확인해주었다. 혁명이 진행되면서 '국왕의'라는 수식어는 '국민의 national'로 바뀌었고, '국민의회', '국민방위대', '국민군', '국민교육', '국민경제', '국민부조' 등 '국민'이라는 수사가 만발했다.[7]

프랑스 혁명으로 탄생한 국민은 개인적 의지의 산물이었다. 그것은 개인이 집단에 우선한다고 보는 점에서 개인주의적이었고, 개인은 누구든지 법에 복종하기로 동의하기만 하면 원칙적으로 국민이 될 수 있다는 점에서 보편주의적이었다. 이러한 계약적인 국민관은 기본적으로 국왕주권에 대한 대안적 주체로 등장했다. "짐이 곧 국가다!"를 대체한 것이다. 프랑스의 국민주의가 유럽으로 확산되자 유럽은 민족주의로 대응했다.[8] 르낭의 표현을 빌면, 프랑스가 독일을 '민족'으로 만들었다.[9]

프랑스의 민족주의와 독일의 민족주의라는 두 개의 민족주의가 싸운 것이 아니라, 프랑스 혁명이 낳은 국민주의와 그 국민주의가 낳은 민족주의가 싸운 것이다. 국민주의는 주권이 국왕이 아니라 국민에게 있음을 천명한 것이고, 그런 의미에서 해방적이다. 국민주의는, 퓌스텔 드 쿨랑주가 강조했듯이, 인간의 의사를 기준으로 하는 것이기 때문에 개방적이다. 알자스로렌 주민들은 종족적으로는 독일인이었지만 그들의 자유의사에 따라 라 마르세예즈를 불렀기 때문에 프랑스인인 것이다. 원초적인 혈연이나 언어 등을 가지고 구분하는 민족주의는 폐쇄적이며 배타적이다. 이러한 의미에서 민족주의는 국민주의를 방해한다. 임지현 교수가 멋있게 말했듯이, "민족주의는 반역이다".

부흥 민족주의와 통합 민족주의

민족주의는 민족과 국민과 국가를 일치시키려는 이데올로기이다. 하나의 민족이 하나의 국가를 이루어 국민으로서 살자는 능동적이며 적극적인 운동이다. 이러한 생각은, 서양의 역사에서 19세기에 두드러졌다. 독일과 이탈리아가 각각 하나의 국가로 통일되었으며, 과거 합스부르크 제국의 지배를 받던 민족들이 개별 국가로 독립했다. 19세기가 민족주의의 시대로 불리는 것은 이 때문이다. 그런데 원초적인 혈연 집단인 민족은 종족 간의 혼혈이 이루어짐으로써 이미 오래 전에 사라졌다. 즉, '민족'이란 없는 것이다. 민족은 '상상의 공동체imagined community'일 뿐이다.[10] 민족은 상상된 것이지 실재하는 것이 아니다. 원초적으로는 실재했을지 모르지만 오랜 세월과 접촉을 통해서 혼혈이 이

세 신분의 평등. 프랑스 혁명기에 등장한 '국민nation' 이라는 말은 왕과 귀족, 평민을 평
등한 존재로 인식하는 데 도움을 주었다.

루어졌기 때문에 순수한 민족은 더 이상 실재하지 않는다. 이름은 남아 있지만 내용물은 그 이름과 일치하지 않는다. 민족은 '상상의 공동체'라는 주장은, 인구 이동과 접촉 빈도에 따라 정도의 차이는 있겠지만, 우리의 경우에도 해당한다고 생각할 수 있다. 우리 역시 자랑스러운 '단일 민족'이 아닐 때, 과연 민족은 있는지 현실적으로 생각해볼 필요가 있다.

19세기의 민족주의는 전반기의 '부흥 민족주의'와 후반기의 '통합 민족주의'로 나누어 설명하는 것이 보통이다.[11] 프랑스 혁명과 나폴레옹의 시대가 끝나고 복고왕정 시대가 도래했다. 빈체제는 프랑스 혁명기에 출현한 자유주의와 민족주의에 대응하여 세력균형과 현상유지를 추구했다. 자유주의자들은 정치개혁을 요구했으며, 민족주의자들은 민족을 해방시켜 단일국가를 형성하려 했다. 자유주의자들은 대개 민족주의자였고 민족주의자들은 대개 자유주의자였다. 부흥 민족주의가 자유주의적 민족주의라 불리는 것은 이러한 이유 때문이다. 이탈리아 통일 과정에서 잘 나타난 부흥 민족주의는 정치·사회적 억압으로부터의 해방이라는 자유주의적 요소를 갖는다.

부흥 민족주의의 목표였던 민족국가가 수립된 19세기 후반, 산업화와 대불황으로 인해 사회적 갈등이 높아지면서 민족의 내적 단결과 통합의 필요성이 대두했다. 통합 민족주의가 등장한 것이다. 통합 민족주의는 산업화한 대중사회에서 정치적·사회적 압박에 대한 심리적 탈출구를 제공하였으며 사회적 불안과 국내적 갈등으로부터 눈을 돌리게 했다. 1870년 이후 민족주의에 특히 매료된 집단은 프티 부르주아였다. 이들은 19세기 전반에는 자유주의를 지지했지만 후반에는 극단적 민족주의의 지지세력이 되었다. 이들은 대자본과 사회주의에 적대적이었고 반유대주의의 전위였다. 민족의 힘에 대한 선전은 높은 실체에 대한 소속감을 줌으로써 개인적 지위에 대한 불안을 가라앉혔다. 극단적 민족주의자들은 자유의 이념을 민족의 힘에 대한 장애물로 간주했다. 민족의 필요는 개인의 자유와 권리를 초월했다.

민족주의가 배타적·전투적·인종주의적·제국주의적 성격을 띠면서 자유주의와 심대한 차이점을 드러냈다. 서로 양립할 수 없는 민족적 목표는 평화적 수단으로는 달성될 수 없었다. 그것은 힘에 의해서만 달성될 수 있었다. 개인들 사이에서처럼 국가들 사이에서도 가장 우선하는 법은 적자생존이라고 믿는 사람들이 늘어났다. 힘은 외교적 목적을 달성하는 합법적 수단 이상의 것으로, 민족의 활기와 위대함의 표현이자 선善으로 강조되었다. 1차 세계대전은 통합 민족주의의 귀결이었다.

이러한 통합 민족주의는 부흥 민족주의와 본질적으로 달랐다. 부흥 민족주의에선 '보수적' 과 '민족적' 이 반대 개념이었으나 통합 민족주의에선 같은 개념이었다. 부흥 민족주의는 민족국가를 그 자체의 목적으로 간주하지 않았다. 민족의 권리는 개인적이고 보편적인 인간의 권리에서 유래하기 때문이다. 민족국가의 형성과 더불어 부흥 민족주의는 목표에 도달했다. 그러나 일단 민족국가가 형성된 뒤, 통합 민족주의는 부흥 민족주의와 반대의 길을 걸어 자유·자결·평화의 파괴로 이어졌다.

이제 우리는 중요한 질문을 던질 때가 되었다. 통합 민족주의는 부흥 민족주의의 필연적인 귀결인가? 김기순 교수는 그렇지 않다고 말한다. "부흥 민족주의의 필연적 결과가 통합 민족주의는 아니며, 거기에는 특정한 정치적·사회적 상황이 고려되어야 한다." 김 교수는 "프랑스처럼 혁명과 민주주의의 전통이 오랜 곳에서는 자유주의적 부르주아가 효과적인 평형물을 제공함으로써 통합 민족주의의 완전한 지배를 좌절시켰다"라고 그 이유를 설명한다. 19세기 말 20세기 초 프랑스에도 반유대주의가 독일 못지않게 거셌지만 — 드레퓌스 사건을 보라!— 프랑스는 독일처럼 파시즘의 지배로 넘어가지 않았다는 점에서 차이를 보인다. 그러나 프랑스의 사례는 부흥 민족주의에서 통합 민족주의로의 이행을 설명하는 데 적절한 증거가 될 수 없을 것 같다. 왜냐하면 부흥 민족주의는 프랑스 혁명의 국민주의의 영향을 받아 합스부르크 제국에서 일어났던 민족주의를 가리키기 때문이다. 따라서 프랑스의 사례를 들어 부흥 민족주의가 통합 민족주의로 반드시 귀결되는 것은 아니라고 설명하는 것보다는, 독일의 예를 들어 부흥 민족주의는 통합 민족주의로 이행할 가능성이 대단히 높다는 점을 강조하는 것이 옳지 않을까 싶다.

민족은, 그 정의定義상 폐쇄적이고 배타적이기 때문에, 민족주의 역시 폐쇄적이고 배타적이다. 부흥 민족주의가 타민족의 지배로부터의 해방과 자유의 획득이라는 숭고한 목표를 지향한다고 해도, 민족주의의 본래 성격이 변하는 것은 아니다. 부흥 민족주의가 해방과 독립을 달성한 후 정치적인 자유와 사회적인 평등을 확산시키지 못하고 오히려 민족적 순수성을 내세우면서 비민족적인 것을 차별하고 배척하여 배타적 통합을 이루는 방향으로 나아가는 것은 민족주의의 '반역'이나 배신이 아니라 자연스러운 과정으로 보아야 할 것이다. 그리고 내부적인 사회적 전쟁 이후의 과정은 상호 배척적인 민족들 간의 전쟁일 가능성이 높다는 것은 서양의 역사가 증명하는 바이다.

서구 민족주의의 역사가 우리에게 주는 교훈은 민족주의의 위험성이다. 민족주의는 민족을 종교적 숭배의 대상으로까지 높이는 '정치종교'이기 때문에, 민족의 이익과 민족의 영광 앞에서, 민족의 통일이라는 지상 명령 앞에서 모든 것을 희생해야 한다. 이미 부흥 민족주의 단계에서부터 민족의 독립을 위해서 모든 것을 희생해야 한다. 민족과 민족이 대립할 때, 옳고 그름에 상관없이 타민족은 무조건 나의 적이 된다. 민족주의는 민족이라는 '상상의 공동체'의 이름으로 개인의 자유와 권리를 억압한다. 부흥 민족주의의 단계에서는 민족주의의 이러한 독성이 퍼지지 않는다. 그렇기 때문에 부흥 민족주의는 되지만 통합 민족주의는 안 된다고 선을 그을 수 있다. 그러나 부흥 민족주의에서 통합 민족주의로의 이행이 필연적인 것은 아닐지 몰라도 그렇게 될 가능성이 매우 높다는 것을 인식하고, 항상 경계해야 한다.

민족주의 역사학

베네딕트 앤더슨은 민족주의의 기원과 전파에 대한 연구서에서 민족은 '상상의 공동체'라는 유명한 말을 만들어냈지만, 사실 민족이 '만들어진 것'임을 발견한 사람은 그가 처음이 아니다. 르낭 역시 "현대의 민족은 한쪽 방향으로 모아지는 일련의 사건들에 의해 야기된 역사의 결과물"이라고 말했다. 그런데 누가 '민족 만들기'에 앞장서는가? 우리는 당연히 역사가들을 지목하게 된다. 역사가들은 민족이 유구하고 영광스러운 역사를 가지고 있으며, 옛날에도 현재처럼 한 민족이었음을 입증해주는 증거를 찾는 데 몰두한다. 이러한 작업은 역사가들에게 주어진 역사적, 민족적 사명인가?

일본과의 역사 분쟁이 생길 때마다, 식민주의사학을 극복하고 민족사학을 확립해야 한다는 요구가 높아진다. 국사는 민족을 위하는 역사이어야 한다는 것이다. 실증사학은 식민주의사학을 은폐하는 역사라는 비판을 받는다. 이렇게 국적 있는 역사라는 명제 앞에서 과학적인 역사의 자리는 점점 좁아진다. 민족주의가 지배하는 나라의 국사가 민족사학인 것은 당연한 것처럼 보인다. 대학의 많은 사학과는 '민족사학'이라는 글자가 새겨진 깃발을 휘날린다. 그런데 그 자랑스러운 깃발이 마치 조기弔旗처럼 보이는 것은 웬일일까? 그것이 역사의 사망처럼 보이는 것은 웬일일까? 역사는 신화가 아니다. 역사 연구가 제대로 진행되면 신화는 사라진다. 역사와 신화는 적대적인 관계에 있다. 르낭은 '망각'이라는 개념으로 이를 지적한 바 있다.

> 망각—심지어는 역사적 오류라고까지도 말할 수 있겠는데—은 민족 창출의 근본적인 요소이며 바로 그러한 연유로 역사 연구의 발전은 종종 민족성에 대해 위험한 요소로 작용합니다. 사실 역사 분석에 의한 탐구는 모든 정치 조직의 기원에서 이루어졌던 폭력적인 사태들, 심지어 가장 유익한 결과들을 가져왔던 정치 조직의 기원에 존재했던 폭력적인 사태들조차 재조명해버립니다.[12]

르낭의 말은 일리가 있다. 역사가가 역사가의 자세를 견지하며 역사를 연구하면, 동질성을 구성하는 것으로 알려졌던 많은 것들이 근거 없는 것임이 드러난다. 망각의 베일에 감추어져 있던 과거의 상처들이 드러나 민족 감정에 손상을 줄 수 있다. 르낭은 프랑스의 역사에서 1572년 성바르텔르미 축일의 학살 사건을 예로 들고 있지만 이러한 비극적인 사건은 무수히 많으며, 우리나라의 경우에도 그러할 것이다. 역사가는 민족주의의 시녀가 되어 역사를 은폐하거나 신화를 만들어서는 안된다. 역사가는 신화를 만들어내는 사람이 아니다. 역사가의 임무는 '전통 만들기'에 앞장 서는 것이 아니라 '만들어진 전통'의 거짓을 공개하는 것이다.[13] 홉스봄은 다음과 같이 말했다.

양귀비가 마약의 원료인 것처럼, 역사는 민족주의적 이데올로기나 인종주의적 이데올로기 또는 근본주의적 이데올로기의 재료가 된다. 과거는 이러한 이데올로기에 있어 본질적인 구성 요소, 아마 가장 본질적인 구성 요소일 것이다. 만약 적당한 과거가 없으면 그러한 과거는 언제든 발명될 수 있다.[14]

홉스봄은 민족주의 역사학의 아픈 곳을 찌르고 있다. 사실이 아니라 만들어진 것은 더 이상 역사가 아니기 때문에 그것은 민족주의 역사학이라는 고상한 말을 사용할 수 없다. 그것은 역사를 빙자한 정치 구호에 불과하다. 한 역사가는 다음과 같이 역사가들의 반성을 촉구한다. 우리의 민족사학자들이 경청할 대목이다.

민족에 대한 오랜 신화, 좀처럼 사라지지 않으면서 동시에 위험한 신화를 창조한 책임은 필연적으로 우리 역사가에게 있다. 유럽 민족에 대한 지속적이면서도 선형적인 이야기를 만들어 냄으로써 우리 역사가들은, 자신들이야말로 진정으로 민족의 옛 전통을 통합하고 있다고 주장하는 군 지휘관이나 정치 지도자들의 주장에 정당성을 실어주고 있다. 고대 말과 중세 초 작가들이 창안한 신화를 역사적인 것으로 받아들임으로써 우리 역시 종종 그런 주장을 널리 퍼뜨리고 영속화시키는 데 일조해왔다.[15]

한국의 역사전쟁

일본의 "역사 왜곡"이 계속되고 있는 상황에서 최근에는 중국에서 초강력 "역사 왜곡"이 진행되고 있다. 일본의 역사 왜곡이 우리의 민족 감정을 자극하는 정도였다면, 중국발 역사 왜곡은 우리의 '역사 주권'

을 침해하는 정도에 그치지 않고 민족 생존을 위협하는 것이어서 대규모 역사전쟁을 예고한다. 이러한 상황에서 역사가들은 어떠한 역할을 해야 하는가? 민족주의의 수호자로서 당연히 최전선에 나서야 하는가? 거기서 무엇을 해야 하는가?

동북공정 東北工程은 중국사회과학원과 동북 3성 당위원회의 주도로 2002년부터 5개년 계획으로 시작되었으며, 연구비로 약 24억, 고구려 유적 정비를 포함한 지역 정비비로 약 3조원의 예산이 투자되는 대규모 국책사업이다. 중국이 이렇게 고구려사에 관심을 보이는 이유는 고구려사에 대한 새로운 역사 인식 때문이다. 고구려사에 대한 중국학계의 통설로 자리잡은 손진기의 주장은 대략 다음과 같다.

1. 고구려의 귀속은 오늘날의 국경이 아니라 장기적인 귀속 여부가 판정기준이 되어야 한다.
2. 고구려를 세운 맥족은 고대 조선족의 한 갈래가 아니라 중국의 한 민족이었다. 그리고 고구려는 한나라 현도군에서 일어난 나라이다.
3. 고구려가 차지하기 전에 한반도 북부는 한족漢族의 땅이었고 한인韓人의 거주지가 된 것은 12세기 이후의 일이다. 기씨조선과 위씨조선은 중국역사이다.
4. 고구려가 중국과 전쟁하면서 독립한 시기는 일시적인 것이었고, 대부분은 중국 역대 중앙 집권의 지방정권에 속하였다.
5. 고구려인의 후예는 대개 한족이 되었고, 오늘날 한국인의 선조는 주로 신라에서 왔다.
6. 수·당이 고구려를 친 것은 대외침략전쟁이 아니라 국내 민족 간 전쟁이다. 그리고 한족의 거주지였던 요동을 '수복'하는 전쟁이었다.
7. 고려 왕조는 신라 계통으로서 고구려와는 무관하다.
8. 오늘날의 한국인은 한반도 남부에서 신라인을 핵심으로 형성되었

고, 이들이 북쪽으로 확장하여 현재의 국경선이 형성된 것이다. 따라서
한국인은 원래의 중국 영토를 점유한 것이지 중국이 조선의 영토를 쳐
들어간 것이 아니다.[16]

손진기의 역사 인식은 하나의 역사 인식으로 존중받아야 하지만, 또
그렇기 때문에 비판이 가능하다. 우선 그의 역사 인식은 너무 정치적이
다. 손진기는 아주 먼 옛날에 멸망한 고구려가 오늘날 한국의 역사에 속
하는지 중국에 속하는지를 따지고 있다. "과거는 외국이다"[17]라는 말에
익숙한 역사가에게 고구려사 논쟁은 역사적인 논쟁이 아니라 정치적인
논쟁이다. 고구려는 한국에게나 중국에게나 '외국'이기 때문이다. 그러
나 이 문제를 이렇게 해결해버리는 것은 비현실적이다. 역사가도 사회
적 논란에 대해, 비록 역사가의 위치를 떠나서라도, 생각해볼 수 있지
않은가? 퓌스텔 드 쿨랑주나 르낭의 주장대로 주민들의 의사가 국가 귀
속 여부를 결정한다면, 우리는 고구려인들에게 직접 물어보아야 할 것이
다. 하지만 당시 고구려인들의 의견을 들을 수 없는 현재의 상황에서
중요한 기준이 되는 것은 그들이 어떤 종족에 속하는지, 그리고 멸망 후
에 유민들이 어디로 갔는지 여부일 것이다. 그러나 인종은 그때에도 이
미 혼혈이 되어 있었을 것이기 때문에 인종을 따지는 것은 과학적이지
못하다. 중요한 것은 유민들의 향방이다.

그들은 어디로 갔을까? 한 중국 학자의 통계에 의하면, 고구려인 70
만 가운데 절반에 가까운 30만 정도가 중원으로 가서 한족漢族에 융합되
었으며, 신라로는 10만 정도가 들어갔다고 한다.[18] 이러한 주장에 대해
한국 측 학자들은 동의하지 않지만, 그렇다고 설득력 있는 수치를 제시
하는 것도 아니다. 어쨌든 상당히 많은 수의 고구려인이 한족에 편입되
었다면, 오늘날의 중국이 고구려사를 자국사에 포함시키려는 것은 당

연한 일이 아닐까? 이렇게 중국의 고구려 계승성을 인정하는 것은 과거 고구려사에 대한 한국의 독점적 소유권을 포기하는 것이지만, 어떻게 보면 이것은 한국과 중국이 '동아시아 역사 공동체'에 속한다는 사실을 말해준다는 점에서 양국의 우호에도 긍정적으로 작용하지 않을까 생각해본다.

사람 다음으로 따져볼 것은 땅이다. 고구려의 역사는 상당 기간 동안 오늘날의 중국 영토에서 전개되었다는 점을 근거로 중국은 고구려사를 자국의 역사에 포함시키는데, 이 역시 하나의 역사 인식으로 인정할 수 있을 것이다. 게다가 중국은 한족 외에 55개의 소수민족으로 구성된 "통일적 다민족국가"라는 특수성을 배려해줄 수 있지 않을까 한다. 그런데, 중국 학자의 주장 가운데, 고구려가 세워지기 이전의 한반도 이북은 원래 한족 땅이었기 때문에 "한국인이 원래의 중국 영토를 점유한 것"으로 보는 것은 위험한 생각이다. 이것은 한반도 이북이 원래 중국 땅이었기 때문에 앞으로도 중국 땅이 될 수 있다는 영유권 주장을 뒷받침하는 논리로 악용될 수 있기 때문이다. 이러한 논리는 일고의 가치도 없는 것이다. 이러한 논리는 영국이 과거 로마제국의 영토였다는 이유로 이탈리아가 영국에게 땅을 내놓으라고 주장하는 것과 마찬가지 아닌가? 유사시 한반도 이북 지역이 한국에 편입될지 중국에 편입될지는 그때 가서 주민들이 결정할 문제이지 역사가 권리를 주장할 수는 없다. 퓌스텔 드 쿨랑주의 이야기를 경청해야 한다.

고구려사에 대한 중국 학자들의 주장 가운데에는 논의 가치가 있는 것도 있고 없는 것도 있다. 역사적인 사실을 둘러싼 논쟁은 전문 역사가들의 몫이다. 그런데, 논의를 지켜보는 사람으로서 유감스러운 일은, 한국 학자들은 중국 학자들의 주장을 "한국 고대사 빼앗기 공작"으로 보면서 그들의 "역사 왜곡"을 비판하는 데만 급급하다는 점이다. 그들은 고구려사가 "당연히" 한국사라고 주장한다. 그런데, 이제 논쟁이 일어난 상황에서 중요한 것은 고구려사가 왜 한국사인지를 증명하는 일일 것이다. 이 논쟁을 지켜보는 사람들은 한국 학자들의 비판 덕분에 고구려사가 중국사가 아니라고 생각하게 된다. 그럼 고구려사는 한국사인가? 그러나 고구려사가 한국사임을 주장하는 언급은 없다. 어떻게 고구려사가 한국사임을 입증하는 증거도 제시하지 않은 채 "엄연히 한국사"임을 주장하려는 것인지 알다가도 모를 일이다.[19]

고구려사 논쟁은 민족주의로 무장한 정치권이나 대중 여론의 압력 아래 진행되고 있다. 우리는 "고구려사는 당연히 우리 것"이라고 알고 있지만, 여기에 대한 반론이 제기된 이상, 이제 우리의 주장이 정당한지 여부를 따져볼 때가 되었다. 우리의 주장과 다른 주장을 '왜곡'이라고 단죄하는 것, 나의 것은 옳고 너의 것은 무조건 그르다고 주장하는 것은, 중세 가톨릭교회가 다른 교리를 믿는 집단들을 무조건 이단으로 단죄하고 박해한 것과 다르지 않다. 게다가 모든 역사는 본질적으로 '해석'이라는 사실을 인정한다면, 우리의 주장 역시 하나의 해석에 불과함을 성숙한 자세로 인정해야 한다. 그리고 민족주의적인 편견을 배제한 채 그 해석을 사실의 토대 위에서 확립하려는 노력을 해야 한다. 중국의 주장을 거부하는 것도, 중국의 주장을 받아들이는 것도, 엄격한 사실의 토대 위에서 이루어져야지 민족주의적인 감정에서 이루어져서는 안 된다.[20] 중국 학자나 일본 학자의 주장 가운데 타당한 것이 있으면, 비록 그것이 국익에 위배된다고 해도, 역사가로서는 받아들여야 한다. "…… 식의 해석은 중국에 유리하기 때문에, …… 식의 해석은 일본에 유리하기 때문에 받아들일 수 없다"라는 대응은 역사가의 대응이 아니다.

지금 한국사학계는 커다란 도전에 직면해 있다. 그동안 한국사학계는 식민사학을 극복하기 위해 노력해왔고 훌륭한 성과를 내왔다. 민족사학이 과거의 굴절된 역사를 바로잡는 데 기여했음을 인정하지 않을 수 없다. 그러나 이제는 식민사학이 아니라 민족사학을 돌이켜보아야 할 때이다. 식민사학의 왜곡을 시정하기 위해 또 다른 왜곡을 만들어내지 않았는지 반성해보아야 한다. 또한 민족사학이라는 본질적으로 편향된 역사학의 수명이 다 되지 않았는지 냉정하게 생각해보아야 한다. 이러한 의미에서 "국사는 해체되어야 하며 한국사로 다시 태어나야 한다"는 주장을 진지하게 검토해야 한다. 일본의 역사 왜곡이나 중국의 역사 왜곡을 무조건 거부하지 말고, 한국사학계의 역사 왜곡을 바로잡으라는 요구로 겸허하게 받아들일 수 있지 않을까? 일본의 역사학자나 중국의 역사학자들이 왜곡을 일삼는다는 것이 우리의 역사 왜곡을 정당화해주지는 않는다. 우리와 비슷한 처지에 있던 아일랜드 역사가들이 민족주의 역사학에서 벗어나려는 노력을 벌인 것은 우리에게 좋은 귀감이 될 것이다.[21] 신화에서 역사를 해방시켜야 한다. 우선 우리 주위에 널려 있는 단군 신화에서부터 벗어나야 한다. 단군 신화를 역사에서 빼내어 신화로 되돌려 보내야 한다.

국사에서 한국사로

민족주의는 민족의 독립과 통일을 추구하는 능동적인 운동이다. 그런데, 민족이라는 것 자체가 상상의 것이기 때문에 민족주의는 허구적인 배제와 통합운동이다. 민족으로 통합하고 배제하는 것이 인위적이며, 그 과정에서 개인의 인권과 자유의 침해가 이루어진다. 민족주의의 폐해가 가장 극명하게 드러난 것이 나치의 유대인 학살일 것이다. 파시즘과 민족주의는 다른 것인가? 절대 그렇지 않다. 민족주의는 종족적인 것이고, 그것은 타종족의 배제를 동반하는 것이기 때문에 민족주의는 파시즘으로 이행하기 쉽다. 아니 민족주의는 파시즘과 동일한 것으로 보아도 무방하다. 파시즘의 야만성을 경험한 유럽인들이 민족주의를 가장 위험한 이데올로기로 보는 이유는 여기에 있다. 이 글에서 민족주의와 국민주의를 구별하고, 민족주의를 종족적 민족주의로 한정시키는 이유도 민족주의의 정체를 선명하게 드러내어 그 위험성을 경고하려는 데 있다. 부흥 민족주의에서 통합 민족주의로의 이행이 필연적인 것은 아니겠지만, 서양의 사례는 그 이행 가능성이 대단히 높다는 점을 보여준다. 따라서 안심해서는 안 된다. 우리의 민족주의는 민족의 통일을 위한 이데올로기로서 정당성을 인정받지만, 우리의 민족주의가 부흥 민족주의 단계에 머물러 있으리라는 보장은 없다. 또 파시즘 같은 인종학살로 이어지지는 않을지라도 타민족을 배제하는 그 독성은 이미 우리의 민족주의에도 심각하게 퍼져 있음을 자각해야 한다.

민족주의가 옳고 그름을 떠나 민족에게 무조건적인 충성을 요구하는 것이듯이, 민족주의 사학 역시 옳고 그름을 떠나 있다는 점에서 위험하다. 역사는 기본적으로 사실적인 토대 위에 서 있어야 하며 사실을 떠나 허구(픽션)로 넘어가는 순간 그것은 역사가 아니라는 사실을 역사가는 명심해야 한다. 역사가임을 주장하려면 민족주의 역사학에서 해방되어야 한다. 과거를 현재와 동일시하지 않고 객관적으로 냉정하게 바라보려는 자세가 필요하다. 다시 기어리의 말을 들어보자.

헤게모니를 가진 큰 국가나 독립을 열망하는 운동 조직 모두가 내세우는 '우리는 항상 한 민족이었다'는 주장은 실제로는 한 민족이 되자는 호소일 뿐이다. 그것은 역사에 근거한 호소가 아니라 역사를 창조하려는 시도인 것이다. 흔히 말하듯이 과거는 외국일 뿐으로, 우리는 거기서

결코 우리를 발견하지 못할 것이다.[22]

기어리의 주장은 '국사'에서 '한국사'로 넘어가자는 주장과 동일하다. 한국사의 해체를 주장하는 사람이 비현실적인 이상주의자라거나 또는 친일적인 성향을 가지고 있는 사람이라거나 또는 반민족적인 인사라고 매도해서는 안 된다.

민족주의를 넘어 휴머니즘으로

지금까지 민족주의를 고발했다. 그렇다면 애국심마저 필요 없다는 말인가? 혹시 이런 질문을 던지는 사람이 있지 않을까 싶어서 애국심과의 비교를 통해 민족주의의 정체를 분명히 하고 싶다. 애국심과 민족주의는 자기 민족, 자기 국민, 자기 국가를 사랑한다는 점에서 동일하다. 그러나 애국심은, 정의를 내리자면, 민족주의와 달리 맹목적이거나 지나치지 않다. 민족주의는 타자를 규정하고 배제하면서 정체성을 획득해나가지만, 애국심은 그렇지 않다. 민족주의의 토대는 종족주의와 인종주의이지만, 애국심의 토대는 휴머니즘이다. 민족주의에서 선악의 기준과 정사正邪의 기준은 민족의 이익이기 때문에 민족주의는 민족의 이익을 위해서는 수단과 방법을 가리지 않는다. 반면에 애국심은 나의 이익만이 아니라 타자他者의 이익도 소중하게 여기며 정당한 수단과 방법만을 인정한다. 예를 들면, 국가 간의 운동 경기에서 애국심은 자기 나라를 응원하면서도 정정당당한 승부를 원하지만, 민족주의는 승리를 위해서라면 무슨 짓이든 할 수 있다고 생각한다. 민족주의는 애국심에서 나오지만 애국심을 지나쳤기 때문에 애국심이 아니다.

민족의 부흥과 통일이 민족주의의 전유물은 아니다. 아니, 통일은

유대인을 탄압하는 독일군의 모습. 유대인 학살은 민족주의의 위험성을 보여주
는 대표적인 사례이다.

휴머니즘의 토대 위에서 이루어지는 것이 더욱 바람직하다. 민족주의를 통해 이루어진 통일은 통일 이후에도 국가 안팎에 있는 타자他者에 대한 차별과 배제를 동반하기 때문에 진정한 통합이라 할 수 없다. 진정한 통합은 휴머니즘의 차원에서 이루어져야 한다. 통일은 영토를 확장하거나 국력을 신장하거나 또는 원래 한 민족이었기 때문에 필요한 것이 아니다. 통일은 적대감을 해소하기 위해서 필요한 것이며, 또 인간적인 차원에서의 자유와 인권을 신장시키기 위해서 필요한 것이다. 이러한 의미에서 민족주의는 최종적인 목적이 될 수 없다. 민족을 넘어 인간으로, 민족주의를 넘어 휴머니즘으로 나아가야 한다.

초강대국에 둘러싸여 있는 분단국가라는 우리의 현실은 민족주의를 요구하며 또 그 필요성이 인정된다. 분단국가가 통일을 지향하는 것은 의무이자 권리이다. 민족주의는 그 통일을 추동하는 하나의 힘이 될 수 있다. 우리에게는 부흥 민족주의가 필요하다. 그러나 동시에 그것이 통합 민족주의로 변질되지 않도록 경계하는 자세 또한 필요하다. 민족의 이익이라는 이름으로 개인의 희생을 강요하지는 않는지, 민족 해방이라는 이름으로 개인의 자유를 억압하지는 않는지 경계해야 한다. 민족주의가 해방의 이데올로기에서 억압의 이데올로기로 '배신' 하지 않도록 경계해야 한다. 하버마스가 충고한 대로, "통일은 시민 자유의 실현이라는 이상과 결합되어야 한다".

2장

혁명의
희생자들

혁명은 앙시앵 레짐을 비합법적인 방법으로 전복시키고 권력을
잡는 것이다. 권력을 잡은 혁명가들은 자기들의 행동을 '혁명'
이라고 말하기 위해 진보적인 이념을 제시한다. 이 이념에 동조
하지 않는 사람들은 모두 반혁명분자로 몰려 처형당한다. 혁명
은 '인간해방'을 실현하기 위해서는 희생이 불가피하다고 변명
한다. 그러나 희생자의 수가 상식과 상상을 초월한다는 데에 문
제가 있다. 인간 학살을 정당화하는 혁명은 혁명이 아니다.

우리는 이제까지 이념만을 조명했으나, 희생자들을 조명할 필
요가 있다. 이 글에서는 영국 혁명, 프랑스 혁명, 러시아 혁명이
죽인 사람들의 수를 세어보았다. 놀라지 않기를 바란다. 사전에
정의되어 있는, 교과서에 기술되어 있는 그런 혁명이 역사적으
로 존재했는지 의문이다. '혁명은 없다'라고 말하고 싶다.

혁명과 반란

1789년 7월 14일. 사냥에서 돌아온 루이 16세는 일기에 Rien이라고 적었다. 아무것도 잡지 못했다는 뜻이다. 왕은 편안하게 잠자리에 들었고, 다음 날 아침 라로슈푸코 리앙쿠르 공작이 잠을 깨우며 말했다. "폐하, 바스티유가 함락되었고, 사령관은 살해당했으며, 사람들은 그의 머리를 잘라 창끝에 꽂았습니다." "반란révolte인가?" "아닙니다, 폐하. 혁명révolution입니다."

이 유명한 대화가 사실인지 아니면, 많은 경우에 그러하듯이, 꾸며진 것인지는 확실하지 않다. révolte나 révolution은 그 당시에도 사용되던 단어들이었다. révolte는 "기존의 정치적 권위나 사회적 질서에 반대하여 일어난 폭력적인 행동"을 뜻한다. révolution은 원래 천문학적인 용어로 "천구가 회전을 마치고 원래의 출발점으로 되돌아가는 것"을 의미했다. 1543년에 출판된 코페르니쿠스의 《천구의 회전에 관하여》에서의 '회전'이 바로 révolution이다. 그러다가 17세기 초부터 révolution은 "급격하고 근본적인 변화"라는 의미로도 사용되었다. 계몽사상가인 튀르고는 "독재는 révolutions을 낳는다"라고 썼는데, 1789

년 무렵에는 이렇게 주로 복수형으로 사용되어 정치, 경제, 사회, 문화, 예술, 도덕 등 삶의 다양한 분야에서 일어난 변화를 지칭했다. 1789년 당대인들의 용례에 의하면 révolution은 "일어난 사건"을 가리키는 정도였다. 앞의 대화에서처럼 라로슈푸코 리앙쿠르가 반란과 혁명을 구분할 정도로 당시에 두 단어가 그렇게 대조적인 의미를 가지고 있었던 것은 아니다. 파리 시민들이 바스티유 감옥을 공격한 것은 "기존의 권위에 반대하여 일어난 폭력적인 행동"이라는 점에서 반란이었다. 그리고 그 반란이 근본적인 변화의 시작인지 여부를 판단하는 것은 시기상조였다는 점에서 아직 혁명은 아니었다. 라로슈푸코 리앙쿠르는 반란과 혁명을 구분할 수 없었을 것이다. 반란과 혁명의 대조는 후대인들의 작품으로 보아야 한다.

우리에게 반란과 혁명의 차이는 뚜렷하다. 그것은 공히 기존의 권위와 질서에 반대하여 일어난 행동이되, 반란에는 부정적인 가치 평가가 들어 있는 반면 혁명에는 긍정적인 가치 평가가 들어 있다. 우리말 사전의 구분대로, 반란은 "반역하여 난리를 꾸미는 것"이고 혁명은 "어떤 상태가 급격하게 발전, 변동하는 것"이다. 반란은 기존의 권위에 반대하여 일으킨 '행동'인 반면, 혁명은 단순한 정권 교체를 넘어 사회질서의 근본적인 '변화'이다. 수단이라는 차원에서 보면, 반란과 혁명은 공히 불법적이요 폭력적이라는 점에서 일치한다. 역사 발전이라는 차원에서 보면, 반란은 역사 발전에 역행하는 것인 반면, 혁명은 역사 발전에 기여하는 것이라는 점에서 정당하고 긍정적이다. 한 마디로 반란은 나쁜 것이고 혁명은 좋은 것이다. 그러나 어떤 사건이 반란인가 혁명인가를 평가하는 것은 승자의 몫이다. 실패한 사건은 반란이라는 비난을 받지만 성공한 사건은 혁명임을 자처한다. 우리는 어떤 사건이 혁명인가 아닌가를 재검토할 권리를 가진다.

역사에는 혁명도 많고 반란도 많다. 중세 말에는 농민들이 '농민반란'을 일으켰는데, 반란이라는 말이 가치개입적이어서 그대로 사용하기에 적절하지 않아, 그냥 '농민봉기' 혹은 '농민들의 저항'이라고 부르는 편이 무난한 경우가 많다. '종교개혁'이라는 용어도 가치중립적이지 못하다. 프로테스탄트의 입장에서는 개혁이요 혁명이겠지만 가톨릭의 입장에서는 반란이기 때문이다. '영국 혁명', '프랑스 혁명', '러시아 혁명'에 붙어 있는 혁명이라는 평가 역시 마찬가지이다. 다른 시각을 갖고 있는 사람들은, 이와 같은 사건들은 혁명이라는 고귀한 표찰을 붙일 자격이 없다고 생각할 수도 있다. 그리고 어떤 사람들은 그러한 사건들이 역사의 진보에 기여했다는 평가에 동의하지 않을 것이다. 이념이니 진보니 하는 거창한 말을 떠나, 적어도 혁명의 이름으로 희생된 무고한 사람들을 외면할 수 없기 때문이다.

우리는 혁명이라는 말에 열광한다. 혁명이라는 말을 들으면 정의감으로 피가 끓어오른다. 혁명은 더 자유롭고, 더 평등하고, 더 정의로우며, 더 민주적인 사회로 가는 과정이라고 정의定意되기 때문이다. 이 숭고한 과업에 동참하는 사람은 의롭다! 희생은 더 나은 사회를 건설하기 위한 순교이다! 반대로, 혁명에 동참하지 않은 사람들은 나쁘다. 왜냐하면 혁명은 좋은 것이기 때문이다. 혁명이라는 말은 모든 사람이 혁명가가 될 것을 요구한다. 그러나 혁명은 단지 이름뿐일 따름이다. 사건과 이름이 반드시 일치하는 것은 아니다. 사건과 이름이 일치하는 경우도 있겠지만, 이름이 사건을 왜곡하는 경우도 있다. 따라서 말에 현혹되지 말고 사실을 바라보아야 한다. 겉으로는 혁명이라고 되어 있고 많은 사람들이 혁명이라고 말한다 하더라도, 내가 그들과 똑같이 보아야만 하는 것은 아니다. 역사는 항상 새로운 눈을 요구한다.

모든 사람이 다 혁명을 예찬한 것은 아니다. 고대와 중세의 사상가들은 대체로 혁명에 반대했다. 플라톤은 그가 살던 시대의 아테네를 지배했던 민주주의에 반대했다는 점에서 반혁명적이었다고 말할 수 있다. 플라톤의 《국가》는 영원한 이데아를 인지하는 철학자의 지배에 토대를 두는 고정불변의 가치체계만이 불안정한 가치들이 일으키는 혁명적인 혼란으로부터 벗어날 수 있음을 보여주려 했다. 플라톤은 역사란 진보가 아니라 과거의 황금시대로부터의 타락이라고 보았기 때문에 변화 자체를 거부한 것이다. 투키디데스도 "혁명 때문에 도시 국가들에서 수많은 재앙이 발생했다"라고 썼다. 중세의 사상가들은 군주정이 하느님의 우주 지배에 부합하는 모델이라는 이유로 군주정을 최선의 정치체제로 보았다. 그들은 군주가 전제정치를 하면 어떻게 할 것인가를 놓고 고심했는데, 마르실리우스 파도바같은 급진적 인민주권주의자를 제외한 대다수의 사상가들은 군주에 대한 복종을 강조했다. 중세인들에게 혁명은 신의 의지에 어긋나는 것이었다. 그들은 아우구스티누스의 가르침에 따라 지상의 국가에 무관심했으며, 기독교인들은 부당함을 인내해야 한다고 믿었다.

혁명의 창조적인 힘에 대해 획기적인 인식 변화가 일어난 시기는 17세기 영국 혁명이다. 밀턴은 청교도들이 이룩한 것을 옹호하면서 혁명의 권리를 주장했다. 그것은 전제군주에게 저항하는 권리 정도가 아니라 최선의 정부를 선택할 권리를 의미하는 것이었다. 이제 전제군주가 아니어도 상관없다. 최선의 정부를 선택하는 것은 자유민들의 자유요 권리이기 때문이다. 혁명이 자유의 에이전트라는 이 같은 사상은 프랑스 혁명과 미국 혁명을 통해서 심화되었다. 루소는 공화주의적 자유를 신장시키기 위한 혁명은 자연법에 부합한다며 혁명을 인정했다. 칸트는 한 걸음 더 나아가 혁명이, 프랑스 혁명에서처럼, 비참함과 잔인함을 동반할지라도 인간에 내재해 있는 도덕성의 표식이며 인간의 진보에 이바지한다는 이유로 혁명을 찬양했다.[1] 과연 "쾨니히스베르크의 붉은 자코뱅"은 프랑스 혁명의 비극적인 측면에 대해서 얼마나 알고 있었을까?

이 글은 혁명의 희생자들에게 초점을 맞추어 혁명의 정당성을 재조명해보려는 것이다. 국내의 혁명사 연구와 교육에서는 '위대한 혁명과 혁명가'에 대한 전설적인 이야기가 주를 이룰 뿐 그 희생자들은 배려하지 않고 있는 실정이다. 혁명에 대한 이해는 대단히 편파적이다. 한쪽 눈을 감고 역사를 바라보는 것은 정상적인 역사 이해를 불가능하게 한다. 이 글이 균형 잡힌 역사 인식을 세우는 데 도움이 되기를 기대한다.

긍정으로서의 혁명

혁명에 대한 환상을 깨는 책으로 김민제 교수의 《서양 근대 혁명사 3부작》이 있다.[2] 영국 혁명사를 전공하는 학자가 프랑스 혁명과 러시아 혁명까지 다룬 것은 국내 학계에서는 흔치 않은 일이다. 하지만 무엇보다도 이 책의 가치는, '혁명에 대한 긍정적인 해석'을 추종하는 우리 학계의 전반적인 추세를 무릅쓰고, '혁명에 대한 긍정적인 해석'과 '혁명에 대한 부정적인 해석'을 대조시킴으로써 혁명사 이해의 균형 잡기를 시도한 점에 있다. 우리는 이 책을 읽으며, 혁명가들이 제시했던, 혹은 역사가들이 꾸며냈던 '꿈', '이상', '환상'이 얼마나 현실과 동떨어진 것인지 확인할 수 있다.

본론으로 들어가기 전에 먼저 '혁명에 대한 긍정적인 해석'을 돌이켜보자. 이미 익숙한 내용이기 때문에 굳이 많은 지면을 할애할 필요는 없으리라. 한 고등학교 교과서에는 근대의 시민혁명에 대해 다음과 같이 기술되어 있다.

절대왕정 내부에서 성장한 시민계급이 불평등체제를 타도하고 새로운 사회 건설을 위한 혁명을 일으켰다. 영국에서는 지주계급인 젠트리가 주축이 되어 절대왕정을 무너뜨리고 의회 중심의 입헌정치를 수립했으며, 미국에서는 영국의 중상주의적 지배에서 벗어나 자치를 누리려는 민주주의 혁명이 일어났다. 그러나 시민계급의 주도하에 사회적 모순을 타파하고 새로운 사회 건설을 위한 전형적인 시민혁명은 프랑스에서 일어났다. 프랑스 혁명은 시민계급이 권력을 장악하고 봉건적 잔재를 일소하여 자유롭고 평등한 시민사회를 이룰 기반을 마련했다.

가히 혁명 예찬문이라 할 수 있다. 이러한 내용을 암기해야 하는 학생들은 장차 혁명가가 되기를 꿈꾸지 않겠는가? 그래야 마땅하지 않겠는가? 대학의 문화사 교재에도 거의 같은 내용이다. 한 문화사 교재에는 영국 혁명에 대해, "그 혁명을 통해 영국은 비단 근대 국가로서 성장했을 뿐만 아니라 민의와 인권을 존중하는 시민적 민주주의를 향한 선두를 끊은 가장 진취적인 국가가 되었다"라고 기술하고 있으며, 프랑스 혁명에 대해서는, "이와 같이 종교적 열정을 갖게 된 프랑스 혁명 관념은 자유, 평등, 동포의식 등이었다. 인간이 자기 자신만의 책임 아래 행동할 수 있는 권리를 갖는다는 자유, 문벌이나 재산에 관계없이 누구나 똑같은 법의 적용을 받는다는 평등, 그리고 국가의 위기를 맞아 한 민족으로서의 일체감을 갖게 되는 동포의식—이 세 관념은 19세기 이후의 유럽사를 형성하는 원천적 힘이 되었으며, 그 이래로 유럽인들의 생활양식의 기초가 되었다"라고 기술되어 있다.[3]

이 같은 긍정적인 해석을, 영국 혁명의 경우에는 휘그-마르크스주의적 해석, 프랑스 혁명의 경우에는 정통주의적 해석, 러시아 혁명의 경우에는 소비에트-수정주의적 해석이라고 부른다. 휘그-마르크스주의적 해석은 영국 혁명이 장기적인 원인에서 발생한 혁명이며, 의회가 주도한 혁명이고, 내전이 아니라 밑으로부터의 혁명이라고 주장한다. 휘그적 해석이 의회의 역할을 강조한다면, 마르크스주의 해석은 부르주아 혁명임을 강조한다. 프랑스 혁명의 정통주의 해석은 프랑스 혁명은 구제도의 모순에서 발생한 혁명이며, 밑으로부터의 필연적인 혁명이고, 반봉건적이고 부르주아적인 혁명이라고 말한다. 무엇보다도 프랑스 혁명은 계몽사상으로부터 잉태되어 자유, 평등, 박애라는 복음을 인류사회에 전파한 위대한 혁명이었음을 강조한다. 러시아 혁명의 소비에트–수정주의 해석은 러시아 혁명이 역사발전 과정에서 나타난 필연적인 혁명이며, 밑으로부터의 민중 혁명이고, 인민의 지지를 받은 볼셰비키가 주도한 사회주의의 위대한 승리라고 주장한다. 소비에트 해석은 혁명이 의도에서부터 결과까지 모두 긍정적이었다고 보는 반면, 수정주의 해석은 원래의 의도는 좋았으나 뒤에 가서 혁명을 일으켰던 의도와는 달리 탈선했다고 본다는 점에서 차이가 있지만, 공히 기본적으로는 혁명을 긍정적으로 본다. 요컨대, 혁명에 대한 긍정적인 해석은 대체로 마르크스주의 해석이고 교조적인 해석이다. 이에 반해, 혁명에 대한 부정적인 해석은 반反마르크스주의적 해석으로서, 수정주의적 해석이라 불리는데, 그 성격은 자유주의적인 해석이다. 혁명에 대한 해석은 이렇듯 이념 논쟁을 깔고 있다.

혁명에 대한 긍정적인 해석은 장기적이고 구조적인 원인에 주목하여, 그 혁명이 구체제의 모순에서 필연적으로 발생했다는 것, 구체제에서 정치적·사회적으로 소외되었던 계층이 혁명을 주도했다는 것, 그 혁명이 역사의 진보에 부응했다는 것 등을 강조한다. 혁명에 대한 긍정적인 해석은 혁명의 원인, 주체, 영향 등에 초점을 맞춘다. 이 과정에서 희생자가 발생하면 그것은 혁명의 대의를 달성하는 데에서 일어날 수 있는 불가피한 희생이었다고 넘어가며, 혁명에 수반되는 '정상적인' 사건으로 간주한다. 프랑스 혁명기에 바르나브는 "흘려진 피가 그렇게 깨끗했는가?"라고 반문한 적이 있는데, 이러한 점에서 혁명을 긍정적으로 해석하는 역사가들은 바르나브의 후계자들이다. 바르나브를 처형한 혁명가들도 바르나브처럼 말했을 것이다. 이 글은 혁명에 대한 학술적인 해석과 이념적인 논쟁에 들어가지는 않을 것이다. 단지 인간 해방을 지향한 혁명이 남긴 어두운 그림자를 조명하면서 인간 희생이 얼마나 컸는지를 살펴보려는 것이다. 1793년 11월에 처형당한 롤랑 부인의 말, "오, 자유여, 너의 이름으로 얼마나 많은 범죄가 저질러졌는가?"에 답해보자는 것이다.

영국 혁명의 희생자들

휘그-마르크스주의 역사가들에 의하면, 영국 혁명은 위대한 이념을 가지고 있었으며, 필연적으로 일어날 수밖에 없었고, 후세의 영국사회에 위대한 유산을 남겼다. 반면에 수정주의 역사가들에 의하면, 혁명은 존재하지 않았고 참혹한 결과를 가져온 '내전'만이 존재했으며, 수많은 생명을 앗아간 뒤에 내전 이전의 상태로 되돌아갔다. 수정주의 역사가들은, 내전은 영국사회에 아무런 유산도 남기지 못한 비극적이고 허무한 사건이었는데, 역설적으로 바로 이 점이 영국 내전이 후세에 남겨준 위대한 교훈이었다고 말한다. 수정주의적인 시각에서 본다면 영국 혁명은 최초의 근대적인 시민 혁명이 아니라 유럽 최후의 종교전쟁이었으며, 영국 최후의 중세적인 귀족전쟁이었다.[4]

내전의 패자敗者인 찰스 1세는 재판에 회부되어, 어떠한 법정도 신으로부터 기름부음을 받은 왕을 재판할 수 없다는 연설을 한 후 1649년 1월 30일 처형되었다. 내전의 승자勝者인 올리버 크롬웰은 호국경이 되

스튜어트왕조의 영국 왕인 찰스 1세의 처형 모습. 스코틀랜드 출신의 찰스 1세는 영국 의회를 이해하지 못하고 의회를 부정하는 왕권신수설을 주장하였다. 이러한 의회와의 대결은 청교도 혁명으로 이어졌고, 왕은 1649년 1월 30일에 처형되었다.

어 왕처럼 나라를 통치했다. 호국경은 종신 임기였고 세습이 가능했기 때문이다. 크롬웰은 1658년에 사망하여 웨스트민스터 대성당에 안장되었는데, 1660년 왕정복고 후 반역자로 규정되어 시체는 부관참시되고 머리는 1684년까지 의회 바깥에 전시되었다.[5]

크롬웰의 목이 20년 이상이나 공중에 매달려 있었다는 것은 당시 사람들이 크롬웰과 영국 혁명을 어떻게 바라보았는지를 말해준다. 당대인들에게 그것은 혁명이 아니라 반란이었으며, 국가를 내전으로 빠뜨린 반역에 불과했던 것이다. 극단적인 청교도였던 크롬웰은 놀이, 연극, 도박 등을 금하고 술집들을 폐쇄시켰다. 대부분의 영국인들은 크롬웰의 군사 독재와 엄격한 청교도주의를 싫어했다. 크롬웰이 죽고 아들에게 호국경직을 물려준 지 2년 후인 1660년 의회 선거에서 왕당파가 다수를 차지함으로써 혁명은 끝났다. 왕정복고가 이루어진 뒤, 보수적인 이념을 대표했던 클래런든은 1640년대와 50년대의 사태를 '대大반란'이라고 불렀다. 내전은 당시 사람들에게 엄청난 고통을 주었고 많은 사람의 목숨을 앗아갔다. 존 코벳 소령은 내전의 참상에 대해 다음과 같이 묘사했다.

아! 우리의 죄악으로 만들어진 피의 바다. 아! 영국의 동포에게 가했던 참을 수 없었던 강압. 아! 우리가 저질렀던 이런 죽어 마땅한 죄악이 얼마나 우리의 양심을 고문했던가. 아! 신의 성스러운 정의에 의해서 엄격하게 금지된 잔학한 행위에 무엇이라 말할 수 있겠는가. 한 민족과 국가를 상대로 싸웠고 살인을 저질렀던 아일랜드 토벌에 대하여 우리는 무엇을 해야 하는가? 우리는 이미 죄 없는 기독교도들의 피로 물들어 있는 개천을 너무 멀리 걸어왔다.

영국 혁명 당시 왕과 대립한 의회 진영의 장군 크롬웰. 왕정복고 후 크롬웰의 시체는 부관참시 되었고, 그의 목은 20년 동안이나 공중에 매달려 있었다. 이것은 당시 사람들이 크롬웰을 반역자로 보았다는 것을 말해준다.

얼마나 많은 사람이 죽었을까? 홉스의 계산에 의하면 약 10만 명의 영국인이 사망했고, 페티의 계산에 의하면 약 30만 명이 사망했다. 칼톤의 연구에 의하면 영국 내전은 상대적인 의미에서 볼 때 영국 역사상 가장 참혹했던 전쟁으로 일컬어졌던 1차 세계대전 당시의 사망률보다 높은 것이었다. 뿐만 아니라 내란과 농업 정책의 실패, 생계비 상승 등의 이유로 부랑민과 빈민의 숫자가 늘어났다. 일정 거주 지역 없이 떠돌아다니는 부랑 빈민 문제는 "내전 기간과 그 이후에 한층 더 심각해졌으며 이때 유랑 인구는 증가했고 지방 차원에서 이루어졌던 구빈활동은 거의 의존할 수 없는 수준이 되었다."[6] 이상과 같은 수치는 물론 수정주의 역사학자들이 제시한 것이다. 이에 대해 휘그-마르크스주의 역사가들은 수정주의 역사학자들이 내전의 참상을 과장하는 것이지 실제 내전의 규모는 의외로 작았다고 말한다. 그들은 영국 내전에서의 사상자 숫자는 정확하게 알려진 것이 아무것도 없으며, 몇 십만의 영국인이 사망했다거나 혹은 전체 인구의 3.6퍼센트가 사망했다는 등의 결론은 믿을 수 없다고 말한다.[7]

얼마나 많은 사람이 희생되었는지 정확히 알 수는 없다. 그러나 그 시기는 많은 사람들이 목숨과 재산을 잃은 시기였으며, 그러한 의미에서 불행이 생겨난 시기였다는 것은 분명하다. 왕정복고가 또 다른 반란에 의해서가 아니라 의회 선거를 통해 합법적으로 이루어졌다는 사실은 당대인들의 심정을 반영한다고 볼 수 있다. 영국 혁명이 물려준 자유, 인권, 국민의 대표로서의 의회, 절대주의에 대한 항거, 자연권 사상 등과 같은 유산은 장기적으로는 인간 해방에 기여했음을 인정하지 않을 수 없다. 그러나 단기적으로 그것은 혁명이 아니라 내란에 불과했다는 것 또한 부인하기 어렵다. 지금 우리는 편안하게 혁명의 유산을 누리고 있지만, 당시 사람들은 삶과 죽음의 경계에서 고통을 겪고 있었음을 잊지 말아야 할 것이다.

프랑스 혁명의 희생자들

프랑스 혁명에 대한 수정주의 역사는 공포정치에 대한 해석 차이에서 시작된다. 프랑스 혁명사에는 세 번의 공포정치가 나온다. 첫 번째 공포정치는 '9월의 대학살'이다. 1792년 9월 2일, 파리와 국경 사이에 위치한 최후의 요새인 베르덩이 함락되었다는 소식이 파리에 전해졌다. "조국이 위험에 처했을 때 모든 것은 다 조국에 귀속된다"라고 선언한 당통은, "승리를 거두기 위해서 우리에게 필요한 것은 대담함, 그리고 또 대담함, 오직 대담함입니다"라는 유명한 연설을 했다. 파리의 코뮌은 시민들에게 격문을 발표했다. "시민들이여! 무기를 들라, 무기를. 적군이 바로 여러분의 문턱까지 와 있다!" 투옥되어 있는 혐의자들이 봉기할 것이라는 소

프랑스 혁명을 주도한 혁명가이자 정치가인 당통. 그는 반혁명 용의자를 학살한 1792년 9월 2일 사건을 묵인했다는 비난을 받기도 한다.

문이 나돌자 흥분한 민중은 파리의 감옥들을 공격하여 수인들의 절반이 넘는 1,100명에서 1,400명을 즉결 처형했다. 어떤 사람들이 죽었나? 이들 가운데 4분의 3은 일반법 위반자였으며, 선서 거부 신부가 270여 명이었다. 로베스피에르는, "당신은 혁명 없이 혁명을 원합니까? 이 정도의 대가를 지불하고 민중이 전제주의의 굴레에서 벗어날 수 있었던 적이 있습니까?"라며 학살을 옹호했다.

본격적인 공포정치는 1793년 9월에 시작되었다. 상퀼로트의 압력을 받은 국민공회는 '혐의자 체포령'을 채택하여 공포정치를 가동시켰다.

9월까지는 혁명재판소에 소환된 260명 가운데 4분의 1에 해당하는 66명만이 사형선고를 받았으나, 1793년 마지막 3개월 동안에는 395명이 기소되어 45퍼센트인 177명이 사형선고를 받았다. 파리의 감옥들에 수감된 사람의 수는 8월 말엔 1,500명, 10월 12일에는 2,398명, 1793년 12월 21일에는 4,525명으로 급증했다. 공포정치는 지방으로도 확산되었다. 낭트에서는 카리에가 재판도 없이 루아르 강에서 "공화주의식 침례"를 벌여 2천 명에서 3천 명의 선서 거부 신부, 혐의자 등을 수장水葬했다. 리옹에서는 새로 구성된 과격한 혁명위원회가 1,667명에게 사형선고를 내렸다. 여기서는 기요틴에서의 처형에 너무 시간이 많이 걸리자 총살형과 일제사격의 방법까지 동원되었다.

그러나 이것은 하나의 전주곡에 불과했다. 공포정치는 혁명력 2년 목월 22일(1794년 6월 10일)의 법령에서 절정에 달한다. 피고에 대한 변호와 예비심문제도는 폐지되었고, 배심원들은 심증만으로도 심리할 수 있게 되었으며 재판소는 석방과 사형 가운데 양자택일만이 가능하게 되었다. 당연히 사형 판결이 늘어나지 않겠는가? 파리의 감옥들에 수감되어 있던 혐의자가 8천 명이 넘는 엄청난 수에 달하자 수감자들이 반란을 일으키지 않을까 하는 공포가 생겨났다. 몇몇 감옥에서는 6월에 세 번, 7월에 일곱 번 집단처형이 행해졌다. 1793년 3월부터 1794년 6월 10일까지 파리에서 처형된 사람의 수가 1,251명이었음에 반해, 이날부터 테르미도르 9일(1794년 7월 27일)까지 한 달 반 동안 처형된 사람의 수는 1,376명에 달했다. 혁명재판소 검사였던 푸키에 탱빌의 표현을 빌면, "사람들의 목이 마치 판암 떨어지듯 잘려나갔다."

어떤 사람들이 죽었을까? 약 30만 명에서 50만 명의 혐의자들이 수감되었으며, 3만 5천에서 4만 명의 사람들이 처형되었는데, 제3신분이 84퍼센트였고(부르주아가 25퍼센트, 농민이 28퍼센트, 상퀼로트가 31퍼센

기요틴에서의 처형 모습. 프랑스 혁명 시기에 많은 사람들이 기요틴에서 목숨을
잃었다.

트), 귀족은 8.5퍼센트, 성직자는 6.5퍼센트였다. 망명을 떠난 사람들의 수는 약 10만 명으로 추산된다. 그렇다면 이것을 어떻게 평가할 수 있을까? 정통주의 역사가인 소불은 다음과 같이 공포정치를 옹호한다.

> 공포정치는 기본적으로 반란자와 반역자로부터 국가와 혁명을 지키려는 수단이었다. 즉 그것은 내란의 경우처럼 특권적이거나 특권계급과 운명을 같이 하기 때문에 사회적으로 동화될 수 없었던 구성요소를 국민으로부터 제거하는 역할을 했다. 정부의 양兩위원회는 공포정치에 의하여 '강제력'을 부여받아 국가의 권위를 회복하고 공안公安의 규준을 모든 사람에게 강요할 수 있었다. 공포정치는 한동안 계급적 이기주의를 침묵시킴으로써 국민적 유대감을 북돋우는 데 이바지했다. 특히 공포정치로 말미암아 전쟁을 수행하고 국가의 안전을 도모하는 데 불가결한 통제경제가 강요될 수 있었다. 그런 의미에서 공포정치는 승리의 한 요인이었다.[8]

조국이 위험에 빠져 있는 상황에서 중요한 것은 나라를 지키는 것이고, 그런 의미에서 전쟁승리에 기여한 공포정치는 정당하다는 것이다. 그러나 아무리 그렇다고 해도 희생이 너무 크지 않았는가? 단순한 심증에 의해 혐의자로 몰리고 반역자로 처형된 사람이 너무 많지 않은가? 정통주의 역사가들이 비난하는 테르미도르 반동이 없었더라면 아마도 감옥에 수감되어 있던 50만 명의 혐의자들 모두 희생되지 않았을까?

공포정치는 전쟁승리를 위한 필요악이었다고 치자. 그러면 전쟁은 혁명과 무관하게 우연히 일어난 것인가? 그것은 우연이 아니었다. 전쟁을 원한 것은 프랑스 주위의 국가들이 아니었다. 이들은 프랑스를 위협하긴 했으나 실제로는 전쟁을 일으킬 의지와 여력이 없었다. 전쟁을 원한 것은 프랑스였다. 1792년 4월 20일, 프랑스는 선전포고를 했다.

프랑스 혁명의 희생자들. 혁명재판소 검사였던 푸키에 탱빌은 "사람들의 목이 마치
판암 떨어지듯 잘려나갔다"고 당시 상황을 회고했다.

혁명이 전쟁을 원한 것이다. 주변국가의 위협으로부터 프랑스를 지키기 위한 전쟁이 아니라 주변국가에 혁명을 수출하기 위한 전쟁이었다. 전쟁이 없었더라면 공포정치도 없었을 것이다. 그러나 전쟁은 혁명 속에 내장되어 있었다. 혁명 속에 이미 전쟁과 공포정치가 예정되어 있었던 것이다.

혁명의 희생자 속에는 전쟁으로 인한 사망자도 포함되어야 한다. 방데 지방에서 일어난 내전으로 지역 인구의 3분의 1에 해당하는 약 20만 명이 학살되었으며, 대외전쟁으로 약 백만 명이 죽었고, 나폴레옹 전쟁으로 백만 명이 넘는 사람들이 죽었다. 이 수치에는 프랑스 사람만이 포함된다. 형제애를 주장했던 혁명이 대량학살을 저지른 것이다. 혁명의 희생자 수는 1차 세계대전 당시의 희생자 수와 거의 맞먹는다. 그러나 그것은 1차 세계대전보다 더욱 참혹했다. 왜냐하면 혁명 당시에는 인구가 훨씬 적었기 때문이다.[9]

모두가 가해자였다. 특별히 온건하고 특별히 과격한 혁명가가 따로 있지 않았다. 바르나브, 지롱드파, 산악파, 당통, 로베스피에르, 마라 등 모두 마찬가지였다. "국민공회의 품격이 실추된다면 그리고 3월 10일 이후 끝없이 반복되는 소요에 의해 국민의 대표권이 침해를 입는다면 나는 전 프랑스의 이름으로 당신들에게 선언합니다. 파리는 전멸될 것이라고. 센 강변에 파리가 존재했었는지를 찾아보게 될 것이라고." 이처럼 무시무시한 말을 한 사람은 지롱드파의 이스나르였지만, 그 말이 바르나브, 당통, 로베스피에르, 마라 등의 입에서 나왔다 해도 어색하지 않았을 것이다. 같은 무렵 생쥐스트는 "상황의 힘이 우리가 과거에 예상하지 못했던 방향으로 우리를 끌고 가고 있는 것이 아닌지 모르겠다"라고 말했는데, 이는 혁명가들의 심정을 솔직하게 표현한 것이다. 그들은 수습할 줄 몰랐다. 그들은 자유-평등-형제애를 외쳤지만, 실제

방데 전쟁 당시 낭트에서의 총살 장면. 방데 지방의 농민들은 공화파 혁명 정부에 반대해 3년 동안이나 농민전쟁을 벌였다.

로 이루어진 것은 라 마르세예즈에 나오는 "그들의 더러운 피가 우리의 들녘을 흠뻑 적시도록 하소서"였다. 그러나 그 모든 피가 그렇게 '더러운' 피는 아니었다. 혁명을 배신한 것은 반혁명 용의자들이 아니었다. 혁명을 배신한 것은 혁명이었다.

러시아 혁명의 희생자들

프랑스 혁명의 공포정치는 러시아 혁명의 공포정치에 비하면 아무것도 아니었다. 과연 얼마나 많은 사람이 '사회주의'라는 고상한 이름으로 희생되었을까? 자유주의 역사가들은 스탈린 시대부터 이미 인권유린과 대량학살을 고발했지만, 이들의 주장을 믿는 사람은 많지 않았다. 이들이 제시한 수치가 믿을 수 없을 정도로 많았기 때문이었다. 그러나 스탈린 사후 이들의 주장은 신뢰를 얻기 시작하여, 소련 해체 이후에는 정당성을 인정받고 있다.

냉전체제가 지속되어 반공세력이 극우세력으로 몰리고 있을 때, 로버트 콩퀘스트는 스탈린 치하에서 2천만 명이 사망했다고 주장하여, 좌익세력으로부터 공격을 받았다. 그때만 해도 이 수치는 상상할 수 없을 정도로 엄청난 숫자였다. 그러나 콩퀘스트가 2천만 명이라는 수치를 발표한 지 채 20년이 되기 전에, 그는 다시 한 번 학자들에게서 비판을 받았다. 이번에 제기된 비판은 서방이 아닌 소련에서 왔다. 그가 희생자의 숫자를 터무니없이 적게 잡았다는 것이다. 최근 발표되고 있는 희생자 관련 통계를 보면 콩퀘스트가 제시했던 수치는 분명히 너무 적었다. 구소련의 마지막 몇 년 사이에 사용된 고등학교 교과서에도 약 4천만 명이 희생되었다고 기술되어 있다. 하지만 실제는 이보다도 더 많다. 러시아 혁명으로 인해 5천 5백만 명 이상이 죽음을 당했다. 어떤 명분

러시아 혁명. 혁명의 이름 아래 무고한 민중들이 이유도 모른 채 목숨을 잃었다.

이라도, 어떤 유토피아라도 이러한 희생을 정당화시킬 수 없을 것이다.

정말 이렇게 많은 사람이 죽을 수 있는 것인가? 스탈린의 테러는 이미 레닌 때부터 시작되었다. 집단농장과 강제수용소는 레닌이 만든 것이었다. 레닌 치하에서부터 엄청난 인명이 희생되었다. 소련중앙통계국의 공식 집계에 의하면, 1918~1920년의 내전으로 1천 18만 명이 사망했고, 1921~1922년의 기근으로 5백 5만 3천 명이 사망했다. 이 수치는 레닌 치하에서 내전과 기근 외에 다른 이유로 희생된 사람들을 포함하지 않은 것이다.

빈니치아에서 발굴된 매장지. 사보타주라는 죄목으로 총살된 시체의 60퍼센트는 농민들이었다.

레닌이 집권할 당시에 소련사회를 엄습했던 공포, 기근, 사망, 학살은 스탈린 때에도 계속되었다. 스탈린은 레닌의 공포정치를 이어 받은 정도가 아니라 완성시켰다. 너무나 많은 사람들이 한꺼번에 죽음을 당했기 때문에 대규모의 매장지가 필요했다. 빈니치아에서 발굴된 매장지에서 9천 구의 시체가 나왔는데 이들은 1938년 초에 대부분 총살된 사람들이었으며 그 중 60퍼센트는 농민이었다. 살해당한 죄목은 사보타주였다. 민스크 부근에서도 25만 명 이상의 시체가 매장된 매장지가 발견되었다. 1988년과 1989년에 발굴된 매장지에는 5만 구의 시체가 매장되어 있었다. 대부분은 농민과 노동자들이었다. 1929년에서 1932년까지 수백만 명의 농민이 비非쿨락Kulak화와 집단농장화로 사망했으며, 1930년대에 발생한 최악의 기근으로 8백만 명 이상이 사망했다. 그런데 이때에 나타난 기아로 인한 사망은, 레닌 시대와 마찬가지로, 자연재해라기보다는 인재였다. 왜냐하면, 기근에도 불구하고 소련은 외화를 조달하기 위해 곡물수출을 계속했기 때문이다. 따라서 그것은 아사餓死가 아니라 대량학살이

굶주린 아이들. 레닌과 스탈린 치하에 일어났던 내전과 기근으로 인해 많은 사람들이 공포, 기근, 학살에 시달렸다.

었다. 스탈린 치하에서 1930~1937년 사이에 1천 백만 명의 농민이 사망했다.

1930년대에 자행된 숙청은 세계 역사상 유례가 없는 것이었다. 우선 수백만 명의 사람들이 학살당했다는 사실부터가 그러했고 집권당이 벌인 숙청으로 집권당의 간부 거의 모두가 죽음을 당했다는 사실도 유례가 없었다. 테러가 진행될 당시에 소련체제는 안정되어 있어서 체제에 대한 어떠한 음모도 없었다. 가장 보수적인 서방 연구자의 추산에 의하면, 1939년 당시 소련에는 800만 명이 수용소에 수감되어 있었고 1940년에는 650만 명이 수감되어 있었다. 1940년에 수감자의 수가 줄어든 이유는 높은 사망률 때문이었다. 이들은 총살, 기아, 질병, 학대, 심한 노동 등으로 사망했다.

반인간적인 범죄자로 스탈린을 고발하는 것은 새삼스러운 일이 아니다. 그가 많은 사람을 죽였다는 것은 공인된 사실이다. 중요한 것은 그가 '얼마나 많은' 사람을 죽였는지 밝히는 것이다. 또, 스탈린에게만 죄를 묻고 레닌에게는 죄를 묻지 않는 것은 정당하지 않다. 스탈린의 범죄는 이미 레닌이 준비하고 계획한 것이었다. 레닌의 잔인성을 고발할 필요가 있다. 그것은 바로 혁명 자체의 잔인성이기 때문이다. 혁명은 레닌에 의해 이탈된 것도, 스탈린에 의해 이탈된 것도 아니었다. 혁명은 원래 그러한 길로 가게 되어 있었다. 특히 러시아 혁명은 그러했다. 1918년 8월에 펜자 지방의 다섯 쿨락에서 곡물 징발에 항의하는 폭동이 발생하자, 레닌은 다음과 같이 증오를 퍼부었다.

쿨락, 부유한 자, 흡혈 동물로 밝혀진 사람들을 적어도 백 명 이상 교수형에 처하라. 반드시 교수형에 처하라. 사람들이 볼 수 있도록 (……) 그들로부터 모든 식량을 빼앗아라. 인질을 지정하라 (……) 내가 지시한 대로 수행하여 수백 킬로미터 떨어진 지역의 사람들이 흡혈 동물 쿨락들이 목졸려 죽었다는 사실을 알고 공포를 느끼고 또한 부르짖도록 하라.

하나의 사례만 더 들어보자. 교회문제로 성직자들이 저항하자 레닌은 성직자들을 무자비하게 처형했다. 그리고는 "이 무리들은 앞으로 몇 년 동안은 감히 저항할 꿈도 꾸지 못할 교훈을 얻었을 것"이라고 말했다. 최근에 알려진 증거에 의하면 레닌이 위와 같이 말을 했던 1922년 한 해에, 교회 재산 몰수와 관계되어 8천 명 이상의 성직자가 살해되었다.[10]

1917년 2월과 10월에 러시아에서 혁명이 일어났는가? 이제 우리는 그것을 혁명이라고 부를 수 없다. 그것이 아무리 사회주의 이념의 실현을 목표로 했고 실천에 옮겼다 해도, 그것은 혁명이 아니었다. 그들의 혁명은 볼셰비키가 1918년 1월에 제헌의회를 해산시킴으로써, 생쥐스트 식으로 말하면, 얼어붙고 말았다. 소수가 정권을 유지하는 데에는 독재가 필요했던 것이다. 레닌은 1902년에 89,889명의 죄수가 황제 치하에서 신음하고 있다면서 제정의 비인간적인 면을 개탄했지만, 레닌이 죽은 바로 다음 해인 1925년에 러시아의 감옥에는 14만 4천 명의 죄수가 있었다. 이 중에서 40퍼센트 이상이 노동자와 농민들이었다. 혁명은 성공과 동시에 배신당하고 있었던 것이다.

러시아에서의 사회주의 실험은 비극적인 실패로 끝났다. 그 이유는 무엇일까? 마르크스 식으로 진단한다면, 레닌은 사회주의 혁명의 조건이 성숙하지 않은 상황에서 혁명을 감행한 혁명의 연금술사였다. 사회주의 혁명은 자본주의가 성숙한 곳에서만 가능하다는 것이 마르크스의 주장이었다. 러시아 혁명은 마르크스가 옳았음을 극명하게 보여준다. 마르크스가 《독일 이데올로기》에서 말한 것은 정확하게 러시아의 비극을 예견한 것이었다. "만일 낮고 뒤떨어진 생산력 위에 사회주의 제도를 실시하면, 결핍이 일반화되고 생존투쟁이 다시 시작되며, 모든 낡은 오물이 되살아나지 않을 수 없을 것이다." 그것이 어디 러시아의 비극 뿐이겠는가?

러시아 혁명의 교훈은 여기에 있다. 그것은 러시아의 혁명가들이 영웅적으로 사회주의 사회를 건설하려고 노력했음을 기억하는 것이 아니다. 그것은 러시아의 혁명가들이 무리하게 혁명을 추진하여 인류 역사상 유례없는 참극을 일으켰음을 기억하는 것이다. 국내의 개설서들에는 스탈린 시대의 농업집단화, 대숙청, 강제노동수용소 등이 언급되어 있으나, 이 정도로는 충분하지 않다. 피압박민중의 해방을 기치로 내걸었던 그 사람들이 얼마나 많은 피압박민중을 학살했는지 구체적인 수치를 감추지 말아야 한다.

우리는 러시아 혁명의 환상에서 깨어나 현실을 바라보아야 한다. 5천 5백만 명의 희생을 외면한 채 러시아가 초강대국이 되었다는 사실만 기억한다거나, 당시 러시아로서는 혁명 이외의 대안이 없었다고 비관하는 사람들은 토크빌의 예언을 상기할 필요가 있다. 이미 1830년대의 지식인들은 강국으로서의 러시아의 미래를 보았던 것이다.

오늘날 세계에는 위대한 두 민족이 있다. 그들은 서로 다른 곳에서 출발했지만 같은 목표를 향해서 가고 있는 것 같다. 그들은 러시아인들과 아메리카인들이다. (……) 아메리카인이 황무지와 미개인에 대항해서 싸운다면 러시아인은 모든 힘을 다해서 문명과 싸운다. 아메리카인은 쟁기로 정복하지만 러시아인은 칼로 정복한다. (……) 아메리카인의 주요 수단은 자유인 반면 러시아인의 주요 수단은 예속이다. 그들의 출발점은 다르며 가는 길이 같은 것도 아니다. 그러나 그들은 함께 지구 반쪽의 운명을 각각 지배하도록 하늘의 계시를 받은 듯하다.[11]

이제까지 자유주의적인 관점에서 러시아 혁명을 살펴보았다. 이러한 충격적인 내용을 여전히 "부르주아의 날조물"로 받아들이려하는 사람들을 위해 마지막으로 홉스봄의 견해를 소개하고 싶다. 우리 시대를 대표하는 마르크스주의 역사가인 홉스봄 만큼 객관적으로 러시아 혁명에 대해 말할 수 있는 사람이 있을까? 홉스봄은 소련에서 일어난 사회주의 실험을 다음과 같이 평가한다.

> 1917년 마르크스주의자들 — 러시아 마르크스주의자들을 포함한 — 의 전반적인 여론에 따르면 소련은 다른 곳에서의 혁명의 실패로 인해 사회주의를 건설하기 위한 조건이 전혀 존재하지 않았던 나라에서 홀로 사회주의의 건설에 전념해야 했다. 사회주의 건설 시도는 주목할 만한 성과들 — 특히 2차 세계대전에서 독일을 패배시킬 수 있었던 능력 — 을 낳았지만 그 과정에서 엄청나고 참을 수 없는 인명 손실을 냈고, 결국 앞길이 막힌 경제와 좋게 말할 점이 전혀 없는 정치체제를 낳을 수밖에 없었다('러시아 마르크스주의의 아버지'인 게오르기 플레하노프는 10월 혁명은 기껏해야 '붉은색의 중국제국'이 될 수 있을 것이라고 예언하지 않았던가?). 소련의 보호를 받으며 부상한 다른 '현존' 사회주의 역시 동일하게 불리한 조건하에서 움직였다. 불리한 정도가 덜했고, 소련에 비해서 사람들의 고생이 훨씬 덜했지만 말이다. 이러한 유형의 사회주의의 소생이나 부활은 가능하지도, 바람직하지도 — 그것에 유리한 조건이 존재한다고 가정하더라도 — 필요하지도 않다.[12]

혁명! 혁명?

혁명, 즉 급격하고 근본적인 변화에는 엄청난 희생이 동반될 수밖에 없다. 그리고 역사는 그 희생자들이 모두 "더러운 피"는 아니었음을 말해준다. 혁명의 이념은 모두 숭고했지만, 그러면 그럴수록 그 근본주의적 광기는 무고한 사람들의 희생을 요구했다. 우리는 숭고한 이념만을 유산으로 물려받았지만, 당시의 사람들은 고귀한 피를 흘렸다. 우리의 입장에서만 아니라 그들의 입장에서도 혁명을 바라보는 자세가 필요하다. 그들은 우리만큼 혁명에 열광하지 않았다. 아니, 오히려 그들은 죽음의 공포 속에서 혁명이 끝나기만을 고대하며 살았다는 사실을 기억할 필요가 있다. 혁명을 무조건 예찬하는 것은 그들을 두 번 죽이는 일이 되지 않겠는가?

혁명은 피를 먹고 산다는 말도 있고, 혁명은 자기의 자식들을 먹어치운다는 말도 있다. 혁명을 하고 싶은 사람은 '나는 얼마나 많은 사람을 죽일 것인가'를 생각해보고, '나는 과연 살아남을 것인지'를 생각해보라는 말도 있다. 마르크스는 혁명의 연금술사들을 비판하며 혁명의 조건이 성숙해야 함을 강조했다. 조건이 성숙해야 한다는 마르크스의 말이 옳았음은 러시아 혁명이 잔인하게 증명해주었다. 그런데 혁명의 조건이 성숙하면 혁명이라는 폭력적인 수단이 필요 없어지는 것이 아닐까? 서유럽의 자본주의 국가들이 '혁명 없이' 사회주의 국가로 이행하고 있는 것을 보면 혁명이라는 수단이 과연 필요한지 의문이 든다. 낭만적인 사람들은 멋이 없다고 하겠지만 서서히 점진적으로 이행하는 것이 더욱 인간적이다.

3장

박애인가
형제애인가

'자유', '평등'과 함께 프랑스 혁명의 3대 정신을 구성하고 있는 fraternité는 '박애'가 아니라 '형제애'이다. 형제애는 박애처럼 인류애라는 의미를 지니고도 있지만, 형제와 적을 가르는 무서운 암호로 사용되기도 한다. 프랑스 혁명은 적과 동지를 나누고, 적을 학살했다. 용서하지 않고 죽인 것이다. 프랑스 혁명의 정신에 '박애'를 갖다 붙이는 것은 혁명의 적으로 몰려 죽은 희생자들의 억울함을 외면하는 것이다. fraternité는 프랑스인들이 형제라는 얘기이지 인류가 형제라는 얘기는 아니었다. 우리가 일방적으로 그렇게 보는 것이다. '혁명'이니까 마땅히 그러려니 하는 것이다.

프랑스 혁명 예찬

2004년 12월, 프랑스를 방문한 노무현 대통령은 프랑스 총리와의 만찬에서 프랑스가 아름다운 이유는 "자유, 평등, 박애의 정신을 세계에 전파한 발신지"이기 때문이라며 프랑스와 프랑스 혁명을 찬양했다. 교민과의 간담회에서도 노무현 대통령은 프랑스 혁명은 인류가 발명한 역사 중에서 가장 훌륭한 것이며, "자유, 평등, 박애를 내세운 성공한 혁명"이라고 평가했다.

대통령의 프랑스 혁명에 대한 이해는 우리나라에서의 프랑스 혁명에 대한 이해를 그대로 반영한다. 프랑스 혁명이 성공한 혁명인가 실패한 혁명인가 하는 문제는 학술적 논란의 대상이 될 수 있지만, 어쨌든 멀리 동아시아에 있는 사람들이 이구동성으로 프랑스 혁명의 정신은 "자유, 평등, 박애"라고 찬양하는 것은 프랑스 혁명이 성공했음을 말해 주는 증거가 아닐까? 그런데, "프랑스 혁명의 정신은 자유, 평등, 박애이다"라는 말의 의미는 무엇일까? 프랑스 혁명을 일으킨 사람들은 혁명이 일어난 그 순간부터(정확히 언제라고 말할 수 있을까?) 프랑스 혁명의 정신을 이렇게 정의하고 전파했다는 말인가? 아니면 최소한 프랑스 혁명 정신을 대변한다고 말할 수 있는 '인권선언'이나 '헌법'에 프랑스 혁명의 정신이 그렇게 정의되어 있다는 말인가? 아니면 이 역시도 후대에 가서 사람들이 회고적으로 규정하고 만들어낸 것인가? 이 모든 의문에 앞서, 자유-liberté, 평등-égalité, fraternité 가운데 fraternité를 어의語義대로 '형제애'라 하지 않고 '박애博愛'라고 하는 이유는 무엇일까?

인터넷 사이트를 검색해보면 우리나라의 거의 모든 사람들이 프랑스 혁명의 정신을 자유-평등-박애로 '오해'하고 있음을 확인할 수 있다. 이러한 현상에 대해 역사가들은 책임을 져야 할까? 중고등학교 교과서와 대학의 교재들을 살펴보면 자유-평등-박애가 나오지 않는 것은 아니지만, 다행스럽게도 '박애' 대신 '우애友愛'라는 말도 눈에 띈다. 일찍이, 프랑스 혁명사 연구의 선구자인 민석홍 교수는 프랑스 혁명의 정신을 자유-평등-우애로 정의한 후, 'fraternity를 박애博愛로 번역하는 것은 잘못이며, 일반적으로 말하는 박애정신과는 다르다'라고 일침을 가했다.[1] 그러나 우애友愛라는 말은 형제 사이의 정情이라는 뜻과 함께 친구 사이의 정情이라는 뜻도 가지고 있으므로 오해의 소지가 없지 않다. 사람과 사람의 관계를 친구 관계로 보느냐 형제 관계로 보느냐는 프랑스 혁명의 이미지를 다르게 형성하기 때문이다. 따라서 비록 우애라는 말이 잘못된 번역은 아닐지라도 원어에 충실하게 '형제애'로 옮기는 것이 옳다고 말할 수 있다. 다행스럽게도, 방송통신대학교의 《문화사》에는 다음과 같이 정확하게 정의되어 있다. "프랑스 혁명은 자유, 평등, 형제애의 이념을 표방한 시민계급을 중심으로 절대주의적인 구체제를 타도했던 전형적인 시민 혁명이었다."[2]

이제 fraternité는 박애나 우애가 아니라 형제애로 옮겨야 한다. 그런 다음에 필요한 일은 어떤 사람들이 형제애라는 말을 사용했으며, '형제'의 의미와 외연外延이 혁명 과정 속에서 어떻게 변해갔는지를 살펴

시민 혁명의 전형이라고 불리는 프랑스 혁명. 후세인들은 프랑스 혁명을 위대하다고 평가하지만 당대인들에게는 공포의 나날이었다.

보는 일일 것이다. 당연히 형제애로 옮겨야 하는 것을 박애로 옮긴 것은 프랑스 혁명에 대한 자발적인 미화의 결과가 아니었을까 싶다. fraternité라는 말의 역사를 살펴보면서 우리의 낭만적인 역사 인식을 재고해보자.

프랑스 혁명과 삼색기

크쥐시토프 키에슬로프스크 감독이 만든 3부작 영화 〈블루〉, 〈화이트〉, 〈레드〉는 자유, 평등, 박애를 상징하는 것으로 알려져 있다.

본론으로 들어가기 전에, 맹목적인 프랑스 예찬의 사례를 하나만 더 들어보겠다. 만약, 퀴즈에 나가서 프랑스 국기의 색깔인 청색, 백색, 적색이 무엇을 상징하느냐는 문제에 답해야 한다면, 당연히 자유-평등-박애라고 말해야 한다. 유식을 과시하기 위해 자유-평등-형제애라고 대답하면 아마 틀렸다고 할 것이다. 크쥐시토프 키에슬로프스크 감독이 만든 3부작 영화 〈블루〉, 〈화이트〉, 〈레드〉는 프랑스 혁명의 3대 정신인 자유, 평등, 박애를 상징하는 것으로 되어 있다. 그런데 조금 이상하지 않은가? 청색이 자유를 상징하고, 백색이 평등을 상징하고, 적색이 박애를 상징한다고 어디에 나와 있는가? 적색은 적십자赤十字를 통해서 박애를 상징하는가? 적군赤軍을 통해서 평등을 상징하지는 않는가? 백색은 전통적으로 국왕을 상징하는 색깔이라는 점에서 평등과는 거리가 멀지 않은가? 로베스피에르의 공포정치에 대한 반동으로 퍼졌던 '백색 테러'가 백색의 의미를 잘 말해준다. 삼색기 역시 프랑스 혁명기에 등장했기 때문에 그 각각의 색이 자유-평등-박애를 상징한다고 말하는 것은 낭만적이기는 하지만 아무 근거가 없다. 이 역시 우리의 자발적인 프랑스 예찬의 소치가 아닐까 싶다.

역사적인 사실은 이렇다. 1789년 7월 17일, 그러니까 바스티유 감옥이 함락된 지 3일 후, 당시 베르사유에 있던 국왕 루이 16세는 파리 시장인 바이이의 권유로 국민방위대 사령관인 라파예트와 함께 파리로 올라왔다. 시청 청사 전면에는 백색, 청색, 적색이 결합된 새로운 깃발이 휘날리고 있었다. 마차에서 내린 루이 16세는 이 광경을 보고 놀랐다. 삼색기는 처음 보는 것이었기 때문이다. 원래 국민방위대는 파리를 상징하는 적색과 청색으로 이루어진 이색휘장을 착용했는데, 여기에 라파예트가 국왕을 상징하는 백색을 추가한 것이다. 루이 16세는 바이이가 이 삼색 휘장을 주며 착용할 것을 요청하자 당황했다. 그러나 달리 어떻게 할 도리가 없었다. 태양왕의 후손은 삼색 휘장을 받아 모자 뒤에 걸었다. 1792년 7월 4일의 법은 삼색 휘장의 착용을 의무화했으며, 1794년 2월 15일 삼색기를 국기로 정했다.

전통적으로, 프랑스의 국왕들은 이 세 가지 색을 다른 용도로 사용했다. 청색 깃발은 샤를마뉴의 대관식 때에 게양되었으며, 클로비스가 고트족과 그리고 샤를 마르텔이 사라센과 싸울 때 깃발로 사용한 생 마르탱의 장포제의長袍祭衣 색깔이었다. 클로비스부터 샤를 10세까지 국왕의 망토는 청색이었으며 백합꽃 금장식이 새겨져 있었다. 백합꽃은 클로비스의 축성식 전날에 천사가 클로비스의 부인 클로틸드에게 전해준 것이었다고 한다. 카페 왕조 이후, 국왕의 깃발은 왕국의 수호자인 생 드니의 적색 국왕기였다. 백색은 잔다르크의 깃발 색깔이며, 순결을 상징하고, 샤를 7세가 랭스에서 축성될 때 사용되었다. 백색은 1638년부터 1790년까지 국왕기의 색깔이었다.

삼색기는 국왕을 상징하는 백색과 파리를 상징하는 청색·적색을 결합한 것이다. 백색을 가운데 놓은 이유는 국왕과 혁명 파리가 손을 잡았음을 상징하는 것이겠지만, 어쩌면 혁명이 국왕을 가운데에 놓고 감시하는 것을 상징하는지도 모른다.

왕정복고 시대에 백색기는 과거의 영광을 되찾았으나 루이 필립은 갈리아의 닭을 얹은 삼색기를 사용했다. 1848년 2월 혁명 이후 임시정부는 삼색기를 사용한 반면, 민중은 바리케이드 위로 적색기를 휘날렸다. 제3공화국 시대에 와서 삼색에 대한 합의가 이루어졌고, 제5공화국 헌법(1958) 제2조에는 삼색기가 공화국의 국가 엠블렘으로 정해졌다. 바로 그 조항에 "공화국의 표어는 자유, 평등, 형제애"라고 규정되어 있다. 엄밀히 말하면, 자유-평등-형제애는 프랑스 혁명의 표어가 아니라 공화국의 표어인 것이다.

프라테르니테의 다양한 의미

이제 언어의 역사로 들어가보자. "우리는 형제다", "우리는 형제가 되어야 한다"라고 말할 때 '형제'의 의미는 무엇일까? 프랑스 혁명기에 그 말이 어떻게 사용되었는지를 역사적으로 살펴보기 전에 먼저 그 말의 다양한 용례를 집어보자.

형제는 한 가족의 구성원이다. 따라서 형제애는 가족 구성원 모두를 결합시키는 연대의식이다. 가족이라 함은 본래 의미의 가족일 수도 있지만, 그 외연이 확대되어 동일한 목적과 이상을 함께 나누는 조직, 공동체, 나아가 최종적으로는 인류사회를 하나의 가족이라고 생각할 수도 있다. 이렇게 확대되었을 때 fraternité는 동지애 및 박애의 의미를 지니게 된다.

형제frère, fraternité란 원래 남자 형제들을 가리킨다. 여자 형제라는 말이 없는 것은 아니지만, 우리말의 경우에도 여자 형제를 부르는 자매라는 말이 있듯이, 불어의 경우에 여자 자매들 사이의 관계를 fraternité라고 부르는 것은 매우 드물다. 한 가족 내에서 남자 형제들과 여자 형제들 사이의 관계를 fraternité라고 부르는 것 역시 드물다. 페미니스트들은 형제애가 원래는 자매를 배제하는 말이라는 점에 주목할 수 있을 것이다.

형제란 이성적이고 계약적인 관계가 아니라 정情적인 관계이며, 혈연적인 또는 유사혈연적인 관계이다. 형제의 관계는 피에 새겨진 관계이며 피를 함께 나눈 관계이기 때문에 인간이 인위적으로 해체할 수 없다. 그것은 계약에 의해 결합되고 해체되는 이해집단이 아니다. 형제란 공동체의 관계이다. 형제의 관계에 들어가면 개인은 그 공동체의 이상을 위해 봉사하고 희생해야 한다. 형제의 공동체적 관계 속에서 개인과 자유는 해소된다. 자유-평등-형제애라는 관계에서 볼 때, 형제애는 평등과 가까운 반면 자유와는 잘 어울리지 않는다. '사회계약'을 계몽사상의 언어라고 본다면 이러한 점에서 형제애는 계몽사상과 차이가 있다.

형제란 공동체의 관계라는 점에서 평등한 관계이다. 법적인 평등이 사실상의 불평등을 내포하고 있는 데 반해 그것은 완전한 평등을 지향한다. 가족 내에서의 차별뿐만 아니라 사회 내에서의 계급과 신분의 차이, 나아가 인종, 종교, 국적 등의 차별 해소를 지향한다는 점에서 형제애는 박애를 포함하고 있다. 또한 경제적인 의미에서, 형제는 재산을 소유하고 향유하는 데 있어 평등을 지향한다는 점에서 공동소유를 이상으로 삼는다. 이러한 의미에서 형제는 프랑스 혁명의 이념 가운데 하나였던 소유권과 대립한다.

형제는 혈연적이고 공유적인 관계이기 때문에 싸우지 않는다. 싸우던 사람들도 싸움을 멈출 때는 서로 형제로서의 유대를 맺는다. 즉 형제는 평화의 관계이다. 모든 사람이 형제일 때는 싸울 일이 없다. 그러한 이상에 도달하기 위해서는 '형제 되기fraternisation'를 계속해야 한다. 이러한 '형제 되기'는 내부의 적을 색출하고 외부의 적에 대항하기 위해서 이루어진다. 외부의 적에 대항하기 위해 형제끼리 똘똘 뭉치는 것이다. 적에게 둘러싸인 형제들은 한 몸을 이룬다. 형제는 기본적으로 화해와 평화의 언어이지만 적에 대한 방어적인 일체성의 언어이며 투쟁의 언어이기도 하다. fraternité와 폭력의 이중적인 관계는 프랑스 혁명의 역사에서도 잘 드러난다.

이처럼 fraternité는 다의적이고, 유연한 개념이다. 그것은 사용하는 사람과 상황에 따라 각각 다른 의미를 내포하고 있다. 형제frère, 형제애 fraternité는 대단히 오래된 말이다. 그것은 프랑스 혁명기에 와서 갑자기 등장한 말이 아니다. 우선 그 말은 기독교 사회에서 널리 사용되었다. 가톨릭교회는 물론이고 이단들마저도 널리 암송한 '주의 기도'는 "하늘에 계신 우리 아버지"에게 바치는 기도이며 이 기도를 바치는 사람들은 모두 '형제'이다. 바울 사도를 비롯한 사도들은 '형제들'에게 전교했다. 보쉬에는 다음과 같이 말했다. "하느님께서는 사람들을 유일하신 분에게서 나게 하심으로써 그들에게 형제애fraternité를 심어주셨다."

'형제'는 수도자들을 지칭하는 말로도 사용되었는데, 도미니코 수도회의 수도자들은 '설교자 형제들frères prêcheurs'로, 프란체스코 수도회의 수도자들은 '작은 형제들frères mineurs'로 불렸다. 이렇게 형제라는 말이 기독교적인 의미를 지니고 있음은 분명하다. 그러나 이러한 기독교적인 성격이 '형제애'라는 말의 확산에 도움이 되었는지 아니면 장애가 되었는지는 판단하기 어렵다. 프랑스 혁명이 탈기독교화로 치달았음은 분명하지만, 기독교적인 언어라는 이유로 fraternité마저 포기하지는 않았기 때문이다. fraternité를 포기하는 것은 기독교 신앙 자체에 손상을 입히는 것이었는데, 대다수의 혁명가들이나 국민들은 신앙의 포기를 원하지 않았다. 게다가 프랑스 혁명의 이상과 기독교는 fraternité 라는 점에서 서로 일치하는 면이 있었다. 모나 오주프는 '형제애'의 기독교적 기원 때문에 혁명기에 '형제애'라는 말이 확산되는 데 어려움이 있었다는 주장을 일축하면서 다음과 같이 강조한다. "기독교와 혁명의 유연類緣관계야말로 자유와 평등 옆에 형제애가 나타나 또 다른 삼위일체로 여겨졌던 것을 완성한 것을 설명해준다."[3]

　fraternité는 봉건사회에서도 사용되었다. 대표적인 것이 fraternité d'armes(무기의 형제)이다. 이 말은 기사들이 어떠한 경우에도 서로 도울 것을 약속하며 맺는 관계를 가리켰다. 프랑스 혁명기에 농촌과 도시의 주민들이 상호 원조를 약속하며 우선은 지방적인 차원에서 연맹 fédération을 결성한fraterniser 후 점점 확대하여 1790년 7월 14일에 국가적 연맹을 결성한 것은 전통적인 '무기의 형제'와 무관하지 않다. 아울러 봉건 주군과 봉신의 신종 관계에서도 이러한 혈연적인 관계를 찾아볼 수 있다. 애초에는 불평등한 두 사람이 만나 맹세를 하고 손잡기와 입맞춤을 하여 맺어진 주군과 봉신의 신종 관계는 어떠한 성격을 지니는 것일까? 블로크는 신종선서를 통해 두 사람이 '친구'가 되었다고 파악한 반면, 르 고프는 '형제'가 되었다고 파악한다.[4] 여기에서 르 고프의 설명을 따른다면, 봉건사회의 전반적인 성격은 혈연적인 성격을 지향한다고 말할 수 있다.

　'친구'인가 '형제'인가 하는 문제는 fraternité를 우애가 아니라 형제애로 옮겨야 한다는 문제와 관련해서 흥미로운 논점을 제공한다. 린 헌트가 이에 대해 재미있는 이야기를 하고 있으니 잠시 귀를 기울여보자. 저명한 혁명사가인 린 헌트는 왜 프랑스 혁명의 기치가 자유-평등-형제애였는지, 왜 여성과 부모들은 사라지고 남자 형제들의 단결을 의미하는 형제애가 핵심적인 슬로건이 되었는지를 자문한다. 이 문제를 해결하기 위해 린 헌트는 프로이트 심리학 용어인 '가족 로망스'를 포착한다. 가족 로망스란 "이제 자신이 낮게 평가하게 된 부모로부터 자유로워지고, 더 높은 사회적 지위를 가진 다른 사람들로 부모를 대체하고자 하는" 신경증 환자의 환상을 가리키는 것이었다. 헌트는 심리학 개념의 도움을 받아 당대의 소설, 회화, 판화, 신문기사에서부터 각종 팸플렛, 포르노그라피, 멜로드라마 등 온갖 자료를 섭렵한 후, 프로이트의 이론을 역사적으로 확인한다.[5] 헌트의 말을 직접 들어보자.

> 가족 권력의 새로운 구성에서 왕 부부가 제거되자, 아직 연약한 자유와 평등이라는 자매를 보호할 임무를 맡은 것은 혁명가들의 형제애였다. 새로운 공화국의 표현 방식에서 아버지의 존재는 전혀 보이지 않는다. 어머니도 아주 젊은 어머니를 제외하고는 없는 셈이다. 가족 구성원에서 부모가 없어지고 형제가 새로운 세상을 창조하며 고아가 된 자매를 돌보는 역할을 맡게 된 것이다. 때로는, 특히 1792~1793년 사이에는 자매들도 적극적인 혁명 참여자로 간주되었다. 하지만 대부분의 경우 그들은 보호해야 할 대상으로 표현되었다. 공화국La République(여성형)은 소중히 여겨졌지만, 이를 지탱하려면 인민le Peuple(남성형), 즉 대단한 남성적인 힘에 의존해야 했던 것이다.[6]

솔직히, 린 헌트의 설명은 심리학 이론의 사실 확인이며, 또 불어 단어의 성性—예컨대, 자유, 평등, 공화국은 여성이며, 인민은 남성이고, 형제애는 여성이지만 내용으로는 남성이다—에 의존한 언어유희적인 면이 없지 않아, 재미있는 설명 이상의 진지한 의미를 인정하기 어렵다. 그러나 우리의 논의와 관련해서 보면 fraternité가 친구 사이의 우애가 아니라 형제애임을 나름대로 뒷받침해준다.

혁명가들의 프라테르니테와 민중의 프라테르니테

지금까지 형제, 형제애 등의 단어는 프랑스 혁명 이전부터 사용되어 온 말임을 살펴보았다. 프랑스 혁명 직전의 상황을 파악하기 위해 디드로의 《백과전서》를 펼쳐보면, 형제, 형제애 등의 단어를 찾아볼 수 있다. 그러나 이들에게 더 중요했던 단어는 자유와 평등이었다. 자유와 평등에 대해서는 10여 페이지가 넘는 긴 설명이 나와 있지만, 형제애에 대해서는 고작 몇 줄의 설명에 불과하다.[7] 계몽사상가들 가운데 형제라는 말을 가장 자주 사용한 사람은 루소였다. 루소는 기독교 속에서 모든 사람은 동일한 신의 자식이기 때문에 서로를 형제로 생각한다고 보았다. 그러나 루소에게 있어서 기독교는 국가를 세우는 데 이롭다기보다 해로운 것이었다. 왜냐하면 기독교는 하늘의 것들과 개인의 도덕적 완전함에만 몰두하여 예속과 굴종만을 가르치기 때문이었다. 그는 달랑베르에게 보내는 편지에서 다음과 같이 회고한다.

오! 내가 젊었을 때 행하던 놀이와 축제는 어디 있는가? 시민들의 화합concorde은 어디 있는가? 공적인 형제애fraternité는 어디 있는가? 순수한 기쁨과 진정한 환희는 어디 있는가? 평화, 자유, 평등, 순수는 어디 있는가?

계몽사상가들이 형제애라는 전통적이며 기독교적인 말에 대해 그다지 관심을 보이지 않은 반면, 프리메이슨la franc-maçonnerie은 이 단어를 빈번하게 사용했다. 1735년의 규약에는 프리메이슨의 의무가 다음과 같이 규정되어 있다. "그들은 상호 간에 형제적인fraternelle 우정을 키워나가야 한다. 이것은 고래의 존경할 만한 형제애fraternité의 토대요 영광이다." 프리메이슨이 프랑스 혁명에 끼친 영향은 무시할 수 없다. 1,315

명의 제헌의원 가운데 최소 200명이 프리메이슨이었다. 혁명가들이 편지 서식에서 '형제들과 친구들에게frères et amis' 라고 쓰고, '안녕, 형제애salut et fraternité' 라고 끝맺는 것은 프리메이슨의 서식에서 나온 것이며, 미슐레에 따르면 1789년 10월부터 형제애의 표식이 되었던 삼색 휘장 역시 프리메이슨의 상징에 속하는 것이었다. 뿐만 아니라 자유-평등-형제애 역시 프리메이슨의 의무 속에 포함되어 있었다. 1790년 파리의 프리메이슨 지부는 다음과 같은 회장回章을 작성했다.

> 루소, 마블리, 레날이 인간의 권리에 대한 책을 써서 유럽에 계몽의 빛을 던지기 수세기 전에 이미, 우리 프리메이슨은 진정한 사회성의 원리를 실천해왔다. 우리는 오래전부터 사람들을 불행하게 만들어왔던 오류와 편견을 멀리해왔기 때문에 그만큼 더 평등, 자유, 형제애라는 의무를 이행하기 쉽다.

프리메이슨이 '형제애'에 집착한 것은 분명하다. 그러나 그들은 형제애를 확산시키는 데 근본적인 한계를 가지고 있었다. 왜냐하면 그들은 엘리트주의를 견지했기 때문이다. 프리메이슨은 비기독교인, 배우, 임금생활자 등에게는 문호를 개방하지 않았다. 그들은 고대의 편견을 이어받아 이들이 물질적으로 너무 의존적이며 너무 무지해서 자유인으로 행동할 수 없다고 보았다. 한 마디로, 그들은 모든 프랑스인이 아니라 '선량한 프랑스인들' 만이 진정한 형제가 될 수 있다고 생각했다. 프리메이슨은 형제애를 주장했음에도 불구하고 하느님이 인간사회에 만들어놓은 위계질서를 전복시키려 하지는 않았던 것이다.

하느님이 정한 질서 내에서의 형제애라는 기독교적이고 프리메이슨적인 형제애는 민중을 만족시킬 수 없었다. 민중들은 연맹fédération

조라Jeaurat가 그린 장 자크 루소와 프랑스 혁명의 상징들.

을 결성했다. 1789년 여름, 프랑스 각 지역에서는 연맹이 급증했다. 이들은 동등자의 선서를 했으며, '형제애로fraternellement 결합' 했음을 선언했다. 그들은 모두가 자유민임을 확인했다. 비록 자유-평등-형제애라는 것이 구체적으로 명시되지는 않았지만, 이들의 선언 속에는 그것이 깃들어 있었다. 지방적인 차원의 연맹은 1790년 7월 14일의 연맹제를 통해 국가적인 연맹으로 탄생했다. 그날, 샹드마르스 광장에서, 탈레랑은 30만 명이 지켜보는 가운데 '조국의 제단' 에서 장엄한 미사를 올렸다. 이날 행해진 많은 선서들 가운데 형제애와 관련해서 중요한 것은 라파예트의 선서이다. 그는 국민, 법, 국왕에게 충실할 것, 헌법을 지킬 것, 인신과 재산의 안전을 보호할 것, 곡물 유통의 자유를 보장할 것, 세금 징수를 쉽게 할 것 등을 약속한 다음, 마지막으로 "형제애fraternité의 파기할 수 없는 결합에 의해 모든 프랑스인들과 일체가 될 것"을 선서했다. 이 문장은 조국의 제단에 새겨졌다. 이어서 국왕은 국민nation과 법에 충실할 것을 선서했고, 민중은 화합이 되찾아진 것을 환호로 맞이했다.

이날 라파예트가 선언한 형제애의 내용은 화합이었다. 다시 말해서, 그것은 평등이 아니었다. 루이 16세는 연맹제에 모여든 사람들이 자기와 동등한 시민이라고 생각하지 않았다. 그는 "국왕은 그들의 아버지이며, 그들의 형제이며, 그들의 친구"라고 말했다. 국왕은 여전히 전통적인 온정주의를 지니고 있었던 것이다. 의회에서 어떤 귀족 대표는 "형제라고 부르지 마라"고 거절하기도 했다. 장기적으로, 민중들은 이 같은 화합의 메시지에 만족할 수 없었다. 모든 프랑스인이 일체라고 선언하는 것은 혁명의 적인 귀족에 대한 투쟁 의지를 희석시키는 말이 아닌가? 그리고 그것은 전통적인 질서 속의 형제애로 회귀하는 것이 아닌가? 선거권도 갖고 있지 못한 수동적 시민은 어떻게 되는가? 연맹들은

프랑스의 정치가이자 혁명가인 라파예트. 1790년 7월 14일, 샹드마르스 광장에서 열린 행사에서 형제애와 관련된 선서를 했다. 하지만 그가 말한 형제애는 평등이 아니라 화합의 의미를 가지고 있었다.

처음에는 프랑스인의 화합이라는 의미의 형제애에 공감했으나, 1792년 여름 이후 상퀼로트를 중심으로 정치적, 사회적 평등을 내포하는 형제애의 목소리가 높아졌다.

이렇게 두 가지 의미의 형제애가 길항했다. 단순하게 구분해서 부르주아지가 말한 형제애의 내용은 화합이었던 반면, 민중이 말한 형제애의 내용은 평등이었다. 민중이 형제애라는 단어를 통해 법적인 평등만이 아니라 실제적인 완전한 평등을 요구할수록 부르주아지는 형제애라는 말의 사용을 자제하고 경계했다. 부르주아지 군대였던 파리 국민방위대의 깃발을 보자. 60개의 깃발 가운데 오직 한 개의 깃발에만 "법의 지배 아래에서 형제로 살자"로 적혀 있으며, 그나마도 "하느님을 두려워하고 국왕을 존중하자"라는 가르침으로 그 의미가 반감되었다. 가장 많이 사용된 단어는 자유, 힘, 법, 조국, 자유롭고 정의로운 국왕, 일체, "승리할 것이냐 죽을 것이냐", "자유롭게 살 것이냐 죽을 것이냐" 등이었다. 부르주아 혁명가들이 형제애라는 말에 유보적이었다는 사실은 '헌법동지회' 멤버들의 연설방식에서도 엿볼 수 있다. 이들이 '신사들이여messieurs'라는 인사 대신 '형제들이여, 친구들이여'라는 인사를 하는 것은 1791년 4월 이후이며, 국왕 탈출 사건과 샹드마르스 발포 사건(1791년 7월 17일) 이후 변경된 클럽의 이름은 '자유와 평등 동지회'였다. 이 새로운 이름에 형제애의 자리는 없었다.

1792년 8월 10일 왕정 붕괴 이전, 그러니까 민중이 정치에 깊숙이 개입하기 이전, 형제애는 상대적으로 약한 단어였다. '인간과 시민의 권리선언'에는 '자유', '평등'이 나올 뿐 '형제애'는 나오지 않는다. 혁명 초기 2년 동안 거의 공식적인 구호로 사용되었던 것은, 연맹제의 선서에서 볼 수 있듯이, 국민-국왕-법이었다. 부르주아 혁명가들이 사용한 형제애라는 말은 법적인 평등, 즉 사회적 불평등을 무마하려는 화합의 메시지였다. 이제 정치에 개입하기 시작한 민중은 사회적 불평등을 고발하기 위해 형제애라는 구호를 동원했다. 형제라면 마땅히 평등해야 하는 것 아닌가?

전쟁은 새로운 의미의 형제애를 요구했다. 내우외환의 위기가 심해지면서 공화국의 일체성과 불가분성을 지키는 것이 지상 과제가 되었다. 국민공회는 중앙집권체제를 강화했고, 과거 연맹제의 언어였던 형제애는 분열적인 음모를 지니고 있다고 의심했다. 거기에서 지롱드 당의 연맹주의를 느꼈기 때문이다. 민중은 '형제 되기'를 거듭하면서 적과 동지를 구분했다. 과거의 형제애가 화합적이고 평화적인 언어였다면 이제 형제애는 내부의 적을 색출하는 공격적이고 폭력적인 언어가 되었다. "자유민들에게 있어서 중립은 없다. 형제가 아니면 적이 있을 뿐이다"라는 식의 말들이 횡행했다. 형제애는 시대가 요구하는 '공화국의 일체성과 불가분성'을 지킨다는 일체성의 의미를 지니게 되었다. 민중의 눈에는 많은 구호들 가운데 특히 '형제애 아니면 죽음'이라는 구호가 그것을 상징하는 것으로 보였다. 혁명의 주도권을 놓고 민중과 싸우던 부르주아 혁명가들은 민중의 과격하고 폭력적인 언어에 대해 경계를 늦추지 않았다. 로베스피에르가 작성한 혁명력 2년 화월花月 18일(1794년 5월 7일)의 보고서를 보자.

최고 존재의 진정한 사제는 자연입니다. 그것의 신전은 우주입니다. 그것이 숭배하는 것은 덕德 vertu입니다. 그것의 축제는 보편적 형제애의 부드러운 매듭을 조이고 다감하고 순수한 마음을 가진 사람들의 존경을 바치기 위해 그것의 눈 아래에 모인 위대한 사람들의 즐거움입니다.

로베스피에르가 사용한 형제애는 여전히 '부드러운' 화합의 언어였다. 그는 에베르와 쇼메트의 추종자들이 형제애를 반혁명적인 수단으로 동원하는 것을 경계했다. 부르주아 혁명가들은 형제애를 축제에 가두려 했지만, 민중은 형제애를 사회적 평등과 결합시켰다. 전체적으로 볼 때, 형제애의 역사에서, 형제애는 민중의 개입으로 혁명이 궤도에서 일탈하던 기간 동안에만 그 역시 일탈했을 뿐, "테르미도르 반동" 이후에는 다시 축제적인 화합의 의미를 지니게 된다.

프랑스 혁명기의 산악파 정치가인 카미유 데물랭. 1789년 7월 12일 바스티유 감옥 공격 직전의 선동연설로 민중을 자극하여 유명해진 인물이다. 자유-평등-형제애를 처음 제시한 사람 가운데 한 명이다.

프랑스 혁명기의 자유-평등-형제애

우리가 흔히 프랑스 혁명의 표어로 알고 있는 자유-평등-형제애는 사실 1848년 제2공화국 헌법에 규정된 표어이다. 앞에서도 살펴보았지만 막상 혁명기에는 자유, 평등, 형제애 외에도 여러 가지 말들이 사용되었으며, 자유, 평등, 형제애가 가장 중요한 말도 아니었다. 더구나 형제애는 더욱 그러했다. 그렇지만 1848년의 혁명가들이 무無의 상태에서 자유-평등-형제애를 만들어낸 것은 아니었다. 혁명기에도 이 공화국의 공식 표어가, 비록 프리메이슨의 경우가 보여주듯이 순서가 항상 자유-평등-형제애는 아니더라도, 사용된 경우가 있었다. 그 가운데 몇 가지를 살펴보자.

카미유 데물랭은 1789년 7월 14일에 일어난 봉기에 가담했고, 후일 당통과 함께 로베스피에르의 공포정치에 반대하다가 처형당한 혁명가인데, 자유-평등-형제애를 처음 제시한 사람 가운데 한 명이다. 그는 1790년 7월 14일의 연맹제에 대해, "7월 14일의 축제는 우리로 하여금 카페 씨〔루이 16세〕를 우리와 동등한 사람으로 보게 하지는 않을지 모르지만 적어도 모든 사람, 모든 인민을 우리의 형제로 보게 해준다"라고 감격한 다음, "모든 것에 대해 선서한 후, 시민 병사들이 서로의 가슴에 몸을 던지며 자유, 평등, 형제애를 약속하는 것은 참으로 감동적인 광경이었다"고 기술했다. 데물랭의 동료였던 로베스피에르는 1790년 말에서 1791년 4월 사이에 국민방위대의 조직에 대한 구상을 발표하면서, 국민방위대의 복장에 자유-평등-형제애라는 단어를 새길 것을 제안했다.

클로드 포셰는 고위 성직자로서 프랑스 혁명에 가담한 인물이다. 그는 혁명 초에 프리메이슨 지부를 '사회적 서클'이라는 혁명 클럽으로 전환시켰으며, 입법의회와 국민공회에서 지롱드파에 동조하다가 처형되었다. 1791년 2월 4일, 포셰는 노트르담 성당에 모인 파리의 주요 혁명가들 앞에서 "자유와 평등과 전 인민의 전체적인 형제애의 시대에, 우주를 에워싸고 있는 어두운 그림자를 뚫고 나가야 한다"라고 말하고 나

대표적인 선서파 사제인 그레구아르 신부. 그는 종교가 형제애, 평등, 자유를 준다고 말했다.

서, '형제애'에 대해 여러 차례 부연 설명을 한 후 다음과 같은 결론을 맺었다.

> 그러므로, 전체적인général 형제애와 보편적인universel 평등과 전세계적인œcuménique 자유의 제도를 받아들인 프랑스의 전체 의회와 프랑스인들의 왕에게 존경을, 불멸의 영광을 드립니다.

혁명에 가담한 성직자로 그레구아르 신부를 빼놓을 수 없다. 그레구아르는 성직자 대표로 삼신분의회에 참여한 후, 제3신분에 가담했고,

제헌의회에서 극좌파를 대표한 인물이다. 그는 모든 특권의 폐지와 보통선거권을 주장했으며, 성직자 민사 기본법에 가장 먼저 선서했다. 국민공회에서는 유대인에게 시민권을 주고 노예제를 폐지하는 법안을 가결시키는 데 기여했다. 그는 1791년 9월 26일, 의회 연설에서 종교는 "하늘의 딸이며, 우리에게 형제애, 평등, 자유를 준다"라고 말했다.

이렇게 자유-평등-형제애가 혁명기에 나타난 사례를 살펴보았다. 이 세 단어는 이러한 순서로 나타나기도 하고 다른 순서로 나타나기도 하며, 또 세 단어 가운데 하나가 빠진 채로 나타나기도 하고 다른 단어들이 첨가된 상태로 나타나기도 한다. 두 단어가 나타나는 경우에는 형제애가 빠진 경우가 많은데, 그 이유는 혁명가들이 한편으로는 형제애에 담겨 있는 민중의 완전 평등 요구를 부담스러워했기 때문이고, 다른 한편으로는 형제애에 담겨 있는 평화의 메시지를 경계했기 때문이다. 형제애는 자유-평등에 비해 덜 중요한 말이었다.

이제, 자유-평등-형제애에 다른 단어들이 첨가된 경우를 살펴보자. 우선, 1789년 〈인권선언서〉의 본문 위에는 다음과 같은 문구가 장식되어 있다.

해방된 인간의 지복至福

형제애

자유　　　자연의 지배　　　평등

1793년 7월 3일, 파리 도의회道議會는 파리 도에 있는 모든 건물 정면에 다음과 같은 단어들을 새기도록 요청했다.

공화국의 일체성과 불가분성 ; 자유, 평등, 형제애가 아니면 죽음을

1789년의 인권 선언서. 자유─형제애─평등 외에도 '해방된 인간의 지복', '자연의 지배' 같은 말들이 장식되어 있다.

이 같은 단어를 새기게 한 이유는 파리가 공화국의 일체성과 불가분성을 원치 않는 무정부주의자들의 소굴이라는 악선전을 잠재우고, 시민들이 이러한 일체성과 불가분성을 지킨다는 맹세를 죽을 때까지 버리지 않는다는 것을 공식적으로 약속하도록 하기 위함이었다. 이 단어들 가운데 핵심적인 단어는 '공화국의 일체성과 불가분성'이었는데, 그 이유는 당시 혁명 정부가 대내외적으로 전쟁 상태에 빠져 있었기 때문이다.

또 다른 예를 살펴보자. 국민공회가 승인한 인권표Table des droits de l' Homme 장식 모티브를 보면, 가운데에는 해방된 노예의 모자인 붉은 모자bonnet rouge가 있는데 이는 물론 자유를 상징한다. 그 아래 한 가운데에는 핵심이 무엇인가를 보여주기 위해서인 양 '공화국의 일체성과 불가분성'이 쓰여 있다. 왼쪽 약간 위에는 깃발이 있는데 거기에는 '자유, 평등'이 쓰여 있고 오른쪽에는 '형제애 아니면 죽음'이라고 쓰여 있다.

후일 이 단어들은 기이한 운명을 겪게 된다. "테르미도르 반동" 이후, 공포정치를 상징하는 '죽음'이라는 단어에 대한 거부감이 높아지면서 건물 정면에 새겨진 글자의 전부 아니면 적어도 '죽음'이라는 글자를 지우는 움직임이 일어난다. 이 과정에서 '죽음'과 가까이 있던 '형제애'에 대해 오해가 발생한다. 단어들의 조합에서, 물론 항상 그런 것은 아니었지만, '형제애 아니면 죽음'이 함께 나오는 경우가 많았다. 원래 이 단어들의 의미는 죽을 때까지 자유, 평등, 형제애를 지킨다는 뜻이었으나, 이렇게 '형제애 아니면 죽음'만 따로 떼어놓고 보니, 그것은 죽을 때까지 형제애를 지킨다는 뜻 외에도 '형제가 되지 않으면 죽이겠다'는 뜻으로도 해석되었다. 완전한 평등, 화합을 상징하던 말이 이제는 적에게 죽음을 위협하는 무서운 구호로 여겨지게 된 것이다. 또 공포정치를 고발하는 데 있어서 죽음과 가장 거리가 먼 형제애라는 단어를 대조시키는 것만큼 충격적이고 효과적인 방법도 없었다. '형제애 아니면 죽음'이

공화국의 상징물. 위에는 자유를 상징하는 붉은 보네 모자가 있고, '산악파 만세'라는 구호 아래 헤라클레스가 악을 때려잡고 있다.

라는 구호가 단독으로 나온 적은 없으나 적어도 민중의 집단 심리 속에서는 조합상의 우연에 의해 무시무시한 죽음의 사자로 인식되었던 것이다. 이것은 '형제애'를 혁명의 언어에서 떼어놓는 데 한몫한다.

그렇다고 해서, "테르미도르 반동" 이후에 형제애가 사라졌거나, 혹은 자유-평등-형제애가 사라진 것은 물론 아니었다. 그레구아르 신부는 공식 문서의 서두에 자유-평등-형제애를 사용했으나 공식 표어로 채택되지는 않았다. 시대의 분위기를 반영하는 것은 다음과 같은 판화일 것이다. 한 상퀼로트가 헌법을 짓밟고 있는데, 그가 쓰고 있는 보네 모자에는 자유라는 단어가 새겨져 있고, 그가 들고 있는 칼에는 형제애라는 단어가 새겨져 있다. 형제애가 폭력을 상징하는 언어로 인식된 것이다. 혁명력 8년부터 공무원들은 다음과 같은 내용의 선서를 했다. "나는 자유와 평등과 대의제에 토대를 두고 있는 하나이고 나눌 수 없는 공화국에 충성을 바칠 것을 맹세한다." '형제애'는 '죽음'이라는 단어와 운명을 함께 하면서 은퇴하고 말았다.

형제애의 부활

프랑스 혁명기에 사용되었던 '형제애'의 의미를 살펴보았다. 단순화에 따른 왜곡의 위험이 있지만 다시 한 번 도식화해보자. 자유, 평등에 비해 형제애는 자주 사용된 단어가 아니며 중요한 단어도 아니었다. 1792년 8월 10일 왕정의 몰락 때까지 중요한 표어는 국민-국왕-법이었고, 그 후 "테르미도르 반동" 때까지는 '공화국의 일체성과 불가분성'이 중요한 표어였지, 자유-평등-형제애가 아니었다. 자유-평등이 하나의 상수와 같았다면 형제애는 변수에 해당했으며, 그 의미는 계층적 · 국면적으로 상이했다. 부르주아지 혁명가들은 자유-평등으로 해체되고 개별화된 국민들을 화합시키는 언어로 사용한 반면 민중은 사회적 불평등을 극복하려는 완전 평등의 의미로 사용했다. 전쟁 상황에서 형제애는 국내외의 적에 대한 폭력이라는 의미를 지녔으며, "테르미도르 반동" 이후에는 죽음과 공포를 상징하는 언어로 인식되면서 혁명의 무대 뒤로 밀려났다. 이렇게 형제애는 그다지 높은 평가를 받지 못하던 덕성vertu이었는데, 1848년 2월 혁명 후 제정된 헌법에 당당히 공화국의 표어로 자유-평등과 함께 어깨를 나란히 하게 된다. 그 사이에 무슨 일이 있었던 것일까? 그리고 그 의미는 무엇일까?

1848년의 혁명가들이 형제애를 우대하게 된 것은 우연이 아니다. 그동안 많은 사상가들은 프랑스 혁명기 특히 1792년 8월 이전에 나왔던 형제애에서 사상적 영감을 얻었다. 르루, 부오나로티, 뷔세, 그리고 생시몽, 푸리에, 라코르데르 등은 물론이고, 1848년에 가까이 가면서 라마르틴, 미슐레, 루이 블랑 등이 '형제애'의 소생에 일익을 담당했다. 피에르 르루는 자유-평등-형제애를 "우리 조상들의 신성한 표어"라고 말했다. 라마르틴은 형제애를 기독교의 애덕charité과 동일시했으며, 자유가 모든 것을 해방시켰고, 법 앞에서의 평등이 모든 것을 수평하게 만들었으며, 형제애가 모든 것을 하나로 결합시킬 것이라고 말했다. 반면, 반교권주의자였던 미슐레는 사회적 정의 개념을 제시했다. 그는 부당한 연대連帶의 대가로 획득한 종교의 자식인 '형제애'에 맞서 혁명이 가르쳐준 '형제애', 즉 개인적 책임을 동반하는 정의正義의 형제애를 제시했다. 한편, 루이 블랑은 연맹주의자들의 '형제애'를 애국적 일체성의 토대로 삼으려 했다. 이들의 형제애 관념은 다소 차이는 있지만, 모두 평화적이며 화합적이었다는 점에서 일치했다. 이렇게 소생된 형제애 관념이 사회적으로 확산된 데에는 공동체 운동의 힘이 컸다. 카베, 푸리에 등 초기 사회주의자들의 공동체 운동은 "모든 사람은 형제다"를 구호로 삼았으며, 생시몽의 '새로운 기독교'는 사랑과 형제애에 토대를 두는 종교였다. 2월 혁명의 뇌관을 터뜨린 것은 연회banquet 운동이었다. 2월 혁명은 자유–평등–형제애를 공화국의 표어로 삼고, 1790년 7월 14일의 연맹제로 되돌아가려 했다.

제2제정기에는 다시 권위주의적인 온정주의가 지배하면서 형제애는 테러의 공급자라는 의심을 받았으며, 마르크스로부터는 계급투쟁이라는 사회적 실상을 은폐하는 환상이라는 의심을 받았다. 그렇지만 제3공화국 이후 다시 회복된 공화국 표어로서의 헌법적 지위는 현재까지 계속되고 있다.

형제애, 양날의 칼

박애인가 형제애인가? 대답은 분명하다. 프랑스 혁명기에 등장한 fraternié는 형제애이다. 형제애의 의미를 확대할 경우 박애적 의미의 fraternité를 찾아볼 수 없는 것은 아니다. 프랑스 혁명이 유대인에게까지 시민권을 부여하고 식민지에서 흑인 노예제를 폐지한 것은 박애 정신의 구현으로 볼 수 있다. 국민의회가 "프랑스 국민은 정복을 위한 전쟁의 수행을 포기하고 어떠한 인민이라도 그들의 자유를 해치는 데 무력을 사용하지 않을 것임"을 천명한 것은 박애라는 이상을 선언한 것이다. 로베스피에르는 그러한 말을 했다. "모든 나라의 사람들은 형제이며, 상이한 민족은 동일한 국가의 시민으로서 자기들의 역량에 따라 서로 도와야 한다." 그러나 현실은 그렇지 않았다. 프랑스는 결국 정복전쟁을 수행했으며, 내부적으로 '능동적 시민'과 '수동적 시민'의 차별이 여전히 존재했다. 무엇보다도, 공포정치의 집행자인 로베스피에르가 박애를 말할 자격이 있는가?

프라테르니테의 상징. 백인 아이와 흑인 아이가 포옹하고 있다.

프랑스 혁명은 자유-평등-형제애를 인류사회의 이상으로 제시한 것이다. 새로운 역사의 방향을 제시하는 데 있어서, 프랑스인들이, 유럽인들이 지불한 대가는 너무나 컸다. 자유의 이름으로 흘린 피가 얼마나 많았던가! 평등의 이름으로 얼마나 많은 보복이 자행되었던가! 형제애의 이름으로 얼마나 많은 적이 만들어졌던가! 최갑수 교수가 고심한 대로, 프랑스 혁명의 교훈은 "어떻게 하면 자유를 상실하지 않고 평등을 실현할 것인가"일 것이다.[8] 자유와 평등이라는 적대적 공범자에다가 '형제애'를 붙여놓은 이유는 자유와 평등이 싸움을 벌이지 말라는 의미일 것이다. 자유와 평등을 통해서 앙시앵 레짐의 신분과 특권에서 벗어난 사람들을, 원자화되고 개별화된 사람들을, 다시 하나로 묶어주는 것이 바로 형제애이다.

형제애는 '모든 나라의 사람들이 형제다'라는 이상을 품기도 했지만, 실제로는 국민nation의 테두리 내에 머물고 말았다. 혁명 초 연맹제 선서에서 나타났듯이, 모든 사람이 형제인 것도 아니었으며 모든 프랑스인이 형제인 것도 아니었다. "오늘날 모든 프랑스인은 그가 조국을 공개적으로 배신할 때까지 당신의 형제이다." 프랑스 혁명의 정신 가운데 자유에서 자유주의가 나왔고, 평등에서 사회주의가 나왔다고 본다면 형제애에서 내셔널리즘이 나왔다고 단순화시킬 수도 있을 것이다. 형제애에는 화합의 의미 외에도 적에 대한 폭력이 도사리고 있듯이, 민족주의에도 타자에 대한 배척과 폭력이 도사리고 있음을 상기하고 싶다.

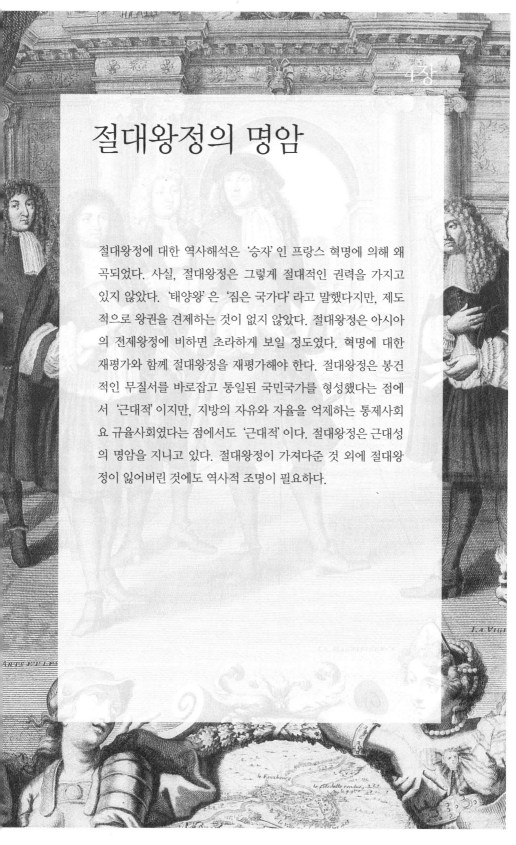

4장

절대왕정의 명암

절대왕정에 대한 역사해석은 '승자'인 프랑스 혁명에 의해 왜
곡되었다. 사실, 절대왕정은 그렇게 절대적인 권력을 가지고
있지 않았다. '태양왕'은 '짐은 국가다'라고 말했다지만, 제도
적으로 왕권을 견제하는 것이 없지 않았다. 절대왕정은 아시아
의 전제왕정에 비하면 초라하게 보일 정도였다. 혁명에 대한
재평가와 함께 절대왕정을 재평가해야 한다. 절대왕정은 봉건
적인 무질서를 바로잡고 통일된 국민국가를 형성했다는 점에
서 '근대적'이지만, 지방의 자유와 자율을 억제하는 통제사회
요 규율사회였다는 점에서도 '근대적'이다. 절대왕정은 근대성
의 명암을 지니고 있다. 절대왕정이 가져다준 것 외에 절대왕
정이 잃어버린 것에도 역사적 조명이 필요하다.

절대왕정의 성격 논쟁

서양의 역사에는 중세 봉건사회와 프랑스 혁명 사이에 '절대왕정'이라는 정치체가 존재한다. 봉건사회는 왕권이 약한 지방분권적인 체제였던 데 반해 절대왕정은 왕권이 강한 중앙집권적인 체제였다. 15~16세기에 왕권이론가들이 사용한 '절대적absolu'이라는 말은 "군주는 법에서 풀려나 있다"(라틴어로 absolvere)라는 뜻으로 왕권이 강함을 말하는 것이다. 절대주의absolutisme라는 말은 프랑스 혁명기에 만들어진 것으로, 군주의 권력은 절대적이어서 어떠한 통제도 받지 않는다는 의미이다.

언어사적으로 볼 때, '절대주의'는 프랑스 혁명기에 태어났다. 따라서 절대주의라는 말은 프랑스 혁명이 혁명의 대의를 정당화시키기 위해 만들어낸 말이 아닌가 의심해볼 필요가 있다. 왜냐하면 사실 '절대주의' 체제의 국왕은 절대로 절대적인 권력을 가지고 있지 않았기 때문이다. 절대왕정은 무엇보다도 신神에게 책임지는 사회였으며, 교회, 고등법원, 삼신분의회, 단체들의 견제를 받았다. 심지어 저명한 근대사가인 프랑수아 블뤼슈는 앙시앵 레짐 시대의 프랑스야말로 세계에서 가장 풍요로운 나라요 자유로운 나라였다고 말한다. 이러한 평가는 절대왕정의 밝은 면만을 본 것이 아닌가 하는 생각이 들기도 하지만, 어쨌든 절대왕정에 대한 우리의 인식에는 프랑스 혁명의 그림자가 짙게 드리워져 있음을 인정하지 않을 수 없다. 게다가 서양의 절대왕정은 소위 '아시아적 전제'에 비하면 결코 '절대적'이지 않았음을 인식하는 것도 이 시대를 공정하게 이해하는 데 꼭 필요하다.

절대왕정 시대는 중세와 프랑스 혁명 사이에 끼여 있는 시대이다. 그것은 봉건적인 성격과 근대적인 성격을 동시에 지니고 있다. 시각에 따라서 절대왕정은 봉건적이기도 하고 근대적이기도 하지만, 이 시대에 상비군, 상설 관료기구, 국민적 조세, 법전, 통일된 시장 등이 형성되었다는 것을 근거로 근대성을 강조하는 것이 일반적이다.

근대화론의 선봉에는 엥겔스와 마르크스가 있다. 엥겔스는 다음과 같이 말했다. "서로 싸우는 계급들 간에 거의 균형이 이루어짐으로써 국가 권력이 공언된 중재자로서 한동안 양대 계급 모두로부터 어느 정도 독립성을 획득하는 시기가 예외적으로 존재한다. 바로 그러한 시기가 귀족과 시민계급이 상호 간에 균형을 이룩한 17~18세기 절대왕정의 시대이다." 엥겔스는 '균형론'을 제시했지만 마르크스는 한 걸음 더 나아가 절대왕정이 부르주아적인 성격을 지니고 있다고 선언했다. "어디에나 빠짐없이 존재하는 상비군, 경찰, 관료, 성직계급, 법원 등의 기관들을 가진 중앙집권화된 국가 권력은 절대왕정 시대에 기원을 두고 있는데, 봉건제에 대한 투쟁에 필요한 강력한 무기로서 태동한 중간계급 사회에 봉사했다."

그러나 절대왕정의 봉건적인 성격에 주목하는 사람이 없을 수 없다. 그 대표적인 인물로 페리 앤더슨을 들 수 있다. 그는 농촌의 잉여가 노동이나 현물공납의 형태로 창출되지 않고 화폐지대로 바뀌었다고 하더라도 경제외적 강제와 인신예속 그리고 직접생산자와 생산수단의 결합 등이 사라지지 않았으므로 절대왕정은 여전히 봉건적이었다고 주장한다. "그것은 공납의 광범위한 형태 변화를 통해서 농민대중이 획득한 이익들을 무시할 뿐만 아니라 또 이를 거슬러 농민대중을 그들의 전통적인 사회적 지위에 묶어두려고 계획된, 재편성되고 재충전된 봉건적 지배기구이다." 절대왕정의 도구였던 상비군, 관료기구, 조세제도 등은 전국적으로 직접 생산자들을 지배하고 그들의 잉여를 수탈하기 위한 제도적 장치였다는 것이다. 전 국민적 과세라는 것은 중앙집권화된 봉건지대였고, 법의 근대화가 끼친 가장 중요한 결과는 봉건계급의 강화였으며, 귀족은 여전히 전쟁을 직업으로 하는 토지소유계급이었고, 절대주의국가는 전쟁을 위해 구축된 기구였다는 것이다.[1]

앤더슨은 마르크스와 엥겔스의 논거가 "즉흥적이며 모호하다"고 비판했지만, 오히려 앤더슨의 치밀한 이론적 논의보다는 마르크스와 엥겔스의 즉흥적이며 모호한 논거에 역사적 진실이 담겨 있지 않을까 싶다. 엠마뉘엘 르 루아 라뒤리가 수행한 랑그독 지방의 농민들에 대한 전체사적인 연구에 의하면, 근대의 농민들은 더 이상 중세의 농민들을 괴롭혔던 인신적이고 경제외적인 강제에 시달리지 않았다. 그들은 수요와 공급이라는 '경제적인 강제'에 예속된 근대적인 농민이었다. 앤더슨이 이 시대를 봉건적이라고 규정한 것은 시민 혁명의 필요성을 설명하기 위한 고육지책이 아니었을까 하는 생각이 든다. 앤더슨은 절대왕정의 성격을 규정하는 이론적인 논의를 다음과 같이 마무리 짓는다. "절대주의 국가는 자본주의로 이행하던 시기에 봉건 귀족의 지배를 위해 기능했다. 절대주의 국가의 종말은 그 계급이 가진 권력의 위기, 즉 부르주아 혁명의 도래와 자본주의 국가의 출현을 알려주게 된다." 절대왕정이 이미 부르주아적이었다면 부르주아 혁명, 즉 프랑스 혁명은 필요

없게 되니, 이러한 이유에서도 절대왕정은 봉건적이어야 했던 것이다. 앤더슨에게는 반갑게도 프랑스 혁명은 '봉건제의 폐지'를 선언했지만, 역사가들은 그때 폐지된 것은 봉건제가 아니라 장원제임을 알고 있다. 봉건제는 중세 말에 이미 폐지되었기 때문이다.

문명화 과정을 통해 본 절대왕정

절대왕정을 설명하는 또 다른 유력한 이론은 노르베르트 엘리아스 Norbert Elias의 '문명화 과정'이다. 이 이론은 프랑스의 사회학자인 피에르 부르디외, 역사학자인 로제 샤르티에 등을 통해 프랑스에 소개되었으며, 복음福音과 같은 권위를 누려왔다.[2] 문명화 과정이란 독립적으로 할거하던 지방의 봉건 귀족들이 중앙의 국왕에게 권력을 양도하고 대신 국왕의 보호 아래 들어가는 것으로, 이 과정에서 봉건 귀족들은 문명화된다는 것이다.

지방의 봉건 귀족들은 국왕의 궁정에 모여 예의범절을 익힌다. 이렇게 시작된 문명화 과정은 전 사회 계층으로 확산되어 나라 전체를 문명화시킨다. 온 나라가 야만의 어둠으로 뒤덮여 있을 때, 문명의 빛이 궁정에서 시작되어 전국을 밝힌다는 것이다. 문명과 야만의 대립은 중앙과 지방의 대립으로만 국한되지 않았다. 19세기 서구인들은 문명화되지 못한 지역을 문명화시키는 것이 그들의 사명이라고 생각했다. 문명화에 맞서 "비문명인들"이 내세운 대응 논리는 '문화'였다. 일찍이 선진된 영국에 대항하여 프랑스인들이 내세운 것이 문화였고, 그 다음에는 영국과 프랑스에 대항하여 독일이 내세운 것 역시 문화였다. 이 사슬은 계속 이어져, 아시아인들은 유서 깊은 문화 민족임을 자랑했고 우리나라도 예외는 아니었다. '문명'은 제국주의의 도구였던 반면, '문화'

는 저항의 도구였다.

정치적인 관점에서 바라본 문명화 과정은 지방 권력이 중앙에 집중되는 과정이며, 문화적인 관점에서 바라본 문명화 과정은 지방의 고유문화가 자율성을 잃고 중앙의 문명에 예속되어가는 과정이다. 여기에 문명화 과정의 명암이 있다. 문명화 과정을 통해 얻은 것은 무엇이고 잃은 것은 무엇인가? 엘리아스의 논의 속으로 들어가 그 구체적인 모습을 살펴보자.

엘리아스는 1897년 독일의 중산층 유대인 가정에서 태어났다. 어머니는 엘리아스의 망명 권유에도 불구하고 독일에 남아 1941년 아우슈비츠 수용소에서 비극적인 죽음을 맞이했다. 엘리아스는 브레슬라우 대학에서 철학과 의학을 공부했고, 하이델베르크 대학에서 철학을 공부하며 야스퍼스의 세미나에서 토마스 만에 관한 논문을 발표하기도 했다. 《문명화 과정》 1권의 제1부인 '문명과 문화 개념의 사회적 발생'은 여기에 기초한 것이다.[3] 엘리아스는 브레슬라우 대학에서 칸트 철학을 주제로 박사학위를 받은 후 1924년 하이델베르크 대학에서 문화사회학 이론가인 알프레드 베버의 지도로 교수자격 청구논문을 준비했다. 그러던 중, 이 대학에서 친분을 나누었던 카를 만하임이 프랑크푸르트 대학 교수로 초빙되자 그를 따라 프랑크푸르트로 갔다. 그곳에서 엘리아스는 교수자격논문을 작성하는 한편 사회학 강의를 담당했다. 1933년 나치정권이 들어서고 유대인에 대한 탄압이 시작되자 그는 파리로 망명을 떠났다. 만하임의 지도로 작성되었으며 1969년에야 빛을 보게 된 교수자격논문이 바로 《궁정사회》[4]이다.

파리에서 영국으로 옮겨간 엘리아스는 19세기의 자유주의에 대한 연구를 수행했다. 자유주의의 기원을 연구하면서 자주 접한 궁정예절, 예법, 문명화 같은 말들의 역사적 형성과 사회적 의미를 밝히기 위해 옛날의 예법서들을 연구할 필요가 있었고, 이 과정에서 인간의 사회적 행동은 장기적으로 변화해왔다는 사실을 발견했다. 그 연구의 결실이 바로 《문명화 과정》이다. 책의 원고는 1936년 가을에 완성되었으나, 출판을 약속했던 브레슬라우의 유대계 출판업자가 문을 닫는 바람에 출판이 지연되다가, 1939년에 스위스로 망명한 베를린의 출판업자에 의해 비로소 출판되었다. 그러나 출판 시점이 좋지 않았다. 당시는 나치의 야만이 문명보다 더 우세한 시기였기 때문이다. 이 책은 별다른 주목을 받지 못하다가 1968년에 독일에서 다시 출판되었다. 미국학계의 무관심과는 달리, 엘리아스의 책들은 프랑스에서 커다란 반향을 불러일으켰다. 르 루아 라뒤리는 엘리아스의 권위에 대해 다음과 같이 말한다.

> 오늘날 이 학파〔아날학파〕에 속하는 연구자들에게 친숙한 인류학적, 사회학적, 혹은 역사인류학적 접근 방법은 노르베르트 엘리아스의 문제틀에 의해 지나치게 오랫동안 지배당했으며 심지어는 압도당했다. 그는 생시몽의 《회고록》이나 궁정체계—섭정攝政의 체계는 말하지 않더라도—에 대해 관심을 가지는 '아날리스트' 역사가들의 관심을, 오늘날까지도, 사실상 독점하고 있다.[5]

우리 시대의 패러다임으로 자리 잡은 문명화 과정은 단순히 '매너의 탄생'만을 이야기한 것이 아니다. 물론 '식사 중의 행동', '생리적 욕구에 대한 태도의 변화', '침실에서의 행동에 관하여', '이성 관계에 대한 사고의 변화' 등은 그것만으로도 흥미진진할 뿐만 아니라 역사인류학적인 가치를 지닌다. 그러나 엘리아스의 의도는 '습속의 문명화' 차원을 넘어 근대국가의 사회발생사적 기원을 추적하는 것이었다. 그가 이 같은 문제에 관심을 가지게 된 것은 히틀러체제의 등장과 무관하지 않다. 엘리아스의 근본적인 관심은 시민을 통제하고 규율하는 국가 권력의 성격을 규명하는 것이었다. 문명화 과정과 국가 권력 사이에는 어떠한 연관성이 있다는 것인가. 이렇게 상이한 두 층위는 긴밀하게 결합되어 있다는 것이 엘리아스 테제가 갖고 있는 매력이다.

엘리아스는 예법서나 회화, 문학작품과 같은 역사자료들을 광범위하게 분석하여 유럽인들의 행동양식이 중세 후기에서 18세기에 이르는 동안 문명화 되었다고 주장한다. 문명화의 기원은 궁정사회이다. 원래 봉건 귀족들은 지방의 영지에서 왕처럼 살고 있었다. 그러나 중앙의 왕이 점차 권력을 독점해감에 따라 지방의 귀족들은 권력을 상실하고, 결국에는 국왕의 거대한 궁정에 들어가 살게 되었다. 전에는 자유분방하게 행동하던 귀족들은 궁정에서 예의범절을 배우지 않을 수 없게 되었다. 귀족들은 국왕의 환심을 사기 위해 본능과 충동을 억제하고, 사교적인 대화술을 연마했으며, 세련된 예절을 익히기 시작했다. 이렇게 처음에는 외부적인 압력에 의해 문명화 과정에 들어섰지만, 곧 귀족들의 심리 속에 초자아가 형성되어, 내부적인 통제로 전환되었다. 초자아는 자동적으로 자아를 규제한다. 문명의 궁극적인 목적은 자기규제인 것이다. 이렇듯 궁정예법은 사교적인 도구의 차원에 머물지 않는다. 국왕에게 있어서, 궁정예법은 "거리두기인 동시에 지배도구"였다.

국왕은 궁정에 모여든 귀족들과 부르주아지 사이의 긴장을 조장하고 조정하면서 권력을 증대시켜나갔다. 원래는 그 자신도 다른 봉건 귀족들과 마찬가지로 자기 영지의 주군에 불과했던 왕이 국가 권력을 독점할 수 있게 된 것은 긴장 조정 역할을 잘 수행했기 때문이었다. 유럽의 근대사에 나오는 절대왕정은 이렇게 탄생한 것이다. 봉건 시대에는 권력이 지방에 분산되어 있어서 무질서했으나 이제는 국왕을 중심으로 질서정연한 체계가 형성되었다. 전에는 국지적인 분쟁이 잦았으나, 이제 그 같은 지방 차원의 전쟁은 사라지고 평화가 찾아왔다. 폭력적이었던 봉건 귀족들은 이제 폭력성을 상실하고 궁정에서 순한 문명인으로 길들여졌다. 국왕은 그들 사이의 결투마저 금했다. 궁정 귀족은 더 이상 옛날의 그 호전적인 귀족이 아니었다.

그런데 중요한 것은, 귀족들이 폭력성을 상실했다고 해서 폭력성 자체가 없어진 것은 아니었다는 점이다. 이제 폭력성은 국왕에게, 국가에게 집중되었다. 엘리아스는 동물을 통째로 식탁에 올리지 않고 잘려진 고기를 식탁에 올리는 것과 관련해서 이 점을 설명하고 있다. 문명화 과정과 궁정사회를 연결시키는 엘리아스의 매력적인 설명이다.

> 고기를 자르는 행위는 (……) 이전에는 상류층 사회생활의 일부였다. 그 이후 고기 자르는 행위를 본다는 것은 점점 더 불쾌하게 느껴졌다. 자르는 것 자체는 고기를 먹기 위해서 필수적인 행위이기 때문에 없어지지는 않았다. 그러나 그 불쾌한 행위는 사회생활의 무대 뒤로 옮겨졌다. 즉 상점이나 부엌에서 전문가들에 의해 처리되었다. 이러한 격리의 역할, 즉 불쾌한 것을 '무대 뒤로 옮기는 일'이 이른바 '문명화' 과정 전체의 특징을 얼마나 잘 드러내는지 우리는 앞으로 계속 고찰할 것이다.[6]

문명화 과정의 본질은 '무대 뒤로 감추기'이다. 궁정사회가 평화롭게 흐느적거린다고 해서 폭력성이 사라진 것은 아니다. 에너지 보존 법칙에 의해 에너지의 총량에 변화가 없듯이, 한 사회가 가지고 있는 폭력의 양은 문명화 과정을 겪었음에도 불구하고 변함이 없다. 국가가 그것을 독점하고 있을 뿐이다. 근대국가에서는 과거 봉건사회에서처럼 전쟁이 빈번하게 일어나지 않지만, 일단 전쟁이 일어나면 그 규모는 국가적인 차원으로 커진다. 망명객 엘리아스가 겪었고 또 겪게 될 대전大戰

궁정에서 연회를 벌이고 있는 귀족들의 모습. 엘리아스는 봉건 귀족들이 궁정에 들어와 궁정예법을 익히기 시작하면서 문명화되었다고 주장한다.

은 바로 이러한 문명화 과정의 역설이었던 것이다.

문명과 문화

루이 14세의 베르사유 궁정에서 만개한 문명은 전 유럽으로 퍼져나갔다. 프랑스처럼 거대한 통일국가를 이루지 못한 채 수많은 영방국가로 나뉘어 있던, 따라서 소규모 궁정에 모여 있던 독일 귀족들은 거대한 프랑스 궁정의 문명에 매료되었다. 반면, 프랑스에 비해 상대적으로 귀족과 부르주아지의 신분 구분이 엄격했던 독일의 부르주아지들은 귀족들의 이 같은 모방 행태를 비난하면서, '문명' 개념에 대항하는 '문화' 개념을 만들어냈다.

어원상으로 볼 때, 문명civilisation은 예절civilité을 의미하고 문화culture는 경작을 의미한다. 문명은 도시적이고 문화는 농촌적이다. 그 후 독일에서, 문명과 문화의 의미는 점점 더 명확하게 구분되었다. 문명은 외면적인 예절인 반면, 문화는 내면적인 교양이다. 문명은 모방인 반면, 문화는 창조이다. 문명은 기만적이고 외면적인 공손함인 반면, 문화는 진정한 덕성virtue이다. 문명은 부자연스러운 반면, 문화는 자연스럽다. 문명은 표피성, 허례허식, 가벼운 대화인 반면, 문화는 내면화, 감정의 심오함, 책 속으로의 침잠과 인격의 도야이다. 문명은 은폐하는 경향이 있는 반면, 문화는 정직하고 개방적이다.

이 같은 대립은 발생적으로 사회적인 의미를 지니고 있었으나 곧바로 민족적 의미가 부각되었다.

독일 시민계급은 처음에는 궁정 귀족 상류층과, 나중에는 주로 경쟁국들과 대립하면서 자기정당성을 확보해야 했다. 그러나 이들이 자신이

처한 이류계층의 위치에서 독일 민족의식의 담지자로, 마침내는— 아주 늦게, 그리고 제한적으로— 지배계층으로 점차 부상하면서 '문화'와 '문명'의 대립 관계가 지닌 전체 의미와 기능도 변화한다. 즉 사회적 대립의 의미는 퇴색하고 민족적 대립의 의미가 부각된 것이다. 이와 병행해서 특별히 독일적이라고 간주되는 특성들이 나타난다. 즉 중산층이 처한 사회적 상황에 의해 형성된 중산층 특유의 사회적 성향이 민족적 특성으로 격상되는 것이다. 예컨대 정직과 개방성은 독일적인 성격으로, 은폐하는 경향의 예절과 대비된다. 그러나 여기에서 말하는 정직성은 원래 중산층의 행동을 속물이나 궁정인의 행동과 비교하는 과정에서 중산층의 특성으로 부각되었던 것이다.[7]

"은폐하는 경향의 예절"이 프랑스인의 성격을 지칭하는 것임은 두말 할 필요도 없다. '문명'의 속성은 프랑스인의 성격인 반면, '문화'의 속성은 독일인들의 성격이라고 구분되었던 것이다. 특히 프랑스 혁명 이후, 문명과 문화의 구분은 독일인들의 자의식의 표현이 되었다. 독일인들에게 있어서 문명은 문화의 하위 개념에 불과했다. 1차 세계대전은 문명에 대한 문화의 전쟁이었다.

그런데, 문명과 문화의 민족적 구분이 '사실'일까? 위에서도 살펴보았듯이, 그것은 원래 독일의 부르주아지가 귀족에 맞서 만들어낸 대립 개념이었다가 민족 개념으로 변화된 것이다. 그것은 독일 지식인들이 만들어낸 지적 구성물이었다. 영국의 우월한 물질주의와 기계주의에 대항하여 프랑스의 미슐레가 제시했던 것 역시 독일식 문화와 다르지 않았다. 유럽의 문명 팽창에 대항하여 러시아의 슬라브주의자들이 제시한 것 역시 독일식 문화였다. 독일인들이 문화가 문명에 비해 우월하다고 주장한 것은 팽창적인 문명에 대한 저항의 표현이었다.

그러면 엘리아스의 문명화 과정에는 독일의 민족주의가 담겨 있는가? 엘리아스가 《문명화 과정》 1권에서 전개한 '문명과 문화 개념의 사회적 발생'은 반불反佛주의자로 유명한 토마스 만의 사상을 차용한 것이다.[8] 따라서 그의 용례는 민족주의의 혐의를 받을 만하다. 그러나 엘리아스가 반불적인 적대감을 물려받은 것은 아니었다. 그가 문명과 문화의 구분을 받아들인 것은 프랑스의 문명을 비판하기 위해서가 아니라 서구 문명을 비판하기 위해서였다. 엘리아스에게 있어서, 서구 문명은 팽창전쟁의 연속이었기 때문이다. "중세의 서구사회는 처음에는 십자가의 이름으로, 나중에는 문명의 이름으로 자신들의 식민지전쟁과 확장전쟁을 치렀다."[9] 왜 문명은 전쟁을 추구하는가? 문명은 우월성의 의식이기에 팽창과 정복을 정당화하며, '문명화'와 '사명'은 손쉽게 결합하기 때문이다.

> 문명 개념의 정신인 '정중함'이나 '예절'이 궁정 귀족 상류층의 지배를 정당화했듯이, 자신의 우월성에 대한 의식, 이 '문명' 의식은 그때부터 식민지 정복자로서 비유럽 국가들에게 일종의 상류층이 된 여러 유럽 국가들의 지배를 정당화해주는 구실을 한다.[10]

엘리아스는 '문명화'라는 이름으로 식민지전쟁과 제국주의를 정당화시킨 것이 아니었다. 오히려 그는 문명의 이름으로 전개된 서구의 팽창을 비판한 것이다. 엘리아스에 의하면, 문명화 과정을 통해 폭력이 국왕에게 독점됨으로써 국가의 내부적인 차원에서는 전쟁이 종식되었고 평화가 자리 잡았다. 그러나 독점의 메커니즘은 여기에서 그치지 않는다. 문명화 과정은 국가와 국가 사이에서도 진행되는 것이므로, 국제사회는 문명화 과정의 최종적인 완성에 이르기까지 진통을 겪지 않을 수 없다. 엘리아스가 목격한 시대의 불행은 바로 이 같은 문명화 과정의 진통이었다. 그는 사회과학적 관찰자로서 식민지전쟁과 제국주의를 우울하게 바라본 것이다.

문명화의 역설

문명화된다는 것은 예의바르게 된다는 것을 의미한다. 문명인은 권력에 순응하는 인간이다. 국왕은 귀족들을 길들이고 감시한다. 궁정의 구조 역시 왕이 감시하기에 좋은 구조로 되어 있다. 엘리아스에게 있어서 궁정은 감시기관에 다름 아니었다. 궁정은 단순히 사교와 유흥의 공간이 아니라 지배 공간이었다. 문명화 과정은 결국 이 같은 규율사회로 귀결되는 것이다. 규율이 얼마나 철저하게 사람들의 일상생활 속에 침투했는가는 '씻기'에 대한 설명에서 잘 드러난다.

> 청결, 세척과 목욕에 대한 서구인들의 관계도, 장기간에 걸쳐 관찰해보면, 여러 방면에서 확인되었던 본문 속의 문명화 곡선과 동일한 곡선을 그리고 있음을 알 수 있다. 규칙적인 청소와 신체의 지속적인 청결유지에 대한 자극도 일차적으로 위생적인 인식으로부터, 즉 건강에 미치는 불결의 폐해에 대한 분명하고도 '합리적'인 통찰로부터 나온 것이 아니다. 세척과의 관계 역시 본문에서 누누이 언급되었고 또 다음 장에서 더욱 상세하게 설명될 인간 관계의 변화와 밀접하게 연관되어 변화한다. 사람들은 처음에는 단지 타인, 특히 사회적 상급자들을 고려해서 규칙적으로 몸을 씻었다. 다시 말하면 그들은 사회적 이유에서, 어느 정도 피부로 느낄 수 있었던 외부 통제 때문에 매일 몸을 깨끗이 했던 것이다.[11]

이렇게 '감시'와 '규율'이라는 코드로 근대사회를 바라보는 데에 엘리아스의 독창성이 있다. 그것은 아이들의 분리와 규율을 말한 아리에스의 연구, 빈민들과 정신병자들의 감금을 말한 푸코의 연구보다 앞선 것이었다. 아리에스에 의하면, 중세의 아이들은 신체적으로 자립할 만한 나이가 되면 어른들과 뒤섞여 일과 놀이를 공유했다. 어린이들은 부모의 무관심 속에 어린이로서의 대접을 받지 못한 채 방치되었다. 한마디로 어린이는 "축소된 어른"에 불과했다. 그러다가 17세기 무렵부터 서서히 어린이다움을 인정하기 시작했다. 이것은 새로운 감정이었다. 어린이는 순수하고 나약하기 때문에 보호하고 교육할 필요가 생겼다. 우선 당장 할 일은 어린이를 어른들로부터 격리시켜 오염되는 것을 막아야 했다. 즉 어린이를 동년배의 아이들 속에 넣을 필요가 생겼던 것이다. '아동의 탄생'은 학교의 탄생으로 이어졌다. 여기에서 아리에스가 강조하는 것은 규율이다. "아이는 학업 기간 동안 엄격하고 효과적이었던 규율에 복종했다. 그리고 이 규율은 이것을 감내해야 했던 아이를 어른들의 자유로부터 분리시켰다."[12] 이 무렵, 예수회의 콜레주가 인기를 모은 것은 엄격한 규율 때문이었다. 결국, '아동의 탄생'이란 자유분방하게 뛰어 놀던 아이들이 감금되어 질서가 잡히고 길들여지는 것을 의미한다. 봉건 귀족들이 궁정에서 문명화되었다면, 아이들은 학교에서 문명화된 것이다. 이런 의미에서, 궁정과 학교는 규율사회의 면모를 공유하고 있다고 할 수 있다.

　같은 무렵, 프랑스 국왕은 무질서의 근원인 걸식과 나태함을 막기 위해 빈민 구호병원을 설립했다. 이렇게 해서 푸코가 말한 17세기의 대감금 시대가 시작되었다. 그것은 말이 병원이지 사실상 감옥이었기 때문이다. 감옥에서는 '감시와 처벌'이 이루어진다. 그리고 이러한 기능은 감옥으로만 국한되지 않는다. 푸코에 의하면, 근대인은 검열, 학교, 병사兵舍, 병원, 작업장 등의 세세한 규율과 감독의 도가니 속에서 태어낳다. 요컨대, 아리에스, 푸코가 말하는 근대사회는 규율사회이고, 바로 이 생각이 엘리아스에 의해 선구적으로 제시된 것이다.

이처럼, 서양의 근대사는 매너의 세련화 과정인 동시에 본능적 충동의 억압 과정이었다. 여기에서 얻은 것은 세련된 행동양식이요, 잃은 것은 자연스런 삶이다. 이것이 엘리아스의 문명화 과정에 담겨 있는 '문명화의 역설'이다.

문명화 과정을 둘러싼 논쟁들

그런데, 귀족에서부터 시작된 문명화가 전 사회계층으로 확산되어 모두가 폭력성을 상실하고, 본능과 감정을 억제하며, 수치심을 느끼게 되었다면, 지난 세기에 일어났던 세계대전과 홀로코스트 같은 일들은 어떻게 설명될 수 있는가? 이렇듯 엘리아스의 테제에 대한 비판은 제기될 수 있었고, 또 실제로 제기되었다. 엘리아스의 테제를 가장 노골적으로 비판한 사람은 아마도 인류학자인 한스 페터 뒤르가 아닐까 싶다. 그는 《나체와 수치》(1988), 《은밀한 몸》, 《음란과 폭력》, 《에로틱한 육체》, 《성의 실태》(2002) 등 5권으로 이루어진 연작의 표제를 "문명화 과정의 신화"라고 붙일 정도로, 엘리아스의 '문명화 과정'을 정면으로 공격한다.

이 책과 뒤이은 세 권의 책에서 나는 오늘날 널리 인정받는 문명에 관한 이론이 수세기 동안 서양사회가 일반적으로 칭송해온, 그러나 더러는 문제시해온 한낱 신화임을 입증해 보이고자 한다. 이 신화를 대표하는 이들은 오늘날처럼 인간의 동물적 천성이 순치된 것은 장구한 발전과정의 결과이며 유럽의 경우에는 중세가 끝날 무렵에야 이루어졌고,

'미개인' ―얼마 전까지는 '야만인' 으로 불리었던―의 경우에는 최근에야 비로소 시작되었다고 주장한다. 나는 이 신화가 과거 문화와 이민족 문화에 대한 잘못된 그림임을, '미개한' 사람들을 교화하여 참된 인간으로 만든다는 미명하에 식민지주의를 정당화시키는 데 써먹었던 허상임을 일목요연하게 보여주고자 한다."[13]

요컨대, 뒤르에 따르면, 인간의 성적행동에 있어서의 수치심은 인간이 가지고 있는 본능적인 현상으로서 문명화 과정에 의해 늘어나기는커녕 처음 그대로이며, 폭력성도 약화되지 않았다. 따라서 서구인들은 문명화 과정이라는 특별한 과정에 의해 문명화되지 않았다는 것이다. 이 말은 비서구인들이 서구인들의 문명화 과정을 따른다고 해서 문명화될 것도 아니기 때문에, 결국 문명화 과정이란 서구인들의 식민주의를 정당화시켜주는 이론에 불과하다는 논리이다.

역사학자인 르 루아 라뒤리는 루이 14세 시대의 귀족인 생시몽의 《회고록》을 분석하여, 귀족들이 순화되었다는 데에 이의를 제기한다. 그는 엘리아스가 대귀족들의 탈군사화를 과장했다고 말한다. 궁정 귀족들은, 앞에서 앤더슨이 강조했듯이, 여전히 전사戰士였고, 결투를 즐겼으며, 전쟁에 적극적으로 참여하여 대부분 전쟁터에서 삶을 마쳤다는 것이다. 대검귀족들의 평균 수명인 63세는 법복귀족의 평균 수명인 70세보다 짧았다.[14]

뒤르와 르 루아 라뒤리의 비판 앞에서 엘리아스 테제는 힘없이 무너지고 마는가? 꼭 그렇지만은 않다. 여기서 우리는 엘리아스의 '문명화'를 분명히 이해할 필요가 있다. 엘리아스는 문명화 과정을 통해 귀족들의 폭력성이 줄어들고 감정 억제력이 증가했다고 말했다. 그러나, 앞에서 살펴보았듯이, 폭력성의 총량이 줄어들거나 없어지는 것은 아니다.

그것은, 엘리아스도 강조하듯이, 무대 뒤로 감추어졌을 뿐이다. 궁정은 일상적으로는 평화롭지만, 국가에 집중된 폭력성은 유사시에는 엄청난 힘으로 폭발할 위험을 가지고 있다. 따라서, 세계대전이나 홀로코스트 같은 것이 엘리아스의 테제를 해체하지는 못한다. 오히려 그것의 가공할 만한 폭발력은 엘리아스의 테제를 뒷받침해주는 것이 아닐까?

엘리아스 테제에 대한 또 다른 비판은 궁정사회를 문명화 과정의 출발점으로 보고 있다는 점이다. 엘리아스의 말을 직접 들어보자.

> 프랑스에서 시민계급의 지식인들과 상층부는 비교적 일찍이 궁정사회로 흡수되었다. 원래 궁정 귀족 특유의 사회적 특성이었다가 나중에 궁정 시민계급의 특성으로 된 것이 점차 강렬해지는 확산 운동의 물결을 타고 퍼져나가 마침내 민족적 특성으로 변한 것이다. 표현법, 일상 의례와 감정규제법, 예절의 평가, 능숙한 언어구사와 대화의 중시, 언어의 명료화 등은 처음에는 궁정사회의 특성이었지만 지속적으로 확산되어 나중에는 민족적 특성이 되었다.[15]

독일에서는 부르주아지의 특성이 민족적 특성이 된 반면, 프랑스에서는 궁정사회의 특성이 민족적 특성이 되었다는 논리이다. 궁정문화의 영향을 부인할 수는 없다. 부르주아지가 수단과 방법을 가리지 않고 귀족들의 생활을 모방하려 했다는 점에서도 그것은 분명하다. 그러나 궁정사회의 특성이 민족적 특성이 되었다는 것은 지나친 단순화가 아닐까 싶다. 엘리아스의 말대로 문명화 과정이 궁정에서 시작되어 전 사회로 퍼져나갔다면, 프랑스의 부르주아지는 궁정 귀족들과 마찬가지로 순응적인 인간이 되었다고 보아야 한다. 그렇다면 어떻게 해서 프랑스 혁명이 일어날 수 있었을까? 문명화 과정은 궁정사회를 벗어나지 못했거나 아니면 여러 가지 종류의 문명화가 동시에 진행된 것으로 보아야 할 것이다. 르 루아 라뒤리와 다니엘 고든은 이 점을 지적한다.[16] 프랑스의 부르주아 문명은 귀족 문명에게서 비롯된 것이라는 엘리아스의 주장은 원래 토마스 만에게서 온 것으로, 후일 반나치주의자가 된 토마스 만은 이 같은 반프랑스적인 생각을 버리지만, 의아스럽게도 친프랑스주의자였던 엘리아스는 그것을 간직했다는 것이다. 이 두 역사가는 자유로운 대화, 평등주의, 우애로운 사회 등은 엘리아스가 애지중지한 "불평등적이고 어색하고 규율적이고 위계적이고 숨막히는 듯한" 궁정사회가 아니라 17, 18세기의 파리나 지방의 연회집단, 살롱, 카페, 아카데미, 클럽, 사상협회 등지에서 생겨났다고 말한다. 베르사유가 아니라 파리, 그리고 18세기부터 이미 파리의 문화를 받아들인 지방에서 진행되었다는 것이다. 다니엘 로슈는 앙시앵 레짐 시대 지방의 아카데미에 대한 연구를 통해 지방은 체제순응적인 성격을 지니고 있었고 파리를 모범으로 삼았지만, 그래도 지방의 자율성과 독창성을 유지하기 위해 노력하였음을 밝혀냈다. 계몽사상은 루소, 백과전서, 볼테르, 몽테스키외의 영향을 받아 널리 퍼져나갔고, 그리하여 지방도 '생각' 하게 되었으나, 언제나 "제 나름대로" 생각하였다는 것이다.[17] 이 같은 주장은 계몽사상이 궁정적 합리성에서 나왔다는 엘리아스의 주장을 반박하는 것이다. 하버마스에 의하면, 파리와 지방의 시민사회는, 궁정사회와는 별도로, 공론장을 통해 사회적 평등을 추구했을 뿐만 아니라 절대왕정의 대안체제를 모색했다.[18] 이렇게 궁정사회의 역할을 축소했지만, 그렇다고 해서 중앙, 즉 궁정사회에서 지방으로 문명이 퍼져나갔다는 사실을 전면적으로 부정하지는 못할 것이다. 그 시대에는 부르주아지를 포함한 모든 사람이 궁정을 모방하려 했기 때문이다.

중앙과 지방

엘리아스는 봉건 귀족들이 국왕에게 폭력성을 양도한 대신 궁정예절을 익히며 순화되면서 문명화 과정이 시작되었고 그것이 사회의 전 계층으로 확산되었다고 말한다. '문명' 을 프랑스의 민족성과 연결시키고 '문화' 를 독일의 민족성과 연결시키는 것은 독일 민족주의의 한 표현이었지만, 엘리아스가 그러한 개념을 차용한 것은 프랑스에 대한 적대감을 표현하기 위함이 아니었다. 엘리아스의 의도는 문명화 과정을 통해 등장한 규율사회와 팽창주의적인 서구 문명을 고발하기 위함이었다.

엘리아스의 '문명화 과정' 은 근대의 밝은 면과 어두운 면을 동시에 해명해준다. 문명화 과정을 통해 사람들의 자아통제력이 늘어나 결과적으로 일상생활에서 폭력이 사라진 것은 밝은 면이지만, 폭력성 자체가 사라진 것이 아니라 한 곳에 집중된 것은 어두운 면이다. 순응적이고 규율적인 사회에서, 한 곳에 집중되어 있는 엄청난 양의 폭력성은 유사시에 전대미문의 파괴력을 가지고 폭발할 위험성이 있는데, 세계대전과 나치의 유대인 학살 등은 이러한 엘리아스의 테제를 증명해준다.

절대왕정 역시 명암을 가지고 있다. 중앙집권적인 국민국가가 형성된 것은 밝은 면이지만, 지방이 자유와 자율을 상실한 것은 어두운 면이다. 우리는 역사적으로 절대왕정체제만을 겪어왔기 때문에, 근대에 들어서야 비로소 절대왕정이 등장하는 서양의 역사에 대해 일종의 역사적 우월감을 느끼지 않았나 싶다. 그래서 절대왕정의 근대성을 인정하는 데 인색하지 않았던 것 같다. 그래야만 우리의 절대왕정이 근대적이 되기 때문이다. 절대왕정의 밝은 면만 생각했지 어두운 면은 생각하지 않은 것이다.

　중요한 것은 역사적 역동성이다. 봉건제에서 나온 서양의 절대왕정은 절대왕정체제에 머무르지 않고 더 나은 체제로 이행할 수 있었다. 반면, 우리의 절대왕정은 내적인 역동성을 결여하고 있었다. 그것은 처음부터 끝까지 본질적으로 절대왕정이었고, '국민국가'로 이행할 내적인 힘을 지니고 있지 못했다. 그것은 '절대적'이었고, 중앙집권적이었지만, '국민적'이지는 않았다. 서양사의 경우에 지방은 절대왕정기에 가서 자유와 자율을 상실했지만, 우리의 경우에는 원래부터 그러했다. 봉건제를 경험하지 못한 우리의 역사에는 중앙만 있었지 지방은 없었다. 우리의 역사에서 지방은 항상 어둠이요 황무지였다. 이제 겨우 지방에도 나무를 심으려는 시도가 시작되었지만 중앙집권의 뿌리가 너무 깊어서 쉽게 될 것 같지 않다.

5장

관용의 사도
피에르 벨

현실 사회주의의 붕괴 이후, 온갖 근본주의의 위험이 고조되고 있다. 파괴적인 자살특공대가 순교로 미화되고, 사랑과 용서라는 숭고한 정신은 '눈에는 눈, 이에는 이' 라는 복수의 정신에 자리를 넘겨주었다. 우리 주위에도, 타자他者에 대한 이해는 간 곳이 없고 불관용의 언어들이 난무하고 있다. 역사 왜곡, 역사전쟁, 문명충돌, 과거사 청산…… '불관용' 의 시대에, '관용' 의 역사를 돌이켜 볼 필요가 있다. 오늘날과 같은 종교전쟁의 시대를 살았던 피에르 벨은 무신론자들까지 관용해야 한다고 주장한 선구적인 인물이다. 관용론의 사상가로 잘 알려진 동시대인 로크가 무신론자와 가톨릭을 관용에서 배제한 것과 비교해 볼 때 벨의 관용론은 시대를 앞섰다. '관용론' 의 만성전의 자리배치를 다시 해야 하지 않을까 싶다.

관용론자, 벨

내가 피에르 벨(Pierre Bayle, 1647~1706)에 대해 관심을 가지게 된 것은 그의 《역사적 비판적 사전Dictionnaire historique et critique》 때문이었다. 나는 사회사니 문화사니 하는 사학사에 관심이 있었고, 그래서 장차 이 책을 읽고 17세기의 역사학에 대해 정리해보려는 야심을 품었다. 나는 이 특이한 제목의 책이 어떻게 생겼는지 궁금했지만 국내에서는 볼 수가 없었다. 그러던 중 몇 년 전에 프랑스 국립도서관에 가서야 비로소 그 궁금증을 해소할 수 있었다. 이 책은 2절판으로 약 4,000 페이지에 달하는 방대한 책이다. 《역사적 비판적 사전》은 1,950개의 항목에 대해 본문과 참고자료 그리고 장문의 주석으로 구성되어 있는데, 한 사람의 분석 역량을 넘는 분량이어서 궁금증을 해소시켜주었다기보다는 절망감을 심어주었다고 하는 게 맞을 것 같다.

요즘 나는 사학사보다는 '관용tolérance'에 대해 더 많은 관심을 가지고 있다. 이 관용의 역사에서도 피에르 벨은 중요한 인물이다. 왜냐하면 벨은 무신론자도 관용해야 한다고 주장한 보기 드문 인물이었기 때문이다. 이렇게 해서 나는 역사학자가 아니라 관용론자 벨을 다루어보려는 생각을 하게 되었다. 그러나 어떤 주제를 선택하든지간에 그의 대표 작품인 《역사적 비판적 사전》을 피해갈 수는 없다. 어떤 식으로든, 나름대로의 해석을 내리기 위해서는 반드시 그 책을 읽어야만 할 것이다. 그러나 나는 지금 그 방대한 책에 매달릴 시간적인 여유가 없다. 그래서 아쉽지만 《역사적 비판적 사전》에 대한 심도 있는 분석은 다음 기회로 미루고, 여기에서는 다른 2차 자료들을 통해 벨의 삶과 사상을 조망해보기로 했다.[1] 다행인지 불행인지, 아직까지 국내에는 벨에 대한 전문연구가 나와 있지 않다. 국내의 개설서에는 그저 "어느 종파에도 가담하지 않으면서 기독교의 불합리성을 폭로한 대담한 회의주의자" 정도로만 소개되어 있을 뿐이다.[2] 그래서 이 글은 위 구절에 주석을 단다는 기분으로 쓴 것이다. 어쩌면 이것이 벨의 '역사적 비판적' 방식이 아니었나 싶기도 하다.

벨의 출생과 성장

피에르 벨은 1647년 피레네 산맥 기슭에 있는 푸아 지방의 카를라에서 태어났다. 13세기에 카타르파에 대한 십자군 전쟁이 벌어졌을 때, 푸아의 백작 로제 베르나르는 카타르파의 편에서 십자군에 맞서 싸웠다. 그 후 푸아 백작령은 결혼을 통해 나바르 가문에 귀속되었으며 프랑스 국왕 앙리 4세가 마지막 푸아 백작이었다. 전통적으로 이 지역은 북부와는 달리 "이단" 및 위그노가 강력한 지역이었다.

벨의 아버지는 개신교 목사였다. 벨은 아버지의 서재에서 몽테뉴와 플루타르코스를 즐겨 읽는 등 열정적으로 독서를 했다. 가난 때문에 형이 공부를 마친 다음에 공부를 시작할 수 있었던 벨은, 1669년에야 비로소 툴루즈에 있는 예수회의 콜레주에 진학했다. 위그노 목사의 아들

무신론자도 관용해야 한다고 주장한 피에르 벨.

이 왜 예수회 학교에 진학했을까? 비록 낭트 칙령으로 종교의 자유가 인정되었다고는 해도, 그것은 잠정적이었을 뿐만 아니라 이때에는 위그노에 대한 탄압이 서서히 재개되고 있었다. 이런 상황에서 위그노 목사의 아들이 예수회 학교에 진학한 것은 어쨌든 흥미로운 사실이다. 당시에는 이러한 일이 드물지 않았다. 위그노들은 자기의 아이들이 나쁜 길로 빠지지 않고도 우수한 예수회의 교육을 받을 수 있을 것으로 생각했다. 벨의 아버지도 그렇게 생각했다. 그러나 그러한 기대가 단번에 무너지는 일이 발생했는데, 벨이 한 달 후에 가톨릭으로 개종을 하고 말았던 것이다. 개종이 몰고 올 파장, 예컨대 가족과의 결정적인 절연이 충분히 예상됨에도 불구하고 벨이 이처럼 손쉽게 개종한 이유는 무엇이었을까? 벨 연구자인 라부르스는 벨이 추기경 리슐리외의 논쟁적인 책 《교회에서 떨어져 나간 사람들을 개종시키는 데 가장 쉽고 가장 확실한 방법론》을 읽고 고민에 빠졌다고 한다. "개혁종교"의 분열적인 성격이 강조된 이 책에 대해 나름대로의 만족스러운 대답을 할 수 없게 되자 개종을 하고 말았다는 것이다. 이 일화는 벨의 지적 정직성을 잘 보여준다. 그러나 벨의 개종은 오래가지 않았다. 1년 반이 지난 1670년 벨은 자신의 철학논제들을 발표한 후 즉시 가톨릭을 버리고 프로테스탄티즘으로 복귀했다. 당시에 '다시 이단에 빠진 사람' 은 추방 대상이었기 때문에, 벨은 주네브로 도피했다.

벨이 예수회 학교에서 근대적인 교육을 받은 것은 분명하다. 예컨대 이곳의 물리학 강의에서는 데카르트와 가상디도 다루어질 정도였다. 그렇지만 벨의 정신이 눈뜬 곳은 주네브였다. 주네브에서 벨은 목회자가 되기 위해 신학을 공부했다. 벨은 루이 트롱생의 강의를 통해 당시 위그노 세계에서 가장 선진적이고 가장 개방적이며 가장 자유주의적이었던 소뮈르 아카데미의 신학을 발견했다. 그는 데카르트 철학을 연구

낭트 칙령을 포고하는 앙리 4세. 앙리 4세는 가톨릭과 위그노의 종교전쟁을 해결하기
위해 위그노들에게 종교의 자유를 인정하는 낭트 칙령을 공포하였다.

하는 한편, 자크 바나주, 뱅상 미뉘톨리, 피에르 파브리, 장-밥티스트 드 로콜, 앙투안 레제, 베네딕트 픽테 등을 만났는데, 이들은 스스로를 '인문 공화국république des lettres'의 구성원이라고 생각했다. 벨의 지적 지평은 결정적으로 확대되었다.

1672년, 벨은 재정적인 이유 때문에 신학 공부를 포기하고 도나 백작 집안의 가정교사가 되었다. 당시에는 가정교사가 젊은 학자들의 일자리였다. 도나 백작은 스위스 연맹에서 오랑주Orange 공의 대리인 역할을 하고 있었다. 벨은 도나 백작을 통해 유럽의 정치, 외교 상황을 조망하는 눈을 키웠다. 그러나 도나 백작이 프랑스에 있는 재산을 상실하여 가정교사에게 급료도 제대로 줄 수 없는 상황이 되자, 벨은 1674년 도나 집안을 떠나 프랑스 북서부의 항구도시 루앙에 있는 개혁교도 상인의 집에 가정교사로 들어갔다. 벨은 자신이 '다시 이단에 빠진 사람'으로 식별되는 것을 피하기 위해 이름을 Bayle에서 Bêle로 바꾸었다. 루앙에서 그는 마티외 드 라로크, 필립 르 장드르, 에티엔 르 무안 같은 저명한 목사들을 알았으며, 에메리크 비고가 이끄는 문학 서클에 들어갔다. 1674년 여름, 벨은 노르망디 지방의 시골에 3개월 동안 체류하면서 최초의 문학 서적을 썼는데, 그것은 귀에 드 발자크의 서신을 모델로 삼아 미뉘톨리에게 보내는 장문의 서신 형식을 취했다.

1675년 벨은 루앙을 떠나 파리에 있는 장 드 베링겐의 집에 가정교사로 들어갔다. 장 드 베링겐은 샤랑통 교회의 장로이며 국왕 비서였다. 여기에서 벨은 수도의 문인들과 접촉할 수 있었다. 그는 질 메나주의 집에서 열리는 독서회에 참석했으며, 가톨릭 문인뿐만 아니라 프로테스탄트 문인들과도 교분이 있는 발랑탱 콩라르와 접촉했고, 문단의 마당발이었던 앙리 쥐스텔과도 만났다. 앙리 쥐스텔의 집에서 피에르-다니엘 위에를 만났는데, 그는 아브랑쉬의 주교였고, 왕세자의 부副가

정교사였으며, 《세자교육서》의 편집책임자였다. 2년 후인 1677년과 1679년 사이에는 존 로크도 이 서클에 출입했다. 벨은 파스칼의 친구인 수학자 아드리앵 오주, 가상디의 제자인 프랑수아 베르니에, 피에르-다니엘 위에, 페리에의 친구이자 뒤보 신부의 친구인 니콜라 투아나르, 과학 아카데미 회원이요 마담 롱그빌과 콩티 공☆의 의사요 로아네 공작의 친구요 얀센주의자들의 포르 루아이알과 가까운 드니 도다르 등을 만났다.

그렇지만, 벨의 경제적인 상황은 여전히 나아지지 않았다. 그래서 바나주는 클로드 피투아의 퇴임으로 공석이 된 스당 아카데미의 철학교사 자리에 지원하라고 권유했다. 당시 이 학교의 교사로 있던 칼뱅파 목사 피에르 쥐리외(Pierre Jurieu, 1637~1713)가 벨을 지지했고, 1675년 벨은 철학교사가 되었다. 이곳에서 벨은 자기의 후견인인 그 팔팔한 신학자의 입장을 옹호하기 위해 노력했다. 벨은 클로드 파종의 제자들에 대해 공격적이었는데, 그들이 아르미니

피에르 쥐리외는 처음에는 피에르 벨을 지지했으나 이후 관계가 냉각되어 벨이 소치니주의자이며 무신론자라고 고발하기에 이른다.

아니즘뿐만 아니라 심지어는 펠라지아니즘 속으로 위험스럽게 빠져들고 있다고 보았기 때문이다.[3] 그렇지만 벨은 개인적인 관계에서는 독립적이어서, 쥐리외의 적인 자크 뒤 롱델과 가깝게 지냈다. 스당에서 벨은 독서에 몰입했다. 그는 말브랑슈와 리샤르 시몽을 알았으며, 스피노자의 《신학적 정치적 논술》을 읽었다. 그의 서신은 그가 모든 분야(신학, 철학, 역사, 문학)의 신간 서적들을 기다리는 모습을 보여준다.

벨의 저술 활동

그 무렵 루이 14세는 낭트 칙령의 폐지를 검토하고 있었다. 개혁교도들을 억압하는 조치들이 늘어나고 스당 아카데미가 폐쇄되자 벨은 네덜란드 행을 준비했다. 벨이 가르치던 제자의 삼촌이 네덜란드의 유력 인사인 아드리안 반 파에츠였고, 마침 '명문학교'를 세울 예정이었다. 벨은 철학과 역사 강좌를 담당하기로 이야기가 되어 있었다. 쥐리외 역시 로테르담의 발론 교회의 소명을 받아들여 '명문학교'의 신학 강좌를 담당하게 되었다. 그해 10월 말 벨은 로테르담에 도착했고, 12월 5일 강의를 시작했다.

이 무렵 벨은 이미 세 권의 책을 완성한 상태였다. 하나는 화자話者가 뤽상부르 원수로 되어 있는 풍자적인 연설문이었다. 뤽상부르 원수는 불경건, 마술, 독살 등의 혐의로 고발되어 감옥에 갇혔으나 무혐의로 풀려난 사람이다. 두 번째 책은 육체의 본질에 대한 책으로, '넓이'에 대한 데카르트의 정의를 거부한 예수회 회원 루이 드 라 빌의 글에 대한 답변이었다. 세 번째 책은 《소르본의 박사인 M. L. A. D. C.에게 보내는 편지》로, 혜성은 불행의 징조가 아님을 증명한 글이다. 이 책은 1682년에 로테르담에서 익명으로 출판되었으나, 반응이 좋아서 이듬해에 다시 《1680년 12월에 나타난 혜성과 관련하여 소르본의 박사에게 보내는 여러 가지 생각들》이라는 제목으로 출판되었다.

벨은 점성술은 미신에 불과하다는 것, 그것은 통속적인 생각들에 기대고 있을 뿐이라는 것, 그러한 통속적인 생각들은 사실 검증을 통과하지 못한다는 것, 그리고 미신은 신적인 자연이라는 개념과 양립할 수 없다는 것을 독자들이 수긍하게 만든다. 그 같은 미신들은 기독교에 잔존한 이교주의의 흔적으로 정치권력에 의해 이용되고 있다는 것이다.

"인간의 법法은 많은 사람들을 덕德 있는 사람으로 만든다"(§162)라는 구절은 기독교인들뿐만 아니라 무신론자들도 포함한 것으로 벨이 시민적 관용의 논지로 나아가고 있음을 보여준다. 신앙이 없다는 이유만으로 무신론자를 시민사회에서 배제할 아무런 이유가 없다는 것이다. "무신론이 항상 도덕성을 타락시키는 것은 아니다."(§133) 무신론자들의 사회도 가능하고, 기독교 사회의 법과 동일한 법에 의해 효과적으로 유지될 수 있으며, "신의 존재를 믿지 않고도 인간은 건전한 생각을 할 수 있다."(§178) 벨은 무신론자가 아니었지만, 무신론을 보호하고 있다. 이제 벨은 다시 처음으로 돌아와 미신을 믿는 자들이 휘두르는 기적이라는 것이 무익한 것임을 증명한다. 혜성은 우주를 지배하는 일반법칙의 결과일 뿐이지 하느님이 이교도들을 구해내기 위해 일으킨 현상이 결코 아니라는 것이다.

1682년 7월부터, 벨은 예수회 회원인 루이 맹부르의 《칼뱅주의의 역사》(1682)에 대해 익명으로 신랄한 비판을 가했다. 가톨릭과 개혁종교 사이의 논쟁에 개입한 것이다. 벨의 비판에는 그의 다른 책에서와 마찬가지로 아이러니가 두드러진다. 바로 이 점이 그가 온건한 가톨릭 교도들 사이에서 성공을 거둔 배경이었다. 벨은 이들의 건전한 상식과 정의감이 국왕의 종교 박해를 압도하기를 기대했다. 달리 말하면 그는 여론에 호소한 것이다. 벨은 파스칼의 《시골 친구에게 보낸 편지들》(1656~1657)을 읽고 영향을 받았던 바로 그 사람들에게 호소한 것이고, 기대대로 그의 비평문은 큰 성공을 거두었다. 그래서 즉시 두 번째 판이 출판되었다.

그러나 익명의 저자가 누구인지는 곧 밝혀졌다. 비평문이 판금되었으며, 일부는 파리의 그레브 광장에서 불태워졌다. 이 사건으로 카를라의 목사였던 형, 자콥이 구금되었다. 형은 개종하면 풀어준다는 조건을 거부하고 감옥에서 사망했다. 벨은 가장 소중한 사람을 잃었을 뿐만 아니라 자신이 죽음의 원인을 제공했다는 사실 때문에 괴로워했다. 게다가 그것은 어떤 잘못 때문이 아니라, "참된 종교"를 옹호하기 위해 쓴 책 때문이지 않은가? 그의 편지에 그토록 자주 언급되었던 하느님의 섭리는 죄 없고 신실한 사람에게 어떤 보호의 손길을 보내주었는가? 이후 벨은, 적어도 사적으로는, 더 이상 하느님의 섭리를 말하지 않았다.

그러는 동안, 벨과 쥐리외의 관계가 냉각되었다. 반목의 발단은 벨이 쥐리외와 상의하지도 않고 책을 출판했기 때문이다. 반목은 증오로 바뀌었다. 쥐리외는 벨이 소치니주의자이며[4] 무신론자라고 고소했다. 벨은 쥐리외의 후견에서 벗어나, 옛 후견인의 이단 재판관적인 비판에 정면으로 대응했다.

1684년, 벨은 데카르트의 철학과 얀센주의가 일으킨 논쟁에 관한 글을 출판했으며, 출판사의 제안을 받아들여, 《인문 공화국 소식 Nouvelles de la république des lettres》이라는 잡지를 간행했다. 이 새로운 잡지는 과학과 문화의 다양한 분야에 대한 서평으로 구성되었다. 여기에서 벨은 논쟁에 참여하기를 주저하지 않았으며, 보쉬에와 포르 루아이알의 신학자들(앙투안 아르노, 피에르 니콜)에 맞서 클로드와 쥐리외를 옹호했다. 그러나 벨은 과장하지 않았다. 그는 자기가 다루는 책을 엄격하고 정직하게 분석했으며, 논지들을 충실하게 대조함으로써 가톨릭 박해자들의 악의와 박해의 부당함을 분쇄하려 했다. 종교적인 문제 외에도, 벨은 역사와 문헌학에 많은 지면을 할애했다. 그의 잡지는 인문 공화국을 세우는 데 커다란 역할을 했다. 하버마스가 18세기에 관념 유통의 공적 공간을 만들었다고 말한 그 문인들의 회로 말이다.[5]

벨의 통신원들 가운데 몇 명을 살펴보자. 파리에는 질 메나주, 시인 뱅스라드, 프랑수아 베르니에, 클로드 니케즈 신부가 있었고 네덜란드에는 장 드 클레르, 지스베르 쿠페루스, 장 조르주 그래비우스가 있었으며 런던에는 피에르 실베스트르 등이 있었다. 얼마 후 벨은 두 명의 번역가와 접촉했는데, 피에르 코스트는 존 로크의 책을 번역한 사람이고, 피에르 데 메조는 네덜란드에서 프랑스 잡지의 기자와 통신원으로 활동하고 있었다. 데 메조는 당대의 저명한 철학자들과 교류했으며, 런던의 위그노 카페에 출입했고, 영국인 이신론자들의 책이 보급되는 데 도움을 주었다. 드디어 지성과 호기심의 법에 의해 하나가 된 유럽의 인문 공동체가 개화한 것이다.

1685년 낭트 칙령이 폐지되자, 벨의 주요 작품들이 연달아 나온다. 1686년 벨은 반反가톨릭적인 팜플렛을 발표하여 위그노들에게 가해진 박해의 폭력성을 고발했으며, 〈예수 그리스도의 말씀에 대한 철학적 논평〉에서는, 종교적 박해에 맞서 개인의 양심을 옹호했다. 이 글은 종교적 관용을 주장한 글 가운데 고전으로 꼽힌다. 1687년 벨은 과로로 인한 신경쇠약 때문에 1년간 강의와 《인문 공화국 소식》의 편집을 중단하지 않을 수 없었다. 벨은 다니엘 드라로크가 맡긴 《망명자들의 프랑스 귀향에 대한 중요한 정보》를 출판했다. 이 책은 개혁교도들이 오랑주공 윌리엄의 명예혁명에 서약한 것을 비판하면서 루이 14세의 절대주의에 충성할 것을 권고한 책으로, 개혁교도들이 절대왕정에 충성하면 프랑스로 귀향할 수 있으리라는 희망을 담고 있다. 여기에 벨의 사상이 들어 있다는 것은 의심의 여지가 없다. 이 책은 벨이 1년 전에 쓴 〈한 망명자의 편지에 대한 새로운 개종자의 답신〉을 확대한 것이다. 벨의 프랑스 국왕에 대한 충성은 윌리엄을 새로운 다윗이요 종교개혁의 대의라고 본 쥐리외와 대조적이다.

결과는 벨이 기대했던 것과는 정반대였다. 왜냐하면 망명자들은 윌리엄의 캠프에 너무 깊숙이 개입해 있어서 영국 혁명을 비난하는 책을 호의적으로 받아들일 수 없었기 때문이다. 망명자들이 공화주의적 관념에 얼마나 물들어 있는지를 보여주는 반박문들이 경쟁적으로 나왔다. 뿐만 아니라, 쥐리외는 그 책의 저자가 벨임을 확신하고, 그가 윌리엄의 위험한 적이며 종교개혁의 배신자라고 비난했다. 그는 벨이 소치니주의자, 이신론자, 무신론자라고 고발했으며, 그가 한때 가톨릭으로 넘어갔던 이야기를 퍼뜨리면서 그가 신앙을 갖고 있지 않다는 것을 증명하기 위해 그의 저서들을 뒤졌다. 이 같은 격노한 공격은 벨을 오랫동안 신랄한 논쟁 속으로 빠뜨렸다.

역사적 비판적 사전

1693년 로테르담 시의회는 오랑주 공 지지자들의 수중에 들어갔다. 쥐리외의 요구에 따라 벨은 명문학교에서 쫓겨났고 사설 교육도 금지당했다. 이때 곤경에 빠진 벨을 구해준 사람은 출판업자인 레이니어 리어스였다. 그는 벨이 《역사적 비판적 사전》을 집필하는 동안 보조금을 지급했고, 그해 10월, 2절판 4권으로 책이 출판되었다. 이 책은 기본 텍스트, 난외 여백에 쓰인 참고자료, 주석으로 구성되어 있는데, 작은 글씨에다가 이단으로 작성된 주석이 페이지의 90퍼센트를 차지하는 경우도 있다. 총 4,000페이지에 달하는 이 사전은 벨의 백과사전적인 지식을 보여줄 뿐만 아니라, 원사료와 증언들을 대조하고 해석들을 비교하며, 가설로부터 결론을 도출하는 조직적이고 체계적인 정신을 구현한 것이다. 여기에서 벨은 피로니즘을 즐기는 것이 아니라, 확실한 사실, 완벽한 논증, 믿을 만한 증언, 열정이나 이해관계에 물들지 않은 담론의 어려움을 솔직하게 보여준다.

《역사적 비판적 사전》에 수록되어 있는 1,950개의 주제는 대략 다음과 같이 분류된다.

가톨릭 신학자—아우구스티누스, 얀세니우스(……), 종교개혁가—루터, 칼뱅, 베즈, 부처, 아미로 (……), 비정통파—재세례파, 오키노, 소치니, 알키아티, 블란드라타, 젠틸리스, 쿠른헤르트, 앙투아네트 부리뇽 (……), 기이한 종파—아벨리엔, 아다미트, 마밀레르, 피카르드, 투르루핀스 (……), 성서 인물—아브라함, 이브, 다윗 (……), 신화 인물—유피테르, 유노, 헬레나, 아약스, 헤라클레스 (……), 고대 철학자—데모크리토스, 에피쿠로스, 크뤼시포스, 레우키포스, 피론, 제논 (……).

그야말로 벨이 지휘하는 철학적 대화의 오케스트라이다. 벨은 철학적 난제, 모순, 수용할 수 없는 결론 등을 제시하며 독자들과 함께 아이러니를 즐긴다. 예컨대 벨은 하느님이 인간사회를 더 잘 보존하기 위해 무신론자들이 자기들의 기질대로 살도록, 다시 말해 그들이 고결한 시민 생활을 하도록 했다고 말한다. 또 하느님은 우상숭배자들이 악을 행할 시간을 가지지 못하도록 하기 위해 그들이 미신적인 의식을 많이 거행하도록 허용했다고 말한다.[6] 벨이 비판적인 시각으로 바라본 역사는 범죄로 가득하다.[7] 《역사적 비판적 사전》은 동시대인들에게 무궁무진한 지식의 보고였을 뿐만 아니라 일체의 편견이나 종교에 대한 공격무기로 다가갔다.

대중의 반응은 좋았다.[8] 프랑스의 인쇄업자는 이 책의 제2판을 프랑스에서 찍을 수 있도록 허가해줄 것을 요청했지만 르노도 신부의 검열로 인해 프랑스에서는 출판이 금지되었다. 이 책의 제2판은 1701년 12월 네덜란드에서, 증보판으로 출판되었다. 이 방대한 책은 젊은 철학자들의 필독서가 되었으며, 불법적인 필사본을 작성하는 데 이용되었다. 당시 라 바르 드 보마르셰가 밝힌 야심 있는 젊은 작가들의 비밀은 모레리나 벨의 사전을 마음껏 활용하는 것이었다. 망드빌이나 볼테르도 예외는 아니었다. 특히, 아르장스 후작은 벨의 《역사적 비판적 사전》에서 발췌한 글을 모자이크하여 《철학 서신》을 썼다. 이 책은 벨의 책을 충실하게 인용했음에도 불구하고, 계몽사상가들이 벨의 사상을 어떻게 전유轉有했는지를 보여주는 사례로 꼽힌다. 프로이센의 계몽군주인 프리드리히 2세가 아르장스 후작의 도움으로 1765년에 펴낸 《역사적 비판적 사전》 축약본도 마찬가지의 존경과 전유를 보여준다. 이렇듯, 벨의 책은 계몽사상가들의 사상적 원천이 되었다.[9] 한 바스티유 문서는 당시의 계몽사상가들이 《역사적 비판적 사전》을 어떻게 활용했는지를 잘 보여준다. 파리 시의 한 민사담당관은 다음과 같이 말했다.

벨의 글을 발췌하여 《철학서신》을 쓴 아르장스 후작.

젊은 뒤프레 드 리슈몽 공公이 저자 행세를 하며 반反종교적인 필사본을 가지고 있고 그것을 복사시켰다는 정보를 입수하고서, 나는 6월 12일(1749) 경찰을 그의 집에 보내 가택수색을 시켰다. 그들은 아침에 들이닥쳤다. 그들은 그가 젊은 여자와 자고 있는 것을 보았으며, 그가 쓴 것으로 보이는 엄청난 양의 필사본을 침대 매트리스 아래에서 발견했다. 의심스러웠기 때문에, 나는 국왕의 명에 의해, 그리고 아르장송 백작을 기쁘게 하기 위해, 그를 바스티유 성으로 끌고 갔다. 그날 당장 그의 문서들을 검토해본 결과, 반反종교적인 필사본은 찾아볼 수 없었다. 그것들은 모두 그가 벨, 모레리 및 그 밖의 저자들로부터 발췌하여 옮겨 쓴 것들이었다.

새로운 책인 《한 시골 사람의 질문에 대한 답변》의 제1권이 1703년에 출판되었다. 이 책은 《역사적 비판적 사전》에 있는 내용을 많이 포함하면서도, 기성 교회가 범하는 잔인한 박해에 대한 격렬한 공격을 담고 있다. 다음 해에 나온 《여러 가지 생각의 연장延長》은 기존 저서의 주장을 반복한 책으로, 정리하면 다음과 같다. 덕德 있는 무신론 예찬, 우상 숭배적 미신 고발, 신의 존재를 증명한다고 여겨지는 보편적 합의에 대한 비판, 스트라톤으로부터 물려받은 물질주의를 가장 정합적인 철학 체계로 제시.[10]

한편, 쥐리외는 논쟁을 멈추지 않았다. 자크 베르나르, 장 르 클레르, 이삭 자클로 같은 이성주의자들이 공격 대열에 합류했다. 《역사적 비판적 사전》의 집필로 쇠약해지고 끊임없는 논쟁에 지친 벨은 1706년 12월 28일 59세의 나이로 사망했다. 죽기 몇 시간 전에, 목사인 앙드레 테르송은 벨이 "기독교인의 진실 혹은 적어도 자연 종교의 진실을 고백"할 것을 요구하였고, 벨은 다음과 같이 고백했다.

벨의 사상을 전유하여 《역사적 비판적 사전》 축약본을 펴낸 프리드리히 2세.

친구여 (……) 나는 내가 얼마 살지 못할 것을 느낍니다. 나는 기독교 철학자로서 죽습니다. 나는 하느님의 선하심과 자비로우심을 마음 깊이 확신합니다. 당신이 완전한 행복을 누리기를 기원합니다.

다행스럽게도, 벨은 조카에게 보내는 편지(1698)에서 "기독교 철학자"의 의미가 무엇인지를 밝혀주었다.

성실하게 이야기하는 기독교 철학자들은 자기들이 교육의 힘에 의해서 혹은 하느님이 자기들에게 주신 신앙의 은총에 의해서 기독교도이지만, 철학적이고 증명적인 논증은 그들을 평생 동안 회의주의자로 만들 수밖에 없을 것이라고 단호히 말한다.

회의주의자

이상의 전기에서 살펴보았듯이, 벨의 사상에서 두드러진 것은 관용 사상이다. 그는 관용이라는 창을 통해 종교개혁가들을 바라본다. 벨은 종교개혁이 종교의 자유와 양심의 신성함을 천명하면서 시작되었으나, 곧 권위주의적으로 변해 인간과 사회를 개혁하지 못하고 새로운 전제로 자리잡았다고 비판했다. 결과적으로 가톨릭과 프로테스탄티즘은 다르지 않게 되었다. 프로테스탄트들은 가톨릭의 미신과 우상숭배를 파괴한다고 했으나 자기들도 미신에 빠지고 말았다. 예컨대 벨에 의하면, 루터파의 성체공존설consubstantiation은 가톨릭의 화체설과 마찬가지로 성서적 근거가 없는 미신에 불과했다. 가톨릭은 교회의 전통에 의지하고 프로테스탄티즘은 신조信條를 강조하는데, 결국 가톨릭이나 프로테스탄티즘이나 공히 인간이 만든 교리를 숭배한다는 것이다. 종교개혁은 가톨릭의 파문의 공포, 이단 재판관, 그리고 고문으로부터 인간을 해방시켰으나, 프로테스탄트 교회들도 이단을 박해했다. 소치니, 카스텔리옹, 오키노[11]가 바로 그 사람들이다. 어떻게 인간이 인간을 박해할 수 있을까? 벨에 의하면, 개인의 양심은 신성한 것으로, 어느 누구도, 교회도, 공의회도, 국왕도 개입할 수 없다. 인간은 오류를 범할 수 있다. 오직 하느님만이 오류를 범하지 않는다. 양심이 잘못된 길을 가면, 그 것을 판단하고 바로잡는 것은 오직 하느님뿐이다. 인간은 이러한 하느님의 권한을 침범할 수 없다. 벨은 칼뱅과 베즈가 세르베토를 반反삼위일체론자라는 이유로 화형시킨 것을 용납할 수 없었다. 이단을 박해해야 한다는 아우구스티누스의 교리는 벨에 이르러 결정적으로 폐기되었다. 벨의 추종자라고 할 수 있는 종교적 자유주의자들이 보기에 아우구스티누스는 "박해자들의 제왕"일 뿐이었다.[12]

벨은 신학적 유연성을 가지고 있는 사람들을 높이 평가했는데 멜란히톤은 이러한 점에서 벨의 존경을 받았다. 또한 벨은 기독교적인 도덕과 윤리를 평가 기준으로 삼았다. 그가 무신론자들을 인정하고 카스텔리옹, 오키노, 소치니 같은 급진적인 사람들을 존경했던 이유는 이들이 도덕적으로 우월했기 때문이었다. 에라스무스가 자유의지와 선업을 강조하는 등 벨과는 신학적으로 방향을 달리 했지만 그래도 벨의 존경을 받은 이유 또한 도덕적인 우월성 때문이었다. 종교와 도덕은 무관한 것이었다. 벨이 보기에 스피노자는 무신론자였지만 도덕적으로 나무랄 데가 없는 사람이었다.

벨은 회의주의자였다. 그는 인간은 하느님의 진리를 이해할 능력이 없다고 생각했다. 회의주의는, 몽테뉴의 경우에서와 마찬가지로, 관용을 낳았다. 관용의 역사에서 벨이 우뚝 솟은 이유는 그가 유대인, 이슬람교도, 무신론자, 재세례파, 反삼위일체론자 등 모든 사람에게 관용을 베풀 것을 주장했기 때문이다. 이러한 점에서 벨은 《관용 서신》의 저자 존 로크와 비교된다. 벨과 로크는 로테르담에서 같은 지적 살롱을 출입했고 서로 알고 있었다. 벨은 로크가 정신적 진리에 대해서 도그마를 만들지 않는 것을 존경했다. 그러나 로크는 가톨릭과 무신론자에게는 관용을 허용하지 않았다.

벨은 평화주의자였다. 그는 보수적이었으며 법과 질서 편이었다. 그는, 에라스무스처럼, 부당한 법을 개정하기 위한 반란일지라도 반란을 지지하지 않았다. 그는 폭력을 불신했으며, 인내와 망명이 그의 대안이었다. 사실 그 자신이 망명객 아니었던가? 벨이 소치니를 존경한 이유는 그가 야심과 무기를 거부했고, 그리하여 칼뱅보다 더욱 엄격한 길을 선택했기 때문이다. '인문 공화국'의 시민이었던 그는 에라스무스, 멜란히톤, 카스텔리옹 같은 인문주의자와 마음이 통했다. 벨은 루터의 거친 언어와 무례함을 싫어한 반면, 멜란히톤의 유연성을 존경했다. 이러한 점에서 벨은 에라스무스에서 발원한 인문주의적 평화주의의 계승자라고 볼 수 있을 것이다.

그렇다면 벨 자신의 신앙은 어떠했을까? 그는 무신론자들에게 관용을 허용하였지만 그 자신이 무신론자는 아니었다. 그의 회의주의가 그를 무신론자로 만들지는 않았다. 그는 "이성은 약하기 때문에 신앙을 판단하는 잣대가 될 수 없다"라고 말한 점에서는 회의주의자였지만 하느님의 존재와 계시된 진리의 가치에 대해서는 회의주의적이지 않았다. 피터 게이는 벨의 《역사적 비판적 사전》을 회의주의의 거대한 엔진으로 보았고, 그를 "기독교 신앙에 대한 반란을 사주한 사람"이라고 평했으나, 벨은 기독교 신앙을 버리지 않았다. 그는 은총주의와 성서중심주의를 견지했다는 점에서 전형적인 프로테스탄트였다. 그리고 칼뱅의 불관용을 비판했지만 칼뱅의 예정론을 받아들인 칼뱅주의자였다. 그는 최종적으로 신앙은 신앙에 의해 받아들여져야 하며 이성에 의해 입증될 수 없다고 생각한 신앙중심주의자fidéist였다. 회의주의와 신앙중심주의는 양립할 수 없는 것이 아니었다. 오히려 회의주의가 그를 신앙중심주의자로 만들었으며 나아가 관용주의자로 만들었다고 볼 수 있다. 벨은 "기독교 철학자"로서 죽었고, 로테르담에 있는 자신의 교회에 묻혔다.[13] 그는 프로테스탄트로 태어났고 프로테스탄트로 죽었지만 그의 프로테스탄티즘은 태생적으로 주어진 것이 아니라 그가 선택한 것이었다.

벨은 우리에게 두 가지 유산을 남겼다. 첫째는 종교에 관계없이, 설사 종교가 없다 하더라도 모든 사람에게 완전한 종교의 자유를 주어야 한다는 것이다. 그리고 두 번째는 사실과 이론의 모든 문제에 있어서 회의주의적인 자세를 취해야 한다는 것이다. 종교의 자유가 없이는 자유민주주의가 없고, 회의주의 없이는 과학적 방법이 없다는 그의 사상과 유산은 그대로 근대문화의 본질을 이루고 있다.

위대한 인문주의자
세바스티앵 카스텔리옹

16세기의 인문주의자 카스텔리옹은 종교개혁가 칼뱅의 불관용을 비판했다. 20세기의 휴머니스트 작가 츠바이크는 칼뱅의 '신정정치'를 나치의 전체주의와 비교했다. 이들의 비판과 비교 자체를 '신성모독'으로 여기는 자폐적인 칼뱅주의자들이 있을지 모른다. 그러나 칼뱅을 이해하기 위해서라도 이들의 비판에 귀를 기울일 필요가 있다.

이 글의 주제는 칼뱅 신학이 아니다. 칼뱅의 신학은 위대할지 모른다. 그러나 '관용'의 차원에서 볼 때, 타인의 종교의 자유를 폭력적으로 억압한 칼뱅은 그 당시의 관점에서도 지금의 관점에서도 결코 위대한 인물이 아니다. 위대한 칼뱅이 그랬을 리가 없다는 본능적인 거부감이 들더라도 사실의 목소리를 끝까지 들어보기 바란다.

신정정치의 실체

누가 나에게 단 한 권의 책을 추천해달라고 부탁한다면, 나는 주저 없이 스테판 츠바이크의 《폭력에 대항한 양심—칼뱅에 맞선 카스텔리오》[1]를 추천하겠다. 1998년에 번역판이 나온 이후 나는 이 책의 저자와 역자의 팬이 되었으며, 학생들에게도 이 책을 권했다. 반응은 한결같이 "충격을 받았다"는 것이었다. 위대한 종교개혁가로 알고 있던 칼뱅 (1509~1564)이 사실은 사상적인 폭력을 행사한 인물이었으며, 멋있는 이름의 '신정정치'라는 것도 따지고 보면 폭압적인 독재정치에 불과하다는, 전에는 몰랐던 그리고 상상할 수도 없었던 사실을 알게 되었기 때문이다. 학생들이 놀란 이유는 아마도 고등학교 때까지 받은 세계사 교육에서 칼뱅의 종교개혁이 일방적으로 미화되었기 때문일 것이다.[2] 교과서에는 칼뱅의 신학, 그리고 '프로테스탄티즘의 윤리와 자본주의 정신'에 대한 막스 베버의 주장이 마치 공인된 '사실'처럼 소개되어 있다. 그러나 모든 것에는 이면이 있다. 구원을 확신한 그들의 소위 개혁적인 삶의 이면에는 무엇이 있었을까? 대학에서 널리 읽히는 한 문화사 교재에는 다음과 같이 신정정치의 실체가 일부 폭로되어 있다.

주네브는 여러 구역들로 분할되었고, 교회 회의에서 파견된 감시인이 불시에 모든 가정을 방문하여 가족들의 습관을 검사했다. 가장 온건한 형태의 오락조차도 엄격히 금지되었다. 춤, 카드놀이, 극장 구경, 안식일에 일하거나 노는 행위 등, 이러한 모든 것들이 악마의 소행으로 여겨져 법으로 금지되었다. 여인숙 주인은 식사 기도를 하지 않은 사람에게는 먹을 것이나 마실 것을 주어서는 안 되고, 9시 이후에는 손님이 잠자리에 들도록 해야만 했다. 말할 것도 없이 벌칙은 엄격했다. 살인이나 반역뿐만 아니라, 간음, 마술, 신성모독, 이단 등도 사형과 같은 중죄로 다스려졌다. 칼뱅이 주네브에서 지배권을 장악한 후 처음 4년 동안 집행된 사형 건수는 58건이나 되었다. 당시 주네브 시의 전체 인구는 겨우 16,000명이었다.[3]

소위 청교도적인 생활이라는 것은 이러했다. 우리가 보기에 그것은 영락없는 전체주의 사회의 축소판이다. 그러나 역사해석에서 시대착오를 피해야 한다. 16세기인들은 영적인 구원을 지상 목표로 삼았기 때문에 세속적인 현대인들의 시각으로 그들을 평가하는 것은 독단일지도 모른다. 역사가들의 경고를 모르지 않지만, 그들도 우리처럼 인간이 아닐까 하는 생각이 가시지 않는다. 당시의 주네브 시민들은 칼뱅의 지도 아래에서 행복했을까? 전적으로 그렇지만은 않았던 것 같다. 칼뱅에게 저항한 사람들, 칼뱅이 폭력으로 억누른 사람들이 의외로 많았기 때문이다. 4년이 아니라 칼뱅이 통치한 23년 동안 얼마나 많은 사람들이 피해를 입었는지는 알 수 없으나 사형당한 사람 수가 그 정도라면 추방이나 기타 형벌을 받은 사람은 그보다 훨씬 많았을 것임을 상상하기는 어렵지 않다. 그러나 그것만이 아니다. 잔인한 고문까지 가해졌다. 츠바이크의 책을 열어보자.

위대한 종교개혁가로 알려진 칼뱅은 사실 사상적인 폭력을 행사
한 인물이었다.

칼뱅이 통치한 처음 5년 동안 비교적 작은 이 도시에서 13명이 교수대에 매달리고, 10명의 목이 잘리고, 35명이 화형당하고, 76명이 추방당했다. 테러를 피해서 제때 도망친 사람의 수를 포함하지 않은 것이 그 정도이다. 그리하여 이 '새로운 예루살렘'에 있는 감방마다 죄수들로 가득 차서 드디어는 간수장이 시 당국에 단 한 명의 죄수도 더 받을 수 없다고 통보하기에 이르렀다. 선고받은 사람뿐만 아니라 단순히 혐의만 받고 있는 사람에게도 너무나 잔인한 고문이 행해졌기 때문에 고발된 사람들은 고문실로 끌려가기보다는 차라리 스스로 목숨을 끊었다. '그와 같은 사건을 방지하기 위해서' 마침내 시의회는 죄수들이 밤낮으로 손뼉을 치라는 규정을 만들어야만 했다. 그러나 그와 같은 참변을 중지시켜야 한다는 칼뱅의 말은 단 한 번도 듣지 못했다. 오히려 그의 분명한 권고에 따라서 심문할 때에 나사로 엄지손가락을 조이는 고문과 밧줄로 잡아당기는 고문 외에 발바닥을 불로 지지는 고문까지 더해졌다. 이 도시가 '질서'와 '계율'을 위해서 지불한 대가는 무시무시한 것이었다. 주네브 시는 칼뱅이 하나님의 이름을 내걸고 지배하던 시기보다 더 많은 사형집행, 형벌, 고문, 추방 등을 겪은 적이 없었다.

놀라운 이야기이다. 나 역시 처음 이 책을 읽었을 때에는 믿을 수가 없었다. 고문이라니, 역사가가 아닌 전기 작가였던 츠바이크가 지나친 상상력을 동원했던 것은 아닐까? 아니면 그가 이 책을 쓴 1935~1936년은 히틀러체제였기 때문에 히틀러에 대한 고발이 칼뱅에 대한 고발로 과장되어 전이된 것은 아니었을까? 그러나 그 후 확인해본 몇몇 역사서들은 츠바이크의 고발이 분노한 전기작가의 과장이 아님을 알려주었다. 당시 주네브 시의회 기록은 인간의 자유가 철저히 억압된 "잿빛 그림자 도시"의 모습을 보여준다.[4]

주네브의 시민들은 구원을 얻기 위해 개인의 자유와 사생활을 포기했으며, 이를 따르지 않는 사람들은 고문을 받고 처형되거나 추방당했다. 주네브의 신정정치는 시민들의 자발적인 참여에 의해서 이루어진 것이 아니라 폭력에 의해서, 츠바이크에 의하면 "모든 독재의 영원한 법칙"인 테러에 의해서, 그리고 시민들의 체념에 의해서 이루어진 것이었다. 도대체 "아침에 파이를 먹는 것"과 "저녁 9시 이후에 잠자리에 드는 것"이 죄가 되는 이유가 무엇인가? 칼뱅이 이들에게 징벌을 가한 것은 구원으로 인도하기 위해서가 아니라 질서와 규율을 위해서였다. 그것은 영혼의 구원을 위한 불가피한 행위가 아니라 인간의 자유와 인권을 탄압한 것에 불과하다. 특히, 고문은 공소시효가 없는 반인간적인 범죄가 아닌가?

그런데 칼뱅과 신학적인 해석을 달리 한 경우는 어떻게 되었을까? 이러한 사람들을 이단으로 규정하고 처형한 칼뱅의 행위는, 적어도 "신앙의 시대"에서는, 묵인되거나 정당화될 수 있지 않을까? 그러나 여기에 대해서도 반대한 사람이 있었으니 그가 바로 카스텔리옹이다.

칼뱅에 대항한 카스텔리옹

"폭력에 대항한 양심" 세바스티앵 카스텔리옹Sébastien Castellion은 1515년 프랑스 동부 뷔제Bugey 지방에서 태어났다. 그의 진짜 이름은 샤티용Chatillon(혹은 Chateillon)이고 라틴어 이름은 카스텔리오Castellio인데, 카스텔리옹은 바로 이 라틴어 이름에서 나온 것이다. 그는 리옹의 트리니테 콜레주에서 공부했으며 일찍부터 인문주의자로서의 재능을 인정받았다. 종교개혁 시대에 인문주의자로 머무는 것은 힘든 일이었다. 그는 칼뱅의 《기독교 강요》(1536)를 읽고 종교개혁가가 되었고, 스트라스부르크에 가서 칼뱅을 만났다. 그는 '고개 숙인' 주네브로 칼뱅이 개선하기 몇 달 전, 주네브에 있는 한 콜레주의 담임교사가 되었으며 곧 이 학교의 교장이 되었으나 적은 봉급으로는 생활하기가 어려워 1544년 사표를 냈다. 그가 들어가고 싶었던 곳은 목사단이었다. 그러나 칼뱅은 카스텔리옹의 독립적인 성서해석을 경계하여 그를 받아들이지 않았다. 이미 이때부터, 칼뱅과 성서해석을 달리 하거나 칼뱅 신학을 비판하는 것은 단순한 의견 차이가 아니라 이단으로, 국가적인 범죄로 취급되었다. 칼뱅은 그를 고소했고, 칼뱅을 본받아 개신교 신앙의 사도가 되고자 했던 카스텔리옹은 칼뱅을 떠났다. 그 후 8년간 카스텔리옹은 바젤에서 번역을 하거나 교정을 보며 빈궁한 생활을 하다가 1553년에 바젤 대학의 그리스어 교수가 되었다.

가난이 인문주의자의 학문을 방해하지는 않았다. 카스텔리옹은 1551년에 성서의 라틴어 번역서를 출판했다. 영국의 젊은 왕 에드워드 6세에게 바치는 서문에는 인문주의의 관용 정신이 나타난다.

아! 우리는 어떤 시대에 살고 있습니까? 우리는 다른 사람들이 피를 흘리지 않도록 하기 위해 자신의 피를 흘리신 그리스도에 대한 열정 때문에 피를 흘리고 사람을 죽입니다. 그리스도에 대한 열정 때문에 우리는 가라지를 뽑습니다. 그러나 그리스도께서는 곡식이 뽑히지 않도록 하기 위해서 수확 때까지 가라지를 그대로 두라고 명령하셨습니다. 그리스도에 대한 열정 때문에 우리는 다른 사람들을 박해합니다. 그러나 그분께서는 누가 우리의 오른 뺨을 때리면 왼 뺨을 내밀라고 말씀하셨습니다. 그리스도에 대한 열정 때문에 우리는 다른 사람들에게 악을 행합니다. 그 분께서는 악을 선으로 돌려주라고 명령하셨지만 말입니다.[5]

이단이라는 이유로 박해하는 것은 하느님이 수확하실 때 하실 일을 인간이 먼저 하려는 것과 같다. 그것은 하느님의 말씀에서 비롯된 것이

인문주의자 카스텔리옹은 칼뱅의 탄압에 반대하며 관용과 종교의 자유를
주장했다.

아니라 인간의 오만과 독단에서 비롯된 것이다. 카스텔리옹이 인간의 모든 범죄에 대해 관용을 주장한 것은 아니다. 살인, 도둑, 간음 등과 같이 명백한, 다시 말해 행위자도 인정하지 않을 수 없는 범죄에 대해서는 그에 합당한 처벌이 가해질 수 있다. 카스텔리옹이 반대한 것은 종교적인 "오류"에 대해서 그러한 처벌을 가하는 것이었다. 왜냐하면 종교적인 문제에 대해서는 사람마다 다른 의견을 가질 수 있기 때문이다. 성서는 다의적으로 해석될 수밖에 없다는 것이 카스텔리옹의 기본 입장이었으며, 여기에서 그의 관용사상이 시작되었다. 그러나 엄밀히 말해서 관용이 카스텔리옹의 독창적인 사상은 아니었다. 그리스도의 온후함과 자비를 강조한 것, 가라지의 비유, 이단과 일반 범죄의 구분 등은 에라스무스에게서도 찾아볼 수 있는 것들이었다. 또 에라스무스에 대한 기억은 바젤에 강하게 남아 있었다. 그러나 어쨌든, 이 서문은 당시로서는 하나의 마니페스트였다.

그러던 중 1553년에 미구엘 세르베토가 이단으로 몰려 화형당하는 사건이 발생했다. 주네브에서, 그리고 칼뱅에 의해서였다. 세르베토는 1511년경 스페인의 빌라누에바에서 태어났다. 그는 종교재판을 피해 툴루즈로 도망쳐 그곳 대학에서 법학을 공부했으며, 과학적인 것과 종교적인 것 등 모든 것에 호기심이 많았던 백과사전적인 사람이었다. 그는 황제 카를 5세의 고해신부를 따라 다니며, 아우구스부르크, 바젤, 스트라스부르크 등지에서 종교개혁가들과 접촉했다. 그는 루터, 츠빙글리, 칼뱅 같은 선구자들이 충분히 혁명적이지 못하다고 생각했다. 그들은 여전히 삼위일체론을 받아들이고 있었기 때문이다. 1531년에 나온 그의 첫 번째 책(《삼위일체론의 오류》)은 제목 그대로 삼위일체론이 성서적 근거가 없음을 주장한 책이었다. 이 책이 논란을 불러일으킨 것은 당연했다. 스트라스부르크와 바젤에서 책의 판매가 금지되었다. 그는 스트라스부르크를 떠나 파리, 리옹, 비엔 등지에서 미셸 드 빌뇌브라는 이름으로 출판업자, 지리학자, 점성술사, 의사 등으로 살아갔다. 20년간의 프랑스 체류 기간 동안, 그는 외면적으로는 선량한 가톨릭이었으나, 내심으로는 근본적인 종교개혁 방법을 모색하고 있었다.

　1553년, 세르베토는 비엔에서 M. S. V.라는 이름으로 《기독교 재건》이라는 책을 출판했다. 책의 논지는 그리스도는 인간에 불과하지만 신적인 모든 능력을 지니고 있다는 것이었다. M. S. V.라는 이니셜이 누구인지는 즉시 알려졌다. 그해에, 주네브에 망명가 있던 칼뱅의 가까운 친구인 기욤 드 트리는 리옹에 거주하는 선량한 가톨릭인 앙투안 아르네에게 이 사실을 알렸고, 아르네는 이단 재판관인 마티외 오리에게 세르베토를 고발했다. 즉시 조사가 진행되었지만, 세르베토는 책과의 관련성을 부인했다. 이단 재판관은 아르네에게 추가 정보를 요청했고, 그러자 트리는 칼뱅에게서 전해 받은 세르베토의 편지 20여 통을 이단 재판관에게 넘겨주었다. 결국 칼뱅과 가톨릭 이단 재판관이 공동의 적 앞에서 협력한 셈이었다.[6] 결국 세르베토는 체포되었지만, 아마도 가톨릭 당국의 묵인 하에, 며칠 뒤 감옥을 탈출했다. 이렇게 해서 가톨릭을 이용하여 자기의 적을 제거하려던 칼뱅의 음모는 실패로 끝났다.

　몇 달 뒤, 세르베토는 주네브를 지나가는 중대한 실수를 범했다. 8월 13일 일요일, 그는 칼뱅이 설교하는 예배에 참석했다가 발각되어 체포되고 말았다. 칼뱅에게 있어서 삼위일체를 부정하는 것은 이단 중의 이단이었고, 따라서 그러한 자의 사형을 요청하는 것은 한 개인의 의견이 아니라 전 교회의 공통된 의견이라고 확신했다. 시의회는 만장일치로 사형을 선고했고, 다음날 세르베토는 샹펠 광장에서 '산 채로' 화형에 처해졌다. 가톨릭 중세에도 보기 드물었던 잔인한 처형이 칼뱅의 주도하에 집행된 것이다. 이렇게 해서 "하느님 말씀을 전하는 설교자"는 박해자로, 세르베토는 순교자로 역사에 기록되었다.

세르베토가 순교자였기는 하지만, 관용을 위해 순교한 것은 아니었다. 그 역시 칼뱅 못지않은 불관용주의자였다. 죽은 사람이나 죽인 사람이나 이단은 사형에 처해야 한다고 생각한 점에서는 동일했다. 실제로 세르베토는 자신의 신학사상은 칼뱅의 신학사상과 차이가 없기 때문에 자신에게 이단죄가 있다고 판명되면 칼뱅에게도 동일한 형벌을 가해야 한다고 요구할 정도였다. 당시에 이단을 사형에 처한다는 것은 독일이나 스위스에 널리 알려진 원칙이었다. 세르베토 화형 이후 칼뱅은 불링거와 멜란히톤을 위시한 교회의 지도자들로부터 지지를 받았다.

그러나 일반인들은 그의 종교 독재에 대해 불만을 느끼기 시작했다. 특히 에라스무스의 영향이 남아 있던 바젤에서는, 이탈리아에서 망명 온 사람들을 중심으로 세르베토에 대한 동정 여론이 생겨났다. 이에 칼뱅은 자신의 행동을 정당화할 필요를 느껴, 세르베토 화형 후 4개월 만인 1554년 1월에 《참된 믿음을 유지하기 위한 선언》을 발표했다. 칼뱅에 따르면 이단과 신성모독자들이 모욕한 하느님의 명예를 위해 복수하는 것은 교회의 의무이며, 이 의무는 너무나 막중한 것이어서 가족이나 친족도 예외로 할 수 없을 뿐만 아니라, 경우에 따라서는 구약에 나오는 것처럼 한 도시의 전 주민을 몰살시킬 수도 있었다. 하느님은 인간의 살이나 인간의 팔로 도움을 받을 필요가 없다는 반론에 대해, 칼뱅은 하느님이 인간의 도움을 원하신다면 그렇게 할 수 있다고 대답했다. 이 점에 있어서 칼뱅의 입장은 이단은 하느님에게 대역죄lèse-majesté를 범한 것이기 때문에 사형에 처해야 한다고 주장한 중세의 신학자들과 다르지 않았다.

칼뱅의 정당화는 여기에서 그치지 않았다. 칼뱅은 그리스도의 자비를 들어 자신을 비판하는 사람들에게, 그리스도가 신전에서 상인들을 내쫓은 것을 보면 그리스도 또한 폭력에 반대하지 않은 것이라고 대답했다. 나아가 칼뱅은 토마스 아퀴나스와 마찬가지로, 이단을 관용하는 것 자체가 참된 자비에 대한 공격이라고 말했다. 마지막으로 이단을 처벌할 수 있다면 가톨릭의 이단 재판을 비난할 수 없다는 주장에 대해, 칼뱅은 교황주의자들은 거짓 교리를 가지고 있기 때문에 프로테스탄트를 박해할 권리가 없다고 말했다.

이 같은 무시무시한 '불관용론'은 논박을 불러일으키게 마련이었다. 최초의 논박은 칼뱅의 친구이자 베른의 고위 행정관인 니콜라스 추르킨덴에게서 나왔다. 그는 칼뱅의 원칙과 칼뱅이 세르베토를 처형한 것에 대해서는 비난하지 않았다. 그러나 그는 잔인한 탄압이 줄어들기를 기대했으며, 행정관으로서 "가혹함의 과잉보다는 관용의 과잉"이라는 죄를 짓는 것을 선호했다. "우리가 교황주의자들처럼 잔인하게 행동한다면 그들을 기쁘게 할 것"이라는 말에 대해서는 칼뱅도 마땅한 대답을 찾지 못했다. 후일 칼뱅은 추르킨덴이 주네브에서 추방된 반삼위일체론자들과 가까이 지낸다고 비난했다.

하지만 칼뱅의 진짜 상대는 카스텔리옹이었다. 칼뱅의 《참된 믿음을 유지하기 위한 선언》이 나온 지 한 달 후에 카스텔리옹은 마르티누스 벨리우스라는 이름으로 《이단자들에 대하여》를 발표했다. 이 책은 에라스무스를 비롯한 관용론자들의 텍스트 20편과 카스텔리옹의 서문으로 구성되어 있다. 놀랍게도 이 책에는 칼뱅이 관용론자로 등장한다. 왜냐하면 칼뱅은 "교회에서 쫓겨난 사람들을 무기를 들고 박해하고 그들에게 인간성의 권리를 거절하는 것은 비기독교적인 일이다"라고 말한 적이 있기 때문이다. 이 책에서 카스텔리옹은 이단 박해를 인정하는 것으로 인용되던 성서 구절들을 어느 누구보다도 체계적으로 비판한다. 성서에 나오는 칼은 세속의 칼이 아니라 영적인 칼이며, 심판은 현세의 심판이 아니라 최후의 심판을 말한다는 것이다. 그런데 도대체 이단이란 무엇인가? 복음서와 성 바울에 의하면, 이단이란 "자신의 의견을 고집하는 사람"이다.[7] 그런데 고집이라는 것은 명백한 증거를 거부하고 모든 사람이 인정하는 오류를 범하는 것이다. 도덕 영역에서는 이러한 이단을 판정하는 일이 가능하다. 왜냐하면 어떠한 행위가 악인지 아닌지 여부에 대해 모든 사람이 인정할 수 있기 때문이다. 따라서 도덕의 영역에서는 이단을 처벌하는 것이 가능하다. 그러나 종교의 영역에서는 그렇지 않다. 본질적으로 성서는 다양한 해석을 가능하게 하는 수수께끼, 비유 등으로 구성되어 있기 때문이다. 카스텔리옹이 쓴 서문의 마지막 간구는 정말 감동적이다.

> 오, 세상의 창조주이시며 왕이신 그리스도여, 당신은 이러한 일들을 보고 계십니까? 당신은 예전의 당신과 전혀 다른 분이 되셨습니까? 당신 자신과 반대이며 너무 잔인한 분이 되셨습니까? 당신이 지상에 계실 때에는 당신보다 더 온후하고, 더 관대하고, 더 많은 모욕을 당하신 분이 없었습니다. (……) 당신은 당신에게 모욕을 가한 사람들을 위해 기도하셨습니다. 그런데 당신은 변하셨습니까? 당신은 당신의 말씀과 계율을 따르지 않는 사람들을, 우리의 지도자들이 요구하듯이, 물에 빠뜨려 질식시키고 창자가 튀어나오도록 꼬챙이로 쑤시고 (……) 모든 종류의 형벌로, 그것도 가능한 한 오랫동안, 고통을 받게 하라고 명령하셨다면, 나는 당신 아버지의 거룩한 이름으로 당신에게 기도합니다. 오, 그리스도여, 당신은 이러한 일들을 명하셨고 승인하십니까? (……) 그리스도여, 당신께서 이러한 일들을 하시고, 당신의 명령이 이루어지도록 하신다면, 악마에게는 어떠한 일을 하라고 남겨놓으셨습니까? (……) 오, 사탄의 명령과 사주로 자행된 일을 그리스도께 뒤집어씌우

는 인간들의 사악한 오만이여!

이단을 박해하는 것은 그리스도의 사업이 아니라 사탄의 사업이라는 것이 카스텔리옹의 주장이었다. 그렇다면 종교에 관한 한 모든 것을 다 허용할 것인가? 성서해석은 완전 자유인가? 16세기인인 카스텔리옹에게는 그렇지 않았다. 종교의 문제에도 일반 도덕의 문제에서와 마찬가지로 증거가 명백한 진리들이 있었으니, 유일신의 존재, 천지창조, 영혼 불멸, 예수의 부활 같은 기독교의 근본 교리가 바로 그것이었다. 이러한 진리에 대해 계속 고집부리는 사람들을 화형에 처해야 할 것인가? 카스텔리옹이 요구한 벌은 화형이 아니라 추방이었다. 이렇듯 그는 무신론자와 급진 합리주의자들을 관용의 대상에서 배제했다. 한계가 없진 않지만, 카스텔리옹의 사상은 당시로서는 대담한 것이었다.

칼뱅과 베즈Théodore Bèze는 이 책의 저자가 누구인지 즉시 알아보았다. 베즈는 한 사람을 죽음에서 구하기 위해 많은 사람을 이단으로 오염시키는 "악마적이고 비기독교적인 자비"를 비판했다. 그의 생각은 1563년(카스텔리옹이 죽은 해이다)에도 변함이 없었다. "모든 사람은 자신의 종교 내에서 구원을 받을 수 있다는 터키의 도그마, 선량한 의도로 충분하다는 로마의 도그마, 이단의 증가를 원하는 마르티누스 벨리우스의 도그마, 새로운 계시 속에 진리가 나타나기를 기다리면서 모든 사람을 관용해야 한다는 카스텔리옹의 도그마 등을 옹호하려는 생각은 우리의 생각이 아니다"라는 신념을 끝까지 포기하지 않았다. 관용이나 종교의 자유 같은 언어는 베즈를 포함한 종교개혁가의 사전에는 없는 단어였다.

베즈가 카스텔리옹에 대한 반박문을 작성하는 동안, 카스텔리옹은 칼뱅의 《참된 믿음을 유지하기 위한 선언》을 조목조목 반박하는 《칼뱅의 글에 반대하여》를 작성했다. 이것은 세르베토를 살해한 칼뱅이라는 사람에 대한 형사고발장이다. 카스텔리옹은 여기에서도 칼뱅을 증인으로 불러낸다. "이단을 죽이는 것은 범죄행위이다. 쇠와 불로 그들을 파멸시키는 것은 인문주의의 모든 원칙을 부인하는 행위이다"라고 말한 그 칼뱅 말이다.[8] 카스텔리옹은 인문주의의 이름으로 종교개혁가를 단죄한다.

> 한 인간을 죽이는 것은 절대로 교리를 옹호하는 것이 아니다. 그것은 그냥 한 인간을 죽이는 것을 뜻할 뿐이다. 주네브 사람들이 세르베토를 죽였을 때, 그들은 교리를 지킨 것이 아니라 한 인간을 희생시킨 것이다. 인간이 다른 사람을 불태워서 자기 신앙을 고백할 수는 없다. 단지 신앙을 위해 불에 타 죽음으로써 자기 신앙을 고백하는 것이다.

그렇다. 칼뱅은 한 인간을 죽인 것이다. 세르베토를 죽인 것은 교리도 아니고, 주네브에 세워진 세르베토 추모비에 새겨져 있는 '시대'도 아니다. 그를 시대의 희생자라고 담담하게 기록하는 것은 그와 같은 시대의 희생자들을 양산하는 공범자가 되는 것이다. 그것이 칼뱅의 범죄였음을 역사는 분명히 기록해야 한다. 카스텔리옹이 그렇게 했듯이 말이다.

카스텔리옹의 논거는 변함이 없었다. 기독교 도덕은 분명해서 모든 사람이 이해할 수 있지만, 도그마는 기본적으로 모호하기 때문에, 각자는 자신의 의견을 자유롭게 가질 수 있다는 것이었다. 칼뱅이 우선적으로 생각했던 것은 도그마였던 데 반해, 카스텔리옹이 우선적으로 생각했던 것은 기독교 도덕이었다. 칼뱅에게 있어서 하느님의 말씀은 분명하며 진리와 오류를 구분하기에 충분할 정도로 절대적이고 객관적이었지만, 카스텔리옹에게는 그렇지 않았다. 하느님은 신비와 베일 속에서만 말씀하신다. 그렇다면 하느님의 말씀 속에는 확실한 것이 하나도 없단 말인가? 카스텔리옹은 그렇지 않다고 말한다. 구원에 필요한 것, 도덕적 가르침, 이행해야 할 의무 등은 분명하다. 그러나 하느님의 신비를 밝히려고 하는 것은 인간의 능력 밖에 있다. 따라서 진정으로 기독교적인 삶을 사는 사람들 사이에도 이 점에 있어서는 의견의 차이가 있을 수 있다는 점을 인정해야 한다. 다시 말하면 서로 이단이라고 비난하지 말아야 한다. 성서주의를 견지하는 프로테스탄트가 성서의 모호성을 주장하는 것은 일견 모순처럼 보이지만, 종교개혁의 분열 자체가 이러한 의견 차이를 확인해준다.

이 글에서 카스텔리옹이 새롭게 강조한 것은 구약 시대의 율법을 은총의 시대에 적용하지 말라는 것이었다. 구약에서는 우상숭배자와 신성모독자들을 처벌했으나, 그것은 이들이 불신자였기 때문이지 이단이었기 때문이 아니다. 이단과 불신자는 명백히 구분된다. 카스텔리옹은 불신자들을 처벌하는 것에 동의한다. 무신론자들을 관용에서 배제하는 것은 17세기까지의 관용론자들에게 일반적인 생각이었다.

반박문을 작성한 후 카스텔리옹의 관심은 프랑스로 옮겨갔다. 종교전쟁이 격화되고 앙부아즈 칙령이 아직 선포되지 않았을 때, 《황폐해진 프랑스에 대한 충고》(1562)가 익명으로 출판되었다. 이제까지 카스텔리옹은 정신적인 메시지를 전하기 위해 물리적인 무기를 사용하는 것에 저항했으나, 이 글에서는 양심의 자유를 특히 강조한다. 종교가 내란을 일으킨 원인은 무엇인가? 카스텔리옹에게 있어서 그것은 양심의 강요 때문이었다. 옛 종교를 회복시키기 위해서 전쟁과 양심의 강제라는 악보다 더 악한 수단을 사용하였기 때문이다. 여기에는 가톨릭과 프로테스탄트 모두에게 책임이 있다. 그들은 자신의 양심을 중요하게 여기며 또 그 때문에 박해받기를 원하지 않으면서 왜 상대방을 박해하는가? 성서에는 "다른 사람이 너에게 하기를 네가 원치 않는 것을 다른 사람에게 강요하지 마라"고 하지 않나? 카스텔리옹은 칼뱅에게 사용했던 논리를 다시 동원한다. 박해를 정당화시키기 위해 구약의 예를 들지 말라는 것이다. 더 이상 율법의 시대가 아니라 그리스도의 시대이기 때문이다. 잘못된 생각을 하고 있더라도 인간의 양심은 그 자체로 존중받아야 한다는 것이 말년의 카스텔리옹이 갖고 있던 소중한 생각이었다.

마지막 글, 《의심의 기술》(1563)에서 카스텔리옹은 '이성주의자'로 변한다. 성서해석의 자유를 주장해온 사람에게는 자연스러운 변화일지 모른다. 루터나 칼뱅은 성서에 절대적이며 배타적인 권위를 부여하고, 영성주의자들은 성령에 최고의 권위를 부여하는 반면, 카스텔리옹은 이성에 권위를 부여한다. 카스텔리옹이 말하는 이성은 초자연적인 것을 부정하는 비판적인 이성이 아니었다. 그것은, 그의 표현을 빌면, "신의 딸"이었다. 이성은 칼뱅이 말하듯 죄악으로 타락한 것이 아니라, 성서에서 확실한 것과 불확실한 것을 가려주고, 영원한 진리와 일시적이고 의심스러운 진리를 구분해주는, 모든 사람에게 공통된 빛이었다. 성서에 적혀 있는 것이 다 계시진리는 아니었다. 성서는 모호할 뿐만 아니라 심지어 오류를 포함하고 있다. 따라서 자구와 텍스트에 얽매인 성서 공방은 아무런 도움이 되지 않는다. 어떠한 주장이든지 그것을 뒷받침해주는 구절을 성서에서 찾을 수 있다. 이성은 자구를 넘어 정신에 도달할 수 있게 해주며, 정당한 의심을 하게 하여, 다양한 의견을 관용하게 해준다. 이렇게 이성을 성서에 적용시킬 때 종교의 자유가 생겨난다. 에라스무스는 도그마의 축소를 요구했으나, 교회와 성서는 여전히 객관적인 믿음의 근본이 되었다. 그러나 카스텔리옹에 이르러 최고의 권위는 개인적인 이성에게 넘어갔다.

마지막으로, 카스텔리옹은 《독일 신학*Theologia Deutsch*》을 번역했다.

이 책의 원저자가 누구인지는 알 수 없지만, 당시에 많은 사람들은 신비주의자인 요한 타울러가 이 책의 저자라고 생각했다. 타울러의 신비주의는 16세기의 이성주의자인 카스텔리옹이나 16세기의 신비주의자인 다비드 드 조리스 같은 사람들에게 영향을 주었다.[9] 인문주의자 카스텔리옹의 이성주의는 도그마를 의심했으며, 올바른 의견보다는 올바른 행동을 강조했는데, 이 같은 도덕주의적인 종교관은 "그리스도 본받기"를 실천하던 독일 신비주의와 쉽게 만날 수 있었던 것이다. 그의 이성주의와 회의주의는 신비주의와 공존했다.

칼뱅은 비판을 허용하지 않는 사람이었다. 그는 카스텔리옹의 글이 출판되지 못하도록 검열을 강화하고 바젤에 외교적인 압력을 가했다. 칼뱅의 간계, 음모, 비방, 모략이 도를 넘어서자 멜란히톤은 카스텔리옹을 편드는 편지를 보냈으며, 바젤 대학은 카스텔리옹에게 내렸던 집필금지령을 해제했다. 카스텔리옹은 "우리 둘 중 한쪽이 잘못이겠지만, 그렇기 때문에 우리는 더욱 서로 사랑해야 한다! 주님께서는 언젠가는 잘못 생각하는 사람에게 진리를 보여주실 것이다"라면서 그리스도의 평화를 제안했다. 그러나 칼뱅은 이 같은 제안을 받아들일 사람이 아니었다. 결국 1563년, 카스텔리옹은 이단으로 고발되었다. 카스텔리옹의 죄목은 그가 교황당이며, 재세례파이고, 회의론자이며, 하느님을 부인하는 자일 뿐만 아니라 모든 간통자와 범죄자들을 옹호하는 자라는 것이었다. 그런데 우연인지, 카스텔리옹은 위험한 재세례파로 드러나 시신이 화형에 처해진 다비드 드 조리스의 오랜 친구였으며, 이탈리아인 이단자로서 재판을 받게 될 베르나르도 오키노의 책을 번역했음이 밝혀졌다. 상황이 매우 불리해졌다. 그러나 카스텔리옹의 갑작스런 죽음이 재판으로부터, 적들의 치명적인 공격으로부터 그를 구해주었다. 1563년 12월 29일 카스텔리옹은 48세의 나이로 세상을 떠났다. 그리고 이듬해인 1564년 칼뱅이 그 뒤를 따랐다.

종교개혁과 인문주의

세르베토를 화형시킨 것이 정당한가를 놓고 전개된 칼뱅과 카스텔리옹의 싸움은 물론 칼뱅의 승리로 끝났다. 어쩌면 그것은 제대로 된 싸움이 아니었을지 모른다. 사실 카스텔리옹의 책은 칼뱅의 검열과 필사본이라는 한계 때문에 큰 반향을 불러일으키지 못했다. 그리고 칼뱅의 명분은 시합 전에 이미 승리를 거두고 있었다. 이단을 처벌하고 종교의 일치를 이룬다는 것은 당시로서는 당연한 원칙이었다. 카스텔리옹의 뒤를 이어 그의 바젤 대학 제자인 간트너가 스승의 언어를 동원하여 이단 처벌의 부당성을 고발했다. 하지만 이 문제를 해결하기 위해 1571년에 모인 70명의 목사들 가운데 간트너를 지지한 사람은 고작 세 명에 불과했다. 아직은 종교적 자유니 관용이니 하는 개념들이 낯설던 시대였다. 프랑스에서 종교적 관용에 대한 논의가 본격화된 것은 1560년대이며 낭트 칙령이 선포된 것은 1598년이다.

이렇듯 당시에는 싱거운 싸움이었지만, 칼뱅에 맞선 카스텔리옹은 관용의 역사에는 "폭력에 대항한 양심"으로 길이 남아 있다. 인문주의자였던 카스텔리옹이 자기를 종교개혁으로 이끌어주었던 칼뱅에 반대하여 관용을 제창한 것은, 칼뱅에 대한 사사로운 원한에서 비롯된 것이 아니었다. 그것은 칼뱅이 세르베토를 화형시키기 전에 이미 형성된 사상이었다. 성서해석의 자유라는 것도 카스텔리옹이 칼뱅에 대항하기 위해 개발한 전술적인 무기가 아니었다. 그는 라틴어 성서 번역판 서문에서 자신은 성서의 모든 구절을 다 이해한 것도 아니기 때문에 독자는 자신의 번역을 절대적인 것으로 믿지 말라고 경고할 정도였다. 카스텔리옹의 논거는 성서는 모호하기 때문에 다양한 해석이 나올 수밖에 없으며, 은총의 시대에는 구약 시대의 육체적인 처벌을 정신적으로 해석해야 한다는 것이었다. 따라서 자기와 '다른 의견'을 가진 사람을 구약식으로 처벌하는 것은 신약의 시대에는 합당하지 않은 독단에 불과하다는 것이다. 이러한 논거 위에서 카스텔리옹은 당시로서는 선구적으로 관용과 종교의 자유를 제창할 수 있었다.

카스텔리옹의 선구성은 17세기 말의 관용론자인 존 로크와 비교해볼 때 선명하게 드러난다. 로크가 네덜란드에서 익명으로 발표한 《관용론》은 종교전쟁에서 벗어나기 위해 교회와 국가의 분리를 주장하고 종교는 개인과 창조주 사이의 개인적인 문제임을 천명한 것으로, 관용론의 역사에서 신기원을 연 책으로 평가받고 있다. 로크는 카스텔리옹을 잘 알고 있었으며, 로테르담의 지적 서클에서 피에르 벨과도 접촉하

가톨릭과 무신론자를 배제한 채 관용론을 주장한 존 로크.

였다. 로크는 어느 정도의 관용을 주장했나? 로크는 가톨릭과 무신론자는 관용에서 배제했다.[10] 이러한 점에서 로크는 1세기 전의 카스텔리옹보다 조금도 앞으로 나아가지 못했다. 반면, 벨은 무신론자, 유대교도, 이슬람교도 등 모든 사람들을 다 관용의 대상으로 포함시켰다. 이렇게 볼 때, 벨은 진정한 관용의 사도라는 평가를 받을 수 있을 것이다. 카스텔리옹이 '이단'을 관용하는 데 그쳤다면, 벨은 '이교'에게까지 관용을 확대한 것이다.

종교개혁은 관용과 종교의 자유를 주장하면서 시작되었다. 루터는 "교황도, 주교도, 어느 누구도 기독교인에게 그의 동의 없이 단 한 음절의 의무도 강요할 수 없다"라고 말했으며, 칼뱅 역시 마찬가지였다. 베

인튼은 "칼뱅이 종교의 자유를 옹호하는 글을 쓴 것이 있다면, 그것은 인쇄상의 실수이다"라고 칼뱅의 불관용을 강조했지만, 이때의 칼뱅은 종교개혁가가 된 이후의 칼뱅일 것이다. 그 전에 칼뱅은 《세네카의 관용론 주석》을 쓴 인문주의자였다. 그는 이단을 죽이는 것은 범죄행위이며 인문주의의 원칙을 부인하는 행위라고 마치 카스텔리옹처럼 말하지 않았던가? 그러나 '나의 종교의 자유'를 주장한 이들 종교개혁가들은 '너의 종교의 자유'를 인정하지 않았다. "모든 기독교인은 그 자신이 사제"라는 만인사제론보다 종교의 자유를 더 잘 표현한 말은 없지만, 만인사제론은 성서해석의 다양성을 전제로 하는 것이었고, 따라서 그것은 이단을 양산할 가능성이 높았다. 한편, 종교개혁의 '성서유일주의'는 '유일성서해석주의'로 변질되기 쉬운 것이었다. 칼뱅은 자기의 성서해석을 유일한 해석으로 강요하지 않았는가? 이처럼 종교개혁의 두 기둥인 만인사제론과 성서유일주의는 현실적으로 대립하기 쉬운 것이었다. 관용과 종교의 자유는 처음에는 가톨릭을 흔들었지만 이제는 종교개혁을 흔들었다. 칼뱅은 관용과 종교의 자유를 용납할 수 없었고, 카스텔리옹은 종교개혁 위에서는 관용과 종교의 자유를 주장할 수 없었다. 카스텔리옹은 종교개혁에서 나와 인문주의로 되돌아갔다.

칼뱅과 카스텔리옹의 싸움은 불관용과 관용의 싸움이었으며, 종교개혁과 인문주의의 싸움이었다. 인문주의자 카스텔리옹의 겸손은 종교개혁가 칼뱅의 독단에 맞서는 무기였다. 승부는 종교개혁의 승리로 끝났지만, 근본주의와 불관용이 판치는 오늘날 우리에게 필요한 것은 인문주의이다.

virtue의 본뜻

virtue는 덕德이라는 뜻으로 널리 사용된다. 그러나 virtue를 구성하고 있는 vir가 '남성의 힘'이라는 뜻을 가지고 있다는 점에서, virtue는 '남성의 힘'이라는 뜻으로도 사용된다. '덕'과 '힘'은 의미가 상반되기에 조심할 필요가 있다. 그런데 우리 학계에서는 천편일률적으로 virtue를 '덕'으로 옮기기 때문에 중대한 오해를 불러일으킨다. 프랑스 혁명기에 공포정치를 주도한 로베스피에르가 말한 "virtue의 공화국"을 "덕의 공화국"이라고 옮김으로써 냉혹한 테러리스트를 철인-정치가로 변모시키는가 하면, 마키아벨리의 virtue 역시 '덕'이라고 옮김으로써 기독교 윤리에 저항한 사람을 기독교 철학자로 둔갑시킨다.

Virtue의 여러 가지 뜻

virtue만큼 인문학 서적에 자주 나오고 또 그만큼 뜻이 다양한 단어도 드물지 않을까 싶다. 영어사전을 찾아보면 덕, 미덕, 덕행, 선행 등이 일차적인 뜻으로 나오지만 그 외에도 효력, 효능, 힘 등의 뜻이 있으며, 경우에 따라서는 장점, 정조, 역품천사 등으로도 쓰인다. virtue의 어원인 vir가 '남성다움'이라는 뜻을 가지고 있다는 사실은 어쩌면 virtue의 본래 뜻은 '덕'이 아니라 '남성다움'이나 '힘', 특히 '남자의 힘' 등이 아니었을까 하는 생각을 하게 한다. 그렇지만 이 단어는 거의 예외 없이 덕德으로 번역되고 있다. 덕이란 무엇인가? 국어사전에 있는 풀이도 간단하지는 않다. 첫째 마음이 바르고 인도人道에 합당한 일, 둘째 도덕적 이상 혹은 법칙에 좇아 확실히 의지를 결정할 수 있는 인격적 능력, 셋째 도道를 통하여 체득한 품성, 그 밖에 은혜, 공덕, 이익 등의 뜻으로 사용된다.

서양문화에서도 virtue의 의미는 다양하다. 기독교 윤리에서는 일곱 개의 virtue가 기본이 되는데, 그 중 prudence(신중함), temperance(절제), fortitude(용기), justice(정의)는 소크라테스, 플라톤, 아리스토텔레스 같은 그리스 철학자들이 가르치던 자연적인 virtue로서 인간의 공통된 재능에서 나오는 것이다. 그리고 faith(믿음), hope(소망), love(사랑)는 사도 바울이 정의한 신학적인 virtue로서 자연인에게서 나오는 것이 아니라 하느님이 예수 그리스도를 통해 인간에게 나누어준 선물이다. '사랑'은 신학적 virtue에서 으뜸일 뿐만 아니라 일곱 개의 근본 virtue 가운데에서도 으뜸이다.

덕德이란 올바른 마음씨 혹은 옳은 일을 하는 의지와 능력을 가리키고, 서양의 virtue는 "삶과 행동이 도덕 원리에 일치된 것"으로서, 공히 도덕적이며 윤리적인 상태나 의지의 의미를 지니고 있다. 우리말에서 덕이라는 단어의 쓰임은 너그러운 마음이라는 '상태'의 의미가 강한 반면, virtue는 도덕 원리에 부합하는 실천적인 태도와 습관이라는 '행동'의 의미가 더 강한 것 같다.[1] 덕이라는 말 못지않게 덕성德性이라는 말이 자주 쓰이는 것도 이 때문일 것이다.

virtue는 기본적인 의미만 해도 일곱 개가 있을 정도로 그 단어의 뜻이 넓다. 자연적인 virtue와 신학적인 virtue가 다를 뿐만 아니라 자연적인 virtue 내에서도 prudence와 fortitude는 오히려 대립적이다. 예컨대 fortitude(용기, 불굴의 정신, 인내)는 '너그러운 마음'과 별로 관계가 없다. 덕은 서양의 일곱 가지 virtue 가운데 신학적인 virtue의 으뜸인 '사랑'과 가깝다고 생각되지만, 우리말의 쓰임에서는 그 의미가 도덕적일 때가 많아 '사랑'이라는 종교적인 뜻과는 차이가 있다.

따라서 다양한 의미를 내포하고 있는 virtue를 무조건 '덕'으로 옮기는 것은 정확한 번역이 아니며, 경우에 따라서는 의미의 전도를 일으킬 위험이 있다. 이를테면, 위에서 든 사례에서처럼, fortitude의 의미로 사용된 virtue를 덕이라고 옮긴다면 그것은 정반대의 이미지를 전달하는 결과를 가져오게 된다.

Virtue의 역사

영어의 virtue는 라틴어 virtus에서 왔고, 그것은 희랍어 arete에서 왔다. 아레테의 의미는 "본래의 기능을 수행하는 힘"이어서, 사람뿐만 아니라 동물이나 사물도 아레테를 가지고 있다고 여겨졌다. 말하자면 말, 배, 사람의 눈 등도 각각 아레테를 가지고 있었던 것이다. 이렇게 그 대상이 광범위한 아레테의 의미를 좁히려는 노력이 있었는데, 기원전 7세기 스파르타의 시인인 티르타이우스는 운동 기술, 얼굴과 신체의 아름다움, 부, 출생, 연설 기술, 노래 솜씨 등과 같은 의미를 배제하고 오로지 "전투에서의 용기"에만 이 단어를 사용했다. 그 다음 세기에 크세노폰은 아레테를 지적인 것으로 정의했으며, 메가라의 테오그니스는 아레테가 정의正義와 결합되어 있다고 선언했다.[2]

《신곡》으로 많이 알려진 이탈리아의 시인 단테. 단테는 "모든 것은 본래 규정된 대로 행할 때에 virtuous 하다"라고 말했다.

중세에는 '신중함', '절제', '용기', '정의'의 네 가지 자연적인 virtue와 '믿음', '소망', '사랑'의 세 가지 신학적인 virtue가 강조되었다. 이 일곱 가지 virtue는 중세의 일곱 가지 죄악(교만, 질투, 분노, 탐욕, 탐식, 게으름, 정욕)과 함께 인간 행동의 모든 영역을 설명한다고 간주되었다. 기독교의 영향으로 도덕적인 virtue가 virtue의 지배적인 의미가 되었다. virtuous man은 도덕적인 기준에 따라 행동하는 사람을 가리켰다.

르네상스 시대 사람들은 인간의 행동을 이해하는 데에 관심을 기울였다. 독립적인 도시들이 정치활동의 핵이었기 때문에, 자연히 도시민들은 활발한 정치활동을 목격할 수 있었다. 반면, 도덕적 기준의 전통적인 원천이었던 교회는 바빌론 유수와 대분열로 근본적인 위기를 겪고 있었다. 사람들은 도덕적인 조언을 교회가 아니라 그리스와 로마의 위대한 전통에서 찾기 시작했다. 고대의 부활을 선도했던 인문주의자들이 전문적인 철학자나 신학자들이 아니라 시인, 정치가, 수사학자들이었던 것은 이러한 분위기를 반영한다.

단테에서 마키아벨리에 이르는 동안에는 virtue의 도덕적 의미와 비도덕적 의미가 함께 사용되었다. 단테는 아리스토텔레스처럼, "모든 것

보카치오는 교훈적인 연설이 아니라 효과적인 연설이 virtuous speech라고 말했다.

은 본래 규정된 대로 행할 때에 virtuous 하다"라고 말했다. 따라서 인간만이 virtue를 갖는 것은 아니었다. 인간의 언어도 그것이 인간의 사상을 분명히 해줄 때에 virtuous한 것이 되었다. 나아가 단테는 악마도 성인과 마찬가지로 virtue를 가지고 있다고 말했다. 보카치오에게 있어서도, 교훈적인 연설이 아니라 효과적인 연설이 virtuous speech였다. 이러한 의미는 15세기에도 계속 사용되었다. 사보나롤라는 전제군주들이 가장 악한vicious 사람이라고 보았지만, 그들에게도 비르투virtù가 있다고 말했는데, 그 말의 의미는 그들이 '능력'을 가지고 있다는 뜻이었다. 이러한 변화는 예술가들에게서도 나타난다. 지오반니 피사노, 프란체스코 데 바르베리노, 필라르테(Filarete라는 이름은 virtue를 사랑하는 사람이라는 뜻이다) 등은 헤라클레스를 즐겨 표현했는데, 헤라클레스적인 virtue는 무엇보다 남자다움, 용기, 힘이었다. 페트라르카가 "virtue는 폭력에 대항하여 무기를 든다"라고 했을 때의 virtue 역시 이것이었다.

마키아벨리의 virtue

마키아벨리는 virtue에 대한 인문주의자들의 논의를 계승했다. 이탈리아의 상황은 더욱 어려워졌는데, 교회는 새로운 위기를 맞이했고, 국토는 외국 군대의 전쟁터가 되었다. 이러한 상황에서 도덕성과 힘 가운데 과연 무엇이 virtue인가 하는 문제가 더욱 절실하게 제기되었다.

마키아벨리는 자기 시대에 통용되던 의미들로 virtue를 사용했다. 그가 "군주는 virtues의 애호자임을 보여주어야 하고 모든 기술에서 뛰어난 사람을 존중해야 한다"(《군주론》, XXI)라고 말했을 때 마음에 두고 있었던 것은 도덕적이고 지적인 virtue였다. 그러나 "보병의 virtue는 기병의 virtue보다 더욱 강력하다"(《리비우스론》, II, XVIII)라고 말했을 때의 virtue는 군사적인 능력을 뜻했다. 마키아벨리는 《군주론》과 《리비우스론》에서 세베루스 황제를 비르투가 탁월한 인물로 꼽고 있다. 그는 "지극히 잔인하고 탐욕"스러웠지만 "비루트를

마키아벨리는 virtue가 가지고 있는 의미 가운데 힘으로서의 virtue를 강조했다.

워낙 많이 가지고 있는 군주"였기 때문에 셀 수도 없는 난관을 이겨내고 끝까지 군림하는 데 성공했다는 것이다. virtue의 다양한 용례 가운데 가장 빈번한 것은 군사적인 virtue였다. 마키아벨리가 virtue를 가졌다고 인정한 사람들은 대부분 군사 지도자였다. 한 개인이나 한 도시의 virtue는 대체로 군사적인 용맹성이었다. 군사적인 virtue는 힘으로서의 virtue를 가장 잘 구체화한 것이다. 이렇게 도덕적인 가치와 힘 사이에서 마키아벨리가 중시한 것은 힘이었다.

마키아벨리의 virtue 개념은 운fortune(포르투나), 필요성necessity, 동물성animality, 대담성audacity, 질서order 같은 개념들과의 비교를 통해 보다

분명하게 드러난다. 마키아벨리 역시 다른 르네상스 작가들처럼 virtue 와 fortune의 관계에 주목했다. 마키아벨리는 포르투나의 지배를 거역 할 수 없다고 보기도 했으나,[3] 대체로 그의 많은 저술들은 인간의 삶이 전적으로 포르투나의 지배를 받는 것은 아니라고 말하고 있다. 《군주 론》의 유명한 구절(XXV)에서 마키아벨리는, "포르투나는 인간사의 절 반만을 주재할 뿐이고 나머지 절반은 우리의 지배에 맡겨진 것이 사실" 이라고 말한다. 여기에서 "우리의 지배"는 두말할 필요도 없이 virtue를 말한다. 마키아벨리가 보기에 고대 로마인들의 승리는 virtue 덕분이지 fortune 덕분은 아니었다.

fortune이 virtue의 '힘'을 제한하는 반면, necessity는 virtue의 전제 조건이다. 《군주론》에는 necessity라는 단어가 76번이나 나오는데 그만 큼 마키아벨리에게 있어서 necessity는 핵심 개념이었다. 그에 의하면, "전쟁터에 나가는 병사는 싸울 필요성이 있고, 그 필요성이 virtue를 만 든다"(《리비우스론》, II, XII)고 한다. 다른 작가들은 necessity가 virtue를 강화시킨다고 말했으나, 마키아벨리는 necessity가 virtue를 만든다고 말했다. "인간은 필요성을 통하지 않고는 무엇인가 좋은 일을 할 수 없 다. 선택의 여지가 넓을 때는 방종이 개입하고 그러면 모든 것은 혼란과 무질서로 가득찬다"(《리비우스론》, I, III).

마키아벨리가 이렇게 necessity를 강조한 것은 그것이 인간성의 동 물적 요소와 밀접한 관련이 있기 때문이다. 마키아벨리는 인간은 자연 이 부여해준 본성에서 벗어날 수 없듯이, 동물성에서 벗어날 수 없다고 생각했다. 그는 유명한 사자와 여우의 비유를 사용했을 뿐만 아니라, 인간의 동물성이 necessity와 결합되어 있음을 분명히 보여주는 비유적 인 시를 썼다. 이 시에서 돼지들은 인간들보다 자기들이 자연과 더 가깝 기 때문에 자연의 virtue를 더 많이 부여받았다고 말한다. 결국 인간은 자연적인 필요성을 받아들여야 한다는 것이다. 이 같은 동물성 개념은 마키아벨리를 virtue의 도덕적 의미에서 더욱 멀어지게 만들며, 자연주의에 접근시킨다.

동물성은 마키아벨리의 주요 테마인 대담성으로 이어진다. 《군주론》의 유명한 구절(XXV)에서 마키아벨리는 "포르투나는 여신이므로 그녀를 정복하려면 두들기고 난폭하게 다룰 필요가 있다"라고 말한다. 《리비우스론》의 한 장章의 제목은 아예 "일반적인 수단으로는 이룰 수 없는 일도 맹렬함과 대담성으로 이룰 수 있는 경우가 많다"이다. 대담성의 반대 개념은 우유부단함이다. 우유부단함은 여성성의 상징으로 virtue의 반대 개념이다. 질서order는 동물성이라는 개념과 관계가 있다. 마키아벨리에게 있어서 인간의 가장 유용한 자질은 열정의 힘을 효과적으로 사용할 수 있도록 정돈하는order 능력이었다. 로마 군대와 야만인 군대와의 차이는 우월한 힘이 아니라 우월한 질서에 있었다.

이 여섯 가지 개념들을 종합하면 다음과 같이 말할 수 있을 것이다. 인간사는 포르투나와 비르투에 위해 좌우되기 때문에 인간은 행동하기 전에 포르투나를 살펴보아야 한다. 인간은 시대의 요구라는 필요성에 부응하는 행동을 해야 하며, 그때는 인간의 열정을 잘 조직하여 대담하게 행동해야 한다. 그러면 그 행동은 virtue가 되어 좋은 결과를 가져다줄 것이다. virtue를 좌우하는 것은 도덕이 아니라 필요성이다. 이러한 점에서 마키아벨리의 virtue 개념은 코페르니쿠스적 전도顚倒이다.[4]

마키아벨리가 비르투를 강조한 것은 르네상스 시대정신을 반영한다고 볼 수 있다. 중세의 사상과 신학을 지배했던 아우구스티누스는 인간이 스스로의 노력에 의해 구원에 도달할 수 있다는 펠라기우스의 주장을 반박하면서 인간의 구원은 전적으로 신의 은총에 달려 있다고 강조했다. 이렇게 해서 중세의 인간은 교황 이노켄티우스 3세가 말한 대로

'비참함' 그 자체였다. 이에 비해, 르네상스 사람들이 우오모 우니베르살레(전인全人)의 이상을 추구한 것은 인간주의의 선언이었다. 신의 섭리이건 포르투나의 변덕이건 인간이 외부적인 숙명에서 벗어나 스스로의 virtue를 가지고 운명을 개척해 나갈 수 있다는 마키아벨리의 사상은 기독교적 윤리와 도덕에서의 해방인 동시에 인간의 창조적 능력에 대한 천명이었다고 평가할 수 있을 것이다.[5]

비르투와 포르투나

르네상스 시대에 마키아벨리가 신흥 군주들이나 피렌체의 시민들에게 요구한 것은 로마 공화정기의 비르투, 즉 애국적이고 용감한 '힘'이었다. 비르투는 팽창과 정복을 가능하게 해주는 힘으로 고대 로마가 그것을 증명하고 있다. 마키아벨리가 베네치아의 정치체제를 싫어한 이유는 베네치아에는 비르투가 결여되어 있다고 보았기 때문이다.

그렇다면 비르투와 관련된 중요 인물인 포르투나는 무엇인가?[6] 포르투나는 그리스의 티케에 해당하는 로마의 여신이다. 포르투나는 원래 fors(행운)를 가져다주는 여신인데, 로마 시대 말기에 가서 '변덕스럽다'는 의미가 덧붙여졌다. 그것은 '덧없음', '무의미함' 등이 아니라 여성적인 변덕을 가리킨다. 그렇지만 포르투나는 신神이었다. 포르투나는 행운으로서의 fortune뿐만 아니라 재산으로서의 fortune도 가져다주는 여신이었다. 그녀가 변덕을 부리는 것은 인간의 간청에 마음이 흔들리기 때문이다. 이처럼 로마인들에게 포르투나의 이미지는 긍정적이었다. 그러나 기독교의 도래 이후로 포르투나의 이미지가 변했다. 중세 초에 큰 영향을 끼친 보에티우스의 《철학의 위안》에 나오는 포르투나는 '눈먼 힘'이다. 그녀는 선물을 주는 데 있어서 무차별적이다. 그녀를 상

수레바퀴를 돌리는 포르투나. 마키아벨리는 포르투나의 힘이 강하지만 더 강력한 비르투
(남자)는 그것을 이겨낼 수 있다고 말했다.

징하는 것은 풍요의 뿔이 아니라 변화의 수레바퀴였다. 중세의 포르투나는 엄격하고 굳세게 돌아가는 수레바퀴가 되었다. 이렇게 해서 포르투나의 이미지는 '변덕스러움'에서 '냉혹함'으로 변해갔다. 기독교 시대의 포르투나는 인간의 간청에 귀를 기울이지 않는데, 이러한 기능을 부여받고나서야 신의 섭리를 대행하거나 집행할 수 있었던 것이다.[7] 비유컨대 마리아가 착한 어머니의 이미지를 가졌다면 포르투나는 무서운 계모의 이미지를 가졌다.

르네상스는 포르투나의 이미지에 변화를 가져다주었다. 해상활동의 증가로 포르투나를 선박, 방향타, 항구, 폭풍 등과 연결시키는 이미지가 늘어났다. 포르투나가 선박이나 방향타, 돛대 등으로 나타난다면, 그것을 조종하는 사람은 인간, 더 정확히는 비르투를 가진 남자였다. 페트라르카는 포르투나와 비르투를 대립시켰다는 점에서 중세의 시각을 벗어났다. 그러나 인간은 중세적인 수동성을 면하지 못하였다. 단테의 경우에, 포르투나는 인간의 말을 듣지 않았다. 그러나 포르투나에 대한 인간의 힘은 점점 늘어났다. 인간은 포르투나를 지배하지는 못한다 해도 최소한 영향을 끼칠 수는 있었다. 알베르티는 인간이 포르투나의 강을 헤엄칠 수 있다고 보았으며, 피치노는 포르투나가 인생의 절반 정도만 지배한다고 보았다. 인간의 힘을 극대화시킨 사람은 아마도 피코 델라 미란돌라일 것이다.

마키아벨리의 포르투나는 중세적인 섭리의 대행자도, 로마적인 행운의 여신도 아니었으며, 일체의 외부적인 재물이나 허영으로부터 벗어날 것을 가르치는 스토아적인 교사도 아니었다. 〈포르투나에 대하여〉라는 시에 나오는 포르투나는 변덕스러운 여신이다. 그렇지만 인간이 포르투나의 힘에 휘둘리기만 한 것은 아니다. 포르투나 여신의 궁정에는 하나의 수레바퀴만 있는 것이 아니라 여러 개의 수레바퀴가 있기 때문에, 인간이 선택만 잘 한다면 수레바퀴 아래로 추락하지 않고 계속 바퀴 위에 있을 수 있었다. 이러한 이미지는 마키아벨리의 포르투나 역시 '운명의 수레바퀴'이기는 하지만 이제 인간에게도 선택의 기회가 생겼음을 알려준다.

포르투나는 헝클어진 머리를 한 젊은 처녀인데, 앞에만 긴 머리카락이 있고 뒤에는 없다. 따라서 포르투나가 다가올 때 재빨리 잡지 않으면 그녀를 놓치게 된다. 그리고 떠나간 포르투나의 뒤에서 그녀의 동생인 '후회'를 만나게 된다. 이렇듯, 마키아벨리에게 있어서 포르투나의 힘은 여전히 강하지만 그렇다고 인간이 중세에서처럼 그렇게 무기력한 것은 아니었다. 포르투나의 자연적인 힘은 모든 인간을 쓰러뜨린다. 더 강력한 비르투의 저항을 받지 않는다면 말이다. 여기서 비르투는 남자를 말한다. 포르투나는 여신이지만 여인이기 때문에 남자, 특히 그녀를 난폭하게 다루는 대담하고 젊은 남자에게 매료된다. 《군주론》 25장에 나오는 유명한 구절은 바로 이러한 성적인 이미지를 담고 있다.

피트킨에 의하면, 이러한 성 대결의 이미지를 처음으로 사용한 사람이 바로 마키아벨리였다. 마키아벨리가 가장 싫어한 것은 '여성다움'이었다. 피트킨은 마키아벨리의 정치사상에 담겨 있는 남성중심주의, 힘 중심주의는 '원파시즘protofascism'으로 이어진다고 고발한다. 비르투는, 일찍이 부르크하르트가 정의하였듯이, "힘과 능력의 결합 또는 한마디로 힘"이라고 말할 수 있다. 그리고 마키아벨리의 사자와 여우의 비유를 들어 말한다면 그것은 사자의 힘, 그러나 여우의 간교함을 아울러 가진 힘이었다. 이러한 의미에서 마키아벨리의 virtue를 덕德으로 번역하는 것은 마키아벨리의 사상을 마키아벨리가 무너뜨리고자 했던 사상으로 바꾸어놓는 셈이 된다.

로베스피에르의 "virtue의 공화국"

나는 프랑스 혁명사를 공부하면서 로베스피에르가 제창했다고 하는 "덕의 공화국"이라는 것에 대해 의문을 품어왔다. 잘 알려져 있듯이, 로베스피에르는 무시무시한 공포정치를 주도한 인물로서 '너그러운 마음'과는 거리가 먼 인물이기 때문이다. 그는 〈국민공회를 이끄는 정치도덕의 원리에 대하여〉라는 제목의 연설(1794년 2월 5일)에서 다음과 같이 말했다.

로베스피에르는 조국을 위해 개인의 이익을 희생하는 '조국애'라는 뜻으로 virtue를 사용했다.

평화시 민중적 정부의 활력소가 덕성vertu이라면, 혁명시 민중적 정부의 활력소는 덕성인 동시에 공포입니다. 덕성이 결여된 공포는 흉악하지만 공포가 결여된 덕성은 무력합니다. 공포는 신속 준엄하고 확고부동한 정의 이외에 아무것도 아닙니다. 따라서 그것은 덕성으로부터 도출된 것이며 하나의 특수한 원리라기보다는 조국의 보다 긴급한 요구에 부합된 민주주의 일반 원리의 소산인 것입니다.[8]

요컨대 조국의 적, 혁명의 적을 처단하는 것terreur은 조국의 긴급한 요구에 부응하는 민주주의의 원리로서, 시대가 요구하는 vertu라는 말이다. 그러면, vertu란 무엇인가? 다행히, 이 연설문에서 로베스피에르가 사용한 의미는 분명하다. 그것은, 그가 그의 입으로 직접 말했듯이, "조국과 조국의 법에 대한 사랑"이다. 이것을 다시 소불의 표현으로 바꾸면 "개인적인 이익을 일반 이익에 종속시키는 숭고한 자기희생"이다. 즉 vertu는 '조국애'라는 의미를 갖는다. 덕德과 조국애, 그 의미와 느낌은 사뭇 다르지 않은가?

물론 vertu는 로베스피에르가 즐겨 사용한 단어이며 그의 연설문에서 매우 다양한 의미로 쓰였다. 하나의 예로, 1794년 5월 7일 국민공회에서 행한 '최고 존재 숭배'에 관한 연설을 보자. "최고 존재의 진정한 사제는 자연Nature입니다. 그것의 신전은 우주입니다. 그것의 숭배는 Vertu입니다. 그것의 축제는, 보편적인 형제애의 부드러운 매듭을 다시 죄기 위해서 그리고 최고 존재에게 민감하고 순수한 마음의 존경을 바치기 위해서, 최고 존재의 눈앞에 모인 위대한 민중의 기쁨입니다." 여기에서 말하는 vertu는 덕德이거나 아니면 어떠한 추상적인 가치일 것이다.

그러나, "vertu의 공화국"에서 vertu가 갖고 있는 의미는 분명하다. 그것은 조국애, 애국심, 충성심 등과 같은 것이다. 그것을 '조국애'가 아니라 덕德으로 옮기는 것은 로베스피에르의 정치에 대해 커다란 오해를 불러일으킨다. vertu라는 단어로 미화된 공포정치가 가동되면서 10만 명 정도의 혐의자가 수감되었으며, 4만 명 정도가 처형되었다. 혁명재판소 검사였던 푸키에 탱빌은 "사람들의 목이 마치 판암 떨어지듯 잘려 나갔다"고 당시의 상황을 표현했다. 이른바 "테르미도르의 반동"[9]이 없었다면 얼마나 많은 사람들이 vertu의 이름으로 죽었을지 상상이 가지 않는다. vertu를 덕德으로 옮기는 것은 로베스피에르를 잔인한 정치적 테러리스트가 아니라 플라톤적인 철인-군주로 변모시킨다. 이것은 결과적으로 프랑스 혁명의 전반적인 이해에 착시현상을 일으키도록 하지 않을까? 역사가들이 가면을 벗겨내기는커녕 오히려 씌워준 꼴이 되고 마는 것이다.

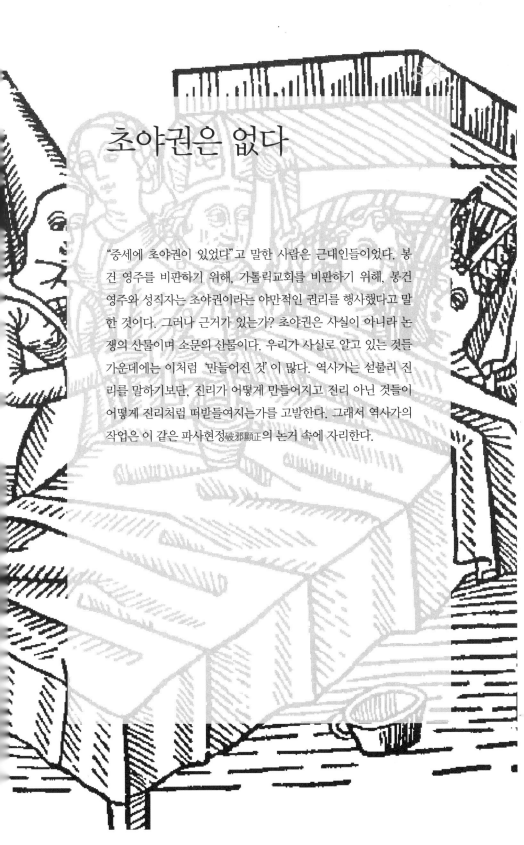

초야권은 없다

"중세에 초야권이 있었다"고 말한 사람은 근대인들이었다. 봉건 영주를 비판하기 위해, 가톨릭교회를 비판하기 위해, 봉건 영주와 성직자는 초야권이라는 야만적인 권리를 행사했다고 말한 것이다. 그러나 근거가 있는가? 초야권은 사실이 아니라 논쟁의 산물이며 소문의 산물이다. 우리가 사실로 알고 있는 것들 가운데에는 이처럼 '만들어진 것'이 많다. 역사가는 섣불리 진리를 말하기보단, 진리가 어떻게 만들어지고 진리 아닌 것들이 어떻게 진리처럼 떠받들여지는가를 고발한다. 그래서 역사가의 작업은 이 같은 파사현정破邪顯正의 논거 속에 자리한다.

초야권 이야기

여성의 사회 진출이 활발해짐에 따라 남성의 부당한 성적 언동, 이름 하여 '성희롱' 으로부터 여성을 보호하기 위한 법적 장치가 마련되었다. 성희롱의 범위가 너무 포괄적이어서 정상적인 남녀 관계를 위축시키지 않겠느냐는 남성들의 농담섞인 반발이 없지 않지만, 그 필요성을 부정하는 사람은 아마도 없을 것이다. 유교적인 수직 사회의 잔재를 청산하고 민주적인 수평 사회를 세우는 것은 시급한 과제이기 때문이다.

성희롱을 막아야 한다는 요구가 우리 사회에서만 제기된 것은 아니다. 여성의 사회 진출이 먼저 이루어진 선진국에서는 이미 수십 년 전에 이 같은 요구가 제기되었고, 그들이 밟아온 과정을 이제 우리도 밟아가고 있는 것이다. 성희롱이란 용어 자체도 아마 'sexual harassment' 라는 영어 단어를 옮긴 것이 아닌가 싶다. 프랑스에서도 성희롱에 해당하는 단어를 찾기 위해 부심했는데, 재미있는 사실은 우파 성향의 잡지는 'harcèlement sexuel(성적으로 들볶기)' 라는 영어식 단어를 썼는가 하면, 좌파 성향의 잡지에서는 'droit de cuissage' 라는 역사적 단어를 썼다는 점이다.

　여기서 말하는 droit de cuissage가 바로 초야권初夜權이다. 초야권이란 말 그대로 영주가 농노의 결혼 첫날밤을 차지하는 권리이다. 이 기이한 권리는 우리에게 그렇게 생소하지 않다. 서양사에 조금이라도 관심 있는 사람이라면 중세의 봉건 영주는 초야권을 가지고 있었다는 이야기를 들었을 것이다. 또한, 중세 봉건사회의 비인간성을 고발하는 사회

우리나라에서 초야권을 널리 알리는 데 한몫한 영화, 〈브레이브 하트〉.

과학적인 책에서도 초야권이라는 말을 보았을지 모른다. 묘하게도 이 말은 한 번 들으면 두뇌에 각인되는 마력을 가지고 있다.

　초야권은 멜 깁슨이 만든 〈브레이브 하트〉라는 영화를 통해서 널리 알려졌다. 이 영화는 중세 시대, 잉글랜드의 지배를 받던 스코틀랜드의 독립 운동을 그리고 있다. 여기서 영국왕 에드워드 1세는 스코틀랜드의 옛 관습인 '프리마 녹테'를 부활시켜 스코틀랜드 영주들의 환심을 사려고 한다. '프리마 녹테'란 Jus primae noctis(초

야권)를 줄인 것으로, droit de cuissage라는 노골적인 말(cuisse란 허벅지, 엉덩이라는 뜻이다)을 점잖게 표현한 것이다.

　우리나라에서 〈브레이브 하트〉가 이 단어의 확산에 기여했다면, 프랑스에서는 〈피가로의 결혼〉이 그 역할을 했다. 피가로는 안달루시아의 대법관인 알마비바 백작의 시종이고, 수잔나는 백작부인의 하녀이다. 피가로와 수잔나는 백작의 초야권 요구를 지모와 계략으로 물리친다. 이 연극은 1784년에 파리에서 상연되었는데, 초야권으로 상징되는 귀족사회의 모순을 고발하여 커다란 파문을 일으켰으며, 5년 후에 일어난 프랑스 혁명에도 영향을 주었다.

국내 인터넷 사이트에서도 초야권을 둘러싸고 많은 이야기들이 오가고 있다. 네티즌들은 초야권이라는 창을 통해 서양 중세 봉건사회를 가늠하는데, 국내 네티즌들은 대체로 초야권이 실재했던 것으로 이해하고 있다. 이것은 영어권이나 불어권 네티즌들과 대조적인 반응이다. 그곳에서는 대체로 초야권을 근거 없는 이야기라고 보고 있다. 왜 이러한 차이가 나타나는 것일까? 서양 사람들이 자신들의 부끄러운 과거를 숨기는 것인가? 아니면 우리가 서양을 그렇게 보고 싶어 하는 것인가? 초야권이 실재했다고 보는 근거는 무엇인가? 이제부터 프랑스의 저명한 중세사가인 알랭 부로의 《초야권 : 신화 만들기, 13~20세기》를 중심으로 초야권의 실재 여부를 따져보자.[1]

피가로와 수잔나가 백작의 초야권 요구를 물리치는 내용의 연극.

불확실한 지식들

　　먼저 국내에서는 초야권을 어떻게 설명하고 있는지 백과사전을 펼쳐보자.

결혼 직전 또는 첫날밤에 신랑보다 먼저 신랑 아닌 남성이 신부와 성관계를 맺는 권리. 유럽 중세나 미개사회에서 흔히 볼 수 있는 풍습인데, 그 배경에는 여성의 생식능력에 대한 주술적 신앙이 깔려 있다. 고대 인도에서는 시바신神의 표상인 석제, 금속제, 상아제의 남근男根에 의해 결혼 전 여성의 파과破瓜가 이루어졌고, 또 고대 로마의 신부는 파과를 위하여 남근신상의 무릎에 올라타야만 했다. 고대 그리스의 역사가 헤로도토스의 기술에 의하면 바빌로니아의 여성은 결혼 전에 단 한 사람의 나그네에게 몸을 맡겨야만 했다. 그러나 대개는 봉건 영주나 성직자가 초야권을 가졌는데, 성직자는 신의 대리자로서 처녀와 동침하여 그 여자에게 풍성한 생식능력을 주는 것으로 인식되고 있었다. 또 파과로 인한 출혈은 남자에게 재앙을 가져오며 성직자만이 이 재앙을 이길 수 있다고도 하였다. 그래서 초야권을 행사하는 성직자에게는 사례금을 주는 예도 있었다. 이러한 종교적인 파과 의식으로서의 초야권 행사와는 달리, 유럽에서는 봉건 영주가 영내 농민의 결혼을 승인하면서 초야권을 행사하는 관습이 있었으며 부족의 족장, 추장 등이 초야권을 가진 예도 많았다.[2]

그렇게 짜임새 있는 설명은 아니지만, 중세 유럽에는 미개사회에서와 마찬가지로 초야권이 있었고, 봉건 영주나 성직자가 그 권리를 행사했다는 내용이다. 과연 이러한 설명을 신뢰할 수 있을까? 서양 중세사회를 미개사회와 동일시하는 것도 문제지만, 가톨릭 성직자가 초야권을 행사했다는 설명은 상식적으로 납득하기 어렵다. 물론 당시에 타락한 성직자들이 일부 그러한 행위를 했을 가능성은 충분히 있다. 그러나 일부 타락한 행위가 있었다는 것과 초야권이 하나의 공식적인 권리로서 인정되었다는 것은 분명히 다르다. 과연 서양 중세사회에서 미개사회에서처럼 초야권이 인정되었는가? 가톨릭교회는 그러한 권리를 인정했는가?

인류학자인 웨스터마크나 프로이트 같은 사람들이 대체로 위와 같은 설명을 하고 있다. 그러나 유명한 학자들의 설명이라고 해서 모두 옳은 것은 아니다. 인류학적인 설명은 원시사회를 이해하는 데에는 도움을 줄지 모르지만, 서양 중세사회를 이해하는 데에는 오히려 방해가 될수도 있다. 왜냐하면 초야권의 의미를 원시사회에 기대어 유추하기에 앞서 필수적으로 해야 할 것은 초야권의 존재 여부를 사실적으로 확인하는 일이기 때문이다. 물론 중세나 근대 이후의 사료 가운데 초야권을 언급하는 것이 없지는 않다. 그렇지만 중요한 것은, 사료에 있다고 해서 모두가 사실은 아니라는 점이다. 모든 사료는 사람이 작성한 것이고, 그래서 작성자의 의도가 배어 있기 때문에 콘텍스트를 확인하는 역사적인 작업이 필요하다. 이러한 의미에서 "텍스트 외에는 아무것도 없다"는 철학자 데리다의 말은 역사가에게는 큰 의미가 없다. 따라서 가톨릭 성직자가 초야권을 행사했다는 식의 사료는 가톨릭교회를 비판하기 위해 조작된 것일 가능성을 염두에 두어야 한다.

포털 사이트인 〈네이버〉의 '지식검색'에서는 초야권의 존재 여부를 놓고 지식 공방이 벌어지고 있다. "실제로 존재한 걸로 알고 있습니다", "존재했습니다", "학교에서 배운 건데요, 실제로 존재했답니다", "실제로 영국에서 있었습니다" 등의 주장이 우세한 가운데 "실제로는 존재하지 않았다"는 반가운 주장이 있어 귀를 솔깃하게 만든다.

초야권이 옛 문헌에 여러 번 언급되어 있기는 하지만 그러한 권리가 실제로 존재했다는 증거는 전혀 없습니다. 해당 자료들도 위조되거나 잘못 해석되었거나 마을에 내려오는 이야기였음이 밝혀졌으며, 현대 역사가들의 자세한 연구에서도 그와 같은 권리의 존재에 대한 근거를 찾아내지 못했습니다. 중세와 근대의 법률서나 14세기부터 17세기까지의 《관습법 판례집》을 보더라도 초야권에 대한 부분은 전혀 찾아볼 수 없습니다.
농민들이 1525년에 폭동을 일으켜 모든 사회적 폐단의 근절을 요구했을 때도 이 권리는 거기에 포함되어 있지 않았습니다. 다만 1543년에 스위스 관습법 판례집에 나와 있는 문구를 경우에 따라서는 그러한 권리에 대한 간접적인 증거로 평가할 수 있을지도 모릅니다. '결혼식이 끝나면 신랑은 첫날밤에 지주를 신부 옆에 눕게 하거나 신부의 몸값으로 5실링 4페니를 지불해야 한다.' 그러나 이것은 농노인 예비 신랑이 다른 지주의 관할 구역에서 신부를 데려올 때 지불해야 하는 몸값을 상기시키려는 의도로 보아야 할 것입니다. 이 몸값을 지불할 수 없는 사람은 신부를 데려올 수 없었으며 지주와의 동침으로 협박하는 것은 옛날 판례집에 나와 있는 다른 사항들과 마찬가지로 농담쯤으로 받아들일 수 있습니다.

또한 프랑스와 스페인의 문헌에 다양하게 언급되어 있는 첫날밤의 권리라는 것도 더 자세히 살펴보면 풍자나 의도적인 중상모략에 불과한 것임이 드러납니다. 프랑스의 왕은 지방 귀족들에게 그와 같은 부도덕한 행위를 덮어씌움으로써 그들을 더욱 수월하게 통제할 수 있었으며 그 자신은 여전히 도덕과 질서의 수호자로 군림할 수 있었던 것입니다. 중세나 초기 근대와 같이 교회와 종교에 의해 지배되는 사회에서는 처녀성이 귀한 자산으로 높이 평가되고 몸을 버린 여자와 결혼해야 하는 남자를 멸시했습니다. 첫날밤의 권리와 같은 관행은 생각할 수조차 없는 것이었습니다. 이 권리에 나와 있는 지주는 누구를 막론하고 다음날 아침 화형장의 잿더미 위에서 발견되었을 것입니다. 확실하게 알지도 못하면서 잘못 알려주는 선생님들이 한둘이 아니죠. 저도 그렇게 배웠으니까요. 이제라도 알았으니 모르는 사람이 있다면 꼭 알려주세요. (http://kin.naver.com)

인용이 길었지만, 사실 여기에 모든 설명이 다 들어 있다. 초야권에 대한 언급은 중앙집권화를 도모하는 국왕(국왕 관리들, 법관들)의 의도적인 과장이나 중상모략으로 해석될 수 있으며, 성직자 초야권이라는 말도 안 되는 비난 역시 가톨릭교회를 비판하기 위해 조작된 것으로 보아야 한다. 위 작성자가 언급했듯이, 중세에는 결혼세formariage라는 것이 있었는데, 그것은 농노가 장원 바깥이나 신분 바깥for의 사람과 결혼할 때 영주가 부과한 세금이다. 왜냐하면 영주는 장원 외부로의 이주나 신분상승으로 인한 노동력의 상실을 보상받아야 했기 때문이다. 결혼세가 초야권에서 유래한 것인가 하는 논란이 있을 수 있는데, 결혼세는, 성性적인 보상이 아니라 노동력의 보상으로 보아야 한다. 위 글의 작성자는 역사학에 대해 상당히 많은 지식을 가지고 있는 사람으로 판단된다. 단 그가 이러한 지식을 학교에서가 아니라 다른 데에서 구한 것 같아 학교에 있는 사람으로서 미안한 생각이 든다. 그러나 그의 바람대로 다른 사람들이 기존의 편견에서 벗어날 것 같지는 않다. 왜냐하면 그는 초야권이 없다는 근거 내지는 증거를 충분히 제시하지 않았기 때문이다. 나는 그것을 나의 몫으로 받아들여 사람들이 초야권에 대한 편견에서 벗어나는 데 도움을 주고자 한다.

만들어진 권리, 초야권

프랑스에서는 초야권을 어떻게 보는가? 프랑스의 대표적인 두 사전은 각각 상이한 설명을 내놓고 있다. 로베르 사전에 따르면, 초야권은 "영주가 결혼 첫날밤에 농노 부인의 침대에 발을 놓을 권리, 그리고 일부 지역에서는, 그녀와 밤을 보낼 권리"라고 한다. 반면 라루스 사전에는, "중세의 영주들이 농노의 부인과 첫날밤을 지내는 권리라고 잘못 인정된 권리"로 설명되어 있다. 로베르 사전은 초야권을 '사실'로 보는 반면, 라루스 사전은 초야권을 '신화'로 보는 것이다. 권위 있는 중세사가인 알랭 부로는 라루스 사전과 같은 설명을 한다. 또한 브리태니커 백과사전과 웹스터 사전도 라루스를 지지한다.[3]

두 사전은 초야권에 대한 설명에서는 차이를 보였지만 droit de cuissage라는 말이 16세기에 처음 사용되었다고 보는 데에는 일치하고 있다. 두 사전은 이 말이 1577년 뒤베르디에가 펴낸 《여러 가지 강의》에 처음 나온다는 리트레의 권위에 의거하고 있지만, 사실 이 책에는 cuissage라는 단어가 나오지 않는다. "젊은 부부의 침대에 다리jambe를 가로질러 놓는 관습"에 대한 막연한 언급이 있을 뿐이다. droit de cuissage라는 단어는 디드로의 《백과사전》(1755)과 볼테르의 《습속론》(1756)에 처음 나온다. 이렇듯 이 말은 근대인들, 특히 계몽사상가들이 만들어낸 말임을 우선 기억할 필요가 있다. 이들의 말 속에는 중세를 야만적이고 몽매한 시대로 보는 편견이 들어 있지 않겠는가?

헥토르 보에티우스는 스코틀랜드의 영광된 역사를 만들어내기 위해 초야권 이야기를 꾸며냈다.

〈브레이브 하트〉가 우리의 초야권 인식에 영향을 주었듯이, 스코틀랜드에 대한 이야기는 초야권 신화에 자주 등장한다. 이 역시 16세기 초에 나온 기록에서부터 시작한다. 1526년 스코틀랜드 학자인 헥토르 보에티우스는 《스코틀랜드의 역사》라는 책을 출판했다. 보에티우스에 따르면, 국왕 말콤 3세(1058~1093)는 여러 가지 개혁 조치들을 취했는데, 그 가운데에는 기원전 1세기 말에 스코틀랜드를 지배했던 이교도 군주 에베누스가 제정한 초야권을 폐지한 것이 있다. 이제 신부는 은 1/2마르크marc를 주고 그 권리를 되살 수 있게 되었다. 이 액수가 바로 marquette라고 불리는 것이다. 보에티우스의 책은 16~19세기의 작가들에 의해 자주 인용되었으며, 특히 영국에 실재했던 것으로 알려진 결혼세의 어원merchet, marquette을 밝힌 것 때문에 신뢰를 얻었다. 그런데 1597년에 존 스킨이라는 사람이 중량 단위인 marc를 말馬을 뜻하는 mark로 변형시켜버렸다. 동물적이고 남성적인 은유에 의해, 이 말은 "신부를 말 타듯 올라타는 권리"로 의미가 돌변했다.

그런데 여기서 짚고 넘어갈 것은 초야권 제도를 만든 인물이라고 하는 에베누스 왕이 실재했던 인물인가 하는 점이다. 사실 에베누스 왕에 대해 언급하고 있는 사료는 없다. 보에티우스의 동료인 존 메이저가 그보다 5년 전에 쓴 스코틀랜드 역사책에도 에베누스 일화는 나오지 않는다. 이 둘이 사료를 공유했음에도 불구하고 말이다. 여러 가지 정황을 따져볼 때, 에베누스 일화는 보에티우스가 만들어낸 이야기일 가능성이 높다. 보에티우스는 당시 잉글랜드의 위협을 받고 있던 스코틀랜드의 영광된 역사를 만들어낼 필요를 느꼈던 것이다.[4] 이렇게 '만들어진 전통'은 그 후 많은 이야기들의 근거로 사용되었다. 하지만 잘못된 근거를 바탕으로 한 이야기들은 모두 사상누각을 쌓았을 뿐이다.

초야권은 흥미로운 이론을 낳는다. 영주가 초야권을 행사하게 되면 농노의 첫째 아이는 영주의 아이일 가능성을 배제할 수 없다. 영국의 일부 지역에서 시행되었다고 전해지는 '말자상속제borough-English'는 여기에서 비롯되었다고 한다. 말자末子야말로 확실한 존재borough, 즉 확실한 농노의 아들이었기 때문이다. 이 같은 이야기를 뒷받침하는 사료가 전해지고 있어 흥미롭다. 1538년, 베아른 지방의 조그만 마을 루비의 영주인 장은 다음과 같이 선언했다.

이 마을 사람들은 결혼하여 신부와 결합하기 전에 신부를 루비의 영주에게 데려와 그가 즐거움을 맛보도록 하거나 아니면 공물을 내야 한다. 게다가 그들이 아이를 낳을 때마다 일정한 액수의 돈을 바쳐야 한다. 첫 번째 애가 남자 아이이면 그는 자유인이 된다. 왜냐하면 그 아이는 루비의 영주가 첫날밤에 잉태시킨 아이일 것이기 때문이다.

이 텍스트는 19세기 중엽의 초야권 논쟁에서 가톨릭 측 논객들을 난

처하게 만들었다. 당연히 그럴 법하다. 이 텍스트는 초야권의 실재뿐만 아니라 결혼세의 기원이 초야권임을 말하고 있기 때문이다. 그러나 이 문서는 텍스트 분석을 이기지 못한다. 이 문서는 봉건 영주가 국왕에게 자신의 봉건적인 권리를 열거하기 위해 작성한 것이다. 이러한 성격의 문서에서 영주는 국왕에게 자신의 권리를 과장하고 또 그것을 인정받기를 원한다. 따라서 이 문서의 내용은 사실이 아니라 영주의 자의적인 선언에 불과하다.[5] 문서가 진본이라고 해서 그 내용마저 진실이 되는 것은 아니다. 사실, 초야권이 정말 시행된 폭력적인 사회였다면 말자상속이니 뭐니 하는 상속권이 보장되었을지 조차 의문스럽다.

초야권의 기원 및 변형을 잘 보여주는 문서로 에스프리 플레시에의 회고록이 있다. 플레시에는 저명한 설교자이자 주교이며 아카데미 프랑세즈 회원이었다. 그는 1665년 오베르뉴 지방에서 열린 재판을 참관하고 회고록을 남겼는데, 그 가운데에는 몽발라 백작에 대한 기록이 있다.

오베르뉴 지방에는 널리 알려진 권리로 결혼권droit des noces이라는 것이 있다. 옛날에는 그것을 이렇게 예의바르게 부르지 않았다.
언어는 가장 야만적인 지방에서도 순화된다. 이 권리는 원래 영주에게 영주가 자신의 하인들 사이에서 이루어지는 모든 결혼에 관여할 수 있는 권리, 신부의 침대에 들어갈 수 있는 권리, 왕을 대신해서 왕비와 결혼하는 사람이 하는 의식을 거행할 수 있는 권리를 주는 것이었다. 이러한 관습은 오늘날 더 이상 행해지지 않는데, 왜냐하면 영주들이 그 마을에서 벌어지는 모든 결혼식에 참석하여 결혼하는 사람들의 침대 안에 자기의 다리를 놓을 수 없었고 이러한 관습은 예의에 어긋나는 것이었으며, 또 예쁜 하인들이 결혼할 경우 자제력을 잃은 귀족들이 위험한 유혹에 빠질 수 있었기 때문이다. 이 같은 수치스런 의식은 금전적인 승인으로 바뀌었다. 상호 약속에 의해, 영주들은 더욱 확실한 권리를 요구했고, 하인들은 자신들의 명예를 손상시키는 위험한 법을 되사게 되었다. 그러나 몽발라 씨는 마을의 예쁜 여자들이 결혼할 때 옛날의 관습이 더 낫다고 생각했으며 자신의 권리를 잃지 않으려 했다.

이 글은 여러 가지 사실을 알려준다. 초야권은, 로베르 사전의 정의에도 나왔듯이 "부인의 침대에 발을 놓을 권리"와 관련이 있다. droit de cuissage라는 말을 널리 보급한 볼테르는 droit de jambage라는 말을 발명한 사람이기도 하다. 따라서 droit de cuissage의 cuisse(허벅지)는 원래 jambe(다리)를 가리키는 말이다. 이렇게 다리를 놓는 관습은 고위 귀족을 대신해서 결혼식에 파견된 사람이 신부의 침대에 다리를 가로질러 놓는 것을 뜻한다. 이 말은 성관계를 의미하는 것이 아니라 주군을 대신하는 결혼 의식의 몸짓일 뿐이었다. 또 위 인용문에서도 볼 수 있듯이, 영주는 성관계를 가질 권리가 없었다. 단지 자제력을 잃은 귀족들만이 위험한 유혹에 빠지는 것이다. 어쨌든 위의 글은 초야권이라는 수치스러운 관습이 일종의 결혼세로 대체되었는데, 몽발라 백작은 옛날의 초야권을 부활시켰다는 이야기이다. 하지만 몽발라 백작이 정말 그렇게 했을까? 재판 기록에 대한 정밀 분석에 의하면 재판 기록에는 초야권droit de cuissage이라는 단어조차 나오지 않는다. 플레시에는 상상력을 동원하여 가난한 시골 귀족에 불과한 몽발라를 전제적인 영주로 만들어버린 것이다.[6]

초야권과 결혼세

초야권이라는 말은 근대인들이 중세가 야만적이고 몽매한 시대임을 증명하기 위해서 만들어낸 말이다. 중앙집권적인 군주국가의 전위인 국왕관리들과 법관들은 고졸적인 지방주의의 상징인 봉건 귀족들을 공격하기 위해 이 말을 동원했으며, 반교권주의자들은 가톨릭교회를 비판하기 위해서 이 말을 애용했다. 이렇게, 초야권은 일종의 '만들어진 전통'이었으나,[7] 그것이 무無에서 창조된 것은 아니었다. 초야권과 관련된 최초의 문서는 1247년에 나온다. 몽생미셸 수도원의 기록집에는 다음과 같은 내용이 있다.

> 로제 아데는 농노가 어떠한 수치를 모면했는지 나에게 이야기했다. 농노가 자신의 딸을 장원 바깥으로 시집보낸다면 영주는 퀼라주cullage로 4수를 받는다. 나으리, 나는 맹세코 솔직히 말씀드립니다. 옛날에 농노는 영주에게 딸을 데리고 가서 영주가 딸을 마음대로 하도록 했습니다. 그가 결혼 허가를 받기 위해서 돈이나 재물이나 유산을 영주에게 바치지 않는다면 말입니다.

플레시에는 결혼권droit des noces을 "옛날에는 예의바르게 부르지 않았다"고 했는데, 아마도 그 예의바르지 않은 말이란 droit de cullage일지 모른다. 그런데 cullage란 무엇일까? 이 말을 초야권과 연결시키는 사람들은 cullage를 cul(엉덩이, 항문)에서 나온 말로 보았다. 그래서 "영주는 퀼라주를 받는다"는 말을 영주가 초야권을 가진다는 내용으로 해석한 것이다. 또한 연상 작용에 의해 cullage의 cul(퀴)가 cuisse(퀴스)로 전이되기도 했을 것이다. 그래서 반중세주의자들은 cullage 대신 생겨난 결혼세formariage를 성적인 기원을 갖는 것으로 보았다. 이렇듯 퀼라주의 정체가 무엇인지는 초야권 논의에서 매우 중요하다. 반중세주의자들에게는 실망스럽게도, 대부분의 중세사가들은 퀼라주를 cul와 관

영주에게 결혼 허가를 받기 위해 신부를 데려온 농노의 모습.

련시키지 않고, 라틴어 cullagium(모으기)과 관련시킨다. cullagium은 세금을 지칭하는 일반적인 말이었다. 예컨대, 그것은 소금세를 지칭하는 데에도 사용되었다. 1235년에 작성된 페캉의 비망록판에는 "농노는 자신의 딸을 마을 바깥 사람과 결혼시킬 때, 3수의 퀼라주trois sous de cullage를 낸다"고 나와 있는데, 이 퀼라주는 정확히 결혼세를 지칭한다. 퀼라주란 결혼 잔치와 관계된 말로도 나오는데, 신랑 신부가 하객들에게 제공하는 고기를 보통 un cul de veau avec la queue(송아지 엉덩이 고기와 꼬리)라고도 말한다. 그런데 과연 위 문서는 사실적인 문서인가? 결론부터 말하자면, 그렇지 않다. 라틴어가 아니라 불어로, 게다가 운문으로 작성된 이 괴상한 문서는, 사실 수도원과 세속 영주가 마찰을 빚고 있던 상황에서 수도자들이 세속 영주들의 야만성을 과장하기 위해 꾸며낸 위조문서요, 선전문서이다.[8]

초야권이 담론으로만 실재했을 뿐 역사적으로는 실재하지 않은 반면, 결혼세는 역사적으로 실재했다. 마르크 블로크, 조르주 뒤비, 자크 르 고프 등 대부분의 중세사가들은 초야권의 실재를 인정하지 않는다. 반중세주의자였던 미슐레는 초야권에 관심을 가졌으나 이 부끄러운 권리가 실제로 시행되었다는 증거를 발견하지 못했다. 그러나 결혼세의 실재를 부정하는 역사가는 없다. 그것은 지극히 중세적인 세금이기 때문이다. 결혼세는 12세기 말에 생겨났다. formariage란 장원 바깥에 있는 사람이나 신분이 다른 사람과 결혼하는 것을 말한다. 예속 신분은 '어머니의 배'를 통해 상속되었기 때문에, 여자 농노가 장원 내부에서 결혼한다면 그녀의 자식들은 어머니의 신분을 따라 농노가 되었다. 따라서 여자 농노가 장원 바깥으로 시집가는 것은 영주에게는 심각한 노동력의 상실이었다. 상속의 원칙이 모계상속에서 부계상속으로 바뀜에 따라 여자 농노는 장원 내외의 자유민과 결혼하면서, 자신의 신분을 상승시키지는 못하지만, 자식들의 신분을 자유민으로 상승시킬 수 있었다. 이런 의미에서 formariage는 농노해방 수단으로도 사용되었다. 결혼세란 결혼으로 발생하는 노동력 손실을 보상해주기 위해서 만들어진 것이다. 대체로 여자 농노의 경우로 한정된 것이 formariage의 기원을 성적인 착취로 보게 했을지 모르지만, 그것이 결코 여자에게만 한정된 것은 아니었다. 예컨대 1407년 부르주아 여성과 결혼한 예속민 남자는 자기 재산의 3분의 1을 결혼세로 지급하기도 했다.

성직자 초야권의 허구

중세에 초야권이라는 권리가 인정된 적은 없다. 그렇다고 영주의 성적인 착취가 없었다는 것은 아니다. 다만 그러한 성희롱 내지 성폭력이 제도적으로 인정된 적이 없다는 말이다. 중세라는 남성중심적이고 폭력적인 사회에서 여성에 대한 성적인 폭력은 정도가 심했을 것이다. 따라서 영주의 초야권은 담론적으로는 가능하다고 볼 수 있다. 그러나 성직자들이 초야권을 행사했다는 황당한 이야기는 어떻게 나온 것일까? 먼저 성직자 초야권의 근거로 제시되고 있는 텍스트를 살펴보자. 1462년에 나온 《100편의 새로운 이야기들》 가운데 제32편은 프란체스코 수도회 수도자들의 만행을 고발한다.

그들은 도시의 모든 여자들에게 말했습니다. 그들은 모든 재산의 10분의 1을 바치기로 하느님께 약속했다고 말입니다. 영주들에게는 이러저러한 것을 바치고, 교구 신부들에게는 이러저러한 것을 바치듯이, 당신들은 우리에게 당신들이 당신들의 남편들과 갖는 성관계 횟수의 10분의 1을 바쳐야 합니다. 우리는 다른 십일조는 받지 않습니다. 왜냐하면 우리는, 당신들도 아시다시피, 돈을 받지 않기 때문입니다.

이 이야기가 허구라는 것은 말할 필요도 없을 것이다. 그러나 이 이야기는 중세인들의 잠재의식과 민중문화 속으로 침투해 들어가 반교권주의 및 초야권 신화를 만드는 데 한몫했다. 이처럼 꾸며낸 이야기들만이 성직자 초야권 이야기의 골격을 형성한 것은 아니다. 1845년에 출판된 《프랑스 코뮌 사전》에는 몽토방 시의 건설에 대한 항목이 있다.

몽토리올에 있는 생테오다르 수도원의 농노들은 jus cunni라는 이름의 초야권 의무를 지고 있었다. 다시 말해 그들은 '약혼자를 수도원으로 데리고 갈' 의무가 있었던 것이다. 이러한 만행을 견디다 못한 농노들은 반란을 일으켰고, 몽토리올 앞에 몽토방 자유도시를 세우기로 결정했다.

사전에 나오는 이 이야기는 사실일까? 앞에서도 초야권과 관련된 문서들이 사료의 모습을 하고 있지만 사실은 가공된 이야기임을 지적했듯이, 이 사전의 기록 역시 사실이 아니다. 전설이 어떻게 만들어지는지를 확인하기 위해 이 문제를 자세히 살펴보자.

몽토방은 1144년에 세워졌다. 툴루즈 백작이 도시 건설에 관심을 가졌음은 그가 타른 강에 다리를 세우라고 주민들에게 지시한 특허장에 분명히 나타나 있다. 자유주의 역사가들의 주장과 달리, 새로운 도시 건설은 민중의 주도로 이루어진 것이 아니라 영주의 결정으로 이루어졌다. 백작은 도시를 건설하여 교회의 영지를 잠식해 들어갔다. 몽토리올의 농노들이 대거 몽토방에 합류했다. 이에 생테오다르의 수도원장은 교황에게 탄원서를 보냈다. 백작이 농민들을 부추겨 반란을 일으키고 농민들을 이탈시켰을 뿐만 아니라, 수도원의 자유 토지를 빼앗아갔다는 것이다. 1145년 6월 23일, 교황은 보상하지 않으면 성사 금지령을 내리겠다고 백작에게 경고했다. 이에 백작과 수도원 사이에 협상이 진행되어 몽토방의 관할권을 양분하기로 타협을 보았다. 중세의 어떤 사료도 몽토방이 농민들의 저항으로 세워졌다고 말하지 않는다.

가톨릭과 위그노 사이의 종교전쟁을 겪으면서 전설이 만들어졌다. 1668년에 도시의 성당 관리인인 브레는 《몽토방의 역사》에서 다음과 같이 주장했다. "몽토방의 칼뱅주의자들은 그 이유를 몽토리올의 수도원장과 수도자들이 원했던 부끄러운 권리가 일으킨 증오심 때문으로 보았는데, 이것은 엉터리 비방이요, 그 권리는 jus cunni, 즉 화폐 주조권이라는 것을 모르는 무지의 소산이다. 왜냐하면, 거의 모든 영주들은 과거에 자신이 데리고 있던 신하들의 목숨을 좌지우지할 수 있었던 권리와 더불어 아직까지도 이러한 권리를 가지고 있기 때문이다. 그 후 이 권리는 영주가 성지에서 돌아올 때, 결혼할 때, 기사가 될 때, 포로가 되었을 때 타이유를 징수하는 권리로 바뀌었다. 수도자들은 결혼하지 않고, 기사가 되지 않고, 전쟁 포로가 될 위험이 없고, 성지 정복을 위해 떠나지 않기 때문에 이러한 권리를 부과조로 바꾸었다. 그래서 그들은 가신들이 결혼할 때 당사자들이 교회에 돈을 내게 했는데, 여기에서 '신부를 수도원에 데려간다'는 말이 나온 것이다."

브레의 책은 수도자들의 무죄를 증명하려는 것이었으나 역설적으로 전설을 확산시키는 데 기여했다. 17세기 말 도시의 사법관인 카탈라 코튀르는 브레의 책을 읽고 jus cunni의 존재를 확인했으며, 카탈라 코튀르의 책은 초야권의 존재증명으로 널리 활용되었다. 브레가 칼뱅주의자들의 비방이라고 지적한 것은 설득력이 있다. 몽토방은 낭트 칙령으로 위그노에게 넘어간 도시여서, 반수도원적인 분노가 도시 건설의 전설을 만들었거나 구체화시켰을 가능성이 있기 때문이다. 아마 그 전설은 종교전쟁 기간 중 도시가 함락되었을 때 만들어졌을 것이다. 1562년 위그노들은 과거 테오다르 수도원이었던 생마르탱 성당을 불태웠다. 우화는 성당 파괴 행위를 사후에 정당화시킨 것이다. 1564년 칼뱅주의자인 장 푸르니에는 《몽토방 시의 고난의 역사》를 펴냈고, 거기에서 생테오다르 수도원이 부과한 상속세(맹모르트)같은 세금들을 집중적으로 비난한 다음 "매우 파렴치한 것"에 대해 언급했는데, 이것은 초야권을 암시하는 것으로도 볼 수 있다.

브레가 jus cunni를 화폐주조권이라고 본 것은 억지이다. 몽토리올의 수도원장은 그러한 권리를 가진 적이 없다. 브레는 cunni를 coin과 연결시켰으나 화폐와 관련된 어휘에서 이 단어가 사용된 적은 없다. cunni는 여성의 성기con를 가리키는 비어이며, 아마도 cullage와 더불어 당시 민중문화에서 널리 유포된 말이었을 가능성이 높다. 어쨌든, 브레는 본의 아니게 이 단어의 존재를 확인해주었으며, 19세기 초야권 논쟁에 동원되었다. 그러나 전반적으로 우리가 몽토방의 사례에서 확인할 수 있는 것은, 세속 영주와 교회와의 갈등에서 전설의 씨앗이 뿌려졌고, 그 후 가톨릭과 위그노 사이의 갈등을 거치며 그 전설이 발아했다는 사실이다.

이렇듯 성직자 초야권은 만들어진 것이다. 그렇다면 교회 전체가 성직자 초야권이라는 전혀 비교회적인 권리의 수혜자라는 누명을 쓰게 된 이유는 무엇 때문일까? 교회의 결혼관을 살펴볼 필요가 있다. 11세기 그레고리우스 개혁 이후 교회는 성직자들의 독신을 강조해왔다. 성직자들은 세속인들과 달리 결혼하지 않는다는 점에서 우위를 주장할 수 있었다. 교회는 원래 세속인들의 결혼에 관여하지 않았지만, 결혼과 같은 중대한 문제를 교회가 방치할 수는 없는 일이었다. 드디어 12세기에 교회는 결혼을 성사聖事로 확립시켰다.[9] 이제까지 결혼식은 신부新婦 집에서 거행되었고 사제는 신방을 축성하는 정도였으나, 이제는 사제의 주도로 교회에서 거행되었다. 사제가 신부를 신랑에게 넘겨주었으며, 사제 없이는 결혼식이 성립할 수도 효력을 발휘할 수도 없게 되었다. 사제는 "내가 너희들을 결혼시킨다"고 말했다. 교회는 결혼 생활에서도 금욕을 강조했다. 결혼의 목적은 자식을 낳는 것이었기 때문에 그 목적에 어긋나는 일체의 부부관계는 교리에 어긋난다는 것이었다. 그뿐만이 아니었다. 교회는 토비아와 그의 새로운 배우자가 신혼 초 3일간의 순결을 지킴으로써 악마를 물리쳤다는 이야기(《토비아서》 6장 16절)를 근거로 신혼 초의 금욕을 강조했다. 토비아의 이야기는 그라티아누스의 교령집에 수록되어 널리 펴졌다. 이 이야기는 신혼부부에 대한 저주, 처녀성 파괴의 공포, 남편의 죽음 등의 이야기로 민중문화에 침투하여 오늘날까지도 그 흔적이 남아 전해지고 있다.

이렇게 교회는 세속인들의 결혼과 성에 깊이 개입했다. 신혼부부가 신혼 초 3일간 금욕해야 한다는 요구는 사실 지키기 어려운 것이었다. 그렇기 때문에 당연히 되사기가 가능해진다. 이제 신혼부부들은 교회에 돈을 내면 금욕의 부담에서 벗어날 수 있게 되었다. 반대로 돈을 내기 거부하는 것은 3일간의 금욕을 무시하는 것이어서 벌금을 부과받거나 신방 축성을 받지 못할 위험이 있었다. 농노들의 결혼세를 영주의 성 착취에서 비롯된 것으로 유추하는 것이 당시의 상황이었듯이, 이 되사기가 성직자들의 초야권 요구에서 비롯된 것으로 유추하는 것은 어렵지 않은 일이었다. 이렇게 해서 다음과 같은 황당한 이야기도 꾸며질 수 있었던 것이다. 부르주 대학의 법률학 교수이며 보르도 고등법원 원장이었던 니콜라 부아이에(1469~1532)의 책에는 부르주의 사제에 대한 유명한 이야기가 나온다. "나는 부르주의 법정에서 부르주 대주교가 지켜보는 가운데 상고심이 벌어지는 것을 보았는데, 여기에서 본당 신부는 관습에 의해 신부新婦와 동침할 권리를 가진다고 주장했다. 이러한 관습은 폐지되었기 때문에, 그는 벌금형을 받았다." 본당 신부가 대주교에게 간음할 권리를 주장했다는 것은 상식적으로 말이 되지 않는다. 그런데 어찌하여 매우 진지한 인물이었던 부아이에의 책에 이런 황당한 이야기가 나오게 되었을까? 그 이유는 간단하다. 부아이에의 책은 그의 사후에 출판되었고, 이때 부아이에와는 무관한 내용들이 삽입된 것이다. 이 역시 만들어진 이야기이지만 후대에는 마치 사실처럼 반교권주의자들에 의해 활용되었다. 언제나 그렇듯 죽은 자는 말이 없는 법이다.

초야권 논쟁

이렇듯, 초야권은 논쟁의 산물이다. 지방분권의 상징이었던 봉건 영주에 대한 국왕관리들과 법관들의 공격, 가톨릭교회에 대한 프로테스탄트의 공격, 가톨릭과 세속 영주의 싸움, 중세와 근대의 싸움, 교권주의와 반교권주의의 싸움 등을 통해 만들어지고 확산된 것이다. 1789년 세나르장 코뮌은 초야권("cuisse라고 불리는 권리")의 되사기를 폐지한다고 선언했고, 다른 코뮌들에서도 마찬가지로 이와 같은 선언을 했다. 그렇지만 이러한 선언이 곧 초야권의 실재를 증명해주는 것은 아니다. 왜냐하면 당시 코뮌들은 서로가 서로의 진정서를 베꼈기 때문이다. 이렇게 초야권의 폐지를 선언한 것은 〈피가로의 결혼〉의 영향일 것이다. 1812년 장 플로리몽은 초야권을 인정하는 법률 문서를 들이댔으나, 이 문서 역시 거짓이었다. 19세기에 초야권은 성직자들에 대한 공격무기로 사용되었다. 프랑스 혁명 이후 세워진 사회의 정당성을 증명하기 위해서는 앙시앵 레짐 사회의 야만성을 부각시킬 필요가 있었고, 여기에 순진한 역사학이 호응했다. 수많은 사료가 편찬되었으며, 특히 지방 사료가 편찬되는 가운데 초야권 관련 문서가 많이 발굴되었다.

초야권 논쟁이 본격적으로 시작된 것은 1854년이다. 아카데미 프랑세즈 회원이었던 뒤팽은 1853년에 완간된 부토르의 〈1597년에 편찬된 아미앵 바이아주의 지방 관습〉에 대한 보고서를 제출했다. 이 의례적인 보고서에서 뒤팽은 결혼세의 존재를 증명하는 관습 문서들을 소개했는데 그것이 논쟁을 촉발시킨 것이다. 결혼세는 신부와 동침할 권리를 되사기한 것이라는 게 뒤팽의 설명이었다. 특히 뒤팽은 부르주 사제와 아미앵 주교의 사례를 소개한 다음, "가증스러운 사실은 성직 영주들이 이러한 권리의 행사를 주장했다는 것"이라고 비판했다. 역사가인 앙리 마르탱은 "초야권에 대한 직접적인 증거가 없었는데, 이제 그 증거를 보게 되었다"고 환호했다. 그러나 정말로 증거가 나온 것일까? 앞에서도 살펴보았듯이, 그리고 미슐레도 말했듯이, 증거는 없다. 부토르가 말한 '관습'이라는 것은 영주들의 주장에 불과한 것이었다.

가톨릭의 반격이 없을 리 없었다. 루이 뵈이요는 초야권에 대한 두 가지 오해를 지적했다. 성직자 초야권이란 결혼 후 3일간의 금욕을 요구한 것이고, 세속 영주의 결혼세는 초야권과 무관하다는 것이었다. 1857년에 쥘 델피는 뵈이요를 반박하며 초야권을 입증하는 72가지 증거를 제시했다. 그러나 우리가 앞에서 일부 살펴보았듯이, 델피의 72가지 증거는, 알랭 부로의 분석에 의하면, 근거가 없는 것이었다. 1881년 칼 슈미트는 이데올로기적인 편견 없이 연구하여 발표한 초야권 관련 저서에서 초야권의 부재를 주장했다.

알랭 부로는 세속 영주나 성직 영주가 신부와 동침할 권리는 없었다고 주장한다. 결혼세는 있었다. 그렇지만 결혼세의 기원은 장원의 노동력 감소를 보상받기 위한 것이었지 성적 착취를 대신하는 것이 아니었다. 그렇다고 중세의 봉건 영주가 농노들을 성적으로 착취하지 않았다는 말은 아니다. 근대 부르주아 가정에서 벌어진 하녀 학대나 〈피가로의 결혼〉에 나오는 이야기는 얼마든지 현실 가능한 에피소드였다. 그러나 그러한 행위가 자행되었다고 말하는 것과 그러한 행위가 권리로 인정되었다는 것은 다르다. 초야권은 없었다. 반교권주의자였던 미슐레를 위시하여 프랑스를 대표하는 중세사가들, 예컨대 마르크 블로크, 조르주 뒤비, 자크 르 고프 등은 초야권의 존재를 인정하지 않는다. 다시 말하면 그들은 초야권의 존재를 증명하는 사료를 발견하지 못한 것이다. 물론 사료가 없는 것은 아니지만, 그것은 역사가들의 사료 비판을 견디지 못하는 위조 사료에 불과하다.

초야권은 역사적으로는 실재하지 않았지만 담론적으로는 실재했다. 1247년에 최초로 언급된 이후, 많은 사람들은 초야권이 실재하는 것으로 믿었다. 봉건사회가 무너지고, 세속화가 진행되면서 아마도 더 많은 사람들은 초야권이 실재했다고 믿었을 것이다. 쥘 페리를 위시한 반교권주의자들은 가톨릭교회의 부활은 초야권이 자행되던 야만적인 중세로의 복귀라고 선전했다. 초야권은 만들어진 것이다. 대리 결혼하는 사람이 신부의 침대에 다리를 올려놓는 관습, droit de cullage의 cul, 결혼세formariage, 교회에서 강조하는 신혼 초의 금욕 등 개별적으로 존재하던 재료들이 가톨릭교회에 대한 비판, 봉건 영주에 대한 비판과 이상한 가역반응을 일으켜 초야권이라는 신화가 탄생한 것이다.

사실에 대한 경외심

알랭 부로처럼 초야권이 역사적인 사실이 아니라 만들어진 신화라고 주장한다고 해서, 중세의 여성들이 성적인 폭력을 받지 않았다거나 중세 사회가 폭력적인 사회가 아니었다고 말하는 것은 아니다. 초야권 신화는 하나의 '사실'로 작용하면서 성적인 폭력을 정당화시키는 기능을 했을지도 모른다. 초야권은 사실은 아니었지만 사실 못지않은 사회적 힘을 가지고 있었다. 그것은 말하자면 '사회적 사실'로서 봉건 영주의 이미지와 가톨릭교회의 이미지를 결정하는 데 커다란 영향을 끼쳤다. 하지만 신화가 사회적 사실이 되어 현실적 힘을 행사했다고 해서 역사적 사실이 되는 것은 아니다.

영어권이나 불어권의 인터넷 사이트에서는 알랭 부로의 책을 중심으로 초야권 논쟁이 벌어지고 있다. 진지한 역사가의 논증에 힘입어 '초야권은 없다'는 주장이 우위를 점하고 있다. 반면 국내 인터넷 사이트의 경우는 사실에 대한 경외심 없이 오직 근거 없는 확신만이 난무하는 것 같다. 사실의 뒤받침을 받지 못한 지식은 편견에 불과하다. 지식인은 지식 앞에서 겸손해야 한다. 물론 사실 여부를 확인하는 것은 매우 어려운 일이다. 사료도 사실이 아닐 수 있다는 점을 초야권 논쟁은 잘 보여준다. 알랭 부로의 주장도 결국에는 역사가의 주장에 불과한 것이지 그 자체가 사실은 아닐지 모른다. 그것은 역사적 '진실'이라는 피안을 바라보는 하나의 정직한 인식일 뿐이다. 그러나 분명한 것은 이제 알랭 부로의 주장이 나온 이상, 초야권 논쟁은 그의 주장 위에서 이루어져야 한다는 것이다. 그렇지 않고 '초야권은 있다', '초야권은 없다'만 되풀이하는 것은 대화가 아니라 독백에 불과하다. 이러한 독백은 생산적인 담론을 만들어내지 못한다. 대화의 수준을 높일 필요가 있다.

9장

이단과 정통의 차이

2000년 3월 12일, 가톨릭교회는 지난 2,000년간의 잘못을 반성하는 고해성사를 했다. 그 가운데에는 동방교회와의 결별, 마르틴 루터의 파문, 십자군의 만행, 이단 재판, 마녀사냥, 유대인 박해 등과 같이 교회가 "진리에 봉사한다는 미명 아래 불관용과 폭력을 묵인한" 죄가 포함되어 있다. 이제 이단에 대한 잘못된 평가에서 벗어나야 한다.

중세의 이단은 가톨릭과 다른 방식으로 하느님을 믿은 사람들이다. 가톨릭이 이들을 박해한 이유는 자기들과는 '다른' 방식으로 하느님을 믿기 때문이었다. 가톨릭은 박해를 정당화시키기 위해 역사를 왜곡하는 작업을 벌였다. 이단이 역사에 부정적인 모습으로 기록된 것은 이러한 이유 때문이다.

진정한 기독교인을 자처한 이단들

역사를 공부하다보면 억울한 사람들을 많이 만나게 된다. 이단異端이라는 낙인이 찍힌 사람들이 대표적인 경우이다. 도대체 그들은 왜 박해를 당하고 죽임을 당한 것인가? 오늘날의 관점에서 본다면 그 같은 불관용은 용납될 수 없지만, 내세의 구원이 무엇보다도 중요하던 시대, 죽음이 삶을 지배하던 중세에는, 악마의 소산으로 여겨지던 이단을 근절하지 않는 것이 오히려 용납될 수 없는 일이었다. 그러나 그들을 더욱더 억울하게 만드는 것은 오늘날의 역사가들도 그들에 대해 부당한 판단을 가한다는 것이다. 일례로 한 개설서에 나와 있는 설명을 살펴보자.

흑사병 이후 정신적인 불안과 공허감 속에서 마술과 마법, 그리고 이단에 대한 관심이 크게 높아졌다. 특히 성적 방종과 사회적 비도덕성을 정당화하는 '자유 영혼'의 이단이 많은 추종자들을 맞아들였고, 난잡한 행위를 자행하면서 춤을 추며 곳곳을 돌아다니는 이단자들도 나타났다. 기존의 사회적 가치와 체통이 그들에게는 아무것도 아니었던 것이다.[1]

위 인용문의 필자가 중세의 이단들은 "사회적 비도덕성을 정당화"했고, "난잡한 행위"를 자행했다고 판단한다면, 위의 글은 한 역사가의 판단으로서 존중받아야 한다. 그러나 그렇지 않다면 약간의 수정이 필요하다. 즉 " "를 치는 것이다. 왜냐하면, 역사는 승자의 기록이라는 말도 있지만, "사회적 비도덕성을 정당화"했다거나 "난잡한 행위"를 자행했다거나 하는 것은 대체로 이단을 진압한 사람들이 자신들의 행위를 정당화하기 위해 만들어낸, 혹은 침소봉대한 변명일 가능성이 높기 때문이다.

게다가 "사회적 비도덕성"이나 "난잡한 행위" 같은 것이 이단임을 판결하는 기준도 아니었다. 그럼 이단이란 무엇인가? 이단이란 어원적으로(그리스어 hairesis, 라틴어 hæresis) "다른 견해나 교리"를 말한다. 따라서 중세의 이단이란 가톨릭교회와 "다른 견해나 교리"를 가지고 있어 가톨릭교회가 정통 교리에 위배된다고 단죄한 견해나 교리를 말한다. 이단이란 하느님과 예수 그리스도를 믿지만 가톨릭교회와는 다른 방식으로 믿는 사람들을 말한다. 기본적으로 가톨릭교회 내부의 논쟁을 말하는 것이기 때문에 유대교도나 이슬람교도는 이단이 아니다. 또 근대 초에 무수히 학살당한 마녀는 "교회 밖의 악마와 계약을 맺은 사람들"이기 때문에 이단이 아니다. 그러므로 기본적으로 가톨릭교회가 그들을 이단으로 몰아 박해한 것은 "난잡한 행위" 때문이 아니라 그들이 교리를 다르게 해석했기 때문이다.[2] 대체로 이단들은 자기들이야말로 "진정한 기독교인"이라고 공언했다. 결국 이단에 대한 박해는 기독교도가 기독교도에게 가한 것이다.

이단과 정통의 차이는 '다른 해석'에 있다. 따라서 그것은 상대적이다. 가톨릭이 보기에는 이단이지만, 그 이단이 보기에는 가톨릭이 이단인 것이다. 가톨릭의 역사에서 이단은 대단히 많다. 니케아 공의회의

중세 말 근대 초에 마녀사냥의 교본으로 사용된 《마녀의 망치》(1486). 이단에 대한 정의가
구체적으로 나와 있다.

아리우스파를 위시해서 카타르파, 발도파를 거쳐 근대 초의 루터파와 칼뱅파 등은 모두 가톨릭의 이단이었다. 이 가운데 루터파와 칼뱅파는 처음에는 이단이었으나 그 후에는 또 다른 정통으로 자리 잡아, 또 다른 이단을 박해하는 입장이 되었다. 오늘날 이들에게 이단이라는 부정적인 호칭을 사용하지 않는 것으로 보아, 이단과 정통 사이에는 교리 해석의 차이 외에도 세력의 차이가 놓여 있다고 생각할 수 있다.

어쨌든 똑같은 하느님을 믿고, 서로가 "진정한 기독교인"임을 자처하던 사람들끼리 단순한 교리 해석의 차이 때문에 그렇게 원수처럼 싸우고 죽일 필요는 없지 않았을까? 교리 해석의 차이 외에 다른 세속적인 이유가 있었던 것은 아닐까? 이 글은 이러한 점을 염두에 두면서 중세의 대표적인 이단들을 살펴본 것이다.[3]

순수한, 너무나 순수한 카타르파

카타르Cathar는 12~13세기에 이탈리아와 랑그독(프랑스 남부 지방)에 크게 퍼졌던 이단에게 붙여진 이름이다. 이들은 이 지역뿐만 아니라 라인 강 지역과 프랑스 북부 지방에도 퍼져 있었다. 카타르는 '순수한'이라는 뜻을 가진 그리스어 Katharos에서 유래한 것으로, 쉐나우의 에크베르트[4]는 1163년에 이러한 명칭을 사용했다. 12세기 후반에 이르러 이들은 프랑스에서 알비인들[5]로 알려졌으며, 1201년에는 불가리Bulgari로 알려졌는데, 그 이유는 이들이 보스니아의 보고밀파Bogomils와 관련이 있었기 때문이다. 보고밀은 "하느님의 자비를 받을 자격이 있는 사람"이라는 뜻이다. 그들은 자신들을 기독교도라 부르고, 자신들의 지도자들은 '카타르', '선인善人 good man' 혹은 '선한 기독교인good Christian'이라고 불렀다.

우리는 대체로 카타르파의 적들이 쓴 글을 통해서 그들에 대해 알고 있다. 따라서 그들에 대한 모든 지식은 학문적 논란이 된다. 그러나 카타르파가 사용했거나 그들이 쓴 중요한 글들이 없지는 않다. 우선 《이사야의 환상》은 1세기경의 그노시스파의 것으로, 카타르파의 신화 만들기에 사용된 것으로 추정된다. 《세례 요한의 비밀 만찬 혹은 질문들》은 초기 외경 자료들을 포함하고 있다. 루기오의 요한이 쓴 것으로 알려진 《두 원리에 대한 책》은 가톨릭 설교자들을 상대로 쓴 스콜라적인 논문이다. 또한 두 개의 카타르파 의식서들이 있는데 각기 오크어와 라틴어로 쓰여졌다. 그밖에 신앙진술서의 단편들, 《주의 기도문 주석》 등이 있다.

이와 더불어 1240년대 이후 남부 프랑스의 이단 재판소가 조사한 이단들과 이단 혐의자들의 모호한 증언이 있다. 일부 가톨릭 작가들은 자신들이 이단 교파 내부에 있을 때 보았던 것들을 기술했다. 최초의 기록자는 밀라노의 보나코르소이다. 이 사람은 가톨릭으로 개종한 사람으로 1176~1190년에 자기가 알고 있는 카타르파 신앙에 대해 기술했다. 가장 중요한 인물은 1245년에 개종한 레이니어 사코니인데, 도미니코 수도회 수도자가 되었으며 최종적으로는 롬바르디아의 이단 재판관이 되었다. 그가 쓴 《카타르파와 리옹의 빈자들에 대한 종합 연구》는 이 분야에서 가장 널리 알려진 책이다.[6]

보고밀파는 10세기 초반 발칸 지방에 나타난 이단으로, 소아시아의 이원론자들과 사상의 일부를 공유했다. 이들은 초기의 이원론자들과는 달리 극도의 금욕을 요구했고, 성性과 출산을 거부했으며, 고기·계란·우유·치즈 등을 먹지 않았다. 그들은 교회 건물·의식·성사聖事·성인聖人·정통적인 성서해석을 거부했다. 그들이 받아들인 유일한 기도는 '주의 기도'뿐이었으며, 그들의 입회 의식은 안수按手였다. 외경으로부터, 그리고 신약성서에 대한 대단히 상징적인 해석으로부터, 그들은 세상에 존재하는 악惡을 설명하기 위해 우주론적인 신화를 만들어냈다.

11세기 전반기의 연대기 작가들은 서구의 일부 분파들도 이와 비슷한 믿음을 가지고 있다고 기록했다. 1022년 오를레앙에서 발견된 한 집단은 안수함으로써 부여되는 내적 계시인 그노시스를 믿었다. 그들은 물질적인 성사, 육식, 성모 마리아의 처녀 수태, 예수의 십자가 처형 등을 받아들이지 않았다. 같은 시기에 이탈리아에서 기원한 또 다른 집단이 리에주에 나타났다. 이들 역시 성사와 교회의 물질적인 장치들을 거부했다. 올바름이 세례와 성체성사를 대신했다. 피에몬테에 나타난 세 번째 집단은 성직위계를 거부했고 성적 접촉을 금했으며 육식을 하지 않았다. 그들 중 한 명이 전하는 바에 의하면, 만약 인간이 "타락하지 않기"에 동의했다면, "그들은 벌bee처럼 성적 교섭 없이도 자식을 낳을 수 있을 것"이라고 생각했다.

이러한 반교권주의, 성사 거부, 개인적인 계시 등은 11세기에 있었던 다른 종교적 광신자들에게도 공통된 것이었다. 이원론적 성격을 띤 극단적인 금욕주의는 서구에서 오랜 전통을 가지고 있었고, 수도원 개혁 운동에 의해 다시 활성화되었다. 그리고 극단적인 입장들이 지역에 따라 자연발생적으로 나타나고 있었다. 이들 분파들에게 보고밀파적인 믿음이 많이 나타난 것은 서구의 토착적인 움직임들이 그리스나 발칸에서 온 선교사들의 영향을 많이 받았음을 시사해준다. 그렇지만 이원론자들이 출현한 초창기 이후 거의 한 세기 동안 서구에는 이들에 대한 기록이 없다.

그들이 12세기 중반 무렵 다시 나타났을 때, 행위, 의복, 혹은 기존 성직자들에 대한 공격의 강도 등에서, 순회설교자들과 그들을 구분시켜주는 것은 하나도 없었다. 가톨릭이건 이단이건 모든 설교자들은 세속적이고 부유하며 성직매매를 행하는 성직자들을 공격했다. 이런 점에서 그들은 모두 11세기의 그레고리우스 개혁 운동이 낳은 자식들이었다. 재등장한 이원론자들도 마찬가지로 열렬한 금욕주의자들이었다. 일반적으로 그들은 단순하고 영적인 교회를 요구했다. 그들은 교회가 세상에 의해 타락했기 때문에 성사가 유효하지 않으며 따라서 어떤 사제도 유효하게 서품될 수 없다고 주장했다. 그들은 다른 이단적인 설교자들과 마찬가지로 자신들이야말로 "사도적 삶"을 실천하고 있다고 주장했다. 이러한 주장은 평신도들에게 깊숙이 파고들었다. 교회는 성 프란체스코와 성 도미니코에 이르러서야 이 같은 주장을 정통으로 받아들이는데, 그동안은 이단이 이것을 통해서 이익을 얻었다.

보고밀파가 사도적 빈곤을 주장하는 사람들에게 영향을 끼쳤다는 최초의 증거는 12세기 초 쾰른에 나타났다. 이곳의 일부 사람들은 자신을 "예수의 빈자"라고 불렀다. 그들은 세례를 안수로 대체했고 우유, 육식, 결혼을 거부했으며, 자기들이 먹는 음식을 '주의 기도'로 성별했다. 그들은 그리스와 여타 지역에도 동료들이 있다고 주장했다. 1145년 툴루즈에서 '아리안Arians'이라고 불리던 사람들, 1160년 페리고르 지방의 이단들, 에크베르트가 1163년 쾰른에 있었다고 말한 카타르들은 모두 이 분파의 팽창을 말해주는 단편적인 증거들이다. 1165년 카타르파 '선인善人'은 알비 근처의 롬베르에서 주교, 베지에 자작, 툴루즈 백작부인 등이 지켜보는 가운데 가톨릭 설교자와 토론을 벌였다.

1167년 무렵 콘스탄티노플의 급진적인 보고밀파 사제인 니케타스가 이탈리아에 나타났다. 거기에서 그는 무덤파는 일꾼인 마크Mark가 이끄는 카타르파를 발견했다. 이들 이탈리아인들은 롬베르에서 토론을 벌였던 카타르들과 마찬가지로 온건한 이원론자들이었다. 니케타스는 이러한 믿음이 잘못된 것이라고 가르쳤고 마크를 좀 더 극단적인 사상으로 개종시켰다. 그는 안수 의식을 통해 마크를 주교로 축성했다. 그 후 그들은 알프스를 넘어 랑그독 지방으로 갔다. 니케타스는 이 지역에서도 성공을 거두어 온건한 카타르들을 개종시켰다. 니케타스는 툴루즈, 카르카손, 아쟁의 주교들을 축성한 후 동쪽으로 돌아갔다.

온건한 카타르파이건 과격한 카타르파이건, 그들의 믿음은 육체와 영혼은 근본적으로 양립할 수 없다는 가정에 바탕을 두고 있으며, 다음과 같은 동일한 질문에 대해 답한다. 어떻게 해서 선善한 신이 창조한 세계에 악이 있을 수 있으며, 악惡인 세상에 선이 있을 수 있는가? 그들은 이러한 질문에 대해 창세기 신화로 답하는데, 그것의 중심에는 사탄이 있다. 초기 보고밀파는 요한계시록에 토대를 두고 천사장 미카엘과 사탄의 전쟁 이야기를 했다. 사탄은 전쟁에서 패배하여 천사들의 3분의 1, 태양, 달, 별들과 함께 지구로 떨어졌다. 이후의 이야기에 따르면, 사탄은 여자를 천국에 보내 천사들(모두 남자)을 유혹했다. 사탄은 물질세계를 창조한 후 천사들을 인간의 육체 안에 가두었다. 서구의 카타르파가 자신들을 "추락한 천사"라고 부른 것은 이러한 이유 때문이다. 만일 천사가 완전자Perfect가 되어 이 상태에서 해방되지 않는다면 그는 죽음 이후 다른 육체—인간의 몸이든 동물의 몸이든—안에 감금된다. 카타르파에게 있어 이 같은 영혼의 윤회는 가톨릭의 연옥 교리를 대신하는 것이었다.[7] 어떤 보고밀파는 사탄을 자만심 때문에 반란을 일으킨 천사로 보았고, 또 어떤 보고밀파는 신의 아들, 그리스도의 동생으로 보았다. 급진파들은 사탄을 동등한 힘을 가진 신神, 적대자Adversary로 만들었다.

사탄의 신화에 비해 신에 대한 카타르파의 사상은 빈약했다. 1230년대에 이르러 그들은 가톨릭 논객들에게 밀려 신에 대한 정교한 개념을 만들어내야 했는데, 특히 성령에 대한 개념이 그러했다. 성령은 완전자

(위) 대천사장 미카엘. 사탄과의 싸움에서 하느님 편에
서는 천사로 그려지고 있다. (아래) 사람들이 생각하는
사탄의 형상. 카타르파 창세기 신화의 중심에는 사탄이
있다.

를 하늘로 인도하는 자consolator가 되었다. 13세기까지 예수는 구세주로 인정받지 못했다. 그는 마리아와 마찬가지로 인간일 뿐이었다. 어떤 보고밀파는 예수가 마리아의 귀를 통해 세상에 나온 원죄 없는 천사이며, 그의 육신은 환상일 뿐이라고 생각했다. 13세기의 어떤 카타르들은 예수를 "육신을 가지고 태어난 천사"라고 말했고, 어떤 카타르들은 그를 신인 동시에 인간인 존재로 받아들였다. 이들 잔존 카타르들은 기독교의 예수론을 받아들인 것이다. 그러나 대부분은 예수가 십자가에서 처형당한 것을 부정했다. 천사건 인간이건 혹은 신이건, 지상에서 예수의 임무는 추락한 천사들을 다시 하늘로 인도하는 것이었다.

온건파와 급진파는 일련의 의식과 도덕률을 공유했다. 이 세상이 악한 이유는 사탄이 세상을 창조했기 때문이다. 죄악이란 의지의 행위라기보다는 물질에 의한 영혼의 오염을 말하는 것으로, 완전자들은 독신과 금식을 통해 자신을 해방시키려 했다. 그러면 그는 자기 안에 있는 천사를 볼 수 있게 된다. 성관계는 악마의 세계가 계속되도록 하는 것이기 때문에 피해야 하며, 이는 결혼한 경우에도 마찬가지였다. 아이들은 사탄의 작품이다. 임신한 여자는 카타르파에 들어오는 것이 허용되지 않았다. 여자들이 완전자로 입교할 때 그들은 의식을 주재하는 남자들과의 육체적인 접촉을 막기 위해 베일을 둘렀다. 육식은 금해야 했다. 왜냐하면 동물은 동료 영혼인 천사를 지니고 있을 것이기 때문이다. 계란, 우유, 치즈를 금한 이유도 그것들이 성교의 산물이기 때문이었다. 그들은 물고기가 물속에서 자연발생적으로 생겨난다고 생각했고 그래서 먹을 수 있었다.[8]

완전자의 지위로 들어가는 것은 위령안수consolamentum를 통해서였다. 카타르들은 완전자가 되기 위해 단식을 포함한 오랜 기간의 시험을 통과해야 했다. 위령안수는 의식을 주재하는 카타르의 완전성으로부터

오크어로 작성된 카타르파의 의식서 첫 페이지.

효력을 얻는다. 주재자가 죄악을 범하면 그 위령안수는 효력을 상실한다. 완전자가 순수성을 상실하면, 그가 지상에서 안수하여 천국으로 인도했던 영혼들도 다시 지상으로 떨어진다. 니케타스는 마크와 이탈리아의 카타르파에게 재위령안수를 거행했다. 그 후 몇 년이 지나 불가리아의 보고밀인 파트라키우스가 이탈리아에 와서, 니케타스를 위령안수했던 시몬이 여자와 의심스러운 관계에 있었다고 폭로했다. 이로 인해 이탈리아인들의 위령안수가 효력을 상실했고, 그들은 분열되었다. 그 후 이탈리아에는 각각의 위령안수 전통에 따라 여섯 개의 카타르파 교회가 세워졌다.[9]

카타르파 교회가 발전해감에 따라, 신자들은 임종할 때에 위령안수를 받기 시작했으며, 여기에는 종종 엔두라endura라는, 죽을 때까지 하는 단식이 수반되었다. 주교와 부제들은 임종시 위령안수를 주재하는 것이 특별히 중요하다고 주장하면서 여성들을 이러한 기능에서 배제시켰다. 그 결과 이 분파에서 여성들의 지위가 낮아졌다.[10]

주교는 완전자들의 공동체에서 선출되었다. 완전자들은 공개고해apparellamentum를 위해 매달 모임을 가졌다. 그들은 "따뜻한 감정의 끈으로 결합되어 있는" 공동체를 형성했으며, '주의 기도'를 끝없이 암송했다. 완전자가 아닌 신자들은 아직 죄가 많은 사람들로서 신을 "우리 아버지"라고 부를 수 없었기 때문에 기도를 할 수 없었다. 그들은 도덕적으로 행동할 것을 권유받았으나, 완전자들의 엄격한 금욕이 의무는 아니었다.

카타르파에 가담한 사람들이 얼마나 되는지 추산할 수 있는 방법은 없다. 1200년경 카르카손 인근 로락 마을의 거의 모든 주민들이 완전자의 설교를 듣기 위해 모여들었다. 툴루즈 인근 캉비악의 사제는 자기 본당 주민 가운데 4명을 빼고는 모두가 카타르라고 불평했다. 13세기 초

랑그독 지방에 있던 완전자 가운데 1,015명의 이름이 알려졌다. 최근의 한 역사가는 알비 지방에 10명 이상의 완전자가 있었던 적이 없다고 결론 내렸다. 사코니는 자기 시대에 이탈리아에는 4,000명의 완전자가 있었다고 추산했다. 이렇게 완전자의 수를 확신할 수 없는 상황에서 일반 신자들의 수를 추산하는 것은 더욱 어렵다. 학자들은 1200년 무렵 서구에는 10만에서 50만 심지어는 4백 만의 신자가 있었을 것으로 추산하는데 이는 아마 과장된 수치일 것이다. 하지만 1200년경 카타르파 신앙은 귀족, 농민(랑그독 지방), 부유한 도시 귀족(툴루즈 지방), 장인, 소상인 등 모든 사회계급에게 호소력이 있었다.[11]

십자군과 이단 재판소

당시 교회는 카타르파의 확산에 대처할 효율적인 기구를 갖추고 있지 못했다. 이단 문제는 주교의 소관이었지 아직은 이단 재판관의 소관이 아니었기 때문이다. 1208년 교황 이노켄티우스 3세는 자기가 파견한 사절이 살해당하자 십자군을 선포했다. 당시 교황은 서유럽의 십자군들이 콘스탄티노플을 함락하고 약탈한 데에 크게 격노한 상태였다. 그는 한 창녀가 총대주교의 옥좌에 앉아 음탕한 노래를 불렀다는 소식까지 전해 들었다. 그는 십자군 전사들이 저지른 극악무도한 짓에 심한 충격을 받았다. 그러나 이노켄티우스는 정략적인 사람이었다.[12] 교황은 이번에는 '이교'가 아니라 '이단'들을 상대로 십자군을 선포한 것이다.

시토 수도회 수도자들이 동원되었다. 프랑스 국왕 필립 오귀스트는 여전히 냉랭한 반응을 보였지만, 마지못해 500명의 기사들이 십자가를 지는 것을 허용했다. 40일간 동원된 사람들에게는 팔레스타인 지방의 십자군과 동일한 대사Indulgence가 부여되었다.[13] 교황 사절들은 "이제껏 기독교 세계에서는 볼 수 없었던 대군"이라며 흡족해 했다. 국왕이 거절함에 따라 시토 수도원장인 아르놀 아말릭Arnold Amalric이 지휘권을 잡았다. 교황 사절을 살해했다는 혐의를 받고 있던 툴루즈 백작 레몽 6세는 교회와의 화해를 요청했다. 그는 자신에 대한 모든 비난을 받아들이고 복종을 약속한 후에야 사면을 받았다. 그는 십자가를 들고, 론 강을 따라 내려오고 있는 십자군에 합류하기 위해 달려갔다.

1209년 7월 베지에가 십자군의 공격을 받았다. 베지에 시민들은 성문을 열려고 하지 않았다. 그러자 도시를 급습할 임무를 부여받은 병사들이 이단과 그렇지 않은 사람을 어떻게 구분할 수 있는지 걱정스럽게 물었다. 아말릭은 대답했다. "하나도 남김없이 모두 죽여라. 주님은 누가 주님의 어린 양들인지 가려주실 것이다."[14] 역사상 가장 잔인한 말 가운데 하나가 수도원장의 입에서 나오는 순간이었다. 베지에에 살고 있던 남녀노소 17,000여 명이 학살을 당했다. 십자군의 윤리는 땅에 떨어졌다.

공포가 퍼져나갔다. 나르본은 서둘러 항복했으며 군대에 배상금을 지불했다. 카르카손으로 가는 도중에 있는 군소 도시들과 영주들도 대부분 그렇게 했다. 십자군은 카르카손을 포위, 공격했다. 도시가 식수 부족으로 고통을 당하자 레몽 로제는 주민들의 목숨을 해치지 않는다는 조건으로 항복했다. 도시민들은 "자기들의 죄 외에는 아무것도 지니지 말고" 도시를 떠나는 것이 허용되었다. 레몽 로제는 구금되어 몇 달 후에 죽었다. 어떤 사람은 살해되었다고 말하고 어떤 사람들은 이질로 죽었다고 말했다. 대사를 얻는 데 필요한 40일이 되자, 십자군은 자신들이 북쪽으로 귀향할 동안 카르카손을 지배할 인물로 시몽 드 몽포르를 뽑았다. 시몽은 나르본과 툴루즈를 확보한 후 툴루즈 백작, 나르본 공작, 베지에와 카르카손의 자작으로서 국왕 필립 오귀스트에게 신서

콘스탄티노플을 공략하는 십자군. 교황 이노켄티우스 3세에 의해 선
포된 제4차 십자군은 목표였던 이집트를 공격하지 않고 방향을 돌려
콘스탄티노플을 공격했다.

를 했다. 이로써 랑그독 지방의 종주권은 카페 왕조에게 넘어갔다.

그 후 오랜 곡절 끝에, 십자군은 파리조약(1229년 4월 12일)으로 종결되었다. 십자군 전쟁은 이단 징벌을 구실 삼았지만 실제로는 정복 전쟁이었다. 이 전쟁으로 인해 툴루즈와 그 백작령은 카페 가문에 유리하게 상속되었고, 프로방스 후작령은 교회에 편입되었다. 물론 이단을 잊지는 않았다. 레몽 7세는 툴루즈에 대학을 세우고, 이단 추적에 필요한 원조를 제공하도록 강요받았다. 그는 이단으로 잡힌 자들의 몸값을 지불해야 했으며, 교회에 복종하고 이단들을 신고할 것을 자기 신하들에게 명해야 했다. 11월, 툴루즈에서 열린 종교회의는 이단들에 대한 체계적인 기소를 결정했다. 2년마다 주민들은 교회를 지원하고 이단과 싸울 것을 맹세해야 했다. 평신도들에게는 성서(그것이 어떤 언어로 쓰여졌든)와 비非라틴어 종교의식서를 소지하는 것이 금지되었다.[15] 모든 본당에서는 이단사냥꾼을 조직해야 했고 자기 땅에서 이단들을 몰아내지 않는 영주는 재산 몰수 위협을 받았다.

십자군 전쟁은 종결되었지만 카타르파와의 전쟁은 끝나지 않았다. 십자군으로 인해, 그간 카타르파가 농촌 귀족들로부터 받아온 보호나 최소한의 관용이 약해졌다. 십자군은 북부 침입자들에 대한 저항을 이단으로 간주했기 때문이다.

교황 이노켄티우스 3세는 이단과 싸우기 위한 절차와 법령을 마련했지만, 기존의 주교 이단 재판을 바꾸지 않았다. 1233년에 가서야 비로소 교황 그레고리우스 9세는 랑그독 지방의 이단을 다룰 특별기구를 만들었는데 그것이 바로 교황 이단 재판관이다. 이들은 대체로 도미니코 수도회 수도자들이었으며, 주교와는 달리 오로지 이 과업에만 매달렸다. 1252년 이노켄티우스 4세는 이단 재판관들이 고문을 실시할 수 있도록 허용해주었다. 고해사제와 재판관의 역할을 동시에 수행하던 이단 재판관들을 제어할 수 있는 것은 민중의 분노 말고는 아무것도 없었다.

그러나 그것으로 이단 재판관들의 공격을 막을 수는 없었다. 1244년 몽세귀르의 카타르파 200여 명이 체포되어 전원 화형되었다. 카타르파에 대해 관용적이었던 사람들도 이제 등을 돌리기 시작했다. 레몽 7세는 1249년 어느 날 80명을 화형시켰다. 이단 재판은 마음껏 행해졌다. 한 이단 재판관은 툴루즈와 카르카손 사이에 있는 39개 마을에서 5,471명의 증인들을 소환하여 심문했다. 적어도 207명이 유죄 선고를 받았고 23명은 감금되었으며 나머지는 옷에 십자가 표시를 부착하거나 고행을 떠나는 벌을 받았다. 전교는 더욱 어려워졌다. 급진적인 피에르 오티에는 1295년부터 1310년까지 푸아 인근 산골에서 카타르파 부흥 운동을 일으켰다. 오티에의 후계자인 벨리바스타는 완전자였지만 동거녀를 거느렸고 위령안수를 판매했다. 그의 이야기는 파미에르의 주교인 자크 푸르니에가 몽타이유의 농민들을 상대로 벌인 이단 재판 기록 (1318~1325)에 잘 나와 있다.[16]

카타르파는 이탈리아로 피신했는데, 이곳은 황제 프리드리히 2세와 교황 사이의 싸움이 말해주듯 정치가 교회에 대한 반대를 주도하던 곳이었다. 프리드리히 2세가 죽고 황제파가 약해지자 카타르파는 후원자를 잃게 되었다. 1280년대에 그들의 보호자들이 이단 재판관들의 도시 입성을 허용하면서 이탈리아에서의 카타르파 조직은 와해되었다. 1278년 베로나에서는 총 178명의 완전자들이 화형에 처해졌다. 1291년부터 1309년까지 18년에 걸쳐 볼로냐에서 대규모의 재판이 열렸다. 1321년에는 서구에서 알려진 최후의 카타르 주교가 토스카나 지방에서 체포되었다.

랑그독 지방과 이탈리아에서 경찰 조직과 선교 사업이 병행되었다.

도미니코 수도원이, 그리고 프란체스코 수도원도, '사도적 삶'에 대한 세속인들의 존경을 가톨릭으로 끌어들이기 시작했다. 발도파였다가 가톨릭으로 개종하여 가난한 가톨릭으로 알려진 사람들이 카타르파에 반대하는 설교를 했다. 순교자 성 피터는 이탈리아에 가톨릭 형제회를 세웠다. 무엇보다도, 다양해진 새로운 가톨릭 신앙은 카타르파를 지지했을지도 모르는 사람들을 가톨릭으로 끌어들였다. 1325~1350년 무렵, 카타리즘은 분쇄되었다.

빈자의 친구 발도파

발도파는 12세기 후반부터 중세 말까지 뿐만 아니라 그 후에도 끈질기게 존재했던 이단이다. 오늘날에도 약 2만 명의 발도파 신자들이 이탈리아의 알프스 계곡에서 살고 있다. 발도파는 자발적인 빈곤과 설교하는 삶을 실천하던 발데스Waldes라는 지도자를 추종했는데, 교회가 이들의 설교 행위를 금지하면서부터 이단이 되었다.

발도파의 신앙은 철저히 복음주의적이다. 그들은 오직 복음서의 문자적인 가르침에 따라 살아온 사람들만 구원받을 수 있으며, 복음서는 무엇보다도 가난하게 살았던 사도들을 본받을 것을 요구한다고 가르쳤다. 발도파가 보기에 로마 교회는 콘스탄티누스 황제 이후 파멸에 이르렀는데, 그 이유는 그들이 부富와 결탁했기 때문이다. 발도파는 교회의 파멸을 확신하면서 나름대로의 대안 교회를 창설했으며, 이 교회의 사제는 고유한 성사聖事를 집전했다. 발도파는 중세의 대중적인 이단들 가운데 지리적으로 가장 널리 퍼졌고 가장 오래 지속된 종파이며, 또 신도 수에 있어서도 가장 큰 종파였다.

이 종파의 창시자인 발데스는 리옹의 상인이자 고리대금업자였다가

몽세귀르의 폐허. 1244년 카타르파가 도피해 있던 몽세귀르 요새가 함락되어 카타르파 200여 명이 전원 화형되는 일이 벌어졌다.

1173년경에 근본적인 회심回心을 경험했다. 발데스는 어느 일요일 한 음유시인이 성 알렉시스의 삶에 대해 노래하는 것을 들었다. 성 알렉시스는 부를 포기하고 구걸하며 살기로 결심함으로써 축복을 받은 초기 기독교 성인이었다. 발데스는 이 이야기가 자신과 관련 있을지 모른다는 생각에 이야기를 더 듣기 위해 음유시인을 집으로 데려갔다. 하지만 이야기를 들은 후에도 여전히 만족스럽지 않자 다음날 전문 신학자를 찾아가 영혼의 평안에 대해 자문을 구했다. 하느님께 이르는 가장 확실한 길을 알고자 했던 발데스에게 신학자는 예수가 부자들에게 한 말씀을 알려주었다. "네가 완전한 사람이 되려거든 가서 너의 재산을 팔아 가난한 사람들에게 나누어 주어라. 그러면 하늘에서 보화를 얻게 될 것이다. 그러니 내가 시키는 대로 하고 나서 나를 따라 오너라."(마태오 복음 19 : 21) 발데스는 즉시 그 말씀대로 했다.[17]

발도파의 창시자인 발데스. 발도파는 자발적인 빈곤과 설교하는 삶을 실천했다.

이 이야기 가운데 일부는 픽션일 가능성이 있다. 그러나 부유했던 발데스가 신약성서에 나와 있는 부에 대한 비판의 말씀에 감동받아 빈자가 되기로 결심했다는 것은 확실하다. 최초의 회심 이후 발데스는 성서의 많은 부분들과 교부들의 신학 서적들 가운데 일부를 번역하고 필사하기 위해 두 명의 사제를 고용했다. 발데스는 성서의 많은 부분을 암기할 정도로 철저히 공부한 후 "사도들이 복음의 완성을 추구했던 것처럼 거기에 헌신하기로 결심"했다. 실제로 그는 자기 아내와 두 딸의 생계를 위해 약간의 재물을 남겨놓고 그 외 모든 재산을 가난한 사람들에게 나누어 주었다. 그리고는 구걸하는 삶을 살며 복음서의 말씀을 설교하는 일에 나섰다.

발데스는 리옹 안팎에서 많은 추종자를 얻었다. 그들은 발데스의 삶의 방식과 소명을 받아들였다. '빈자貧者'라고 칭했던 발도파는 "둘씩 다니며, 맨발에 양털 옷을 입었고, 아무것도 소유하지 않았으며, 헐벗은 예수를 따라다녔던 헐벗은 사도들을 본받아 모든 것을 공유"했다. 그들은 직접 번역한 성서를 연구하고 유포시켰으며 자신들의 죄악과 다른 사람들의 죄악에 대해 설교했다. 그들이 행한 설교의 주요 타깃 가운데 하나는 당시 남부 프랑스에서 크게 세력을 떨치고 있던 카타르파였다.

발도파는 자신들을 정통 교회의 모델이라고 생각했다. 하지만 그들의 빈곤 실천은 성직자들을 좋지 않게 비추는 경향이 있었기 때문에 즉시 교회의 의심을 샀다. 그들의 자발적인 맨발과 주교들의 화려한 복장이 좋은 대조를 이루었고, 많은 사람들은 이것을 보고 발도파가 주교들보다 더 예수와 비슷하고, 그러기에 더 성스럽다고 결론내렸다. 그러니 그들의 존재 자체가 부유한 고위 성직자들에 대한 암시적인 비난으로 작용한 것은 자연스러운 일이었다. 발데스의 회심 직후, 리옹의 대주교는 그에게 공개적인 구걸을 중지하라고 명했다. 그러나 사도적인 삶에 열중했던 이 회심자는 그 명령을 무시하고, 추종자들과 함께 대로를 돌아다녔다.

빈곤과 구걸은 교회법에 저촉되지 않기 때문에, 만약 발도파들이 설교하기를 고집하지 않았더라면 아마도 유죄 판결을 받지 않았을 것이다. 모든 평신도들은 신학적으로 무지하다고 가정되었으므로 평신도들이 특별 허가 없이 설교하는 것은 불법이었다. 이러한 문제를 잘 알고 있던 발데스는 1179년 교황 알렉산더 3세가 주재하는 제3차 라테라노 공의회에 이 문제를 청원하기 위해 로마로 향했다. 이 공의회에서 발도파와 교회의 최고 권위자들이 만난 것은 양측 모두에게 결정적인 영향을 미쳤다. 이 공의회의 주요 목적은 카타르파와 싸우는 것이었으며, 발도파는 이 목적을 수행하는 복음 타격대로 임명되는 것 이상을 바라지 않았다. 하지만 교회는 발도파 지원자들이 고용되는 것을 원치 않았다. 그들은 발도파의 과시적 빈곤에 대해 분개하고 있었다. 그들은 발도파가 설교할 자격이 있다는 가능성을 일축해버렸다. 자신들이 번역한 성서와 신학 서적들을 심사받기 위해 가져왔던 리옹 사람들은 적대적인 신학 질문에 시달려야 했다. 성부와 성자와 성령을 믿는지, 성모 마리아를 믿는지에 대해 연속적인 질문을 받자 그들은 매번 긍정적으로 대답했고, 이렇게 해서 정교한 함정에 걸려들고 말았다. 예컨대 이런 식이었다. 만일 그들이 성모 마리아를 믿지 않는다고 대답했다면 그들은 이단으로 몰렸을 것이다. 그러나 그들은 성모 마리아를 믿는다고 대답했고 성모 마리아를 삼위일체와 동일한 수준에 놓은 "무지함"으로 인해 조롱거리가 되었다. 교황 알렉산더 3세는 공의회에 참석한 다른 성직자들만큼 발도파에 대해 적대적이지 않았다. 아마도 교황은 발도파를 유용하게 활용할 수 있다고 보았던 것 같다. 교황은 발데스를 포용했고, 그의 청빈에 대한 헌신을 인정했다. 하지만 그럼에도 불구하고 알렉산더는 발도파가 설교하는 것을 금했으며 해당 지역 성직자들의 허가를 받을 때에만 설교할 수 있다고 규정함으로써 교회법을 재확인했다.

이 결정으로 인해 교회는 생명력 넘치는 평신도 세력의 사역을 잃어버리게 되었고, 발도파는 이단으로 빠져들어 저항하게 되었다. 발데스와 그의 추종자들에게 있어서 설교하는 것은 타협의 여지가 없는 문제였다. 왜냐하면 예수께서는 제자들에게 "너희는 온 세상을 두루 다니며 모든 사람에게 이 복음을 선포하여라"(마르코 복음 16 : 15)고 말씀하셨기 때문이다. 리옹으로 돌아온 발도파는 양심을 해치는 것보다 불복종하는 편을 택했다. 발데스는 리옹 대주교에게서 설교를 멈추라는 말을 듣자, "사람에게 복종하는 것보다 하느님께 복종해야 하지 않겠습니까"(사도행전 5 : 29)라는 사도 베드로의 말을 인용하면서 베드로의 역할을 자임했다. 1182년 무렵 발도파는 복음 설교를 고집했다는 이유로 파문당했으며 리옹에서 추방되었다. 그렇지만 그들은 다른 곳에서는 환영을 받아, 남부 프랑스와 북부 이탈리아의 많은 도시들에서 새로운 추종자들을 모아나갔다. 발데스의 운동은 1184년에 교황 루키우스 3세에 의해 단죄되었지만, 이러한 단죄가 발도파의 확산을 종식시킬 수는 없었다. 발데스가 죽을 무렵인 1205년과 1218년 사이, 그가 시작한 운동은 서부 유럽의 여러 지역에서 진지를 구축해나갔다.

이단이 된 발도파

13세기 초 발데스주의는 완전한 이단이 되었다. 교황 루키우스는 1184년에 이미 발도파를 이단으로 단죄했다. 그러나 그의 칙령을 자세히 살펴보면 그는 발도파가 교리상의 오류를 범했다고 비난하지는 않았음을 알 수 있다. 다만 그들이 허가 없이 설교함으로써 권위에 도전했다고 비난했을 뿐이다. 그러므로 정확히 말해 1184년의 발도파는 이단이라기보다는 단순한 분파였다. 그러나 그들은 교회의 가르침을 받아들임으로써 자신들의 정체성을 포기할 것인지 아니면 교회의 가르침과 관습을 거부하며 저항을 정당화시킬 것인지 선택해야 했다. 일단 거부쪽으로 방향을 잡자, 그들은 빠르게 이단적인 교리 체계를 세웠는데, 그것은 중세 말까지 발도파 신앙의 기저로 남게 된다. 지역적인 다양성과 비정형적인 것들을 무시하면, 1200년에서 1500년까지 발데스주의의 주요 교리는 다음과 같이 묶을 수 있다.

첫째, 고대의 도나투스주의 이단과 비슷한, 사제들의 권위와 교회에 대한 공격.

둘째, 연옥 교리 및 이와 관련된 신앙과 행위에 대한 부정.

셋째, 복음주의적인 도덕성.

14세기 초의 이단 재판관인 베르나르 기는 "발도파의 기본적인 이단성은 교회 권력을 경멸하는 것"이라고 말했는데, 그것은 분명히 옳았다. 발도파는 4세기의 도나투스주의자들처럼 사제 서품 그 자체는 설교권이나 성사집행권을 부여하지 않는다고 주장했다. 오직 공덕功德만이 그러한 권리를 준다는 것이다. 이로부터 공덕 없는 성직자들은 성사를 집행할 능력이 없으며, 따라서 무시하거나 거부할 수 있다는 논거가 성립했다. 곧이어 발도파는 교계 전체가 부와 죄악으로 중독되었기 때문에 제도로서의 교회는 비난받아 마땅하다고 주장했다. 반면에, 여자를 포함한 공덕 있는 평신도들은 설교하거나 고해를 들을 수 있고 성체성사를 집전할 수 있다고 선포했다. 실제로 그러한 사람들은 일반적으로 발도파 내에서 '완전자the perfect'로 알려졌으며, 발도파 대안 교회의 사제가 되었다.

도나티즘이 대안 교회를 창설했다면, 연옥 부정은 새로운 교회에 대한 확신을 강화시켜주었고, 기존 교회에 대한 강한 비판의 근거를 제공해주었다. 발도파는 성서에서 연옥에 대한 명확한 진술을 찾을 수 없었기 때문에 연옥을 거부했다. 죽은 다음에는 곧장 천국으로 가거나 아니면 곧장 지옥으로 가는 두 갈래의 길이 있을 뿐이었다. 그들은 그들의 공동체 구성원들은 천국으로 갈 것인 반면 그들의 적들은 어떠한 정죄淨罪의 기회도 없이 저주받을 것이라고 결론 내렸다. 이러한 믿음은 발도파가 박해를 견딜 수 있는 심리적인 버팀목이 되어주었다. 나아가 연옥을 거부하는 것은 정통 교회의 신앙과 관련된 내용을 거부하는 것을 의미했다. 이로써 그들은 로마 교회의 근본적인 토대 가운데 일부에 의문을 제기했다. 특히 모든 영혼은 곧장 천국이나 지옥으로 가기 때문에 죽은 자를 위해 기도하는 것이나 대사大赦(어떤 선한 행위 덕분에 연옥에서 받게 되는 속세적인 벌을 면해주는 것)를 주는 것은 아무런 근거가 없다고 주장했다. 대부분의 수도원과 교회가 죽은 자를 위한 기도를 주요 수입원으로 삼았고, 대사부 이론은 십자군, 성지순례, 그리고 교황의 이론적·재정적 주장의 주요 원천이었다는 점을 생각해볼 때, 발도파의 비판이 교회의 생존에 얼마나 큰 위협이었는지를 짐작할 수 있다. 연옥이 없다면 성인들은 죽은 영혼을 위한 중재자로서 봉사할 수 없기에, 발도파는 성인 숭배도 거부하였다(성모 마리아와 사도들은 예외로 하는 경우도 있었다).

발도파는 성서의 도덕적 가르침을 글자 그대로 해석했다. 그들은 라틴어 성서를 지역어로 번역했고 그것을 철저히 숙지했다. 그들은 성서주의자들이었다. 그들은 예수가 "맹세를 하지 마라"(마태오 복음 5 : 34)라고 말한 것에 따라 맹세하기를 거부했다. 또한 사소한 거짓말이라도 그들에게는 치명적인 죄였고, 예수가 "남을 판단하지 말아라. 그러면 너희도 판단받지 않을 것이다"(마태오 복음 7 : 1)라고 말했기 때문에 일체의 법적인 절차는 죄악이라고 생각했다. 그리고 "살인하지 못한다"(출애굽기 20 : 13)라는 십계명과 "칼을 쓰는 사람은 칼로 망하는 법이다"(마태오 복음 26 : 52)라는 예수의 말씀에 근거하여 모든 전쟁과 살인은 엄격히 금지된다고 믿었다. 대부분의 발도파는 발데스를 본받아 성서를 배우는 데 철저했다. 때문에 그들은 질문을 받을 경우 그들의 도덕적 가르침을 뒷받침해주는 성서 구절을 들이댈 수 있었다.

발도파는 그들 고유의 이단성에 더해 그들의 선교 의식을 강화시켜주는 일련의 전설을 만들어냈다. 그들에 따르면 그리스도가 베드로를 반석으로 하여 세운 교회는 콘스탄티누스 황제와 교황 실베스터가 즉위하기 전까지는 부와 세속 권력에 의해 더럽혀지지 않았다. 그러나 콘스탄티누스가 이탈리아와 서구의 지배권을 교황에게 "기진寄進"했을 때, 하늘에서 천사의 외침 소리가 들렸다. "이날은 교회에 독이 퍼진 날이도다." '콘스탄티누스의 기진' (사실이 아니다)에 대한 이야기나 천사의 목소리에 대한 이야기, 그 어느 것도 발도파가 꾸며낸 것은 아니었다.[18] 그러나 그들은 여기에서 비정통적인 결론을 이끌어냈다. 부의 흐름을 타고 독이 퍼지자, 로마 교회는 그리스도의 교회이기를 멈추었고, 대신 "요한계시록의 음녀" 혹은 "사탄의 시나고그"가 되었다는 것이다. 그런데 교황 실베스터의 한 측근은 다행히도 세속적인 부를 거부했고, 그래서 이러한 도전 때문에 파문된 이후 추종자들과 함께 지하로 내려가 참된 교회의 불을 계속 피우고 있다는 것이다. 그때부터 진정한 그리스도교 사제들과 신자들의 맥이 형성되었으며, 그들은 12세기에 발데스가 지하 세계의 움직임을 다시 한 번 공개할 때까지 숨어 지냈다는 것이다. 이러한 전설은 발데스에게 베드로Peter라는 이름을 부여했는데, 왜냐하면 그는 첫 번째 베드로가 세웠던 교회를 '회복' 시켰기 때문이며, 첫 번째 베드로처럼 "사람보다 하느님께 순종해야 한다"는 점을 강조했기 때문이다. 발데스의 추종자들은 이렇게 해서 두 명의 위대한 베드로의 계승자들이었고, 그래서 그리스도의 유일하고도 진정한 계승자들이었다.

발도파의 조직은 발도파의 믿음과 실제적인 현실 사이의 타협에 의해 세워졌다. 이론적으로는 구원받기 원하는 모든 사람들은 절대적 빈곤이라는 예수의 모범을 좇아야 했고, 공덕 있는 모든 사람들은 사제가 될 수 있었지만, 현실적으로는 아무도 헌금을 하지 않는데 모든 사람이 헌

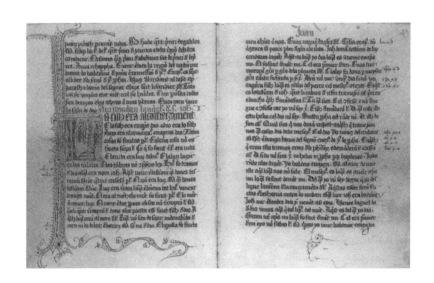

발도파가 번역한 프로방스어 성서.

금에 의지해서 살아갈 수 없으며, 양떼가 없는데 모든 사람이 목자가 될 수는 없기 때문이다. 그 결과 운동의 초기 확산기부터 중세 말까지, 발도파의 조직은 사제로서 봉사하는 '완전자'와 일반 신도들을 구분하는 데 있어 가톨릭교회 조직과 비슷했다. '완전자'는 지도자 혹은 설교자로 불렸는데, 발도파 신도들의 보시布施로 살아갔다. 가톨릭 사제들과 마찬가지로, 그들은 서품을 받았으며 독신이었다. 그들은 설교하고 고해를 들었으며 성체성사를 집전했다. 그들은 수가 적었기 때문에 순회하며 사역했고 수많은 집회에 참석하기 위해 종종 상인으로 위장하여 넓은 지역을 여행했다. 발도파의 주교는 완전자들 가운데에서 가장 높은 사람으로서 넓은 지역의 조직을 관장했다. 발도파에 '교황'은 없었다. 왜냐하면 발데스가 죽은 다음 어느 누구도 운동을 통합적으로 이끌 정도의 국제적인 신망을 얻지 못했기 때문이다. 거리가 멀어질수록 의사소통의 어려움에 직면해야 했던, 더구나 박해받는 신앙공동체였던 발도파가 국제적이고 중앙집권화된 조직으로 발전하기란 결코 쉬운 일이 아니었다. 발도파 신자들은 일반적으로 '신자', '친구' 혹은 '하느님이 아시는 분'이라는 뜻의 '지인'이라고 불렸다. 가톨릭 평신도들과 마찬가지로, 그들은 자신들의 세속적인 직업을 계속 유지했다. 외부인들은 그들이 발도파인지를 알지 못하는 경우가 많았다. 발도파 사제가 있으면 신자들은 일 년에 두세 번 고해를 하고 그들이 인정하는 영성체를 했다. 발도파 사제는 비밀 세례와 결혼식을 주재했으며, 일반적으로 모든 신자들이 비밀리에 모여 설교를 듣고 성서에 대해 토의했다. 그 나머지 기간 동안, 발도파 신자들은 발각되지 않기 위해 가톨릭 미사에 참석했다.

발도파는 오랫동안 다양한 지역에 퍼져 있었기 때문에, 그들의 사회적 지위를 일반화시키기는 어렵다. 초기 발도파의 대부분은 도시 출신이었다. 그들이 발데스를 본받아 재산을 포기했다는 기록으로 보아, 대부분의 신도는 어느 정도 부유했음이 틀림없다. 발데스주의는 13세기 이후 남부의 도시 지역에서는 사실상 사라지고 주로 산간 마을에 잔존했다. 뿐만 아니라, 최근의 연구에 의하면 중부 유럽에서의 발데스주의는 도시에서 만큼이나 시골에서도 그 세력이 컸다. 이단 재판관들은 스트라스부르크, 뉘렘베르크, 프라하 같은 도시 못지않게 독일-슬라브 국경 지역 농촌 마을에서도 발도파를 자주 발견했다.

이처럼 발도파의 사회적 구성에 대해 일반화하기는 어렵지만, 그들이 여자들에게 호소력이 있었음은 확실하다. 현재로선 여자 '완전자'의 정확한 수나 비율은 알 수 없다. 그러나 여자 사제에 대한 발도파의 이론은 시종일관 실행에 옮겨졌다. 당시 사람들은 경악스러운 일로 받아들였지만 발데스는 개종한 창녀도 설교자가 될 수 있다고 격려했다. 1393년이나 1400년까지도 포메라니아와 스트라스부르크에는 설교하고 고해를 듣는 여자들이 있었고, 여자 신자가 남자 신자보다 많은 적도 있었다.

발도파의 수난

발도파는 복음주의적 호소력과 효율적인 조직에 힘입어 서유럽 전역으로 빠르게 퍼져나갔다. 그 운동은 남부 프랑스와 북부 이탈리아에서부터 아라곤과 로렌 지방으로 확산되었으며, 13세기에는 독일, 오스트리아, 보헤미아의 많은 지역에 안착했다. 1315년에 체포된 한 이단은 오스트리아에는 8만 명이 넘는 발도파가 있고, 보헤미아와 모라비아에는 "무수히 많은" 발도파가 있다고 고백했다. 비록 과장된 게 틀림없지만, 그 무렵 브란덴부르크와 포메라니아에서와 마찬가지로 보헤미아의 마을들이 이단으로 넘어간 것은 분명하다.

발도파의 확산에 대한 교회의 대응은 단속적斷續的이었다. 처음에는, 발도파가 어떤 도시에서 발각되면 그들을 파문하고 추방했지만, 이러한 조치는 발도파를 더욱 확산시키는 결과를 낳을 뿐이었다. 13세기 초에 주교 이단 재판소는 때때로 발도파를 강제 개종시키거나 화형시켰다. 하지만 그러한 이단 재판소는 드물게 열렸기 때문에 누적적인 효과는 얻지 못했다. 1230년대에 가서 교황 그레고리우스 9세가 교황 이단 재판관들에게 대대적으로 이단과 싸울 것을 위임하고 나서야 비로소 이단의 파도가 저지되기 시작했다. 13세기에 교황 이단 재판관들은 교회의 가장 큰 위협으로 여겨지던 남부 프랑스와 북부 이탈리아의 카타르파에게 집중하였다. 그러나 남부 유럽의 이단 재판관들은 발도파도 그들의 감시망 안에 두었는데, 그 결과 1300년경에는 대부분의 지중해 도시 지역에서 발도파가 일소되었거나 약화되었다. 그러나 이단 재판관들은 외딴 산골이나 계곡으로는 좀처럼 찾아들지 않았기 때문에 발도파는 중세 말까지 프로방스, 도피네, 사부아 그리고 피에몬테의 오지에 잔존할 수 있었다.

알프스 북부 지방에서, 이단 재판관이 조직적으로 활동하기 시작한 것은 14세기 무렵이었으나 아직 체계적이지는 않았다. 최근에 발견된 필사본들은 14세기 중엽 보헤미아 지방의 발도파에 대한 이단 재판이 얼마나 잔인하게 진행되었는지를 보여준다. 1335년과 1355년 사이에, 최소 4천 명의 발도파 혐의자들이 보헤미아의 이단 재판소에 소환되었으며, 그 중에서 최소 200명이 화형을 당했다. 때때로 단호한 이단 재판관은 이단으로 감염된 지역을 철저히 수색했고 많은 사람들을 개종시키는 데 성공했다. 그러나 그의 활동은 되풀이 되지 못했고, 그래서 개종했던 이단들은 발도파로 되돌아갔다. 어떤 특정한 시대에 얼마나 많은 발도파가 중부 유럽에 있었는지 정확히 알 수는 없지만, 종교개혁 시대까지 발도파 공동체가 있었음은 의심의 여지가 없다.[19]

후스의 개혁

후스(Jan Hus, 1373~1415)는 남부 보헤미아 지방의 후시넥에서 농부의 아들로 태어났다.[20] 프라하 대학의 인문학부에 들어가, 학사와 석사 학위를 받았으며 인문학부에서 강의를 담당했다. 그는 사제 서품을 받았고 신학을 공부했으나 박사과정을 밟지는 않았다. 1402년, 당시 인문학부 학장이었던 후스는 베들레헴 예배소의 설교자로 뽑혔다. 전임자들과는 달리 그는 체코어로만 설교했다. 그 후 10년 동안 그는 수백 명이나 되는 학생들의 설교자요, 영적 지도자가 되었다. 프라하의 지도적인 시민들, 왕궁 사람들, 귀족, 젠트리들도 그에게 자문을 구했는데, 이러한 신뢰는 종교적 이상주의와 성실한 생활로 인해 얻어진 것이었다. 프라하의 대주교인 즈비네크는 그가 교구 성직자들의 회의에서 설교하도록 했으며, 그곳에서 후스는 주저하지 않고 성직자들의 도덕적 타락을 지적했다. 그러나 이러한 호의는 1408년을 넘기지 못하고 시들고 말았다. 이와 같은 반전이 일어난 이유는 무엇일까. 이것을 이해하기 위해서는 먼저 후스 이전에 시작된 체코의 지식인 운동을 살펴보아야 한다.

후스가 프라하에 왔을 무렵, 체코의 인텔리겐치아와 독일인들 사이에는 이미 격렬한 투쟁이 벌어지고 있었다. 독일인들은 보헤미아의 왕이자 신성로마제국의 황제였던 카를 4세가 1348년에 세운 대학의 주도권을 장악하고 있었다. 카를 4세의 목적은 보헤미아 왕국을 기반으로 제국을 지배하는 데 있었다. 프라하는 왕국의 수도이자 제국의 수도가 될 것이었고, 대학은 이를 달성하기 위한 하나의 수단이었다. 카를 4세의 정책은 결과적으로 보헤미아의 발전을 촉진했으며, 수많은 외국인들을 끌어들였다. 외국인의 대부분은 독일인들이었고 이들은 정부, 보헤미아의 교회, 그리고 대학 내에서 높은 지위를 차지했다. 카를 4세의 왕국 정책과 제국 정책으로 인해 발생한 긴장은 그의 사후에 폭발하여, 아들인 벤체슬라스 4세(재위 1378~1419)는 아무것도 할 수 없는 지경에 처하였다. 1394년 이후 계속된 보헤미아 귀족들의 반란 때문에, 국왕은 재정을 확충하고 사법권을 확대하려는 노력을 달성하지 못했을 뿐만 아니라, 제국 정책 또한 포기해야 했다. 대학 내의 체코인들은 독일인

들의 독점을 막기 위해 격렬한 투쟁을 전개했다. 후스는 "체코 인텔리겐치아의 대의명분은 보헤미아 왕국에 있는 체코인들이 인간의 법, 신의 법, 자연의 본능에 따라, 왕국의 공직에서 첫째가 되는 것이었다. 마치 프랑스에서는 프랑스인이 독일에서는 독일인이 그러하듯이 말이다"라고 말했다.

신성로마제국의 황제인 카를4세.
상공업을 육성하고, 시민층을 보
호했으며 프라하 대학을 세웠다.

이러한 '민족주의'에 '교회 개혁'이 가미되었다.[21] 체코의 인텔리겐치아들이 카를 4세와 개혁적인 대주교의 후원 아래 시작되었던 종교개혁 및 경건주의를 수용했기 때문이다. 존 밀리치는 프라하에 예루살렘이라는 종교공동체를 설립했는데, 여기서는 회심한 창녀들도 받아들였다. 그의 운동은 기성 교회의 외면적인 예배의식에 불만을 느낀 사람들의 내면에 호소했다. 그들은 이단으로 나아가지 않고, 로마 교회 내에서 거룩한 공동체의 형성을 지향했다. 존 밀리치는 고위 성직자들의 종교적 무열정과 타락을 공개적으로 비판했다. 고위 성직자들은 교황에게 호소하며 반격에 나섰고, 존 밀리치가 세운 공동체는 결국 해체되었다. 그의 제자인 야노프의 마튜는 조용히 일을 추진해나갔다. 그는 교회에서 성인 숭배와 성상 숭배가 과장되고 있다고 비판했으며, 월 1회

이상의 빈번한 영성체를 강조했다. 또다시 거센 반대가 일어났다. 야노프의 마튜는 자신의 가르침을 철회했고, 빈번한 영성체는 금지되었다. 그러나 그의 인생 말년에, 지도적인 체코인 대학교수들은 체코어 복음 설교를 위한 기관인 베들레헴 예배소를 설치했다. 야노프의 마튜의 대의명분을 받아들인 조치였다. 후스가 1402년에 이 예배소의 설교자가 되었을 때, 그 역시 성직자들의 악함을 고발하는 데 주저하지 않았다.

그는 무엇보다도 교회 구성원들의 도덕적인 개혁을 통해 교회를 갱생시켜야 한다고 설교했다.

영국의 종교개혁가인 위클리프. 위클리프의 교리는 후스에게 많은 영향을 주었다.

후스를 위시한 체코 지식인들의 교회 개혁 운동은 영국인 개혁가 위클리프와 밀접한 관계가 있다. 위클리프의 철학적 실재론은 프라하의 독일인 교수들 사이에서 유행한 오캄의 유명론唯名論과 대립하는 것이었다. 아마도 이러한 이유로 체코인 교수들은 그것을 받아들였을지 모른다. 후스도 그들 가운데 한 명이었다. 위클리프의 철학 저술 가운데 현존하는 필사본의 일부는 후스가 필사한 것이다. 위클리프의 종교 저술은 대략 1,400년부터 프라하에 알려졌으며, 후스를 포함한 상당수의 체코인 교수들은 그의 "위험한" 교리를 받아들였다.

위클리프의 교리는 체코의 지식인 운동에 기독교 정치 이론을 제공해주었다. 그것은 종교개혁이라는 복음주의적인 이상뿐만 아니라 체코인들을 우선하는 보헤미아 중심 정치의 이상도 담고 있었다. 위클리프주의는 개혁을 추진하고 교회의 반격을 예방하기 위해 세속 당국이 나서줄 것을 요구했다. 위클리프는 진정한 교회를 "과거, 현재, 미래에 구원을 받기로 예정된 사람들의 공동체"라고 정의했다. 또한 위클리프는 교회에서건 세속 정부에서건 '통치권'을 지니는 자는 은총의 상태에 있어야 한다고 주장했다. 그런 상태에 있지 않다면, 그는 사실적으로는 통치자이지만 권리적으로는 통치자가 아니었다. 로마 교회는 그리스도의 거룩한 몸이 아니었다. 교황과 고위 성직자는 어떠한 재판권도 가지고 있지 않았다. 또한 성직자들은 어떠한 경우에도 재산을 소유할 수 없었다. 왜냐하면 이러한 권리는 세속 권력에게 맡겨졌기 때문이다. 세속 권력의 역할은 그리스도의 신적인 권리를 모방하는 것이었다. 성직자들은 빈곤, 겸손, 고통 같은 그리스도의 인간적인 특징을 본받아야 했다.

후스가 어느 정도 위클리프주의를 받아들였나에 대해서는 논란이 많다. 그는 동료나 스승들보다 신중했다. 일례로 그는 그의 스승인 스타니슬라프와 달리, 성체성사에서 빵과 포도주의 실체가 변한다는 화체설transsubstantiation을 부정한 위클리프의 잔기론remanentism을 받아들이지 않았다. 또, 그는 죄의 상태에 있는 영주나 주교는 그 직을 보유할 자격이 없지만, 현실적으로 그것을 보유하고 있기에 권력을 행사할 수 있음을 인정했다. 그러나 그는 교황을 우두머리로 하는 로마 교회가 신적인 제도임을 거부한 위클리프를 따랐다.

위클리프의 가르침은 이미 교황 그레고리우스 11세에 의해 단죄되었기 때문에, 프라하 대학의 독일인들은 체코 지식인 운동의 위클리프주의에 초점을 맞추어 그것을 견제할 수 있었다. 그들은 어느 누구도 성만찬에 대한 이단적인 가르침, 철학적 실재론 등을 가르쳐서는 안 된다고 결의했다. 스타니슬라프는 잔기론을 가르쳤다는 이유로 이들에 의해 교황 법정에 제소되었다.

이 모든 충돌에서 후스는 중요한 역할을 했다. 후스의 지도력은 그가 1409~1410년에 대학 총장이 됨으로써 인정받았다. 대주교 즈비네크는 위클리프주의의 위협이 심상치 않음을 알아차렸다. 그는 피사에서 선출된 교황 알렉산더 5세의 후원 하에, 위클리프의 책을 수거하여 불태웠다. 후스는 다른 사람들과 함께 공개적으로 책을 변호하며 이에 대응했다. 더 나아가, 후스는 대주교의 명령에 굴하지 않고 설교를 계속했다. 1410년 6월 25일, 그는 새로운 교황 요한 23세에게 호소했고, 대중들에게 자신의 투쟁을 지지해줄 것을 호소했다. 프라하의 거리 곳곳에서 대중 시위가 벌어져, 즈비네크와 다른 고위 성직자들을 적그리스도의 종이라고 비난했으며, 국왕이 개입하여 그들을 처벌해줄 것을 요청했다. 즈비네크는 후스를 파문했다. 1410년 8월 말, 후스는 위클리프주의를 전파하고 대주교의 명령에 불복종했다는 이유로 교황 법정에 소환되었다. 대중의 시위가 계속되었고, 마침내는 국왕까지 개입하여 즈비네크에게 후스의 소환을 철회하라고 강요했다. 그러나 즈비네크는 국왕의 명령을 거절했고, 프라하에서 도망친 얼마 후 죽음을 맞이했다.

이 무렵, 후스의 운동을 역동적으로 이끌었던 사람들은 프라하의 제롬과 스트리보의 자쿠벡 같은 급진파였다. 이들은 교황청의 기관들을 적그리스도의 몸통이라고 낙인찍었다. 이들의 설교는 민중들의 행동과 공명했고, 후스는 이들을 거부하지 않았다. 그 결과, 그의 운동이 야기한 모든 적대 감정이 그에게 집중되었다. 1412년 후스의 입장은 훨씬 더 위태로워졌다. 교황의 대사부를 공개적으로 반대했기 때문이었다. 대사부는 교황 요한 23세가 나폴리 국왕 라디슬라스에 대한 십자군을 일으키기 위해 인가한 것으로, 통상적으로 수입은 교황과 국왕이 반씩 나누어가지게 되어 있었다. 따라서 대사부를 지지했던 국왕 벤체슬라스 4세는 후스의 운동에 등을 돌리기 시작했다. 다시 한 번 거리는 격렬한 시위로 가득 찼고, 교황을 적그리스도로 묘사한 현수막이 휘날렸으며, 폭력적인 분위기가 감돌았다. 이러한 분위기 속에서 대사부 설교에 반대하던 세 명의 청년이 처형되었다. 그들의 시신은 베들레헴으로 옮겨져 순교자로 모셔졌다. 마지막으로 1412년 9월, 교황의 최종적인 파문이 후스에게 공표되었고, 대주교는 후스가 도시 안에 있다는 이유로 도시 전체에 성사 금지령을 내렸다. 이에 대한 후스의 대응은 한 발짝 후퇴하는 것이었다. 그는 나머지 2년의 대부분을 그를 지지하는 귀족들의 성에서 보냈다. 후스는 이 강요된 여가를 활용하여 주요 논문을 작성했다. 라틴어 논문인 〈교회론〉과 체코어 논문인 〈성직 매매에 대하여〉가 이때 쓰여졌다. 첫 번째 논문에서는 위클리프의 사상을 제시했고, 두 번째 논문에서는—이 역시 위클리프로부터 영향을 받은 것으로서—성직 매매, 성사 비용 징수, 비도덕적이고 나태한 성직자들의 교회 재산·수입 유용 등과 관계된 성직자들의 타락상을 공격했다.

1414년 봄, 황제 지기스문트는 그해 가을 콘스탄츠에서 열릴 예정인 공의회에 후스의 사례를 제소하도록 했다. 그는 후스에게 호의적인 체코 귀족들의 에스코트를 허용했고 안전통행권을 발급했다. 후스는 공의회에 가기로 결정했고, 안전통행권이 도착하기 전에 크라코베크를 떠났다. 그는 세속 및 교회 당국으로부터 받은 자신의 정통 신앙에 대한 인증과 평판으로 무장하고 있었다. 그러나 후스는 단지 몇 주 동안만 자유로웠을 뿐 곧 체포되고 말았다. 몇 개월간의 심문이 있은 후, 1415년 6월 공개 청문회가 열렸다. 그러나 그것은 후스가 원했던 자유 토론이 아니었다. 장 제르송과 피에르 다이이를 포함한 신학자들은 그의 유죄를 확신한 상태였다. 후스는 그의 저술에서 발췌한 위클리프주의적인 30개 조항만을 마주 대했으며, 그 조항들을 견지하는지에 대해서만 추궁당했다. 그는 가톨릭적 입장에서 자신의 생각을 전개하려고 했으나 침묵만을 강요받았다.

공의회는 1415년 7월 6일, 후스를 이단으로 단죄했다. 같은 날 그의

이단으로 몰린 후스가 화형을 당하는 모습.

성직복을 벗기는 의식이 거행되었고, 세속 당국에 이첩되었다. 세속 당국은 그를 산 채로 화형시키기 위해 도시 밖으로 끌고 나갔다. 그는 자기는 예수 그리스도의 발자국을 따라갔을 뿐 죄가 없다고 외쳤고, 주의 이름을 부르면서 죽어갔다.

후스의 후계자들

1414년 10월 후스가 콘스탄츠 공의회에 참석하기 위해 떠났을 때, 그가 주도했던 운동은 상이한 요소들을 포함하고 있었다. 그의 가까운 친구였던 프라하 대학 교수들은 대학 통제권을 강화하는 데 관심이 있었을 뿐, 성직자들의 남용과 악폐를 일소하는 것 이상의 종교개혁에 대해서는 관심이 없었다. 그러나 그들은 지역 교회 지도자들의 반대에 직면했고 콘스탄츠 공의회가 위협한 반후스파 유럽 십자군에 대한 우려 때문에, 후스파 운동을 조직해야 했다. 교수들은 보헤미아의 국왕인 벤체슬라스 4세가 든든하지 못하다는 이유로 귀족들에게 눈을 돌렸다. 452명의 귀족들은 후스의 무죄에 대한 믿음을 표명했고, 보헤미아에는 이단이 없음을 선언했다. 이 가운데 55명의 지도자들은 보헤미아의 고위 성직자들로부터 개혁 설교자들을 보호하기 위해 후스파 동맹을 결성했다.

이 운동의 종교적인 활기는 자쿠벡이 주도하는 급진파가 장악하고 있었다. 그는 후스뿐만 아니라 야노프의 마튜에게서도 많은 영향을 받았다. 그가 제시한 진정한 교회의 모습이란 복음주의 기독교의 규범을 내면화시켜, 로마 교회 및 고위 성직자와 교황을 적그리스도의 사악하고 타락한 몸이라고 비난하는 거룩한 남자들과 여자들의 공동체였다. 1414년 9월, 후스가 프라하를 떠나기 전, 자쿠벡과 그의 동료들, 특히

독일인 급진 후스파인 니콜라스는 양형영성체Uttraquism를 실시했다. 이
것은 속인들은 성화된 빵만 먹고 사제들은 빵과 포도주를 먹는 로마 교
회식 성만찬을 개혁하려는 것이었다. 이렇게 해서 예수의 성화된 피를
담고 있는 성배는 후스파 개혁의 상징이 되었다. 그것은 존 밀리치와 야
노프의 마튜가 추진했던 빈번한 영성체의 발전적 계승이었으며, 예수
와 사도들로 구성된 초대 교회를 모방한다는 자쿠벡의 이상을 표현하
는 것이었다. 양형영성체는 로마 교회의 제도를 거부하는 것이기도 했
다. 그와 함께 여러 가지 제식들, 재산과 특권 보유, 재판권 행사 등을
거부하는 것이었다. 자쿠벡은 야노프의 마튜를 따라 그리스도만을 숭
배하는 단순한 교회를 이상시했고, 위클리프를 따라 세속 권력이 교회
를 지배해야 한다고 주장했다. 이처럼 자쿠벡의 행동은 로마 체계에 대
한 반란이었기 때문에 보헤미아의 교회 당국과 콘스탄츠 공의회에서
정식으로 단죄되었다. 공개적인 반란을 피하려 했던 후스는 양형영성
체의 도입을 지지하지 않았으며, 또 그것이 구원에 필요하다는 자쿠벡
의 견해에도 동의하지 않았지만, 언제나 그랬듯이, 자기 동료들의 행동
을 부정하지는 않았다.

교수들과 귀족들이 1415년 9월에 행동을 준비하는 동안, 급진적인
학생들과 자쿠벡의 다른 추종자들은 프라하에서 나와 시골로 들어갔
다. 많은 도시와 마을의 독일인들 사이에 오래전부터 퍼져 있던 발도파
는 은신에서 나와 체코인들의 후스파 운동으로 스며들었다. 기원이나
형태에 있어서 발도파의 신앙을 가지고 있던 니콜라스는 자쿠벡보다
더 철저하게 로마 가톨릭과 단절했다. 프라하와 시골의 새로운 급진주
의는 로마 가톨릭교회의 미사를 단순화시켜 일종의 회중교회 의식으로
바꾸었다. 여기에서 라틴어는 체코어나 독일어로 대체되었고, 대부분
의 기도와 낭송문은 회중이 부르는 찬송가, 주의 기도, 설교로 대체되

었다. 평신도들은 양형영성체를 행했다. 성인 숭배는 배격되었고, 성상은 제거되거나 파괴되었다. 급진주의자들은, 발도파와 니콜라스가 그러했듯이, 가톨릭교회의 연옥 신앙을 배격했다. 추도 미사, 성인들에 대한 기도 등 망자의 고통을 달래주기 위한 일체의 의식이 폐지되었다. 성사 가운데, 세례는 평범한 물만을 사용하는 간단한 방식으로 변했고, 고해는 참회 행위가 부과되지 않는 공개 고백으로 바뀌었다. 혼배성사와 서품성사는 살아 남았으나 견진성사와 종부성사는 생략되기도 했다. 이 모든 변화는 과격한 후스주의의 새로운 종교를 형성했다.

1416년 말에 이르면, 보수적인 교수들과 귀족들은 그들이 이룩한 것, 곧 체코인들의 프라하 대학 지배, 주교의 사법권 축소, 개혁적인 귀족들이 공적인 생활에서 결정적인 역할을 떠맡는 것 등을 로마로부터 인정받기를 원했다. 그러나 이러한 기대는 급진파가 종교공동체를 만들어냄으로써 좌절되었다. 이 종교공동체는 로마 교회의 권위, 교리, 제도, 의식 등은 말할 것도 없고 로마 교회 자체를 거부했다. 그 결과 교수와 귀족을 포함한 보수주의자들은 가톨릭 신앙으로 되돌아갔다. 프라하의 대주교인 콘라드는 콘스탄츠 공의회의 명령에 따라 후스파를 탄압하기 시작했다. 1419년 초 자기 왕국에 십자군이 선포될 것을 두려워한 국왕 벤체슬라스의 명령으로 상황이 후스에게 불리해졌다. 이로 인해 프라하와 시골의 많은 교회들이 가톨릭으로 복귀했다. 그러나 후스파를 박해하거나 그들을 교회에서 배격하려는 조치가 취해지지는 않았다. 이 같은 관용 때문에, 자쿠벡을 포함한 대다수의 교수들과 재산 소유 계급에 속하는 후스파는, 반가톨릭적인 행동은 금했지만 양형영성체는 간섭하지 않는 새로운 정책에 굴복했다. 그러나 급진적인 후스파는 굴복을 거부했으며, 바로 이들의 저항으로부터 혁명이 일어났다.

프라하에서는 자쿠벡의 추종자였던 얀 젤리프스키가 급진파들에게 정기적으로 설교를 하고 있었다. 그는 양형영성체뿐만 아니라 자쿠벡이 시도한 어린이 영성체도 지지했다. 그는 제식을 과감하게 개혁하여 체코식의 단순화된 형태로 진행했다. 가톨릭 고위 성직자들 그리고 후스파 협조자들의 사치, 성직 매매, 성적 타락, 종교적 미온성 등에 대한 공격은 얀 젤리프스키의 설교뿐만 아니라 그가 국왕의 평화 정책에 도전하여 벌인 가두 행렬의 분위기를 고조시켰다. 같은 시기, 1419년의 봄과 초여름, 시골의 급진파들 역시 유사한 형태의 저항을 계획하고 있었다. 충실한 후스파들은 남부 보헤미아에 있는 언덕 위에 모여, 복음 설교를 듣고 양형영성체를 실시했다. 가장 중요한 장소에는 타보르 산이라는 성서적 이름이 부여되었는데, 이들이 타보르파라고 불리게 된 이유가 여기 있었다.[22] 1419년 7월 22일, 타보르 산에서 대규모 집회가 개최되었다. 왕국의 전역에서 모여든 수천 명의 남녀가 참가한 이날 야외 집회에서 타보르파의 행동 지침이 결정되었다.[23] 그것은 일주일 후에 프라하에서 열릴 대중 시위에 관한 것이었다. 젤리프스키와 시골 지주인 존 지즈카가 주도한 이 시위에서 군중들은 반후스파 의회 의원들을 시청 창문 밖으로 던져 죽여버렸다. 벤체슬라스는 시위에 굴복하여 친후스파 시의원들을 인정했다.

8월 16일 벤체슬라스가 사망하자, 양진영의 후스파 지도자들은 보헤미아 왕실의 법적 추정상속인이며 헝가리 왕자이자 황제인 지기스문트와 타협해야 하는 문제에 직면했다. 후스파 지도자들은 공동의 안을 마련하려 애썼다. 하지만 양형영성체를 관용하고 교황의 인정을 받도록 노력할 것임을 약속하는 대가로 후스파의 완전한 굴복을 바라는 지기스문트의 요구는 급진파에게 있어서 만족스럽지 못한 것이었고, 그리하여 10월과 11월 프라하에서 열린 두 차례의 민족 회의는 공동의 저항 전선을 마련하는데 실패하고 말았다. 급진파들은 싸우기 위해 집으로 돌아갔고, 관리와 교수들이 이끄는 프라하는 후스파 귀족들, 가톨릭 귀족들과 함께 지기스문트의 조건을 수용했다.

이것은 치유될 수 없는 분열을 초래했다. 가톨릭 영주들과 일부 후스파 영주들은 급진파를 학살했다. 박해를 받은 타보르파는 그들이 지배하는 도시로 숨어들었다. 서부의 플젠과 클라토비, 북서부의 자텍, 루니, 슬라니, 그리고 남부의 피제크 등지였다. 종교적인 주도권은 극단적인 분파에게 떨어졌다. 이들은 현재의 파국은 세상의 종말이 임박했음을 보여주는 표시라고 예언했고, 바빌론처럼 신이 파괴시킬 프라하 및 도시와 농촌을 떠나라고 신도들에게 촉구했다. 그리하여 초대 교회의 박애적 공산주의에 따라 새로운 공동체들이 결성되었다. 이들은 신입자들이 가져오는 것과 주변의 '바빌론'으로부터 빼앗은 것들을 공유했다.

지기스문트. 후스파의 완전한 굴복을 요구하며 후스파를 급진파와 온건파로 분열시켰다.

이전의 지도자 가운데 한 명이었던 사제 마르틴 후스카는 지상에서의 신의 왕국에 희망을 두는 집단을 결성했다. 천년왕국사상은 1420년 초 박해받는 몇 달 동안 타보르파를 고양시켰다. 바빌론에서 떠나라는 재림론자들의 권고는 죄 많은 세상에 대한 신의 보복 이후 나타날 새로운 세상에 대한 설계로 빠르게 옮겨갔다. 사제인 존 카페크는 천년왕국사상을 하나의 전면전 이데올로기로 발전시켰다. 여기에서 타보르파는 그들의 공동체 바깥에 머물러 있는 사람들을 전멸시키라는 사명을 부여받은 신의 천사가 되었다. 형제애의 삶, 비억압적인 쾌락, 노동의 저주가 없는 물질적인 안락, 고통·질병·죽음 없이 즐거운 삶, 에덴동산의 원죄 없는 상태로의 복귀라는 한층 더 매력적인 판타지가 타보르파를 고무시켰다. 이들은 성만찬 교리를 영적으로 변화시키는 데 주력했다. 그것은 형제애적인 사랑의 잔치인 성만찬 향연에서 절정에 달했다. 여기서 예수는 잔치에 참여한 형제들과 자매들 사이에 영적으로 존재했다. 이들의 에로틱한 잠재력은 피터 카니시가 이끄는 집단에 의해 아다미티즘으로 발전했다.[24] 이러한 두 경향은 새로운 타보르파의 안정에 위협이 되었고, 결국 타보르에서 쫓겨났다. 1421년 말 아다미트들은 지즈카가 이끄는 타보르파 군대에 의해 전멸되었다.

그러는 동안 보헤미아의 상황은 결정적으로 변했다. 지기스문트는 보헤미아 신분회로부터 왕권을 받기보다는 정복을 통해 그것을 쟁취하리라는 결정을 내렸다. 그는 1420년에 반후스파 십자군을 선포했다. 이것은 지기스문트의 요청으로 교황 마르티누스 5세가 인정한 것이었다. 케네크를 위시한 프라하의 지도자들은 후스파 뿐만 아니라 체코 민족 자체가 지기스문트가 이끄는 독일계 십자군에 의해 전멸당할 위협에 직면했음을 알아차렸다. 그들은 타보르파 및 지방의 급진파에게 도움을 요청했다. 1420년 5월, 다시 한번 모든 후스파 병력이 수도에 집결했다. 급진파에게는 프라하를 급진주의로 끌어들일 수 있는 기회였다. 타보르파는 한걸음 더 나아가, 통합된 후스파가 로마 교회로부터 분리하여 후스파 주교를 선출할 것을 요구했다. 프라하는 그러한 압력에 저항했다. 그래서 지기스문트에게로 넘어간 케네크를 제외한 수도의 후스파는 정치적인 동맹을 결성한 후 프라하의 네 개 조항을 선포하였다. 하느님 말씀의 자유로운 설교, 양형영성체, 성직자의 세속 토지 소유 금지, 보헤미아 왕국 내에서 공적이고 치명적인 죄악 근절[25]이 그것이었다. 7월 14일, 비트코프 전투에서 타보르파가 승리를 거둠으로써 십자군은 실패로 끝났다. 타보르파는 프라하를 자신들의 노선으로 끌어들이려는 노력을 포기하고 종교적인 개혁을 실행하기 위해 돌아갔다.

1420년 9월 타보르파는 프라하 대학의 펠리모프 니콜라스를 주교로 선출했다. 타보르파의 제식은 이전 급진주의의 제식과 동일했다. 이러한 것들은 로마 가톨릭과 타보르파의 분리를 뚜렷하게 해주었다. 니콜라스를 위시한 다수의 타보르파는 예수는 성만찬에 실재하는 것이 아니라 성사적인 의미에서만 실재한다고 믿었다. 1420년대 내내, 그리고 1430년대에도 니콜라스는 프라하의 교수들과 벌인 일련의 공식 논쟁에서 타보르파의 중심 이론가로 활동했다. 자쿠벡의 보수적인 동료인 존 프리브람과 그의 제자인 존 로키카나를 위시한 프라하의 교수들은 성만찬과 가톨릭의 미사, 제복의 과격한 거부가 초래할 문제를 물고 늘어졌다. 그러나 여기서는 어떠한 합의점도 찾지 못했다. 타보르파 장군인 존 지즈카는 니콜라스보다 보수적인 견해를 가지고 있었다. 그는 1422년에 타보르파와 결별한 후 사제인 암브로즈가 이끄는 흐라데크 크랄로페의 공동체에 합류했다.

1422년, 새로운 왕으로 영입되어 들어온 폴란드-리투아니아 왕실의 지그문트 코리부트는 자신이 후스주의자임을 보여주기 위해 양형영성체를 했다. 그가 행한 정책의 목적은 왕국의 평화를 달성하고 왕국을 로마 교회에 다시 편입시키기 위해 보수적인 후스파를 결집시키는 것이었다. 그는 보수적인 사람들의 지지를 받았지만 1427년에 쫓겨나고 말았다. 그러나 지그문트 코리부트의 정책은 교수들, 시민들, 귀족들이 받아들일 수 있는 유일한 것이었다. 그렇지 않고 왕국 전역에 급진적인 개혁을 할 경우 그것은 타보르파가 가지고 있는 군사력보다 훨씬 더 많은 군사력을 필요로 할 뿐만 아니라 토지소유 계급을 일소하는 사회 혁명 또한 필요로 할 것이었다. 게다가 이런 혁명을 이끌 유일한 인물이었던 젤리프스키는 이러한 방향으로 움직이지 않았으며 보수주의자에 의해 살해당했다.

이러한 상황에서 1430년대 초, 바젤 공의회가 프라하 네 개 조항을 토대로 후스파가 로마 교회로 복귀하는 것에 대한 협의를 제안했을 때, 반동의 승리를 보장할 힘들이 움직이기 시작했다. 1433년 바젤 협상은 합의에 이르지 못했다. 이제 많은 후스파 귀족들은 군사적인 행동에 나서야 한다고 확신했다. 1434년, 이들은 프라하를 장악하고 가톨릭 세력과 연합하여 타보르파 및 다른 급진파와 전투를 벌였다. 이 전투는 급진파들의 참담한 패배로 끝을 맺었다. 수천 명이 전사했고 최소 천여 명이 학살당했으며, 귀족 연합군이 왕국을 완전히 장악했다. 1436년에 황제 지기스문트는 왕위에 올랐고 그 이듬해 사망했다.

역사의 비극

지금까지 중세를 뒤흔들었던 세 이단에 대해 살펴보았다. 이들은 규모도 컸고 또 완강했기 때문에 교황은 십자군을 동원하고 교황 이단 재판관이라는 기구를 신설하여 진압에 나섰다. 그 결과 무수히 많은 사람들이 '자신들의 기독교'를 위해 순교했다.

과연 이들이 죽을 만한 일을 했는가? 이들을 죽인 사람들은 그럴 자격이 있었는가? 가톨릭교회는 이단을 진압한 다음에, 이들이 "사회적 비도덕성을 정당화"했고, "난잡한 행위"를 자행했다는 이유를 들어 자신들의 행위를 정당화했다. 하지만 그것은 하나의 변명에 불과했다. 물론 이들이 일탈적인 행동을 한 것은 사실이다. 카타르파는 완전자들에게는 엄격한 금욕을 요구한 반면, 일반 신자들에게는 폭넓은 자유를 허용해주었기 때문에 일반 신자들은 가톨릭 신자들에 비해 상대적으로 계율에 덜 얽매였다. 심지어는 완전자들도 동거녀를 거느리는 등 그들이 천명했던 금욕과는 거리가 먼 생활을 했다. 결정적으로 일부 급진적인 타보르파는 자신들이 이미 구원을 받았기 때문에 성적인 부끄러움을 벗어났다고 생각하여 "난잡한 행위"를 벌이기도 했다.

그러나 이러한 사례는 전체적인 이단의 모습 중 일부분을 보여주는 것에 불과하며, 이단의 본질이라 할 수도 없다. 이들이 가톨릭과 다른 교리를 가지게 된 것은 가톨릭교회와 성직자들의 타락을 비판하면서부터였다. 이단들은 한결같이 '사도적인 삶'을 지향했다. 이들은 물질과 부富를 악으로 간주하여 거부했으며 금욕적이었다는 점에서 가톨릭 성직자들보다 더 기독교적이었다. 교회가 탄압에 나서자 이들은 나름대로의 교리를 세워나갔는데, 그것은 기본적으로 성서주의였다. 이들은 라틴어 성서를 번역하여 읽고, 성서에 비추어 가톨릭교회의 교리를 비판했다. 특히 성체성사의 상징성에 주목하고 연옥 신앙을 거부한 것 등은 가톨릭교회의 토대를 위협하는 것이었다.

이들의 교리는 후일 루터와 칼뱅이 제시한 프로테스탄티즘과 크게 다르지 않다. 가톨릭교회의 논객인 에크는 루터가 후스의 오류를 되풀이하고 있다고 비판하지 않았던가? 이단의 역사에서 볼 때 중세의 이단들은 16세기의 종교개혁을 준비했다고 말할 수 있다. 중세의 이단과 16세기의 종교개혁가들이 다른 것은 난잡한 행위나 이상한 교리가 아니었다. 이들은 실패한 개혁가들이었다. 교황권의 실추, 봉건사회의 해체와 왕조국가의 등장, 인쇄술의 보급 등과 같은 외부적인 상황의 변화가 중세의 이단과 근대의 종교개혁가들의 운명과 평판을 가른 것이다.

신앙의 시대에, 자신의 구원을 위해 모든 것을 버리는 사람들이 나오는 것은 당연하다. 가톨릭교회와 다른 생각을 하는 사람들이 생겨나는 것 또한 당연하다. 그리고 가톨릭교회가 자신들의 정통을 견지하기 위해 이들을 이단으로 단죄하고 박해한 것은, 당시로서는 현실적으로, 당연한 일이었다. 왜냐하면 가톨릭교회는 이단을 악마의 소산이라고 생각했기 때문이다. 박해받은 사람들이나 박해한 사람들이나 다 시대의 한계를 벗어날 수 없었다. 이런 점에서 역사는 비극이다. 당시는 관용tolérance이 베풀어지기엔 아직 시기상조인 시대였다. 이단 뿐만 아니라 무신론자들에게도 관용이 허용되기까지는 앞으로도 수세기 동안 많은 사람들이 피를 흘려야 했다.

10장

중세의 위대한 발명
─의회

가톨릭교회는 '다른 견해를 가진 사람들'을 이단으로 몰아 탄압했으며, 유대인을 박해했고, 십자군이라는 명분으로 이교도들을 학살했다. 현세의 삶보다는 내세의 구원을 우선시한 중세는 비인간적인 시대였다. 죽음이 삶을, 어둠이 밝음을 이긴 시대였다. 그러나 교회가 중세의 전부는 아니었다. 교회 안팎에서의 개혁운동과 문화 창조 노력을 평가하는 것이 중요하다.

지나치게 종교적인 평가인 "중세는 암흑기"라는 편견에서 벗어나 중세를 바라보아야 한다. 중세는 대성당, 대학, 의회 등과 같은 빛나는 유산을 남겼다. '야만적인' 봉건제에서 의회가 탄생했다는 사실이 놀랍지 않은가? 직접민주주의가 서양 고대의 발명품이라면 간접 민주주의는 서양 중세의 발명품이다.

중세는 암흑기인가?

말 그대로 '가운데 끼어 있는 시대'인 중세中世는 476년 서로마 제국의 멸망으로 시작되어, 문화적으로는 14세기 문예 부흥으로, 정치적으로는 1453년 콘스탄티노플 함락으로 끝이 난다. 중세의 한쪽 끝에는 찬란한 고대 문명이 있고 다른 한쪽 끝에는 르네상스Renaissance가 있다. 이 찬란한 두 문명 사이에 있는 중세의 이미지는 어둠, 곧 암흑기Dark Ages이다. 또한 르네상스가 부활이라는 뜻이므로 중세는 '죽음'이라 할 수 있다. 그러나 중세가 죽음일 수 있겠는가? 중세 천년의 삶과 문화, 그리고 문명을 어떻게 지울 수 있겠는가? 결국 '어둠'과 '죽음'은 이미지일 뿐이다. 이미지는 사람들이 만들어낸 것이다. 누가 그러한 부정적인 이미지를 만들었는가?

중세를 왜곡된 이미지에서 해방시키기 위해서는 먼저 '중세'라는 말의 역사를 살펴볼 필요가 있다. 중세라는 말을 만든 사람은 14세기의 인문주의자들이었다. 페트라르카와 그의 동료들은 그들이 살고 있던 시대와 자신들이 숭배했던 그리스인, 로마인들의 시대 사이에 커다란 문화적 단절이 있다고 느꼈다. 이를 묘사하기 위해 이들은 전통적인 세계사 시대구분과는 다른 시대구분을 제시했다. 그들은 인간의 문화는 고대 세계에서 정점에 도달한 후, 기독교와 야만주의의 도래로 붕괴했다가, 자기들의 시대에 와서 부활하고 있다고 주장했다. 그 다음 세기에 로렌조 발라 같은 학자들과 로렌조 기베르티 같은 예술가들은 이러한 도식을 확대했다. 그들은 언어, 문학, 철학, 예술 등 모든 것이 로마의 멸망과 더불어 완전히 변했으며, 로마가 멸망한 후부터 자기들의 시대 사이에 있는 문화는 앞선 시대의 고전 문화나 자기 시대에 일어난 고전 문화의 부활과 뚜렷하게 다를 뿐만 아니라 더 나쁘다고 주장했다.

그러나 르네상스 인문주의자들이 어두운 이미지만 만들어낸 것은 아니다. 이미 15세기에 새로운 개념이 등장했는데, 그것은 기존의 개념을 풍부하게 하고 수정하는 것이었다. 레오나르도 브루니와 플라비오 비온도 같은 역사가들은 중세를 고대와 근대 사이에 끼어 있는 틈으로 보았지만, 그 틈을 긍정적으로 바라보았다. 그들은 중세 코뮌의 정치적인 성취와 중세 교회의 정신적인 성취를 높이 평가했다. 중세 문명이 고전 문명과 다르기는 하지만 더 나쁜 것은 아니라는 개념을 제시한 것이다.

16세기와 17세기의 학자들은 이 같은 온건한 관점을 받아들였다. 고전 문명의 과거가 없는 프랑스, 영국, 독일의 지식인들은 고딕 건축물과 세속어 시詩, 중세 국가와 교회 제도 등 중세에 살았던 조상들이 이룩한 업적을 부각시켰다. 17세기 중엽의 학자들은 중세를 찬양했을 뿐만 아니라 라틴어와 세속어들의 역사에 대해, 그리고 중세 사회의 발전에 대해 많은 지식을 축적했다. 계몽사상가들은 '봉건적', '중세적'이라는 말을 부정적인 의미로 사용했지만, 그들 역시 중세 문학과 제도 연구에 이바지했다. 19세기 이후 '중세적'이라는 형용사는, 적어도 지식인들에게는 경멸적인 의미를 상실했다. 그들에게 있어서, 중세는 근대 초의 최고 학자들이 바라보았던 바로 그 중세였다.[1]

중세를 암흑기로 인식하는 것은 중세에 대한 객관적인 인식이 아니라 14세기 인문주의자들의 인식에 불과하다. 게다가 그들의 인식은 인문주의자들의 공통된 인식도 아니었다. 중세를 공정하게 바라보기 위해서는 먼저 '중세' '암흑기'라는 이미지가 초기 인문주의자들의 견해였음을 아는 것이 중요하다. 또한, 중세를 찬란한 두 문명 사이에 끼어 있는 어두운 터널로 보는 것은 르네상스를 연구하는 역사가들의 견해이기도 하다. 르네상스의 개념을 각인시키는 데 결정적으로 기여한 사람은 야콥 부르크하르트 (1818~1897)인데, 그는 르네상스를 "세계와 인간의 발견"이라는 말로 정의하면서 중세를 타자화시켰다.

야콥 부르크하르트의 《이탈리아 르네상스의 문화》는 르네상스사 연구에 결정적인 영향을 주었다.

> 중세에 있어서 인간 의식의 양면—외계로 향하는 면과 인간 자신의 내부로 향하는 면—은 하나의 공통된 베일 밑에서 꿈꾸고 있든가 혹은 반쯤 깬 것 같은 상태에 있었다. 이 베일은 신앙과 소아小兒의 편집偏執과 망상妄想으로 짜여져 있어서, 이 베일을 통해 보면 세계와 역사가 이상한 빛깔로 사람들 눈에 비쳐졌다. 인간은 다만 종족으로서, 국민으로서, 당파로서, 가족으로서, 단체로서, 혹은 그밖에 어떤 일반적인 형태로서 자기를 인식하고 있었던 것이다. 이 베일은 이탈리아에서 최초로 제거된다. 즉 국가를 포함한 이 세상의 모든 사물에 관해 객관적으로 고찰하고 처리하는 것이 가능하게 되었다. 그와 함께 주관적인 면도 충분히 강조되어, 인간은 하나의 정신적 개인이 되며 자기를 개인으로서 인식하게 된다.[2]

르네상스를 규정하는 대표적인 개념인 '개인의 발견' 내지 개인주

의의 등장을 설명하는 유명한 구절이다. 그러나 유명하다고 해서 모두
가 인정하는 것은 아니다. 중세사가들은 "소아의 편집과 망상"과 같은
모멸적인 평가를 거부하며, 르네상스에 가서야 비로소 '개인'이 등장했
다는 주장을 받아들이지 않는다. 저명한 중세사가인 자크 르 고프는
1215년 제4차 라테라노 공의회에서 고해 의무를 부과함으로써 양심과
내면을 가진 개인이 탄생했다고 말한다. 중세 정치사상사의 권위자인

왈터 울만은 13세기에 "오랫동안 그림자에 묻혀
있던 개체가 햇빛을 보게 되었다"고 부르크하르
트를 흉내내어 말한다.[3] 나아가 러시아의 중세
사가인 아론 구레비치는 고대 스칸디나비아 문
학에서 개인주의의 기원을 찾는다.[4]

네덜란드 역사가인 호이징거는 중
세와 르네상스를 단절이 아니라 연
속으로 이해했다.

이렇게 중세를 암흑기로 보는 것은 초기 인
문주의자들의 견해요, 르네상스사가들의 견해
이다. 그들은 자신들이 살았던 시대를 집중 조
명하기 위해 중세에 어두운 베일을 씌웠던 것이
다. 중세와 중세인의 본 모습을 바라보기 위해

서는 조명을 바꾸어야 한다. 그럴 경우 중세와 르네상스는 단절이 아니
라 연속의 모습으로 다가설 것이다. 요한 호이징거(1872~1945)가 그 증
인이다.

유명한 스위스 역사가의 말에 따르면, 개인적인 영광의 추구는 르네상
스인들의 특징적인 성격이다. 그에 따르면, 중세는 오직 집단적인 형태
로만 명예와 영광을 알았다. 그것은 집단과 사회 신분에 기인하는 명예
요, 계층, 계급, 직업의 명예였다. 그가 생각하기에, 바로 이탈리아에서,
고대적인 모델의 영향 아래 개인적인 영광에 대한 열망이 생겨났다. 여

기에서도, 다른 곳에서와 마찬가지로, 부르크하르트는 이탈리아를 서양 국가들과 분리시키고, 르네상스를 중세와 분리시키며 그 둘 사이의 거리를 과장했다. 르네상스인들에게 나타나는 명예와 영광에 대한 갈망은 그 이전 시대의 기사도적 야망과 본질적으로 같은 것이며, 프랑스에 기원을 두고 있다.[5]

사실 호이징거가 말했듯이 중세와 르네상스의 거리는 르네상스 인문주의자들과 그들의 뒤를 이은 부르크하르트가 보았던 것처럼 그렇게 멀지 않을 것이다. 따라서 중세에 대해 올바로 접근하기 위해서는 르네상스의 차단벽을 낮추어야 한다. 이를 위해 르 고프는 '장기 중세'라는 개념을 제안했다. '장기 중세'는 4세기에서 19세기까지, 다시 말해 고대 말에서 근대까지를 포함한다. 우선 그는 하나의 대★르네상스가 있는 것이 아니라 9세기의 카롤링 르네상스, 12세

'장기 중세'라는 개념을 제안하여 15세기의 대르네상스는 여러 르네상스 가운데 하나일 뿐이라고 주장한 자크 르 고프.

기의 르네상스 그리고 15세기의 르네상스가 있음을 지적한다. 다시 말해 15세기의 대르네상스는 여러 르네상스 가운데 하나에 불과하다는 것이다. 그런 다음 그는 대르네상스를 넘어 지속되는 현상들, 예컨대 흑사병, '왕의 손대기', '좋은 도시들', 봉건적 생산양식들을 소개함으로써 대르네상스가 단절로 기능하지 못했음을 증명한다.[6]

'장기 중세'라는 관점에서 바라볼 때, 중세와 르네상스는 차이가 없다. 중세가 어둡다면 르네상스 역시 어둡다. 토크빌에 의하면, 부르크하르트적인 베일이 제거되고 개인과 개인주의가 모습을 드러낸 것은 프랑스 혁명 이후이다. 르네상스 사람들도 여전히 가족, 길드, 교구, 작

업장, 주인 등에게 매여 있었지, 결코 독립적·자율적으로 존재하는 '개인'이 아니었다는 것이다. 부르크하르트는 19세기의 대중적 개인주의에 의해 밀려나고 있는 엘리트적 개인주의에 주목했던 것이고, 그리하여 그 같은 엘리트적 개인주의가 르네상스 시대에 태어났다고 생각한 것이다. 부르크하르트가 말한 '개인의 탄생'은 대중사회에 대한 두려움과 경계의식이 만들어낸 '신화'라고 생각할 수 있다. [7]

쥘 미슐레의 중세에 대한 인식은 긍정에서 부정으로, 다시 긍정으로 변화한다.

중세와 르네상스를 격리시키는 벽이 낮아졌다면, 마찬가지 차원에서 고대와 중세를 격리시키는 벽도 낮아질 필요가 있다. 이미 르 고프도 고대 말을 '장기 중세'에 포함시킴으로써 고대와 중세의 단절을 받아들이지 않았지만, 앙리이레네 마루 같은 역사가들은 후기 고대를 재평가한다. 이제, 로마 제국의 멸망이라는 비극적인 관점은 변화와 창조의 시기로 평가되는 긍정적인 관점에 자리를 양보하지 않을 수 없게 되었다. 이 같은 후기 고대에 대한 재평가는 중세초에 대한 명예회복으로 이어진다. [8]

"역사는 역사가가 만드는 것"이라는 명제는 본질적으로 옳다. 그것은 중세를 인식함에 있어서 중세사가와 르네상스사가 사이에 커다란 차이가 있다는 사실로도 확인된다. 이러한 관점의 차이는 쥘 미슐레 (1798~1874)의 경우에 예시적으로 나타난다. 사실 앞에서 부르크하르트가 말한 "세계와 인간의 발견"이라는 개념은 미슐레에게서 나온 것이다. 1830년대에 미슐레는 낭만주의의 영향을 받아 물질적이면서도 정신적인 "아름다운 중세"를 건축했다. 이 시기에 기독교는 민중을 해방시키는 데 기여한 긍정적인 힘으로 평가되었다. 그러나 1855년부터 "어

앙시앵 레짐 시대에, 프랑스인들은 국왕이 연주창이라는 피부병에 걸린 환자의 환부에 손을 대면 병이 낫는다고 믿었다. 손대기를 하는 앙리 4세.

두운 중세"가 나타나기 시작하며, 중세는 "나의 적"이 되었다. 그것은 "기괴하고 악마적인 상태"였다. 교회는 민중의 보호자이기는커녕 억압적인 제도에 불과했다. 미슐레는 아벨라르나 카타르파 같은 교회의 희생자들을 회생시켰다. 그는 점점 더 과격한 반反교권주의자가 된다. 이렇게 중세를 버린 미슐레는 대신 라블레의 르네상스와 루터의 종교개혁을 신성시한다. 그러다 제2제정 시대의 기계와 자본의 승리에 환멸을 느끼고, 생명력과 창조성의 시대인 젊었을 때의 중세로 되돌아온다.[9]

이렇게 중세의 대표적인 이미지인 '암흑기', '어두운 터널', '죽음' 등은 모두 르네상스를 바라본 사람들이 만들어낸 편견에 불과하다. 즉 그들의 관점인 것이다. 우리가 그들의 관점을 그대로 따를 필요는 없으며 또 그것은 바람직하지도 않다. 중세를 다른 시각으로 바라볼 필요성과 정당성은 충분히 있다. 그러나 역사에 있어서 해석이 전부는 아니며, 또한 해석은 창조가 아니다. '역사는 만들어진 것'임을 인정할 때 동시에 강조해야 할 것은 역사가 사실에 토대를 두어야 한다는 점이다. 따라서 중세를 달리 바라볼 사실적인 근거가 있나를 따져보아야 한다. 과연 레오나르도 브루니와 플라비오 비온도처럼 중세를 긍정할 근거가 있는가?

중세의 빛

중세인들은 어떤 사회를 이루고 살았으며, 가깝게는 르네상스인들에게, 멀게는 우리에게 무엇을 남겨주었을까? 중세 말의 어두운 터널, '14세기의 위기'를 뚫고 나온 이들은 과연 어떤 사람들이었을까? 이들은 고대의 노예도 아니고 중세의 농노도 아닌 자유민이었다. 중세인들의 사회적 신분을 간단히 말하는 것 자체가 역사의 왜곡이지만, 고대와

중세의 고딕 성당. 빛을 최대한 많이 받아들일 수 있도록 설계되었다.

비교해서 두드러진 특징은 노예가 사라졌다는 사실일 것이다. 서기 1000년을 기준으로 중세를 전기와 후기로 나누면, 중세 후기로 가면서 사회적으로는 봉건제가 정착되고, 기존의 노예와 자유농은 농노라는 단일 신분으로 수렴되었다. '말하는 도구'에 불과했던 고대의 노예에 비해, 중세의 농노는 상대적으로 자유로운 신분이었다. 교회는 기독교인이 기독교인을 노예로 삼는 것을 금함으로써 이 같은 신분상승에 기여했다고 말할 수 있다. 물론 자유농에서 농노로의 신분하락이 없지는 않았으나, 12세기부터 농노해방이 진행되면서 농노의 경제외적인 예속은 상징적인 수준에 지나지 않게 된다. 중세 말 영주와 농노의 관계는 대체로 지주와 소작농이라는 근대적인 계약 관계로 변한다.

중세인들의 '자유'와 함께 어두운 터널을 뚫고 온 것으로는 고딕 성당의 '빛'이 있다. 오늘날 유럽의 주요 도시에 우뚝 솟아 있는 고딕식 대성당은 중세의 발명품이다. 12세기 중반, 생드니 수도원장 쉬제Suger는 고딕식 건축 기법을 사용하여 성가대석과 본당을 세웠고, 빛이 많이 들어오도록 창을 크게 냈다. 쉬제는 그리스도를 경배하기 위해 세워진 교회는 '진정한 빛'을 밝혀야 한다고 생각했던 것이다. 고딕 성당의 시대에 "하느님은 빛"이었다.[10] 13세기 중엽에 고딕 건축은 파리, 랭스, 아미앵, 샤르트르 등지의 성당에서 조화의 극치에 도달했다. 고딕 성당에서는 채색 유리와 궁륭이 폭넓게 사용됨으로써 완전히 새로운 아름다움이 빚어졌다. 어두웠던 로마네스크 교회와는 달리 고딕 교회는 현란한 빛깔로 채워졌다. 이렇듯 과학, 예술, 예배 의식 등 전 문명이 빛에 매료되어 있던 중세가 암흑시대로 불린 것은 역설이 아닐 수 없다.[11]

고딕 성당의 빛이 천상의 빛이라면 대학은 지상의 빛이다. 대학 역시 중세의 발명품이다. 대학은 원래 교육 길드로 시작되었고 선생이나 학생은 군주의 특별한 허가 없이도 대학을 세울 수 있었다. 때문에 가장

중세에는 많은 대학이 세워졌다. 대학에서 커진 '지성의 빛'은 중세의 어두운 이미지를 밝게 해준다.

오래된 세 대학(볼로냐 대학, 파리 대학, 옥스퍼드 대학)의 설립 연대는 알 수 없지만, 대략 고딕 성당의 건축 시기와 비슷하다고 볼 수 있다. 대학에 입학하여 문법·논리학·수사학의 3학과를 이수하면 문학사가 되었고, 대수·기하학·음악·천문학 등의 4학과를 이수하면 문학 석사가 되었다. 그런 다음에는 대학에서 강의를 하거나, 아니면 박사과정에 들어가 법학·의학·신학을 공부할 수 있었다. 중세에는 대학이 많았다. 1348년, 카를 4세가 프라하 대학을 세울 때 이미 이탈리아에는 15개, 프랑스에는 8개, 이베리아 반도에는 6개, 영국에는 2개의 대학이 있었다. 그리고 그 후에도 많은 대학이 세워져 이탈리아에는 1500년 이전에 20개의 대학이 있었다. 1209년 한 연대기 작가에 따르면, 옥스퍼드 대학의 학생 수는 3천 명이었으며, 파리 대학 학생 수는 7천 명 내지 8천 명에 달했다. 이러한 수치에는 약간의 과장이 있겠지만, 중세에 대학도 많았고 학생도 많았다는 것은 틀림없는 사실이다. 주요 대학의 학생과 교수의 비율이 전체 도시 주민의 10퍼센트를 점했던 것으로 볼 수 있다. 르 고프가 그리듯이, 중세의 지식인은 자신의 서재에서 조용히 사색에 잠겨 있던 고독한 인문주의자와 달리 청중이 쇄도하는 가운데 학생들에게 둘러싸여 토론하고 논쟁을 벌였다. '지성의 빛'이 발하는 순간이었다. 고딕 성당이나 대학 모두 중세 도시의 발전 속에 등장한 것이지만, 성당이 중세인들의 순수한 신앙심의 표현이었듯이, 대학 역시 중세인들의 지식 의지의 표현이었다.

고딕 성당과 대학을 통해서 중세가 암흑기가 아니라 빛의 시대였음이 증명되었다. 중세는 결코 정체된 사회가 아니었다. 그 결정적인 증거로는 인구 증가를 들 수 있다. 대략 서기 1000년부터 1300년까지 3세기 동안 서유럽의 인구는 2~3배 증가했다. 이 시기에 비약적으로 성장한 유럽은 14세기에 들어 성장의 한계를 맞이하고 붕괴하는데, 페트라르카가 본 중세는 무너지는 중세였던 것이다. 그는 중세의 어두운 일면을 일반화시켰다. 이단 재판이라는 어두운 면만을 바라보고 중세 교회를 평가하는 것과 똑같은 실수를 저지른 것이다.

중세가 암흑기가 아님을 증명하기 위해 고딕 성당과 대학 외에도 여러 가지를 들 수 있을 것이다. 레오나르도 브루니처럼 중세 도시와 중세 교회를 들 수도 있고, 단테와 초서의 시를 들 수도 있고, 또는 움베르토 에코처럼 '안경'을 들 수도 있을 것이다. 하지만 나는 중세의 위대한 발명품으로 '의회'를 들고 싶다. 두 가지 이유에서인데, 하나는 중세 의회의 역사적 의미가 충분히 강조되지 않았기 때문이고, 다른 하나는 의회가 봉건제에서 비롯된, 중세의 고유한 발명품이기 때문이다.

의회의 탄생과 발전

의회는 영국에서 모범적으로 발전했지만, 그것의 발생은 전유럽적인 현상이었다. 일찍이 1188년에 레옹 왕국의 도시들은 왕과 귀족들의 협의체인 코르테스에 대표를 파견하도록 요청받았으며, 13세기에 이베리아 반도의 모든 왕국은 도시 대표를 포함하는 대의체를 소집했다. 교회의 공의회는 1215년의 제4차 라테라노 공의회부터 대의제로 인식되었다. 프랑스의 삼신분의회Etats généraux는 1302년에 처음 소집되었다.

그 밖에 시칠리아, 헝가리에서도 대략 같은 시기에 대의제가 발전하고 있었으며, 스칸디나비아 제국諸國 역시 14세기에 유사한 제도를 가지고 있었다. 독일의 여러 제후국도 마찬가지였다. 요컨대 대의체를 소집하여 정책 결정에 참여시키는 것은 중세 말 유럽에서의 보편적인 관행이었다.

대의제는 인류의 정치제도사에서 예외적인 현상이었다. 위대한 오리엔트 문명 가운데 어느 한 문명도 그러한 제도를 발전시키지 못했다. 고대의 그리스나 로마에도 대의제는 없었다.[12] 통치 기술에서의 이 같은 이례적이고 중요한 발전이 다른 문명이 아니라 중세 유럽에서 이루어졌다는 사실은, 중세사에 대한 우리의 어두운 통념이 바뀔 필요가 있음을 말해주는 것이다. 그 같은 정치제도상의 '빛'이 중세 봉건사회에서 발원할 수 있었던 이유는 어디에 있을까?

의회를 가리키는 parliament(parlement, parliamentum)는 협의parley, 혹은 협의하는 장소를 가리킨다. parlement라는 단어는 10세기 말의 무훈 시인 〈롤랑의 노래〉에서 처음 사용되었다. 여기에서 족장 발리간트는 죽어가는 왕 마르실에게 "나는 너와 오래 parlement할 수 없다"고 말한다.

parliament가 공식 문서에 처음 나타나는 것은 1242년이다. 그해 런던에서 모인 제후들과 고위 성직자들의 회의는 parliament로 불렸으며, 그러한 회의는 1250년을 제외하고 1244년부터 1258년까지 매년 열렸다. 국왕 헨리 3세는 1258년 4월·6월·10월, 웨스트민스터와 옥스퍼드에서 열린 회의를 parliament라 부른 '옥스퍼드 조항들'을 받아들임으로써 그 단어를 공식적으로 인정했다. 13세기 말에 나온 한 익명의 논문Fleta에 의하면, "국왕은 그의 의회들parliaments에 속한 위원회 안에 궁정court을 가지고 있었다"고 한다. 이렇듯 13세기 말에 이미 parliament는 권위의 소재지가 되었다. 그것은 국왕의 parliament였다. 왜냐하면 국왕의 칙서만이 그것을 존재케 할 수 있었기 때문이다. 그러나 1484년 리처드 3세가 주최한 의회에서는 의회 역시 권위를 가지고 있음을 천명했고, 새로운 국왕을 인정했다. 이렇게 parliament는 국왕의 기구로 출발하여 중세 말이 되면 왕국의 기구로 자리 잡는다.

parliament 이전에 회의체가 없었던 것은 아니다. 국왕은 가신, 제후, 고위 성직자, 고위 관리들로 궁정curia regis을 구성하여 국사를 논의했다. parliament는 궁정에서 발전해 나온 것이다. 1205년 존John 왕은 "왕국의 어려운 문제와 공동의 이익을 다루기 위해" 대주교, 주교, 수도원장, 백작, 귀족들을 런던으로 소집하여 위원회를 열었다. 1207년에 옥스퍼드에서 소집된 위원회는 성직자들과 귀족들의 반대에도 불구하고 국왕에게 13분의 1세를 허용했는데, 국왕의 칙령은 "옥스퍼드에서 열린 위원회의 조언과 동의에 의해서" 세금이 허용되었다고 설명했다. 국왕이 이렇게 위원회를 소집한 이유는 왕국의 대변인인 고위 성직자와 제후들의 동의를 얻는 것이 비봉건적인 보조금과 국가의 세입을 거두는 데 유리했기 때문이었다. 1213년 정치적인 곤경에 처해 있던 존 왕은 주州 당 "4명의 분별 있는 기사"를 포함한 대규모 위원회를 소집했다. 국정 운영의 중요 기구가 궁정에서 대의체인 의회로 이행하는 데 중요한 진전이 이루어진 것이다.

1265년 시몽 드 몽포르는 각 주에서 기사 2명씩 그리고 각 도시에서 시민 대표 2명씩을 소집하여 고위 성직자 및 대제후들과 회동시켰다. 이로써 선출된 대표들이 의회에 참석하게 되었다. 1283년 웨일즈인들의 반란에 직면한 에드워드 1세는 주 당 4명의 기사를 파견할 것을 지시했다. 1295년 에드워드 1세는 각 주와 도시, 성채도시, 그리고 하급 성직자들의 대표들을 성속의 제후들과 회동시키는 큰 규모의 의회를 소집했다. 이 의회는 모범의회라고 불리는데, 그 이유는 왕국의 세 신분을 모두 참여시켰기 때문이다. 1305년 의회에는, 잉글랜드와 웨일즈의 부수도원장 10명, 수석 사제 13명, 부주교 57명이 하급 성직자들을 대표하여 참석했으며, 23개의 성당참사회가 대리인을 보내고, 21개 교구 성직자들이 교구 당 2명씩의 대리인을 보냈다. 즉 고위 성직자 95명, 하급 성직자 145명, 백작과 귀족 103명, 기사 73명, 시민 2백여 명 등 6백여 명의 대표들이 국왕 위원회의 위원들, 사법관들과 회의를 열게 된 것이다.

왜 국왕은 이처럼 정치제도사상 유례가 없는 의회를 소집했던 것일까? 에드워드 1세의 첫 번째 의회인 1275년 의회 소집 칙서를 보면, 국왕과 그의 보좌관들이 기대했던 것이 무엇인지를 알 수 있다. 의회는 국왕이 생각하고 있는 국내외 정책에 대해 협의parley할 기회를 가지며 국왕의 군사적 모험에 필요한 군대와 돈을 제공해주는 자리로 기대되었다. 의회 소집의 가장 중요한 목적은 국왕을 위해 신하들의 지원을 얻어내는 것이었으며, 또한 왕국의 대변인들에게 그들의 조언과 함께 왕국의 동의를 전해주는 것이었다.

소집의 제1원인은 전쟁이었다. "만물은 유전流轉한다"고 말했던 헤라클레이토스는 그 변화의 원인으로 전쟁을 들었는데, 이는 의회의 탄생과도 들어맞는 말이다. 봉건 시대에 국왕이 마음대로 사용할 수 있는 돈은 왕령지에서 나오는 지대, 왕의 숲에서 나오는 수입, 세관으로 얻는 수입이 전부였다. 에드워드 1세는 웨일즈와 스코틀랜드, 그리고 프랑스와 마찰을 빚고 있었는데, 자신의 수입만으로는 군사적인 필요를 충당할 수 없었다. 따라서 그는 신하들이 출연하는 보조금에 의존해야만 했다. 그는 1290년에서 1307년까지 거의 매년(1303년과 1304년을 제외하고) 의회를 소집했다. 의회에 참석한 사람들은 이것이 국왕이 추가적인 세입을 확보하는 합법적인 방법임을 인정했다. 국왕은 보조금을 "왕국 내 모든 사람들의 동의에 의해서, 그리고 모든 사람의 이익을 위해서" 걷을 것임을 약속했다. 1297년 이후 영국에서는 선출된 대표가 법적인 과세 동의권을 가지는 것이 당연시되었다. 의회에서의 과세 동의에는 계약의 원리가 깔려 있음을 주목할 필요가 있다. 국왕은 의회라는 과정을 통해 보조금 지급 의무를 왕국의 모든 주, 도시, 성채 도시 등으로 확대할 수 있었고, 의회는 그 제도적 성격을 강화할 수 있었다. 당시의 법학자들은 "모든 사람에게 관계된 것은 모든 사람의 동의를 받아야 한다Quod omnes tangit"는 원칙을 알고 있었다. 따라서 과세 동의권이 입법권으로 확대되는 것은 당연했다. 1291년 의회 참석자들은 존엄한 왕권을 가진 국왕은 왕국의 대제후들의 자문을 얻어 새로운 법을 만들 수 있음을 확인했다. 에드워드 1세는 의회의 절차를 통해 옛 법을 개정하거나, 폐지하고, 새로운 법을 만들 것임을 약속했다.

이렇게 의회는 예산을 심의하고 법을 만드는 입법기구로 발전해나갔다. 그러나 오늘날처럼 삼권분립이 확립되지 않은 시대의 parliament를 오늘날의 의회와 동일시하기는 어렵다. parliament는 입법기구의 기능 외에도 다른 기능들을 수행했기 때문이다. 그 가운데 가장 중요한 것은 청원請援을 해결하고, 행정관리들을 감독하며, 재판하는 기능이었다. 1384년 국왕 보좌관인 마이클 드 라 폴은 의회는 "왕국의 최고 법원"이라고 말했다. 의회가 사법부의 기능을 수행했다는 것은 의회가 국왕의 궁정에서 비롯되었으며, 또 영국의 parliament에 영향을 준 프랑스의 파를르망parlement이 고등법원이었다는 사실로도 충분히 이해할 수 있다. 일부 역사가들은 의회가 '본질적으로' 법정이었다고 주장한다. parliament를 국민의회로 보는 것은 후세의 관점을 중세에 대입한 시대착오적인 인식일 뿐, 당대인들은 의회를 법정으로 인식했다는 것이다. 의회의 본질은 재판이었지 도시민들의 참여가 아니었기 때문에 1295년의 의회는 '모범'이 아니었다고도 말한다.[13] 물론 의회가 법원이었다고 주장하는 것이 잘못은 아니다. 중세인들 스스로가 의회를 "고등 의회법원the High Court of Parliament"이라고 불렀을 정도로 법원으로서의 기능은 중요했다. 그러나 parliament의 본질을 법원으로 보는 것은 초기 모습을 과장한 것이며, 그것의 역사적 특징을 간과한 것이다. 왜냐하면 영국의 parliament나 프랑스의 parlement이 처음에는 법원으로 출발했지만 영국의 parliament는 의회로 발전한 반면 프랑스의 parlement은 법원에 머물렀다는 점에서 parliament의 역사적 본질을 찾아야 하기 때문이다.

잉글랜드의 유스티니아누스라고 불리는 에드워드 1세 시대에 의회는 과세 동의, 입법, 정치 자문, 사법 및 청원 심사 등 여러 가지 기능을 담당했다. 그러나 트리한R. F. Treharne이 내린 결론처럼 "의회는 의회의 사법적 기능과 재정적 기능이 현저히 늘어났음에도 불구하고 본질적으로 정치적인 회의체"였다.[14] 왜냐하면 왕조적이고 국가적인 차원의 중요 문제가 발생하지 않았더라면, 국왕은 자신의 위원회와 보좌관들만으로도 재정적이고 사법적인 문제를 처리할 수 있었을 것이기 때문이다. 국왕은 신하들의 군사적, 재정적 원조 외에도 정신적인 원조를 필요로 했던 것인데, 그는 그것을 의회를 통해서 얻을 수 있었다.

의회는 에드워드 1세의 전비 지원을 통해서, 그리고 에드워드 2세와 귀족들과의 정치적인 불화를 통해서 생명력을 키워나갔으며, 국회로서의 성격도 확립해나갔다. 귀족들은 국왕이 관리를 임명하거나, 나라를 떠나거나, 전쟁을 선포하거나, 화폐를 변경할 때에는 "의회에서 귀족들의 동의를 받을 것"을 요구했다. 의회는 1년에 두 번(봄의 부활절 무렵과 가을의 미가엘 축제 무렵) 혹은 세 번 열렸고, 경우에 따라서는 네 번 열리기도 했으며 열리지 않은 해도 있었다. 그런데 귀족들은 일 년에 한 번 혹은 일이 있으면 두 번 의회를 소집할 것을 요구했다. 원래 국왕의 필요와 왕국의 필요에 의해 의회가 열렸지만, 이제는 그런 것과 관계없이 매년 의회를 열라는 것이었다. 이는 의회가 더 이상 국왕만의 기구가 아님을 보여준다. 1327년 1월 웨스트민스터에서 열린 회의에서는 "모든 백작과 귀족들, 모든 대주교들과 주교들, 모든 성직자들과 인민들의 만장일치로" 에드워드 2세를 폐위시키고 그의 아들인 에드워드 3세를 옹립할 것을 결의했다.[15] 에드워드 3세 시대에는 하원이 공공의 회계를 조사할 수 있는 권리와 국왕의 대신들을 탄핵할 수 있는 권리가 인정되었으며, 이러한 권리는 리챠드 2세와의 분쟁에서 다시 강조되었다.

의회는 국왕이나 왕국의 중요 문제를 해결하는 최후의 법정이 되었다. 사법관들은 정치적으로 너무 위험해서 자체적으로 판단을 내리지 못하는 문제는 국왕의 '고등 의회 법원'으로 이관했다. 여기에서 내려진 일련의 결정들은 의회가 영국의 정부 구조에서 높은 지위를 차지하는 데 기여했다. 의회가 요크 공작 리챠드, 에드워드 4세, 리챠드 3세, 헨리 7세 등에게 통치권을 부여한 것은 왕국의 권위와 의회의 고유 권위를 가지고 내린 결정이었다. 이들 왕위찬탈자들은 의회의 인정으로 통치권을 획득했고, 의회의 권위는 이들 왕위찬탈자들과의 협력을 통해 늘어났다. 이렇게 해서 13세기 중엽 국왕의 전쟁 비용 보조를 위해 소집된 의회는 중세의 마지막 찬탈자인 헨리 7세를 승인한 1485년이 되면, 영국 정치의 필수적인 부분으로 발전하게 된다.

parliament라는 말이 등장하기 이전에도 국왕이 여러 집단의 대표들과 논의한 전례는 많이 있다. 국왕은 재정 문제에 대한 조언을 얻기 위해 도시 시민들을 소집하곤 했으며, 농촌에서 대표를 뽑아 촌락의 이익을 대변케 하기도 했다. 앞에서도 보았듯이, 1213년에 존 왕은 각 주에서 4명씩 기사를 소집하여 국사를 논의하게 했다. 이런 관행이 의회의 탄생과 관계가 있다는 것은 부인할 수 없다. 그러나 지방의 현황을 보고하기 위해 파견되는 사자使者와 결정권을 위임받은 대표는 다르다. 따라서 진정한 의미의 의회는 대표가 전권을 위임받음으로써 성립한다. 영국에서 전권이라는 말이 사용된 것은 1283년인데, 그해에 에드워드 1세는 웨일즈인들을 상대로 군대를 일으키면서 20파운드의 가치가 있는 땅을 소유한 무장 자유농민들과 "각 주의 공동체들을 대표해서 전권을 가진 4명의 기사들"을 파견할 것을 지시했다. 1294년부터는 의회 소집령에 전권이라는 용어가 사용되기 시작했으며, 의회 소집령 양식은 1872년까지 크게 바뀌지 않았다.

이러한 대의 관념은 교회법에서 유래한 것 같다. 교회법 학자들의 업무는 수도원이나 성당참사회 같은 종교 단체들 사이의 송사를 다루는 것이었는데, 이런 단체는 선임된 대표를 통해 법정에 제소하게 되어 있었다. 정치 영역에서 집단들의 대표를 소집할 필요가 제기되던 바로 그 무렵 권한 위임에 관한 정교한 법 이론이 등장한 것이다. 교회법 학자들의 논의에서 핵심적인 용어는 '전권'이었다. 어떤 집단이 대표를 선출해 그에게 전권을 위임하는 경우 그 집단은 대표의 행위에 완전히 구속되었다. 그 용어가 교회 문서뿐만 아니라 세속 군주의 의회 소집령에서도 사용된 것이다.[16]

영국 의회의 또 다른 특징은 하급 귀족이 상급 귀족과는 별도로 '주의 기사들'을 선출하여 대표로 보냈다는 점이다. 이 기사들은 1306년까지만 해도 귀족들과 한 몸을 이루었지만, 1327년부터는 도시민들과 한 몸을 이루게 된다. 이전에는 도시 대표들이 의회에 항상 소집된 것은 아니었는데, 1327년부터는 항상 의회에 포함된다. 기사가 상원이 아니라 하원에 포함되는 영국의 이 독특한 제도는 강력한 하원House of Commons의 출현을 가능케 했다. 에드워드 3세 치세 동안, 하원은 자신들이 통치 과정에서 중요한 역할을 할 수 있도록 선례를 많이 만들었다. 하원은 정부의 다른 기관들이 저지른 불법을 조사할 권리를 획득했으며, 국왕이 "의회에서 하원의 동의를 얻지 않고" 세금을 부과해선 안 된다고 규정했다. 1407년 상원은 국왕의 국방보조금 요청을 단독으로 심의하여 인정했는데, 이에 하원이 반발하여 국왕의 굴복을 얻어냈다. 재정 법안은 하원에서부터 심의한다는 원칙은 하원의 미래를 위해 중요한 것이었다.

의회의 기원, 봉건제

의회는 중세적인 현상이었으며 중세의 산물이었다. 중세의 군주들은 다양한 목적으로 대의체를 소집했다. 황제 프리드리히 2세가 멜피 회의를 소집한 것은 그의 종주권을 인정시키고 일련의 법률을 제정하기 위해서였고, 프랑스의 필립 4세가 삼신분의회를 소집한 것은 교회 정책에 대한 거국적인 지지 여론을 불러일으키기 위해서였다. 영국에서는 과세에 대한 동의를 얻는 것이 의회 소집의 주요 목적이었다. 교회의 공의회는 정통 신앙을 규정하고 교회의 중요 정치문제를 다루기 위해서 소집되었다. 그러나 어떤 경우에든 중요한 개혁은 그 사회의 지고한 권위에 의해서만 효과적으로 수행될 수 있으며, 그 권위는 사회 전체를 대표하는 대의체를 거느린 군주에게 있다는 전제가 깔려 있었다. 그러한 전제는 고대 로마제국이나 비잔티움 또는 이슬람제국 어디에서도 존재하지 않았던 것이다.[17]

중세 의회는 게르만인들의 자유 의식이나 통치 기술상의 편리함에서 나온 것이 아니라 중세 사회의 구조에서 나온 것이다. 두 가지 측면에서 의회의 탄생을 설명할 수 있는데, 하나는 법法이고 다른 하나는 봉건제이다. 12세기에 교회법 학자들은 공의회가 기독교 세계 전체의 여론을 대변한다고 논의하는 가운데, 대의체에 주권이 있다는 관념을 최초로 공식화했다. 중세의 왕들은 새로운 법을 제정하고 새로운 세금을 부과하는 문제로 고심하고 있었는데, 로마법이 부활하고 교회법이 발전하면서 로마법의 주권 이론으로 입법이 정당화될 수 있음을 알았다. 그러나 법이란 위에서 내린 명령이 아니라 공동체 전체에서 저절로 발생한 것이라는 보편적인 관념 때문에 새로운 법을 제정하려는 시도는 언제든 저지될 수 있었다. 이 문제에 직면하여 법 이론으로 무장한 국왕의 관리들은 교회법 학자들이 제기했던 통치자와 신민의 관계에 대해 논의하기 시작하였다. 그들은 통치자가 입법할 수는 있으나 중요한 조치는 신민 전체의 조언과 동의가 필요하다고 결론지었다. 13세기 영국의 대표적인 법률가인 헨리 브랙튼은 "군주나 왕의 주재 아래 이루어졌으며 제후들의 조언과 동의 그리고 신민 전체의 합의에 의해 규정되고 인가된 것은 무엇이든 법의 효력을 가진다"고 설명했다. 브랙튼은 법이 신민 전체의 동의에 의해 제정되어야 한다는 생각을 뚜렷이 가지고 있었으나 그가 생각했던 신민은 봉건제후에 한정되어 있었다. 하지만 13세기 후반에는 도시의 상인들과 농촌의 기사들도 국가 사회의 중요한 일부를 이루고 있었다. 그들의 협력은 새로운 법의 제정과 새로운 세금의 부과에 유용하게 작용하였다. 그러나 그들을 모두 한 곳에 모이게 할 수는 없었으므로 새로운 절차가 필요했다. 제후들은 개별적으로 참석할 수 있었지만, 규모가 큰 집단은 대표를 뽑아 보낼 수밖에 없었다. 의회가 필요해진 것이다.

의회는 봉건제의 산물이기도 하다. 주지하다시피, 서양 봉건제에서 주군은 봉신을 보호할 의무가 있으며, 봉신 또한 주군을 도와줄 의무가 있다. 이렇게 서양 봉건제는 쌍무적이며 주군과 봉신의 의무는 무조건적이 아니라 계약적이었다. 봉신의 가장 큰 의무는 전쟁에서의 조력이었는데, 그것은 대략 40일 정도로 제한되어 있었다. 평화시에 봉신은 주군의 궁정에 참석하여 정치적인 조언을 하거나 재판을 보좌했다. 이렇게 봉신은 '검'으로 봉사하고, '조언'으로 조력했으며, 그 밖에도 주군이 사로잡혔을 때 몸값을 지불한다든가 주군의 장남이 기사로 서임된다든가 주군의 장녀가 결혼한다든가 주군이 토지를 구입한다든가 혹은 주군이 십자군에 참전한다든가 하는 경우에는 금전적인 도움을 줄 의무가 있었다. 그 중 '조언'의 의무는 봉신들에게 실질적인 이익을 주는 것이었기 때문에 봉신들은 이것을 강력히 요구하고 나섰다. 이렇게 해서 '조언'은 의무가 아니라 권리로 변하게 되었는데, 바로 여기서 의회가 발생했던 것이다. 페리 앤더슨의 설명을 직접 들어보자.

> 중세 유럽의 왕국에서는 신분의회 제도가 발전할 수 있었는데, 이 신분의회 제도는 봉건 정치체제 내의 뚜렷이 구분되는 신분으로서 귀족, 성직자, 시민을 3원제 의회 속에서 대변하였다. 이러한 신분의회 제도의 기본적인 전제 조건 역시 통치권의 분화였다. 통치권의 분화는 사회의 지배계급인 귀족계급의 구성원들에게 사법 및 행정상의 사적인 특권을 부여했다. 따라서 봉건적 위계의 꼭대기에 있는 군주가 종주권의 범위에서 벗어나는 행위, 즉 개인적 의무와 권리의 연쇄망을 벗어난 행위를 하기 위해서는 귀족들의 집단적 동의를 얻어야만 했다. 그래서 중세의 의회는 봉신이 그의 상위 주군에게 전통적으로 바쳤던 조력과 충고의 필연적이고 논리적인 연장이었다.[18]

실제로, parliament에서 국왕에 대한 신종선서, 재판, 국왕의 장남이 기사서임식을 거행하는 데 필요한 보조금 각출 논의, 전쟁에서의 수훈에 대한 포상, 왕실 결혼 논의 등이 행해졌다는 사실은 parliament의 기원을 잘 말해준다.[19]

저명한 중세 정치사상가인 울만도 앤더슨과 비슷한 설명을 하고 있다. 울만은 권력이 신에게서 유래한다는 하향적 정부론과 권력이 인민에게서 기원한다는 상향적 정부론으로 나누어 중세 정치사상사를 조망한다. 울만에 따르면, 상향적 정부론이 등장하는 데 결정적인 영향을 준 것은 13세기에 부활한 아리스토텔레스의 정치사상이다. 그렇지만 그는 중세의 군주가 신정적 측면과 봉건적 측면을 함께 가지고 있었음에 주목한다. 군주의 신정적 기능에 의하면 군주는 자기 의사에 따라 법률을 제정하며 법률의 집행에 있어서 누구의 간섭도 받지 않는다. 군주의 봉건적 기능에 따르면 군주는 법률을 제정하는 데 있어서 봉신의 동의를 얻어야 한다. 군주와 봉신 간에 계약이 맺어져 있다는 봉건적 관념은, 로마법의 부활과 별도로, 아리스토텔레스의 혁명과도 별도로, 의회가 탄생하는 데 도움을 주었다. 울만은 "17세기 영국의 보통법이 군주수장제의 야심에 맞서 개인의 자유의 보루가 되었으며 그 기원과 운영에 있어서 12세기 이래 봉건적 토양에서 성장했음은 우연이 아니다"라고 강조한다.[20]

블로크는 서양 봉건제의 특징인 쌍무성과 계약성으로부터, 봉신은 주군이 의무를 이행하지 못할 때 주군에게 저항할 수 있다는 관념이 생겨났다고 말한다. 블로크는 중세 의회를 그러한 저항권의 표현으로 보며, 이러한 차원에서 서양의 봉건제와 일본의 봉건제를 비교한다.

잉글랜드의 의회, 프랑스의 '삼부회', 독일의 '신분제 의회', 에스파냐의 코르테스 등 아주 귀족적인 형태를 띤 대의제가 봉건적 단계를 막 벗어나고 있던, 그리고 아직도 그 흔적을 뚜렷이 지니고 있던 나라들에서 태어난 것은 분명 우연이 아니었다. 한편, 가신의 복종이 훨씬 더 일방적이었고 게다가 천황의 신적 권력을 신종선서에 의해 구축된 체제의 바깥에 두었던 일본에서는 많은 점에서 서유럽 봉건제와 흡사한 체제가 존속하고 있었다. 하지만 이 체제에서 위에서 말한 것과 닮은 제도가 생겨난 것은 아니었는데, 이것도 결코 우연이 아니었다. 이렇듯, 권력에 대해 구속력을 행사할 수 있는 협약이라는 관념을 강조하는 데에 서유럽 봉건제의 독자성이 있다. 비록 서유럽 봉건제가 약한 사람들에게는 가혹한 것이었다고 하더라도 우리가 오늘날에도 존속시키고자 바라는 그 무엇을 서유럽 문명에 남겨주었음은 분명한 사실이다.[21]

이렇게 우리 시대를 대표하는 역사가들은 의회가 봉건제에서 기원했음을 강조한다. 이 하나의 사실만으로도 중세를 암흑기로 보는 것은 부당하다는 것을 알 수 있다. 사실, 이제까지의 일반적인 관점은 봉건제를 정치적 무질서와 농민 착취의 주범으로 보는 것이었다. 그러나 이러한 어두운 면과 함께 밝은 면이 있음을 인정해야 하며 밝은 면을 바라보는 여유를 가져야 할 것 같다. 그럴 경우, 봉건제는 9세기경 유럽이 내우외환의 위기에서 벗어나기 위해 짜낸 지혜의 소산이라고 볼 수도 있지 않을까.

법원으로 발전한 프랑스의 parlement

영국의 의회에 해당하는 프랑스 의회는 삼신분의회이다. 삼신분의회는 1302년 처음 소집되었다. 삼신분의회가 1614년 이후에는 소집되지 않다가 1789년에 소집되어 곧바로 프랑스 혁명으로 이어졌다는 사실은 잘 알려져 있다. 절대왕정기에 삼신분의회가 소집되지 않았다는 것은 절대왕정의 성격이 무엇인지를 잘 보여준다. 그런데 프랑스의 정치제도 가운데 영국의 parliament와 같은 어원을 갖는 parlement이 있다. 글자의 모습이 비슷하기 때문에 종종 의회로 잘못 번역되기도 하지만, 프랑스의 parlement은 의회가 아니라 고등법원이다.

parlement 역시 parliament와 마찬가지로 국왕 궁정에서 발전해 나온 것이다. 13세기 초까지도 국왕 궁정은 가신, 고위 성직자, 고위 관리, 왕족들로 구성되어 있었으며, 분명한 기능을 가지고 있지 않은 느슨한 기구였다. 루이 9세 시대(재위 1226~1270)에 국왕 궁정 가운데 국왕 재판을 담당하는 특별 기구가 만들어졌으니 그것이 바로 파리 고등법원이었다. 이들은 국왕이 지방으로 이동할 때에도 파리에 남아 국왕 재판을 담당했다.

1259년에 루이 9세가 결투에 의한 상소上訴를 금지한 것은 고등법원의 초기 발전에 중요한 계기로 작용했다. 과거의 제도는 판결에 불만을 느낀 소송 당사자가 상급 재판소에서 재판관이나 그의 대리인과 결투를 하는 것이었는데, 국왕은 교회에서 사용하던 상소 절차를 도입하여 그 기능을 고등법원에 맡긴 것이다. 여기에서도 의회의 경우와 마찬가지로 교회의 선도적인 역할을 찾아볼 수 있다. 고등법원은 조사위원회가 수집한 증거를 검토함으로써 불만의 정당성 여부를 심사했다.

13세기 말 파리 고등법원은 분명한 성격을 지닌 기구가 되었다. 처음에는 1년에 3차례씩 정기적으로 모였으나, 시간이 흐를수록 횟수가 줄었고, 회기는 늘어났다. 이 점 또한 영국의 parliament와 비슷하다. 당시 고등법원에는 여전히 국왕 보좌관, 성속의 제후들, 지역 국왕 관리들이 있었지만 법률가들이 지배적으로 많았다. 고등법원은 일찍부터 3개 부서로 조직되었다. 가장 중요한 기구는 최종 판결을 내리는 대법정 Grand' Chambre이었다. 대법정은 심사부Chambre des Requêtes와 조사부 Chambre des Enquêtes의 지원을 받았는데, 심사부는 고등법원이 사건을 맡을지를 결정하고 조사부는 증거를 수집하는 기관이었다. 1296년 국왕 칙령에 의하면, 대법정의 재판관 47명 가운데 41명이 법률가였다. 고등법원의 높은 전문성을 보여주는 대목이다. 고등법원을 만든 사람은 루이 9세였지만, 다른 분야에서와 마찬가지로, 그것을 정착시킨 사람은 필립 4세(재위 1285~1314)였다.

고등법원의 주요 기능은 재판이지만 그렇다고 해서 고등법원을 사법부로만 보는 것은 잘못이다. 당시에는 입법, 사법, 행정의 삼권분립이 행해지지 않았기 때문이다. 정도의 차이는 있지만 이러한 사실은 영국 의회도 마찬가지였다. 고등법원은 행정 기능도 담당했다. 예를

루이 15세가 소집한 친림법정. 친림법정이란 왕이 친히 고등법원에 나가는 것을 일컫는다.

들어, 1404년에 강으로 말을 데리고 가던 왕실 시종의 하인들과 대학생들의 행렬이 충돌하여 많은 학생들이 부상당하는 일이 발생했는데, 이때 고등법원은 왕실 시종을 가혹하게 처벌했다. 1499년에 센 강 다리가 붕괴되었을 때에도 고등법원은 시장을 구속하고 시장의 임무를 대행했다.

고등법원은 일종의 입법권도 가지고 있었다. 근대국가에서 입법권은 국민에게 있고 국민은 입법자를 선출하여 법을 만들게 하지만, 중세 프랑스에서 법의 원천은 국왕이었다. 따라서 국왕은 법령을 제정할 수 있었다. 법령을 제정한 후 국왕은 그 법령을 고등법원에 보내 등재하는 것이 관례였다. 고등법원은 법령의 문제점을 지적하고 수정을 제안하기도 했는데 이를 '진정陳情remontrance'이라고 부른다. 국왕은 물론 수정 제안을 거부할 수 있다. 고등법원이 법안 등재를 거부하면, 국왕은 '명령서lettre de jussion'를 보내 등재를 강요했으며, 고등법원은 거기에 응하는 것이 일반적이었다. 그 경우에 국왕은 고등법원에 임석하여 누가 최종적인 권위를 지니고 있는지를 과시할 수 있었다. 시간을 거꾸로 돌리는 이 같은 비상조치가 발동하면 고등법원은 근대적인 관료기구이기를 멈추고 국왕의 개인적인 법정으로 돌아갔는데, 이것을 '친림법정lit de justice'이라고 부른다. 비록 제한적이었지만 고등법원은 이 같은 권한을 통해 국왕을 견제하는 역할을 했으며, 절대왕정 시대에 삼신분의회가 소집되지 않았을 때는 삼신분의회를 대신하여 parliament로서의 역할을 수행하려고도 했다. 그들 역시 parlement은 parliament와 동일한 기원을 갖는다는 사실을 자각했던 것이다. 그러나 고등법원은 개혁에 반대하는 반동적인 입장을 견지했고, 그로 인해 야기된 앙시앵 레짐의 붕괴는 고등법원의 해체로 이어졌다.

처음에는 파리 고등법원이 유일무이한 최고 법원이었으나 왕령지가 확대되면서 툴루즈 고등법원(1443)을 필두로 1778년까지 모두 13개의 지방 고등법원이 세워졌다. 그러나 파리 고등법원의 중심적 지위는 변함이 없었다. 지방 고등법원이 가지고 있지 않은 국왕과의 특별한 관계를 유지했기 때문이다.

중세의 문명

중세의 어두운 면만을 강조하면 중세는 암흑기이다. 가톨릭교회가 도그마를 강요하고 이단을 탄압한 것은 용납할 수 없는 사상적 억압이며, 봉건 영주들이 농노들에게 경제외적 강제를 부과하고 인신적으로 착취한 것은 야만이다. 그러나 중세를 제대로 보기 위해서는 두 눈을 뜨고 정면으로 바라보아야 한다. 타자의 편견에서 벗어나 자기의 눈으로 중세를 바라보는 것이 필요하다. 특히 역사에서는 이데올로기의 창이 아니라 사실의 창을 통해서 바라보는 것이 중요하다. 중세에는 어두운 면 못지않게 밝은 면이 있었다. 중세는 대학, 성당, 의회 등의 문화유산을 남겼다는 점에서 "암흑기"라는 일방적인 평가는 시정되어야 한다.

이 글에서는 '중세의 빛' 가운데 의회에 주목했다. 의회는 여러 가지 힘들의 결합으로 만들어졌다. 우선 생각할 수 있는 것은 고대 민주정의 유산이다. 중세 도시의 시민들은 고대 도시의 시민들을 본받아 도시 정치에 참여했다. 그들은 의회를 구성하고 시장을 선출하는 등 '자치'를 지향했다. 중세 도시는 봉건적인 사회 안에 섬처럼 존재한 비봉건적인 공간이었다. 그것은 중세에 어둠이 내습했을 때에도 꺼지지 않은 빛이었다. 의회가 전적으로 외부의 힘에 의해 생겨난 것은 아니었다. 의회의 탄생에는 중세의 내적인 힘도 개입했다. 의회는 봉건제라는 중세 고유의 제도에서 나온 것임을 인식할 필요가 있다. 봉건 주군과 봉신의 관계는 쌍무적인 계약관계였으며 특히 주군은 가신의 정치적 조언을 구해야 한다는 원칙이 있었는데, 이 원칙이 확대되어 제도화된 것이 바로 의회이다. 단순화시키면, 고대 도시의 직접민주주의가 봉건제라는 중세적 변수를 만나 의회를 만들어낸 것이다.

의회는 중세 왕국들의 보편적인 발명품이다. 그러나 그것을 발전시킨 나라는 영국이다. 프랑스의 parlement은 영국의 parliament보다 시기적으로 앞섰지만 법원으로 발전했으며, 삼신분의회는 근대 절대왕정에 눌려 고사되고 말았다. 영국에서는 국왕과 의회가 힘의 균형을 유지하면서 의회제를 모범적으로 발전시켰다. 이러한 일이 영국에서만 가능했던 이유가 어디에 있는지는 영국 의회사 전공자들이 찾아야 할 몫이지만,[22] 그 현상만큼은 부정할 수 없다. 서양의 역사에서 아테네 시민들이 민회를 통해 정치에 참여하고 중세인들이 의회를 통해 정치에 참여한 것을 평가하는 데 인색하지 말아야 할 것이다. '서양의 힘'은 아마도 여기에서 나오지 않았나 싶다.

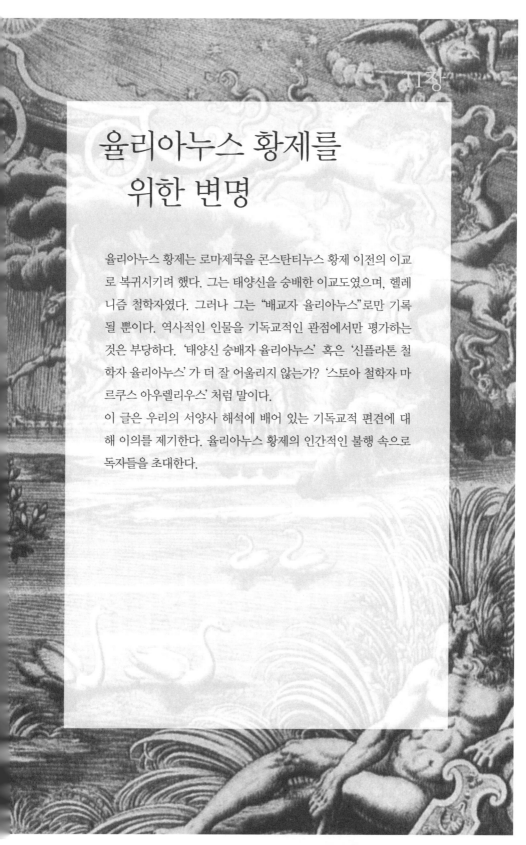

11장

율리아누스 황제를 위한 변명

율리아누스 황제는 로마제국을 콘스탄티누스 황제 이전의 이교로 복귀시키려 했다. 그는 태양신을 숭배한 이교도였으며, 헬레니즘 철학자였다. 그러나 그는 "배교자 율리아누스"로만 기록될 뿐이다. 역사적인 인물을 기독교적인 관점에서만 평가하는 것은 부당하다. '태양신 숭배자 율리아누스' 혹은 '신플라톤 철학자 율리아누스'가 더 잘 어울리지 않는가? '스토아 철학자 마르쿠스 아우렐리우스'처럼 말이다.

이 글은 우리의 서양사 해석에 배어 있는 기독교적 편견에 대해 이의를 제기한다. 율리아누스 황제의 인간적인 불행 속으로 독자들을 초대한다.

배교자인가?

율리아누스 황제(재위 361~363)와 동시대인이었으며 전쟁터에 함께 있었던 역사가 암미아누스 마르켈리누스는 율리아누스의 신체적 외양을 다음과 같이 묘사했다. "중키에 머리카락이 빗질한 것처럼 부드러우며 턱수염은 거칠고 뾰족했다. 아름답고 빛나는 눈은 영민한 정신을 나타냈다. 눈썹이 잘생기고, 코가 우뚝했으며, 입은 크고 아랫입술은 처져 있었다. 목은 굵고 약간 굽었으며, 힘이 세고 달리기를 잘했다." 루브르 박물관에 있는 그의 조상彫像은 이러한 묘사와 대체로 부합하며 체격이 단단하고 수줍어하는 듯한 철학자의 모습을 보여준다. 율리아누스는 헬레니즘 문화에 열광했고, 신플라톤주의에 이끌린 철학자였으며, '정복되지 않는 태양신'을 숭배한 이교도였다. 다시 말해 기독교를 믿지 않은 사람이었다.

율리아누스는 "배교자"로 알려져 있다. 이는 기독교를 배신한 사람이라는 뜻으로, 기독교를 배신했으니 시대의 흐름에 반역한 사람, 악한 사람이라는 감정적인 평가가 깔려 있다. 그러나 한 사람의 황제를 그의 인품이나 업적에 대한 고려 없이 이렇게 부정적으로 평가하는 것은 부당하지 않을까? 게다가 그가 배교자인지 여부도 불분명하다. 그가 기독교를 믿었다가 이교로 개종했다면 배교자일 수 있다. 하지만 16세기 프랑스 인문주의자 몽테뉴는 율리아누스가 기독교 세례를 받기는 받았지만 기독교를 진심으로 믿은 적은 없기 때문에 배교자일 수 없다고 주장한다. 어쨌든 율리아누스는 무엇보다도 이교 숭배자였고 헬레니즘 철학자였기 때문에, 배교자라는 타이틀보다는 '태양신 숭배자'나 '철학자'라는 타이틀이 더 어울릴 것이다.

율리아누스 황제는 기독교를 억압하고 이교를 장려했다는 점에서 남다른 관심을 모았다. 국내에서는 최혜영 교수가 율리아누스 황제에 대해 다각적으로 깊은 연구를 수행하고 있다.[1] 최혜영 교수 덕분에 율리아누스 황제를 이해하는 데 큰 어려움은 없다. 나는 고대사 전공자도 아니고 또 율리아누스와 관련된 사료도 읽어보지 않은 처지에, 최혜영 교수의 글에 대해 비판을 가하는 만용을 부리지는 않을 것이다. 단지 강조점을 달리하여 그의 삶을 정리하면서, 율리아누스라는 비극적인 인물을 재조명해보고자 한다.[2]

율리아누스의 불행한 가족사

율리아누스 황제가 기독교를 억압하고 이교로 돌아간 데에는 우선 가족사家族史에 얽힌 사연이 있는 것 같다. 따라서 디오클레티아누스 황제에서부터 이야기를 풀어나갈 필요가 있다. 로마 역사에서 235년에서 284년까지는 '군인황제시대'였다. 이 50년의 기간 동안 20명의 황제가 난립했다. 평균 임기는 2년 반이었으며, 제 명에 죽은 황제는 한 명뿐이었다. 로마를 파멸의 나락으로 떨어뜨린 50년간의 혼돈은 디오클레티아누스(재위 284~305)라는 탁월한 군인황제 덕분에 종식되었다.

율리아누스 황제는 태양신을 숭배한 이교도
였다. 기독교 황제와는 달리 수염을 길렀다.

디오클레티아누스는 달마티아 지방에서 태어났다. 그의 부모는 노예였다가 자유를 획득한 해방노예였다. 이렇게 비천한 집안에서 태어난 사람이 황제까지 올라갔다는 사실은 로마 사회의 놀라운 신분 이동성을 보여준다. 284년에 군인들의 환호 속에 황제로 즉위한 디오클레티아누스는 지나치게 거대한 제국을 둘로 나눠 서반부를 신임하는 동료 막시미아누스에게 양도했다. 이 두 사람은 정황제(아우구스투스)가

되어 각각 부황제(카이사르)를 거느리고 통치했으며, 20년이 지나면 부황제에게 정황제직을 물려주기로 했다. 디오클레티아누스는 갈레리우스, 막시미아누스는 콘스탄티우스를 부황제로 삼았다. 두 정황제는 정치적 결속을 가족적 결속 수준으로 다지기 위해 각기 부황제의 양부가 되었으며, 부황제를 자신의 딸과 결혼시켰다. 약속대로 20년이 지나자 디오클레티아누스는 갈레리우스에게, 막시미아누스는 콘스탄

디오클레티아누스는 이탈리아의 천민 출신으로 황제가 된 인물이다.

티우스에게 정황제직을 물려주었다. 이렇게 은퇴한 디오클레티아누스는 양배추를 키우며 소박하게 살았다. 유명한 《로마제국 흥망사》의 저자 기번E. Gibbon에 의하면, 디오클레티아누스는 세계 역사상 처음으로 황제직을 사임하는 선례를 남겼지만 그의 후임자들은 그 뒤를 따르지 않았다.

우리 이야기에서 중요한 인물은 콘스탄티우스이다. 그는 창백한 얼굴색 때문에 클로루스라는 별명을 가지고 있었다. 디오클레티아누스가 그를 부황제로 선택했을 때 그는 헬레나라는 여관집 하녀와 동거하고 있었다. 이 둘 사이에서 태어난 아들이 바로 그 유명한 콘스탄티누스(재위 306~337)이다. 콘스탄티우스는 디오클레티아누스의 압력으로 막시

미아누스의 양녀인 테오도라와 결혼해야 했다. 이 둘 사이에서 여섯 명의 아이가 태어나는데 큰 아들인 율리우스 콘스탄티우스가 바로 율리아누스 황제의 아버지이다. 즉 콘스탄티누스와 율리우스는 이복형제인 것이다.

콘스탄티우스가 테오도라와 결혼하는 바람에 헬레나의 아들인 콘스탄티누스는 졸지에 사생아가 되었고, 가계의 적통은 율리우스 콘스탄티우스에게로 이어졌다. 하지만 최종적으로 황제가 된 사람은 콘스탄티누스였다. 콘스탄티누스는 아버지 콘스탄티우스가 정황제로 있던 영국으로 갔고 아버지가 죽자 병사들의 환호를 받으며 정황제가 되었다. 불법적인 방법을 통해 황제의 자리에 오른 것이다.

콘스탄티누스는 막시미아누스의 아들인 막센티우스를 치기 위해 이탈리아로 진군하는 길에 십자가와 "너는 이 표시로 정복하리라"는 글귀가 하늘에 떠 있는 것을 보았다. 그날 밤에는 그리스도가 꿈에 나타나 그의 승리를 확증해주

디오클레티아누스가 신임한 동료 막시미아누스는 로마 제국의 서반부를 통치했다. 이 막시미아누스의 양녀인 테오도라와 콘스탄티우스 사이에서 율리아누스 황제의 아버지인 율리우스가 태어난다.

었다. 전설적인 유명한 이야기이다. 콘스탄티누스의 군대는 그리스도의 십자가가 새겨진 군기를 들고 막센티우스의 군대를 격파했다. 최후의 승리를 거둔 콘스탄티누스는 "나는 하느님이 당신의 뜻을 이루기에 적합하다고 여기신 일을 수행하는 대리인"이라고 선언했다. 313년, 콘스탄티누스는 기독교를 공인했으며, 전통적인 이교를 버리고 기독교로 개종했다. 율리아누스 식으로 바꿔 말하면, 콘스탄티누스는 배교자가 된 것이다. 324년, 최종적으로 리키니우스를 무찌른 후, 콘스탄티누스는 디오클레티아누스의 원칙을 무너뜨리고 자기의 세 아들을 부황제로

삼아 13년간 제국을 통치했다.

여관집 하녀였다가 황제의 어머니가 된 헬레나는 막강한 권력을 행사했다. 아들은 어머니를 황후(아우구스타)라고 선포했다. 신앙심이 독실했던 헬레나는 죽기 1년 전인 326년에 예루살렘과 베들레헴으로 성지순례를 떠나 많은 성물을 가지고 돌아왔다. 그 가운데에는 그녀가 "하늘의 도움으로" 골고다 언덕에서 발견한 십자가와 예수를 십자가에 박은 데 쓰인 못이 있었다. 이후 헬레나는 성인으로 시성되었다.[3]

콘스탄티우스. 막시미아누스에게 정황제직을 물려받아 황제가 되었다. 헬레나와의 사이에서 콘스탄티누스를 낳았고, 막시미아누스의 양녀인 테오도라와의 사이에서 율리우스를 낳았다.

이 모든 이야기는 다분히 전설적이지만, 헬레나가 성지순례를 떠난 것은 속죄의 의미가 담겨 있었던 것으로 보인다. 왜냐하면 헬레나는 콘스탄티누스의 이복형제들에 대한 복수심에 불타 있었기 때문이다. 그녀는 콘스탄티우스의 또 다른 자식들을 박대했는데, 제위 계승 후보자였던 큰 아들 율리우스 콘스탄티우스를 특히 미워했다. 율리우스는 이 도시 저 도시를 전전하며 살아갔다. 이러한 상황에서 그가 과연 무엇을 할 수 있었을까? 가장 안전한 길은 일체의 위험한 관계를 끊고, 공부에 전념하는 것이었다. 이러한 생활은 그의 아들인 율리아누스에게도 계승된다.

율리우스는 두 번 결혼했는데, 첫 번째 결혼에서는 갈루스가, 두 번째 결혼에서는 율리아누스가 태어났다. 율리아누스는 331년 콘스탄티노플에서 태어났다. 그가 수도에서 태어날 수 있었던 이유는 헬레나가 죽자 감시에서 풀린 율리우스가 콘스탄티노플로 돌아올 수 있었기 때문이었다. 율리아누스의 어머니인 바실리나는 출산 후 곧 죽었다. 율리아누스는 그리스어를 모국어로 사용했으며, 콘스탄티노플을 어머니로 여겼다. 그의 어머니는 독실한 기독교인이었으나, 율리아누스는 헬레니즘의 영향을 더 많이 받았다.

콘스탄티누스는 자기의 이복형제들과 관계를 개선하는 편이 유리하다고 생각했다. 난세에 가장 위험한 사람들은 혈족이지만 반면에 가장 믿을 수 있는 사람들 또한 혈족이기 때문이었다. 그는 아들인 콘스탄티우스 2세와 율리우스의 딸을 결혼시켰다. 이처럼 이복형제 집안 사이의 결혼은 계속 이어지는데, 콘스탄티누스의 딸인 콘스탄티나는 율리우스의 아들인 갈루스와 결혼하며, 또 다른 딸인 헬레나는 율리아누스와 결혼한다.

그 다음으로 콘스탄티누스가 한 일은 이복형제들에게 땅과 관직을 나누어주는 것이었다. 이렇게 콘스탄티누스는 아들들과 이복형제들에게 세상을 나누어주고 337년에 사망했다. 콘스탄티누스의 사망 이후, 그의 아들들은 최고 지

콘스탄티누스. 원래 태양신을 숭배했으나 기독교로 개종하였고, 313년에 기독교를 공인하였다.

위를 놓고 싸웠는데, 최종 승리는 콘스탄티우스 2세가 차지했다. 이 과정에서 콘스탄티우스 2세는 율리우스에게 콘스탄티누스 황제를 독살했다는 누명을 씌워 살해해버렸다. 율리아누스는 이제 고아가 되었다. 당시 그의 나이 여섯 살이었다.

콘스탄티우스는 처음에는 니코메디아의 아리우스파 주교에게 율리아누스를 맡겼다. 그러나 어린 율리아누스에게 영향을 준 사람은 어머니 가문의 가정교사인 마르도니오스였다. 그는 기독교인이었지만 율리아누스에게 그리스의 고전과 신화를 가르쳤다. 율리아누스가 염소들의 경주를 보고 싶다고 조르면, 그는 《일리아드》에 있는 경주를 보라고 가

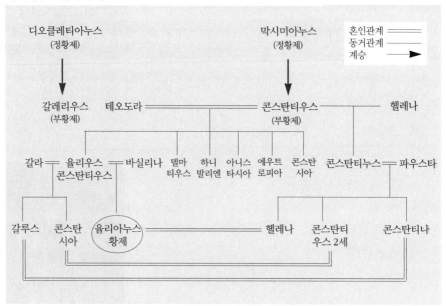

르칠 정도였다. 율리아누스가 고전 속에서 꿈을 꾸고 있는 동안, 콘스탄티누스의 세 아들들은 세계의 패권을 놓고 싸우고 있었다. 콘스탄티우스 2세는 율리아누스가 정치에 관심이 없는 것을 보고 안심했으나, 그래도 경계를 늦추지는 않았다. 345년, 황제는 율리아누스를 카파도키아에 있는 마켈룸의 외진 땅에 격리시켰다.

기독교 신자였던 황제 콘스탄티우스 2세는 율리아누스가 성직자가 되기를 바랐다. 마켈룸에서 6년을 지내는 동안 율리아누스는 기독교 세례를 받고, 기독교 교육을 받았다. 당시 그의 교육을 담당한 사람은 게오르기오스인데, 이 사람은 성직자가 되기 전에 돼지고기 판매상으로 돈을 벌었으며, 후에는 아타나시우스의 후임으로 알렉산드리아의 주교가 된다. 율리아누스는 게오르기오스가 세운 도서관에서 책을 많이 읽었는데, 그가 읽은 책은 주로 이교 서적이었다. 그는 여기에서 플라톤,

아리스토텔레스, 스토아 철학자들, 신플라톤주의 철학자들의 책을 읽은 것으로 추정된다.

서부에서 마그넨티우스가 반란을 일으키자, 콘스탄티우스 2세는, 자기 아버지가 그랬던 것처럼, 믿고 의지할 사람을 찾게 되었다. 그래서 혈족을 찾았으나 콘스탄티우스 2세가 황제에 오르면서 이미 많이 죽였기 때문에 남아 있는 혈족이라고는 율리아누스와 그의 이복형 갈루스뿐이었다. 351년, 콘스탄티우스 2세는 갈루스를 부황제로 불러들였다. 그렇다고 콘스탄티우스의 감시가 소홀해진 것은 아니었지만, 그래도 율리아누스는 가고 싶은 곳을 마음 놓고 다닐 수 있게 되었다. 그는 콘스탄티노플, 니코메디아, 페르가몬, 에페소스 등지의 지식인들과 교류하면서 플라톤 철학과 신플라톤 철학을 공부했다. 특히 에페소스에서 만난 막시모스는 율리아누스를 헤카테 여신의 지하 신전으로 데리고 가서 입교시켰다. 당시 율리아누스가 공포를 이기기 위해 성호를 그었다는 이야기가 전해지고

콘스탄티우스와의 사이에서 콘스탄티누스를 낳은 헬레나. 그녀는 아들이 황제가 되자 막강한 권력을 행사했다. 성지순례를 떠나 많은 성물을 가져왔고 성인으로 시성되었다.

있지만 확실하지는 않다. 어쨌든 그를 입교시키는 데 결정적인 역할을 한 막시모스는 후일 황제가 된 율리아누스의 정책에도 커다란, 그러나 부정적인 영향을 끼친다. 이렇게 해서 율리아누스는 기독교가 박해한 사람들의 형제가 되었다.

갈루스의 세력이 커지자, 콘스탄티우스는 그를 제거하기 위해 갈루스와 그의 부인 콘스탄티나를 소환했다. 소환 도중에 콘스탄티나는 열병에 걸려 죽었고, 갈루스는 처형당했다.[4] 율리아누스는 이 소식을 듣고 두려워했다. 337년의 학살이 재현되고 있었던 것이다. 드디어 그에

게도 밀라노로 오라는 황제의 편지가 도착했다. 정보책임자인 에우세비오스는 율리아누스가 황제의 허락 없이 마켈룸을 떠난 적이 있다는 보고서를 제출했다. 율리아누스가 에우세비오스의 발톱에서 벗어날 수 있었던 것은 황후 에우세비아 덕분이었다. 혐의가 풀린 율리아누스가 철학자들의 성도聖都인 아테네에 갈 수 있었던 것 역시 황후 덕분이었다. 율리아누스는 엘레우시스를 방문해서 비교秘敎에 입교했다.

달의 여신, 대지大地의 여신, 지하의 여신 등 세 여신이 한 몸이 된 헤카테 여신. 막시모스는 율리아누스를 헤카테 여신의 신전으로 데리고 가 이교에 입교시켰다.

서부에서 반란이 일어나자, 콘스탄티우스는 또다시 사람이 필요했다. 황제는 황후의 충고를 받아들여 율리아누스를 부황제로 임명했다. 율리아누스가 잘하면 잘하는 대로 좋고, 못하면 못하는 대로 좋을 것이기 때문이었다. 율리아누스는 제2의 갈루스가 될 것이었다. 타키투스가 말한 대로, 권력은 나눠지지 않기 때문이다. 355년, 당시 24세의 율리아누스는 부황제가 되어 갈리아 지방으로 갔다. 황제는 그에게 아무런 권한도 주지 않고 대신 자기의 여동생인 헬레나를 주었다. 철학자 율리아누스는 여자에 관심이 없는 사람이었다. 2년 후 헬레나는 아이를 낳았는데 그가 율리아누스의 아이인지는 확실하지 않다. 이 둘의 결혼 생활에는 육체 관계가 없었기 때문이다.

모든 사람의 예상과는 달리, 율리아누스는 갈리아 지방에서 군사적인 성공을 거두었다. 콘스탄티우스 황제는 그의 성공을 우려했고, 이제까지 율리아누스를 나쁘게 말하던 황실 정보원들이 전략을 바꾸어 율리아누스를 칭송하자 더욱 초조해졌다. 마침 페르시아 전선에서 로마 군대가 패배하자, 콘스탄티우스는 율리아누스의 군대를 이곳에 투입할 계획을 세웠다. 황제의 명령에, 율리아누스는 고립감을 느꼈고 병사들의 마음속엔 불만이 쌓여갔다. 그들에게 율리아누스가 구원의 희망으로 떠올랐다. 파리의 궁궐에서, 병사들은 "율리아누스, 아우구스투스!"를 연호했다. 망설이던 율리아누스는 유피테르 신의 계시를 듣고 나서야 병사들의 요구를 받아들였다.[5] 전에 콘스탄티누스가 꿈에 그리스도를 보았듯이 말이다. 병사들은 프랑크 전사들 식으로 율리아누스를 방패 위에 태우고 왕으로 추대했다. 급조된 황제 대관식 후, 황제는 병사들에게 돈을 지급할 것과 능력에 따라 대우할 것을 약속했다. 율리아누스는 상황이 변화하는 데 불안을 느껴 도망치는 사람들에게 안전통행증을 발급할 정도로 관대했다.

그러나 콘스탄티우스 황제가 건재하고 있었다. 율리아누스는 죽음의 위협 때문에 그렇게 할 수밖에 없었다는 편지를 콘스탄티우스에게 보내며, "율리아누스, 카이사르"라고 서명했다. 그러나 콘스탄티우스는 이 같은 화해 요청을 거절했다. 콘스탄티우스와의 냉전이 지속되는 동안 율리아누스는 비엔나에서 종교의 자유를 인정하는 관용 칙령을 내렸다. 다시 말해 이교의 자유를 인정한 것이다.

그해 겨울 헬레나가 죽었다. 그렇지만 율리아누스는 재혼하지 않았다. 그는 자식이 제위를 계승하는 것보다는 안토니우스 피우스 황제처럼 최선자가 계승하기를 원했다. 그는 마르쿠스 아우렐리우스 황제가 훌륭한 사위 대신 아들 코모두스에게 제위를 물려준 것을 개탄했다.

361년 봄, 주사위가 던져졌다. 율리아누스는 병사들에게 불가리아 지방으로 진격하자는 연설을 하고 충성과 복종을 요구했다. 그리고 그는 아테네인들에게 보내는 선전 전단에서 자신은 콘스탄티우스 황제에게 충성을 다했으며, 콘스탄티누스 황제는 제위 찬탈자이고 배교자이며, 제국을 불신자들과 무신론자들, 즉 기독교도들에게 넘겨주었다고 말했다.

같은 시기, 콘스탄티우스 황제도 군대를 서쪽으로 진격시켰다. 대회전이 벌어지기 직전인 361년 11월 3일 콘스탄티우스 황제가 죽었다는 소식이 전해졌다. 그는 죽기 전에 율리아누스를 후계자로 임명했다. 이렇게 해서 율리아누스는 명실상부한 황제가 되었다. 이제 율리아누스에 대한 박해는 끝났다. 율리아누스는 "신은 나에게 정화를 명했다"고 말했다. 그는 자신이 이교도임을 보여주기 위해서 수염을 기르기 시작했다.[6]

율리아누스의 불행한 가족사는 그의 '정화' 정책을 이해하는 데 도움을 준다. 콘스탄티누스와 그의 아들인 콘스탄티우스 2세는 말하자면, 적통이 아니었다. 그들은 콘스탄티우스 1세의 동거녀인 헬레나의 자손이기 때문이다. 반면 율리아누스는 콘스탄티우스 1세의 적통이다. 따라서 율리아누스의 입장에서 보면 제위를 찬탈한 사람은 콘스탄티누스인 셈이다.

비극은 여기서 끝나지 않았다. 율리아누스의 아버지와 삼촌들, 그리고 그의 형제들은 모두 콘스탄티우스에 의해 무참히 살해당했다. 율리아누스에게는 콘스탄티우스가 그야말로 가문의 원수였던 것이다. 따라서 율리아누스가 황제가 된 다음 로마의 역사를 바로잡으려 했던 것은 당연하다고 말할 수 있다. 바로 잡는 것, 그것은 콘스탄티누스 황제 이전으로 돌아가는 것이었다. 율리아누스가 말하는 정화란 기독교의 오염을 벗겨내는 것, "배교자" 콘스탄티누스가 받아들인 기독교를 버리고 로마의 전통 종교로 돌아가는 것이었다.

역사 바로 세우기

그러나 역사에서는 율리아누스가 배교자이다. 율리아누스가 기독교를 억압한 것은 사실이다. 그러나 우리의 관심은 억압의 정도가 어떠했나에 있다. 브리태니커 백과사전의 설명에 의하면, 율리아누스는 "기독교인들에게 명백한 탄압과 박해"를 가했다고 하는데 과연 어느 정도였을까? 디오클레티아누스처럼 약 5천 명의 기독교인들을 죽음으로 몰았을까? 배교자라는 타이틀에 걸맞게 더 많은 사람들을 죽였을까?

먼저 기독교 박해에 대해 살펴보자. 로마는 종교에 관한 한 관용적인 사회였다. 로마라는 국가와 그 로마를 상징하는 황제에 대한 숭배를 거부하지 않는 한, 모든 종교는 자유를 누렸다. 오늘날과 비교한다면 그것은 국기에 대한 경례와 국가 부르기 정도였지만, 기독교는 이를 거부했다. 기독교는 교리 때문에 박해를 받은 것이 아니었다. 마르쿠스 아우렐리우스는 기독교인들이 '고집' 때문에 죽었다고 그의 수첩에 적었다.

콘스탄티누스의 기독교 공인 이후 상황이 급변했다. 공인 이전에 이미 기독교인들은 전체 인구의 10퍼센트를 차지할 정도로 강력한 세력이었다. 그랬기 때문에 콘스탄티누스가 기독교를 공인한 것은 단순히 전쟁에서의 승리에 대한 보답이 아니라 기독교 교회가 가진 현실적 능력과 가능성을 인정한 것으로 볼 수 있다. 콘스탄티누스는 기독교 교회에 많은 특혜를 베풀었다. 그는 주교를 궁정의 신하로 등용했으며, 그들에게 기독교인들 사이의 분쟁은 물론이요 기독교인과 비기독교인 사이의 분쟁까지 관할하는 재판권을 부여했다. 주교는 공동체의 해결사가 되었다. 귀족들은 주교의 지위를 자기들의 지위와 권력을 넓히는 수단으로 삼았다. 그들은 교회의 헌금을 관리하는 권한 이외에 보조금 지급과 세금 면제 같은 특혜를 누렸고 속주의 총독에게 맡겨졌던 통치권까지 부여받았다. 콘스탄티누스의 전기를 쓴 에우세비우스는 이러한 현상이 만연하게 된 것에 실망하여 종교적 신념보다 세속적 이익을 얻기 위해 기독교로 개종한 사람이 많다고 불평했을 정도였다. 4세기가 지나면서 기독교인의 수는 5백만 명에서 3천만 명으로 크게 증가했다.[7] 히에로니무스는 기독교의 힘과 부는 늘어났지만 덕성은 줄어들었다고 개탄했다.

기독교 공인과 함께 로마의 전통적인 종교관용이 무너졌다. 유일신을 믿는 기독교는 다른 신들을 용납하지 않았다. 콘스탄티누스 아들 대에 가서 이교의 신들에 대한 숭배가 금지되었으며 이교도들은 가혹한 벌을 받았다. 박해받던 사람이 이제 박해하는 사람이 된 것이다. 5세기 초 알렉산드리아에서, 광신적인 수도자들이 대주교 키릴루스의 묵인 하에 "어머니이며 누이이며 스승이며 모든 것을 베푸는 은인"이라 불리던 히파티아라는 여성 철학자를 무참히 살해한 것은 이교도들을 박해하는 기독교의 모습을 상징적으로 보여준다.[8]

율리아누스가 기독교를 좋아하지 않은 것은 가족사와도 관계가 있다. 기독교를 공인한 콘스탄티누스는 율리아누스 집안의 제위를 찬탈했고, 콘스탄티누스의 어머니 헬레나는 아버지를 괴롭혔으며, 콘스탄티누스의 아들 콘스탄티우스 2세는 율리아누스의 아버지와 형제들을 학살했는데, 그들은 모두 기독교인이었다. 게다가 콘스탄티우스 2세는 독실한 신자였고, 헬레나는 성녀로 시성되었다. 그러나 율리아누스가 관찰하기에 이들의 덕성은 헬레니즘 철학의 덕성에 미치지 못하는 것이었다. 죄 많은 사람들이 죽기 직전에 세례를 받고 구원받는다는 기독교 교리나 종교행위를 율리아누스는 받아들일 수 없었다. 콘스탄티누스는 니케아 공의회를 소집하여 아타나시우스파를 정통으로 인정했지만 정작 자신은 임종 직전에 아리우스파로 세례를 받았다. 그의 아들 콘스탄티우스는 아리우스파를 믿었고 임종 직전에 아리우스파로 세례를 받았다. 초기 기독교인 황제들이 아리우스파였다는 점도 흥미로운 사실이다. 사실 지상에서의 위계를 믿는 사람들이 천상에도 위계가 있다고 생각하는 것은 자연스러운 일이었는지 모른다.

율리아누스는 기독교 세례를 받고 기독교 교육을 받았지만, 그에게 있어서 기독교는 생존을 위한 위장 수단이었을 것이다. 물론 그의 주위에는 기독교인들이 많았다. 그를 감시하는 황제 콘스탄티우스는 독실한 기독교인이었고, 율리아누스의 부모도 기독교인이었다. 율리아누스의 가정교사였던 마르도니오스 역시 기독교인이었지만 율리아누스에게 그리스 고전을 가르쳤다는 사실은 매우 상징적이다.

율리아누스는 플라톤 철학과 신플라톤 철학에 심취했으며, 이교에 입교하여 이교의 신들을 숭배했다. 콘스탄티우스 시대에는 자기의 이교 신앙을 공개적으로 드러낼 수 없었으나, 황제가 된 이후에는 거리낄 것이 없었다. 율리아누스는 특히 태양신 헬리오스를 숭배해, 자신을 태양신의 아들이라고 선포하기도 했다. 율리아누스에게 있어서 태양신은 로마 제국을 세운 신이며,

태양신 헬리오스. 후대의 신화에서는 헬리오스가 네 마리의 신마神馬가 끄는 전차戰車를 타고 하늘을 달리는 것으로 묘사되어 있다. 율리아누스는 이 헬리오스를 숭배했다.

그의 영혼 또한 로마 창건자인 로물루스의 영혼이 그러했던 것처럼 태양신에 의해 지상에 보내졌고 나중에 다시 신들 속으로 돌아갈 것이었다.[9] 마르쿠스 아우렐리우스 황제 시대에 태양신은 국가 최고의 신으로 숭배되었다. 마르쿠스 아우렐리우스 황제를 존경했던 율리아누스는 콘스탄티누스와 콘스탄티우스가 이탈시킨 로마의 역사를 바로잡는 일에 나선다.

율리아누스는 로마의 전통으로 돌아가기를 바랐다. 그는 디오클레티아누스 황제 이래로 지나치게 위계적이고 사치스러워진 궁정을 소박

한 철학자의 궁정으로 변모시켰다. 디오클레티아누스 황제 시대의 신하들은 황제 앞에서 부복했으며, 황제는 신하들을 초대해 식사를 하거나 한담을 나누지 않았다. 율리아누스는 이 모든 것을 바꾸었다. 율리아누스는 신하들을 궁정에 초대해 식사하고 술을 마셨으며 그들의 건강을 위해 건배를 하기도 했다. 공적인 의식에서도 그는 특별한 의복을 입지 않았다. 율리아누스는 원로원이 가지고 있던 옛 특권을 회복시켰다. 전임 황제들은 원로원 의원들을 궁정으로 불러서 지시했으나, 율리아누스는 직접 원로원을 방문했다.

마르쿠스 아우렐리우스. 로마제국의 16대 황제(재위 161~180). 이 시대에 태양신은 국가의 최고 신으로 숭배되었다.

　율리아누스의 이러한 "문화 혁명"은 전통 종교로의 복귀에서 두드러지게 나타난다. 율리아누스는 궁정을 장악하고 있던 기독교인들을 청산했다. 정보책임자였던 에우세비오스를 비롯한 주요 혐의자들은 대부분 사형에 처해졌다. 율리아누스의 이러한 숙청은 단순히 종교적인 잣대에 의해서만 이루어진 것이 아니었다. 그것은 종교적이라기보다는 정치적이었고 정치적이라기보다는 도덕적이었다. 율리아누스는 공정한 재판을 통해 궁정을 개혁했다. 성인전 작가들도 이들 가운데에서 순교자를 찾지 못했다. 최악의 상황을 예상했던 기독교인들은 오히려 안도의 한숨을 내쉬었다. 궁정을 개혁하면서 생긴 빈 자리는 능력 있는 인물들로 채워졌다. 율리아누스는 당연히 이교도들에게 우선권을 주었지만 기독교인이라고 해서 배제하지는 않았다. 율리아누스에게 적대적이었던 나지안주스의 그레고리오스 같은 기독교 사가도 이 같은 인사를 긍정적으로 평가했다. 율리아누스는 철학자들을 궁정으로 불러들였다. 황제가 철학자들에게 둘러싸여 있는 것은 헬레니즘 시대의 전통이었다. 대표적인 인물로는 테미스티오스와 막시모스를 들 수 있다. 테미스티오스는 시대에 앞선 인물이었고, 막시모스는 시대에 뒤쳐진 인물이었다. 테미스티오스는 신은 하나이지만 사람들은 각자 자신의 방식으로 그 신에 접근한다는 관용적인 사상을 가지고 있었다. 막시모스는 과거 에페소스에서 율리아누스를 헤카테 여신을 모시는 종교에 입교시켰던 사람으로 신비주의 철학자였다. 그런데 유감스럽게도 율리아누스는 막시모스의 말에 귀를 기울였다.

율리아누스는 이교를 부활시켰다. 그것은 이교도들에게 해방과 같았다. 이교도들은 지난 반세기 동안 심한 박해를 당하여 인신 피해와 재산 손실을 입었다. 신전은 폐쇄되었고, 성직자들은 거리로 쫓겨나 거지가 되었다. 기독교인들은 신전을 파괴하여 돌, 나무, 그릇 등을 가져다 교회와 집안을 장식했고 심지어는 무덤까지 파헤쳤다. 율리아누스는 이교도들의 재산을 원래대로 돌려주었다. 약탈해간 기둥이나 조각 등은 반환해야 했는데, 이교 신전에서 나온 돌로 지은 교회는 그 돌을 반환하기 위해 해체되기도 했다. 이 점에 있어서 율리아누스는 단호했고, 이로 인해 적이 생겨났다. 하루는 마리스라는 맹인 주교가 포르투나 여신의 신전을 나서던 율리아누스 앞을 가로막았다. 그는 순교를 원했던 것일까? 율리아누스는 "갈릴리인이 너에게 시력을 주지 못했구나" 하고 말할 뿐이었다.

기독교에서 이교로 돌아가는 것은 제국을 강하게 만들었던 '천년의 종교'로 되돌아가는 것이었다. 율리아누스는 이교도들에게 종교의 자유를 회복시켜주었다. 그는 예수를 로마제국의 변두리에 있는 조그만 마을 갈릴리에서 태어난 보잘것없는 인물이라는 뜻에서 "갈릴리 사람"이라고 불렀다. 그가 보기에 기독교는 질병이었다. 질병은 금지의 대상이 아니라 치료의 대상이었다. 율리아누스는 법을 어기지 않는

한 기독교인들을 박해하지 않았고, 그들에게 이교 숭배를 강요하지도 않았다. 율리아누스는 법에 의해 궁정과 교회를 개혁했다. 그는 법을 "왕들의 여왕"이라고 말한 바 있다. "나는 기독교인들을 제단 앞으로 강제로 끌고 오는 것을 용납하지 않는다"고 말했다. 과거 기독교의 지배하에 억눌려 있던 이교도들이 기독교인들을 살해한 일이 일어났는데,[10] 율리아누스는 이러한 즉결심판을 방조하거나 사주하지 않았다. 아니, 율리아누스는 이 같은 인민재판을 용납하지 않았다. "그대들은 그대들을 박해했던 사람들이 저지른 가증스러운 범죄를 되풀이하는 것이 부끄럽지 않은가?" 하고 질책했다. 기독교 역사가들이 주장하듯 이교도들은 피에 굶주린 광신자들이 아니었다. 율리아누스 시대에 보복은 있었지만 학살은 없었다. 기독교 사가 그레고리오스도 학살의 증거를 찾지 못했다.

율리아누스의 종교개혁은 교육개혁으로 절정에 도달한다. 전통적으로 로마에서 교육은 독립적인 활동으로 인정되었다. 기독교 제국에서도 이교도 교사들은 강의를 계속했다. 비록 그들의 학생 수가 줄어들기는 했지만 그 이상은 아니었다. 그런데 율리아누스 시대에는 상황이 바뀌었다. 도덕적인 율리아누스는 교사들의 충원을 직접 감시했으며, 이교를 믿는 사람만이 강의를 할 수 있게 했다. 이렇게 해서 율리아누스는 기독교인들이 교육할 수 있는 기회를 봉쇄한 것이다. 교육에서 배제된 기독교인들은 사회의 주변부로 밀려날 수밖에 없었다. 율리아누스의 교육 정책은 모든 사람의 비난을 받았다. 나지안주스의 그레고리오스는 전통으로의 복귀를 주장한 황제가 전통과 단절한 것이라고 비난했으며, 황제에게 호의적인 역사가 암미아누스 마르켈리누스도 "전제적인 조치"라고 평가했다 : "단지 그리스도교를 믿는다는 이유만으로 수사학과 문학 교사들에게 자신의 직업 활동을 못하도록 금지한 것은 잔혹한 조처이다. 차라리 철회하는 것이 더 나을 것이다." 율리아누스에게 호의적인 역사가 제르파뇽은 "6개월 전의 그 관용적인 율리아누스는 어디 있는가?"라고 애석해했다.[11]

율리아누스가 기독교를 억압한 것은 사실이다. 그러나 그는 체계적인 학살을 시도하지 않았다. 율리아누스의 온건함을 보여주는 좋은 일화가 있다. 율리아누스는 아리우스파를 믿었던 콘스탄티우스가 추방한 성직자들(예컨대 아타나시우스)을 불러들였다. 이는 단순히 종교적 자유와 관용의 표시였을까? 아니면 기독교 사이의 파벌싸움을 유도해 그들을 약화시키려는 마키아벨리적 술책이었을까?[12] 그러나 아타나시우스는 율리아누스의 예상과는 달리 귀부인들을 개종시키는 데 전념했기 때문에, 참다못한 율리아누스는 이 "미숙아"를 다시 추방했다.

또 다른 일화는 율리아누스가 페르시아를 정벌하기 위해 안티오키아에 있을 때 일어난 일이다. 율리아누스가 신전에서 기도하고 떠난 후, 두 명의 기독교인이 신전을 모독한 혐의로 법정에 소환되었다. 여기에서도 그들은 황제를 조롱했으나 이들은 아무런 벌을 받지 않고 풀려났다. 또 한 번은 두 명의 기독교 장교가 연루된 율리아누스 암살 기도 사건이 있었다. 황제가 이들을 직접 심문했다. 이들은 율리아누스를 황제로 인정했으나, 종교적으로는 적이라고 말했다. 황제는 특별한 적대심을 품지 않았다. 만일 다른 기독교인들이 이들을 도우러 감옥으로 몰려오지 않았더라면 사건은 여기에서 종결되었을 것이다. 그러나 기독교인들의 도발 앞에서 황제는 이들을 처형하지 않을 수 없었다. 이들이 처형당한 것은 종교적인 이유가 아니라 정치적인 이유 때문이었다.

율리아누스는 배교자라는 악명이 무색하게 기독교인들을 학살하지 않았다. 그레고리오스는 율리아누스가 박해하지 않아 기독교인들이 영광스럽게 순교할 수 없었다고 불만을 터뜨리기도 했다. 그를 역사적으로 불행하게 만든 것은 그가 기독교를 박해한 황제들이 아니라 기독교 황제들 다음에 제위에 올랐다는 사실이다. 율리아누스보다는 디오클레티아누스나 갈레리우스가 기독교인들에게 수백 배 수천 배 더 가혹했으나, 부당하게도 비난은 율리아누스에게 집중되었다.

율리아누스는 시대를 거슬렀기 때문에 특별한 비판을 받았다고 볼 수 있다. 앞에서 보았듯이 4세기가 지나면서 기독교인의 수가 급증했다. 기독교화가 대세인 시대에 율리아누스의 반反기독교 정책은 기독교인들의 반감을 샀으며, 그렇다고 이교도들의 지지를 얻은 것도 아니었다. 당시의 이교도들은 율리아누스의 신비주의적이며 열광적인 이교주의를 따르지 않았다.[13] 그는 기독교인들과 이교도들에게 이방인이었으며, 로마인에게는 그리스인으로, 그리스인에게는 로마인으로 받아들여졌다. 그가 행한 기독교에 대한 비현실적인 반대는 현실적인 이교도들을 당황시켰다. 율리아누스가 죽자 안도한 사람들은 기독교도들만이 아니었다. 이교도들도 안도의 한숨을 내쉬었다. 사람들은 율리아누스의 덕성을 좋아했지만 그것을 따라가는 것은 부담스러웠던 것이다. 이미 지배적인 기독교를 흔드는 것은 제국을 흔드는 것이었다는 그레고리오스의 판단은 옳았다. 이제 과거로 돌아갈 수 없었다. 율리아누스의 복고주의는 시대착오적이라는 평가를 받았다.[14] 기번이 말했듯이, 율리아누스가 이교를 로마의 지배적인 종교로 재확립하려는 노력을 끝까지 밀고 나갔다면 로마제국은 끔찍한 종교전쟁에 말려들었을지도 모른다.[15]

철학자 율리아누스

율리아누스는 페르시아 전쟁에서 죽음을 맞이했다. 막시모스는 율리아누스가 알렉산드로스 대왕의 화신이라는 신탁을 받았으나, 그 신탁은 이루어지지 않았다. 율리아누스는 투창을 맞아 363년, 32세의 나이로 숨을 거두었다. 페르시아 병사의 투창에 맞은 것인가 아니면 로마 병사의 투창에 맞은 것인가? 페르시아에서는 율리아누스의 목숨에 포상을 걸었지만 아무도 나서는 사람이 없었다. 페르시아군은 율리아누스의 죽음에 대해 말이 없었다. 황제의 측근인 리바니오스는 기독교 로마 병사의 짓이라고 말했고, 암미아누스는 투창이 어디에서 날아왔는지 모른다고 썼다. 그레고리오스는 로마 군인들의 봉기 가능성을 언급했다. 어쨌든 이 반反율리아누스 역사가는 "황제는 온 세상에 구원을 가져다줄 치명적인 상처를 입었다"고 적었다. 그는 황제를 매장할 때 땅도 그를 거부하는 듯 지진이 일어났다고 말했다.

율리아누스의 재위 기간은 불과 20개월밖에 되지 않았다. 그의 정책은 콘스탄티누스의 일탈을 바로잡아 로마의 위대한 옛 전통으로 돌아가려는 것이었다. 그것의 구체적인 형태는 이교의 부활이었고, 이교의 부활은 당연히 기독교의 억압으로 이어졌다. 그러나 20개월의 통치 기간 동안 기독교인에 대한 학살은 없었다. 율리아누스는 종교의 자유라는 명분으로, 이교도들이 입은 피해를 배상한다는 명분으로, 교육을 개혁한다는 명분으로, 예루살렘 신전을 재건함으로써 기독교인들에게 피해를 주었다. 만일 그의 통치 기간이 더 길었더라면 어떠했을까? 그가 페르시아 전쟁을 승리로 이끌었다면 그의 대기독교 정책은 어떻게 변했을까? 막시모스의 제자였던 율리아누스는 기근이 든 안티오키아에서 하루에 백 마리의 소를 잡는 희생제를 치를 정도로 이교 의식에 열중한 인물이었다. 그러니 그의 치세가 더 길었다면, 제위 초에 내걸었던 종교의 자유가 기독교 박해로 변질되었을지도 모른다. 아마도 당시 기독교인들은 이러한 상황의 도래를 우려했을 것이다.[16] 그러나 다른 한편으로 그렇지 않았을지도 모른다. 왜냐하면 이교는 도그마가 아니라 실용적인 종교였기 때문이다. 이교도들은 자기가 좋아하는 신에게 질병 퇴치와 다산 등을 기원하면서 제사를 지냈지, 진리를 전하지는 않았다. 이교가 기독교와 달리 다른 종교를 박해하지 않았음은 기독교 이전의 로마 역사가 증명하는 바다.

그러나 역사는 가정 위에서 평가하지 않는다. 율리아누스는 종교의 자유를 주장한 황제이다. 율리아누스 이후 이데올로기적인 반달리즘 때문에 많은 비문이 파괴되어 진상을 알 수는 없다. 하지만 그나마 남아 있는 비문을 바탕으로 판단하건데 당시에 이미 현명한 기독교인들은 율리아누스의 관용령을 높이 평가했다. 율리아누스는 기독교를 적대시 하기는 했으나 말살하지는 않았다. 관용 정신의 선구자인 몽테뉴도 이 점을 높이 평가했다.[17] 율리아누스는 안토니우스 피우스의 시대로 돌아 가려 했으며, 마르쿠스 아우렐리우스 황제를 본받고자 했던 철인-군주 였다. 율리아누스는 철학자들의 학회에 직접 참가했고, 〈헤라클리오스에 반대함〉이라는 글을 발표했으며, 페르시아 원정을 준비하는 동안에 도 〈갈릴리인들에게 반대함〉이라는 글을 썼다. 그는 헬레니즘 철학자 의 고귀한 덕성을 지니고 있던 황제였다. 이제 그에게서 "배교자"라는 기독교적인 부당한 표찰을 떼어내야 한다.

12장

아테네 민주정의 경이

모든 시민의 평등한 정치 참여를 보장한 아테네 민주정은 그야
말로 경이롭다. 능력이 아니라 추첨으로 사람을 뽑고, 죄의 유
무에 관계없이 투표로 사람을 추방한 아테네 민주정은 놀랍고
이상하다. 정상적인 정치문화에서는 상상할 수 없는 제도들이
다. 이 단계에서 이미 아테네는 민주정에서 이탈하여 폭민정으
로 넘어갔다는 평가를 할 만하다. 그렇지만, 여러 가지 한계와
환상에도 불구하고, 아테네 민주정은 시민이 정치에 참여했다
는 단 한 가지 사실만으로도 우리의 부러움을 사기에 충분하
다. 아테네 민주정은 중세의 자치 도시로 이어지며 근대 시민
혁명으로 발화한다. 우리나라 역사에서 시민들이 민회를 구성
하고 재판을 담당하는 등의 역동적인 정치 참여가 있었는지를
비교하면, 서양의 힘을 느낄 수 있는 대목이다.

유럽의 발명품, 민주주의

신화에서부터 이야기를 시작하도록 하자. 오늘날 레바논 지역의 한 해변에서 놀고 있던 페니키아의 공주 에우로페Europe는 황소로 변한 제우스신의 유혹에 넘어가 황소의 등을 타고 바다 건너 크레타 섬으로 온다. 이 둘 사이에서 태어난 사람이 미노스 왕이다. 이렇게 해서 유럽의 역사가 시작된다.

이 신화는 유럽 문명이 동양에서 전래되었음을 알려준다. 유럽과 아시아라는 지리적인 경계는 문명사에서는 아무 의미가 없다. "빛은 동방에서"라는 말처럼 동방에서 먼저 일어난 문명이 유럽으로 전해진 것이다. 유럽을 종교적으로 특징짓는 기독교 역시 동방에서 왔다. 크레인 브린톤이 재미있게 표현했듯이, 유럽은 "알파벳에서 집고양이에 이르기까지 수천 가지의 유산들"을 상속받았다. 그러나 단 한 가지 매우 중요한 것이 동방에는 없었으니, 민주주의가 바로 그것이다.[1]

민주주의는 유럽의 발명품이다. 오늘날에는 '인민의 지배'가 자연스러운 정치체제이지만, 이러한 체제가 자연스럽게 받아들여지지 않았을 그 옛날에 민주주의가 시행되었다는 사실은 정말 경이롭다. 우리나라도 반만년의 유구한 역사를 자랑하지만 왕이나 귀족들이 정치를 독점했을 뿐 민중이 정치에 참여한 민주주의의 흔적은 찾아볼 수 없다. 흔히 유럽인들은 비유럽을 정체停滯적인 사회라고 규정하지만, 적어도 정치체제의 측면에서는 이러한 오리엔탈리즘을 부정할 수 없을 것 같다. "아시아적 전제"라는 듣기 거북한 말대로 아시아는 대체로 왕정체제를 유지해온 반면, 서양의 정치체제는, 폴리비오스(기원전 202~기원전 120)

그리스 역사가인 폴리비오스. 그는 정치체제가 왕정에서 귀족정으로, 귀족정에서 민주정으로 변해간다고 주장했다.

가 설명한 대로, 왕정에서 귀족정 그리고 민주정으로 변해갔다. 이러한 점에서 서양은 역동적이었다. 페르시아의 정치체제를 통해서도 이 점을 확인할 수 있다. 국왕 캄비세스가 죽은(기원전 522) 후 벌어진 회의에서 왕정, 귀족정, 민주정 가운데 어떤 정치체제를 선택할 것인가에 대해 논의가 분분했다. 오타네스는 다음과 같이 민주정을 제안했다.

대중에 의한 정치는 첫째로 만민 평등이라는 참으로 훌륭한 명분을 갖고 있고, 둘째로 이 체제하에서는 독재체제하에서 일어나는 일이 행해지지 않소. 관리들은 추첨에 의해 선출되고 책임감을 갖고 직무를 수행하며, 모든 국가 정책은 여론에 의해서 결정되오.

이에 대해 메가비조스는 국정은 소수자의 과두통치에 맡겨져야 한다며 귀족정을 주장했다.

오타네스가 독재제를 폐기해야 한다고 말한 데 대해서는 나도 전적으로 동의하지만, 주권을 민중에게 맡겨야 한다는 견해는 잘못이라고 보오. 대중은 쓸모없을 뿐만 아니라 무식하고 무책임하며 폭력적이오. 따라서 독재자의 악정을 피하기 위해서 폭도의 광포한 손에 빠지는 일이 있어서는 절대로 안 되오. 왕은 그래도 의식적으로 심사숙고해서 행동하지만 군중은 그렇지 않소. 본래 무엇이 옳고 정당한지 배운 일도 없고 이것을 스스로 깨달을 능력도 없는 자들이 어떻게 그런 자각을 할 수 있겠소. 대중은 마치 분류奔流하는 강물처럼 무턱대고 국사를 밀고 나갈 뿐이오. 따라서 민주정치란 페르시아의 적들만이 생각할 수 있는 것이오. 우리는 가장 우수한 일단의 인재들을 선발하여 이들에게 주권을 부여해야 하오.

다리우스 1세의 아들인 크세르크세스. 그는 왕을 중심으로 한 페르시아군이 모두 똑같이 자유로운 아테네군보다 우위에 있다고 판단했다.

그러나 회의에서 채택된 체제는 민주정도 귀족정도 아닌, 다리우스가 주장한 왕정이었다. 가장 뛰어난 한 사람의 통치보다 더 훌륭한 체제는 없다는 공감대가 형성되었던 것이다.[2] 결국 다리우스가 왕으로 뽑혔다. 그는 기원전 490년에 그리스를 침입하는데 그것이 바로 페르시아 전쟁이다. 정치체제의 측면에서 보면, 이 전쟁은 왕정과 "페르시아의 적들만이 생각할 수 있는" 체제인 민주정이 맞붙은 전쟁이었다. 10년 후에 크세르크세스도 그 점을 강조했다. 그는 그리스인 데마라토스에게 다음과 같이 말했다. "그 수가 1천이든 1만이든, 혹은 나아가 5만이든, 특히 그들이 한 지휘자의 지휘봉 아래 있지 않고 모두 똑같이 자유롭다고 한다면 어떻게 이런 대군을 맞이하여 대항할 수 있겠소? 더군다나 그들의 수를 5천이라고 하면 우리 병력은 그들 한 사람에 대해 1천 명 이상이 되오!" 크세르크세스의 호언장담에 데마라토스가 대답했다.

그들은 물론 자유스럽습니다만 전적으로 자유로운 것은 아닙니다. 그들은 법(노모스)이라는 왕을 섬기고 있습니다. 그들이 이것을 두려워하는 정도는 전하의 신하들이 전하를 두려워하는 정도를 훨씬 능가합니다.[3]

페르시아 사람들은 전제군주를 섬기는 신민臣民들이지만, 그리스 사람들은 법을 섬기는 시민市民이라는 뜻이었다. 결국 전쟁은 시민의 승리로 끝났다. 물론 그들이 시민이었기 때문에 전쟁에서 승리했다고 단정지을 수는 없다. 여러 가지 요인이 개입했을 것이며 또 우연의 힘도 작용했을 것이다. 그러나 결과적으로 그것은 자유와 전제의 싸움에서 자유가 승리했음을 보여주었다. 그러니 역사를 공부하는 사람으로서 그 옛날 아테네인들이 보여준 '자유의 힘'에 대해 생각해보지 않을 수 없다. 이제부터 아테네의 시민들이 이룩한 사회를 좀 더 자세히 들여다보자.

아테네 민주정의 틀

아테네에서 민주주의로의 개혁은 기원전 6세기에 이루어졌다. 6세기 초 아르콘(통치자)으로 뽑힌 솔론은 아테네의 시민이 부채 때문에 노예로 전락하는 것을 막기 위해 인신 담보 채무를 없애버렸다. 이렇게 해서 아테네에 가난한 시민이 많이 늘어났다. 시민단을 개편할 필요성을 느낀 솔론은 '재산'을 기준으로 하여 시민을 네 등급으로 나누었다. 상위 두 등급은 아르콘으로 피선될 수 있는 자격을 부여받았다. 세 번째 등급은 중무장 보병으로 근무할 수 있었으며, 무장 능력을 갖추지 못한 테테스(빈민)는 네 번째 등급으로 편입되었다. 그러나 최하위 계층도 아테네의 시민이었기 때문에 민회에 참석하고 인민 법정의

그리스와 페르시아 사이의 전쟁. 민주정과 왕정이 맞붙은 이 전쟁에서 민주정이 승리했다.

배심원으로 일할 수 있었다. 다시 말해 최하위 계층에게도 어느 정도의 정치적인 권리가 부여된 것이다. 또한 이제 부유한 시민들은 과거에는 귀족에게만 열려 있던 아르콘이 될 수 있었으니, 솔론의 개혁에 의해 '혈통'에 의거하는 신분사회에서 '능력'에 의거하는 민주사회로의 이행이 시작되었다고 말할 수 있다.

6세기 말, 클레이스테네스는 더욱 철저한 민주개혁을 단행했다. 우선 필요한 일은 귀족들의 전통적인 세력기반을 해체하는 일이었다. 아테네는 원래 혈연에 기초한 네 개의 부족으로 구성되어 있었고, 부족의 하위 단위로는 씨족들이 연합하여 만든 프라트리아(형제단)가 있었다. 클레이스테네스는 이 같은 혈연적인 성격의 부족 구조를 열 개의 부족으로 개편했다. 그는 아테네 전국을 시내, 해안, 내지의 세 구역으로 나누고, 각 구역을 다시 열개의 트리튀스로 나누었다. 그 다음, 각 구역별로 한 개씩의 트리튀스를 '추첨'으로 뽑아 세 개의 트리튀스를 조합하여 하나의 부족을 만든 것이다. 이렇게 만들어진 새로운 부족은 거주 지역에 토대를 둔 지연地緣 부족이라고 할 수 있다.

솔론은 시민단을 개편하여 '혈통'에 의거하는 신분사회에서 '능력'에 의거하는 민주사회로의 문을 열었다.

과거에는 프라트리아에서 아테네 시민의 명부를 관리하고 시민의 자격을 심사했지만, 이제 이러한 기능은 데모스demos로 이관되었다. 데모스는 촌락이나 도시의 구와 같은 최소 행정구역으로서 모두 170여 개가 있었다. 어떤 트리튀스는 하나의 데모스로 되어 있었으며 어떤 트리튀스는 열 개의 작은 데모스들로 이루어졌다. 18세 이상의 남자로 심사에 통과한 사람은 데모스에 등재되어 시민의 자격을 부여받았으며 20세가 되면 정식 시민이 되었다. 이사를 해도 여전히 동일한 데모스의 구성원으로 남았고, 그의 후손도 마찬가지였다. 이렇게 시민들은 철저하게 데모스 단위로 구분되었다. "혈통을 묻지 마라"는 것이 시민단 개편의 표어였다. 이처럼 데모스의 기능이 강화되면서 '데모스의 지배', 곧 민주주의의 토대가 세워진 것이다.

클레이스테네스는 각 부족에서 데모스의 인구에 비례하여 추천된 30세 이상의 후보자들 가운데에서 추첨으로 50명을 뽑은 다음 500인 협의회를 구성했다. 500인 협의회는 민회의 업무를 조직하고 일상 행정을 보는 기구였다. 500인 협의회는 행정의 능률이라는 측면을 고려하여 10등분한 다음 1년의 10분의 1씩을 책임졌다. 이 하위 위원회(프리타네이아)의 의장은 매일 추첨을 통해 선출했다. 그러니 아테네의 시민이라면 아무리 가난한 사람일지라도 하루 동안은 협의회의 의장이 되거나 운 좋게 민회가 소집되면 민회의 의장이 될 수 있었다. 민회는 전체 시민의 의견이 결집되는 기구이니 만큼 아테네의 가장 중요한 권력기구였다. 민회는 전쟁과 평화, 타국과의 조약과 동맹, 입법과 사법, 시민권과 특권의 부여, 관리의 선출과 감사, 세금의 부과 등에 관해 의결했다.[4]

아테네의 시민들은 재판에도 참여했다. 솔론의 개혁에 의해, 아르콘의 판결에 불복할 경우 민회에 항소할 수 있게 되었다. 그러나 민회는 시민 전체가 소집되는 비효율적인 기구였기 때문에 민회로부터 독립된 법정이 설치되었다. 평결은 배심원의 다수결 투표에 의해 내려졌다. 배심원은 매년 심사를 거쳐 작성되는 6천 명의 배심원 명부에서 추첨으로 선발되었다.

유명한 재판 사례를 하나 살펴보자. 기원전 399년, 당시 일흔 살의 소크라테스는 "새로운 신들을 끌어들이고 젊은이들을 타락시킨다"는 죄목으로 고발되었다. 재판이 열렸고, 501명의 배심원 가운데 찬성 280 대 반대 221로 유죄판결이 내려졌다. 다음 단계는 형량을 결정하는 일이었다. 형량은 배심원들이 자유롭게 결정하는 것이 아니라 원고와 피고가 제안한 형량 가운데에서 택일하도록 되어 있었다. 만일 소크라테스가 유죄를 인정하고 가벼운 형량을 제안했더라면 그의 제안이 채택되었을지도 모른다. 그러나 소크라테스가 재판 자체를 무시하면서 벌금형을 제안하자, 이미 유죄 판결을 내린 배심원들은 원고의 요구대로 사형을 선고했다.

이렇게 아테네의 시민들은 민회, 500인 협의회, 인민 법정 등의 기구를 통해 국가의 정치에 참여했다. 그 옛날에 시민들이 능력이나 재산 여부에 관계없이 정치에 참여할 수 있는 제도가 마련되었다는 사실이 참으로 놀랍기만 하다.

추첨제의 환상

그러나 자세히 살펴보면 실질적인 권력은 여전히 귀족의 수중에 들어 있었다. 아테네의 정치체제는 원래 왕정이었는데, 기원전 7세기 초에 왕의 권력이 아르콘에게 이관되었다. 아르콘 에포뉘모스는 행정을 담당했으며, 폴레마르코스는 군사령관이었다. 아르콘 바실레우스는 종교를 담당했는데, 그것은 종교가 바실레우스(왕)의 고유 기능이었기 때문이다. 7세기 중엽, 아르콘의 수는 법정을 관리하는 6명의 테스모테타이를 포함하여 모두 9명으로 늘어났다. 아르콘은 귀족에게만 개방되어 있었고 임기도 종신이었으나, 후에는 10년으로, 또 다시 1년으로 줄었다. 이들은 재선이 금지되었기 때문에 임기를 마친 후에는 아레오파구스 회의에 들어갔으며, 이 귀족회의에서 아르콘을 선출했다.[5]

이렇듯 아르콘은 철저히 귀족의 전유물이었다. 민주화의 관건은 아르콘 직이 민중에게 개방되는 것이었다. 솔론의 개혁에 의해 상위 두 등급의 시민이 아르콘으로 선출될 수 있었고, 클레이스테네스의 개혁에 의해 민회에서 직접 아르콘을 선출하게 되었다. 아르콘은 500명의 사전 선출된 후보자들 가운데에서 추첨으로 뽑혔으며, 487년까지는 여전히 상위 두 계급에게만 제한되어 있었다. 그 후 아르콘 직은 제3등급에게도 개방되었으며 최종적으로는 제4등급에게도—비록 그들이 선출될 가능성은 없었지만—개방되었다. 이렇게 귀족정의 상징이었던 아르콘은 최종적으로 아테네의 모든 시민에게 개방되었으며 선출방식도 추첨으로 바뀌었다. 아테네의 정치체제가 귀족정에서 민주정으로 넘어간 것이다.

아테네 민주정의 꽃을 피운 페리클레스.

바로 이 대목에서 우리는 아테네 민주정의 민주성에 대해 놀라움을 금치 못한다. 국가의 최고 권력자인 아르콘을 능력에 의해 뽑지 않고 추첨에 의해 뽑는다는 것은 정상적인 정치 문화에서는 상상할 수도 없는 일이기 때문이다. 그렇다면 이것을 어떻게 이해할 수 있을까? 당시는 신들이 지배하는 시대였기 때문에 최종 판정을 신의 현명한 선택에 맡겼다는 식으로 이해하려고 해도 그것만으로는 만족할 만한 대답이 될 것 같지 않다. 우리의 관점으로 기원전 5세기의 아테네를 판단하는 것은 시대착오일지도 모른다. 그러나 설사 그렇다 해도 인간 사회에서 그럴 수 있을까 하는 의문이 여전히 남는다. 결국 중요한 것은 사실이다. 사실을 제대로 보고 판단해야 한다.

사실은 이렇다. 아르콘 직이 민중에게 개방되면서 아르콘의 권력은 줄어들었다. 군사령관인 폴레마르코스는 군사 지휘권을 스트라테고스에게 넘겼고, 이들이 행정 업무도 관장했다. 아르콘은 사법관으로 그 역할이 축소되었으며 그나마 5세기 중엽에는 최종심을 담당하지 못하고 예심만 담당하게 된다.

이렇게 본다면, 아테네 민주정에서 민중은 국사에 참여했지만, 실질적인 권력에서는 배제되었다고 말할 수 있다. 중요한 것은 스트라테고스였다. 과연 민중이 스트라테고스가 될 수 있었을까? 10인 스트라테고스 위원회가 설치된 것은 클레이스테네스(BC 570?~BC 508?) 시대에 부

고대 그리스 역사가인 투키디데스.
스트라테고스는 유서 깊고 부유한
가문의 전유물이었다.

족제가 개편될 무렵이다. 아테네의 군대는 각각의 부족에서 차출한 부대로 구성되었는데, 이 각각의 부대를 지휘하는 사람이 바로 스트라테고스였다. 추첨으로 아르콘을 선출하기 시작한 이후, 스트라테고스는 기존의 폴레마르코스를 대신하여 군사령관이 되었다. 스트라테고스는 다른 행정관들이 추첨으로 선출되는 것과는 달리 매년 선거로 선출되었으며, 무한 재선이 허용되었다. 과거 군사 지휘관인 폴레마르코스가 중임할 수 없었던 것과 비교하면 이제 한 사람이 정치권력을 장악할 기회가 열린 셈이었다. 아테네 민주정을 대표하는 페리클레스는 스트라테고스를 15번이나 연임했다. 역사가 투키디데스도 스트라테고스로 선출되어 해군을 지휘한 적이 있었다. 이론적으로는 민중도 스트라테고스가 될 수 있었으나, 실제로 스트라테고스는 유서 깊고 부유한 가문의 전유물이었다.

스트라테고스가 선거에 의해 뽑혔다는 사실은 추첨제의 환상을 무너뜨린다. 앞에서 인용한 페르시아인도 말했듯이, 추첨제는 민주정의 상징이었다. 그러나 민중이 최고 권력자인 스트라테고스로 선출될 가능성은 거의 없었다. 민중의 압력에 의해, 혹은 민중에 영합하기 위해

아테네의 개혁가들은 추첨제라는 것을 도입했지만 정치권력의 향방은 선거를 통해 결정되었다. 정말로 아테네에서 최고 권력자를 능력이 아니라 추첨으로 뽑았다면 그것은 참으로 기이한 제도였을 것이다.

참여민주주의의 어려움

우리는 편의상 "아테네의 시민"이라고 불렀지만, 엄밀히 말하면 국민이다. 왜냐하면 아테네는 도시국가polis였기 때문이다. 암흑기가 끝난 기원전 8세기의 그리스는 수백 개의 도시국가로 나뉘어 있었다. 도시국가는 도시와 주위의 농촌으로 구성되는데, 도시에서 정치와 종교행사가 벌어졌다. 따라서 농촌에 거주하는 '시민'이 도시에 와서 정치 활동을 하는 것은 피곤한 일이었을 것이다.

도시국가의 면적은 어떠했을까? 8,500평방킬로미터인 크레타 섬에는 100여 개의 도시국가가 있었으니 도시국가의 평균 면적은 85평방킬로미터였다. 중부 포키스 지방에는 22개의 도시국가가 있었는데 포키스 지방의 면적이 1,650평방킬로미터였으니 이곳 도시국가의 평균 크기는 80평방킬로미터였다. 이러한 도시국가는 작은 편에 속했다. 코린토스(880평방킬로미터)와 아르고스(1,400평방킬로미터)는 대국이었다. 우리가 관심을 가지고 있는 아테네의 면적은 2,500평방킬로미터로 초강대국에 속했다. 가장 큰 도시국가는 스파르타였는데 메세니아를 포함하여 8,400평방킬로미터였다.[6]

그렇다면 아테네의 인구는 얼마나 되었을까? 일반적인 폴리스는 시민의 수가 보통 5천 명을 넘는 경우가 드물었는데 반해, 아테네 시민은 4만 명에 이르렀다. 시민에 포함되지 않는 여자와 미성년자들, 거류 외인, 그리고 노예 등을 포함한다면 전체 주민은 30만 명에 달했던 것으로 추산된다. 대략 기원전 5세기 중엽과 4세기 중엽 사이에 전체 아테네의 인구는 시민과 그 가족이 약 50퍼센트, 거류외인이 10~15퍼센트, 노예가 약 35~40퍼센트였을 것으로 생각해볼 수 있다.[7] 제주도의 면적이 1,847평방킬로미터이고 인구가 55만이니 제주도보다 조금 큰 땅에 조금 적은 사람들이 살고 있었던 것이다.

도시에 사는 시민은 시내의 광장에서 열리는 민회나 재판 등에 참석하는 것이 어렵지 않았겠지만 농촌에 사는 시민에게는 힘들고 귀찮은 일이었을 것이다. 민회만 해도 1년에 약 40차례, 대략 9일에 한 번 꼴로 빈번하게 열렸다. 민회의 표결방식은 보통 거수표결이었으며, 6천 명을 의결정족수로 규정한 경우에 한해 투표로 표결하였다. 그러나 투표로 표결하는 경우는 드물었는데 이를 통해 이 정도의 시민이 민회에 참석하는 경우는 많지 않았다고 짐작할 수 있다.[8]

아테네의 시민들이 정치에 참여할 수 있기 위해서는 생계를 위한 노동에서 자유로워질 필요가 있었다. 이러한 의미에서 노예제도는 민주주의의 엔진이었다고 말할 수 있다. 게다가 솔론이 인신 담보 채무를 없앤 이후 아테네 시민이 채무로 인해 노예가 되는 일이 없어졌기 때문에 필요한 노예를 외국에서 들여오게 되었다. 이러한 노예는 외국인으로, 당연히 시민권이 없었다. 노예에게 경제 노동을 맡긴 시민들은 정치에 참여함으로써 시민으로서의 노동을 하고 시민임을 확인할 수 있었다. 아리스토텔레스가 "인간은 정치적 동물"이라고 정의한 것은 바로 아테네의 시민을 보고 한 말이었다. 시민을 노예와 구분시켜주는 것은 자유인데, 그 자유의 의미는 바로 정치에의 참여였다.

그러나 노예가 노동을 분담하기는 했어도 시민의 정치 참여는 여전히 귀찮은 일이었을 것이다. 민주주의를 유지하기 위해서는 시민들을 지속적으로 끌어들일 유인책이 필요했는데, 이를 위해 '수당 지급'이라

파르테논 신전 건축으로 수백 명의 아테네 노동자들이 20여 년간 일자리를 얻을 수 있었다.

는 것이 고안되었다. 민회에 출석하거나 배심원으로 활동하는 사람들에게 수당이 지급되었던 것이다. 원래 시민의 정치 참여는 국가(공화국)에 대한 의무였으나 수당 지급으로 말미암아 제도 본래의 취지가 훼손되었다. 이러한 이유로 소크라테스는 페리클레스가 배심원 수당제를 도입함으로써 아테네인들을 타락시켰다고 비판했다.[9] 하지만 더 큰 문제는 재원을 지속적으로 확보하는 일이었는데, 이를 해결할 유일한 방법은 외부에서 돈을 구해오는 것이었다. 아테네는 페르시아 전쟁에서 승리한 후 델로스 동맹을 결성해서 맹주로 군림했다. 원래 델로스 동맹은 페르시아의 재침에 대비하여 함정, 병력, 돈을 준비하는 것이었으나 나중에는 동맹국들에게 공납금을 바치도록 했고 동맹 기금도 델로스에서 아테네로 아예 옮겨버렸다. 아테네는 동맹국의 내정에 개입했으며 아테네의 화폐와 도량형을 강요했다. 아테네는 제국이 된 것이다. 결국 페리클레스는 동맹국의 주머니에서 나오는 돈을 가지고 아테네 시민들에게 수당을 지급했던 것이다. 아리스토텔레스의 말에 따르면, 이런 식으로 아테네는 2만 명 이상의 시민을 먹여 살렸을 뿐만 아니라 파르테논 신전 건축 등의 사업을 벌여 수백 명의 노동자들에게 20여 년간 일자리를 공급할 수 있었다.[10]

이렇게 아테네의 놀라운 민주주의는 내적으로는 노예제도, 외적으로는 제국주의 덕분에 유지될 수 있었다. 민주주의의 어두운 면이요 대가代價라고 말할 수 있다. 또 하나의 한계로 지적될 수 있는 것은 여성들이 정치에서 배제되었다는 사실이다. 그러나 여성의 정치 참여가 지난 세기에 비로소 시작되었다는 것을 생각하면 기원전 5세기의 아테네 사람들에게 이것까지 기대하는 것은 지나친 요구가 아닐까 싶다. 아테네 민주주의는 전체 주민의 10퍼센트 정도인 성인 남자 시민만이 참여하는 제도였다. 한계가 없지는 않지만, '시민이 참여했다'는 것만으로도 대단한 일이라 생각된다.

대중독재

민주주의가 가장 두려워하는 것은 참주의 등장이다. 아테네 시민들은 참주를 몰아내는 정도가 아니라 참주가 될 소지가 있는 사람, 또는 그저 인기가 있는 사람을 몰아내는 제도를 만들었는데, 그것이 바로 도편추방제Ostracism라는 기이한 제도였다. 도편추방제는 클레이스테네스가 만든 것이지만 처음 실시된 것은 기원전 487년, 참주였던 히파르코스를 몰아낼 때였다. 이후 417년까지 모두 11명이 추방되었다. 70년 동안 11명이 추방되었으니, 6년 반마다 도편추방제를 시행한

아테네 시민들은 참주, 또는 참주가 될 소지가 있는 사람을 몰아내기 위해 도편에 이름을 적었다.

셈이다. 11명 가운데 처음 세 명은 원래의 법 취지대로 참주를 예방하기 위해 추방된 것으로 볼 수 있다. 하지만 그 후에 도편추방제는 정적 제거의 수단으로 변질되었다. 펠로폰네소스 전쟁이 한창이던 417년, 알키비아데스가 정적인 휘페르볼로스를 도편추방하자 아테네 시민들은 그것이 위험한 제도라는 것을 인식하기 시작했고, 이후 도편추방제는 더 이상 시행되지 않았다.

도편추방의 절차는 신중했다. 먼저 도편추방이 필요한지의 여부를 결정하는 투표를 실시했다. 그것이 필요하다고 결정될 경우, 추방하고 싶은 사람의 이름을 도자기 조각ostrakon에 기입했다. 토론 없이 투표가 진행된 것은 선동을 방지하기 위해서였다. 투표가 끝나면 도편을 셌는

데, 먼저 정족수인 6천 표가 되는지를 확인했고, 그 다음은 개인별 집계를 통해 최다 득표자를 추방하는 식이었다. 이렇게 결정된 사람은 10일 이내에 아테네를 떠나야 했다. 6천 표를 정족수로 보지 않고 추방에 필요한 가결수로 보는 견해도 있는데, 아테네의 인구나 선거 참석 상황 등을 고려해볼 때 6천이라는 숫자는 정족수로 보는 게 옳을 것이다. 어쨌든 6천 표를 가결수가 아니라 정족수로 본다 해도 이것은 매우 신중한 제도였다.

추방 기간은 10년이었다. 당사자만 추방했고 재산은 몰수하지 않았으며 시민권도 보전해주었다. 이는 "참주제의 수립을 기도하거나 방조한 자는 그와 그의 씨족이 가진 시민권을 박탈하고 법률의 보호에서 배제한다"는 페이시스트라토스의 반反참주법에 비하면 온건한 편이었다. 그러나 도편추방제는 어리석은 제도였다. 유명한 사례를 살펴보자. 플루타르코스는 483년 민주파의 우두머리인 테미스토클레스가 귀족파의 우두머리인 아리스테이데스를 추방할 때의 에피소드를 전해준다.

어떤 무식한 시골 사람이 자기가 가진 조개껍질을 옆에 서 있는 아리스테이데스에게 주며 아리스테이데스의 이름을 써달라고 부탁했다. 그는 시골 사람에게 아리스테이데스로부터 무슨 억울한 일을 당했느냐고 물었다. 그 사람은 태연히 말하기를, '아니요, 그 사람이 어떻게 생긴지도 모르오. 그렇지만 항상 의인이라고 떠드는 소리가 싫지 뭡니까?'

아리스테이데스는 의인답게 자기 이름을 써주고 추방당했다. 아리스테이데스가 죄가 있어서 추방당한 것이 아니었다. 유명하다는 것이 아테네 민주정에서는 죄가 되었던 것이다. 이런 의미에서 도편추방제는 정의롭지 못한 제도였다. 민주주의는 독재를 예방한다는 명분으로 대중독재를 실시했다. 이 시기는 아테네 민주주의의 절정기인 페리클레스 시대였다. 급진 민주주의자였던 에피알테스를 계승해 기원전 457년 아테네의 지도자가 된 페리클레스는 스트라테고스를 15차례나 연임했고 443년에 투키디데스(역사가 아님)를 추방한 다음 429년 페스트로 죽을 때까지 30여 년 동안 거의 절대적인 권력을 행사했다. 플루타르코스에 의하면, "페리클레스는 부자요 귀족이며 명문 태생이었으므로 조개껍질 재판으로 추방될까 항상 걱정했다"고 한다. 도편추방제는 비록 자주 시행되지는 않았지만 사람들을 불안에 떨게 하는 제도였다. 그리고 어떤 이들은 그 불안을 이용하였다. 대중의 도편추방을 두려워했던 페리클레스는 대중에 영합하는 민주주의 정책을 취하고, 대중을 동원하는 도편추방을 이용하여 권력을 유지했던 것이 아닐까? 메가비조스가 말한 대로, "폭도의 광포한 손"을 이용한 것이 아닐까? 아테네 민주주의는 노예제도와 제국주의뿐만 아니라 민중의 힘까지 동원한 제도였다.

아테네 민주정의 몰락

아테네 민주주의는 페리클레스 시대에 절정에 달했다. 민회의 권한이 강화되어 직접민주주의가 실현되었으며, 국고가 넉넉해진 덕분에 시민들에게 수당이 지급되었고 그 결과 참여민주주의가 실현되었다. 이러한 성격의 민주주의를 지속하기 위해서는 그만큼 동맹국을 압박할 필요가 있었다. 아테네의 과도한 해외 정책은 스파르타를 자극했고 이것은 펠로폰네소스 전쟁으로 이어져 결국 아테네 제국을 몰락시켰다. 민주주의 속에 몰락의 목마木馬가 숨어 있었던 셈이다.

펠로폰네소스 전쟁에서 패배한 이후, 아테네의 민주주의는 외적 지주를 상실하고 흔들린다. 428년, 페리클레스를 계승한 클레온은 레스보스 섬의 미틸레네가 반란을 일으키자 섬에 살고 있던 남자를 모두 죽이고 여자와 아이들을 노예로 매각해버렸다. 425년, 페리클레스의 조카이며 소크라테스의 제자인 알키비아데스는 델로스 동맹에 가담한 적도 없는 멜로스 섬에 공납금을 부과했다가 거부당하자 이 섬을 병합한 후 남자들을 모두 죽이고 여자와 아이들을 노예로 매각했다. 알키비아데스는 시칠리아 섬의 시라쿠사에 대한 원정을 앞두고 신성 모독죄로 고발당하자 스파르타로 도주한 후 스파르타군을 이끌고 아테네를 공격했으며, 그 후 페르시아에 갔다가 다시 아테네로 돌아와 아테네 함대 사령관이 되어 스파르타 군을 무찌른 파란만장한 인물이다.

431년에 시작된 펠로폰네소스 전쟁은 404년에 끝난다. 승리한 스파르타나 패배한 아테네나 결국에는 모두 패배한 소모전이었다. 아테네에서, 크리티아스—그 역시 소크라테스의 제자였다!—는 스파르타의 힘을 등에 업고 과격한 30인 과두정을 세운 다음 1,500여 명의 시민을 학살하고 재산을 몰수하는 등 공포정치를 실시했다. 1년 후 민주정이 회복되자 아테네 시민들은 민주주의의 복수를 도모했다. 399년, 아테네의 시민들은 소크라테스를 재판에 회부하고 사형을 선고한다.

그러나 이 사건은, 플라톤과 크세노폰에 의하면, "아테네 민주주의의 속죄할 수 없이 부끄러운 사건"이었다. 소크라테스가 아테네 시민들의 미움을 산 이유는 무엇일까? "새로운 신들을 끌어들이고 젊은이들을 타락시킨다"는 죄목은 소크라테스가 사람들에게 질문만 하고 해답은 가르쳐주지 않음으로써 회의주의를 조장하고 다닌다는 비난과 관계가 있을 것이다. 그러나 진짜 이유는 사회적인 데에 있었던 것으로 보인다. 우선 그의 제자인 알키비아데스와 크리티아스의 반민주주의적인 행위를 들 수 있다. 그 제자에 그 스승이라는 논리로 제자의 잘못을 스승에게 물은 것이 아닐까? 사실, '소크라테스의 친구들' 은 귀족적인 형제단으로 비쳤으며, 남색을 하고 다닌다는 의심을 받았다. 그들은 공공연하게 아테네보다 스파르타가 더 훌륭한 정치체제라고 떠벌이고 다녔다. 크세노폰에 따르면, 소크라테스는 나라의 관리를 추첨으로 뽑는 것을 비판했는데, 이러한 행위는 아테네 민주주의의 기반을 위협하는 것이었다.

소크라테스 시대의 지식인들은 민주주의에 대해 비판적이었으며 회의적이었다. 그들은 소크라테스와 같은 뛰어난 사람을 몰아내는 '도편추방' 을 더 이상 용납할 수 없었고, 능력과 관계없이 추첨으로 사람을 뽑는 우매한 민주주의를 최선의 정치체제라고 생각하지 않았다.

플라톤은 스승을 죽인 아테네 민주정에 대해 환멸을 느꼈다. 그는 《국가론》에서 아테네의 민주주의를 철학적으로 분석했다. 플라톤에

플라톤은 법이 지배하는 정상적인 체제 가운데에서 민주정이 가장 나쁜 체제라고 주장하며 민주정에 대한 환멸을 표현했다.

의하면, 다섯 가지의 정치체제가 가능한데, 가장 완전한 체제는 철인-왕이 지배하는 체제이다. 여기에서는 아내, 자녀, 교육, 방어 수단 등 모든 것이 공유된다. 다른 네 개의 체제는 이 최초의 황금시대에서 타락한 체제이다. 금권정timocratie, 과두정oligrachie을 거쳐 등장하는 것이 민주정이다. 플라톤에 따르면, 금권정은 명예에 기초하고, 과두정은 부에 기초하는 반면, 민주정은 부자와 빈자의 평등에 기초한다. 마지막 다섯 번째 체제는 욕망에 기초하는 참주정tyrannie이다. 참주정은 법 없이 통치하는 체제이기 때문에 정치 자체의 부정이고 따라서 체제라 할 수도 없다.

플라톤은 민주정이 법이 지배하는 정상적인 체제 가운데에서 가장

나쁜 체제라고 주장한다. "민주정은 빈민들이 부자들에게 승리를 거두고 나서, 일부는 학살하고 일부는 추방한 다음 평등하게 정부와 공직을 추첨으로 나누어 가지면서 시작한다." 민주정은 평등한 사람에게나 평등하지 않은 사람에게나 평등을 부여해주는 "무정부주의적이며 뒤죽박죽인 체제"이다. 이러한 체제에서는 인민의 친구를 자처하면 만사형통이다. 민주주의는 우주의 합리적인 질서에 위배된다. 왜냐하면 이 세상은 엄연히 비례와 균형에 토대를 둔 위계사회인데 민주주의는 산술적인 평등을 우선시하기 때문이다.

체제에서 체제로의 이행은 불가피하다. 따라서 민주정은 참주정으로 이행한다. 민중의 자유에 대한 욕망은 끝이 없다. 민중은 지도자가 자유를 보장하지 않으면 그를 범죄자요 과두주의자라고 고발하며, 행정관에게 복종하는 사람을 예속적인 사람이라고 조롱한다. 그리고 피지배자 같은 지배자, 지배자 같은 피지배자를 찬양한다. 민중은 법을 무서워하지 않으며 어떠한 지도자도 따르지 않는다. 민중은 과두정으로의 복귀를 두려워한 나머지 한 사람의 후견인에게 모든 권력을 양도한다. 이렇게 해서 참주정이 등장한다. "민주주의만큼 참주정을 잘 낳는 제도도 없다. 극단적인 자유로부터 가장 완전하고 가장 무시무시한 예속이 태어난다." 폴리비오스의 체제순환론에 따르면, 민주정은 폭민정을 거쳐 다시 왕정으로 이어진다.

플라톤은 60여 년 동안 민주주의의 극단적인 행태와 타락을 체험한 후 347년, 80세의 나이로 세상을 떠났다. 10년 후 그리스의 도시국가들은 마케도니아의 필립에게 자유와 독립을 양도한다. 아테네 민주정의 종말이었다.

자유로 위장된 전체주의

민중의 지배에 대한 불안은 비단 아테네의 이야기만은 아니었다. 자유와 평등을 기치로 내건 프랑스 혁명 이후의 프랑스 사회는 전통적인 귀족이 몰락하고 부르주아와 민중이 상승하던 민주주의 사회로의 이행기였다. 젊은 귀족 토크빌이 1830년에 미국 여행을 하면서 체험한 미국 민주주의의 특징은 평등이었다. 토크빌이 주목한 민주주의는 사회학적인 개념으로서 그것은 지적인 활동보다는 물질적인 복지, 영웅적인 덕성보다는 편안한 삶을 중요시하는 제도였다. 사람들은 모두가 평등하게 자기 자신의 물질적인 복지만을 추구하고, 국가가 그 욕망을 충족시켜 주기를 기대한다. 또한 자기와 가족의 생명과 재산을 지켜줄 수 있는 강한 국가를 요구한다. 사람들은 개인주의에 빠져 공동체에 관한 것은 국가에게 일임하고, 대중의 무관심 위에서 국가는 공동체와 관련된 일을 독단으로 결정한다. 이렇게 해서 사람들은 사사로운 일에만 매달리고, 결국 가부장적인 국가의 지배를 받는다. 아테네 민주정 식으로 말하면, 국가의 정치에 참여하지 않는 사람들은 더 이상 시민이 아니며, 그런 의미에서 자유를 상실한 것이다. 평등의 대가는 자유의 상실이었다.

민주주의에는 민주주의를 파괴하는 독재의 씨앗이 들어 있다. 아테네 민주정은 보는 시각에 따라 자유로운 체제일 수도 있고, 전체주의적인 체제일 수도 있다. 19세기 프랑스의 역사가인 퓌스텔 드 쿨랑주는 "국가의 절대적인 힘 때문에 고대인들은 개인적인 자유를 알지 못했다"고 말한다. 역사가의 말을 직접 들어보자.

도시는 종교를 토대로 세워졌으며 마치 하나의 교회처럼 구성되었다.

여기에서 도시의 힘과 도시가 그의 구성원들에게 행사하는 전능하고 절대적인 지배권이 나온다. 그와 같은 원리 위에 세워진 사회에서 개인적인 자유는 존재할 수 없었다. 시민은 전적으로 도시에 속해 있었다. (……) 인간에게는 독립적인 것이 전혀 없었다. 그의 육체는 국가에 속했으며 국가의 방어를 위해 바쳐졌다. 로마에서 군복무는 46세까지였으며 아테네와 스파르타에서는 평생 동안이었다. 개인의 재산은 언제나 국가의 처분에 맡겨졌다. 돈이 필요하면 여자들에게는 보석을, 채권자들에게는 채권을, 올리브 나무 주인들에게는 그들이 만든 기름을 무상으로 도시에 양도하라는 명령을 내릴 수 있었다.

사적인 삶은 국가의 절대적인 힘을 빠져나가지 못했다. 그리스의 많은 도시들은 독신을 금했다. 스파르타는 결혼하지 않은 사람뿐만 아니라 결혼을 늦게 한 사람도 처벌했다. 아테네에서는 국가가 노동을 명하는 반면, 스파르타에서는 무위無爲를 명했다. 국가는 사소한 문제까지 간섭했다. 로크리스의 법은 남자들에게 물 타지 않은 포도주를 마시는 것을 금했고, 로마·밀레토스·마르세유의 법은 여자들에게 그것을 금했다. 복장은 각 도시의 법에 의해 하나로 고정되는 것이 보통이었다. 스파르타의 법은 여자들의 머리 모양을 지정했으며, 아테네의 법은 여자들이 옷을 세 벌 이상 가지고 여행하는 것을 금했다. 로데스의 법은 턱수염을 미는 것을 금했다. 비잔티온의 법은 집에 면도기를 가지고 있는 사람에게 벌금을 부과했다. 반대로 스파르타의 법은 코밑수염을 밀어버릴 것을 강요했다.

국가는 기형의 시민을 용납하지 않을 권리가 있었다. 따라서 기형아의 아버지에게 아이를 죽일 것을 명했다. 이 법은 스파르타와 로마의 옛 법에 나와 있다. 우리는 그러한 법이 아테네에도 있었는지 알지 못한다. 단지 아리스토텔레스와 플라톤이 자신들의 이상적인 법에 그것을 포함시켰다는 것을 알고 있다. (……) 국가는 시민들이 국가의 이익에 무관심한 것을 용납하지 않았다. 철학자나 학자들은 초연하게 살 권리가 없었다. 민회에서 투표하고 자기 차례가 되면 정무관이 되는 것이 의무였다. 불화가 빈번하던 시대에 아테네의 법은 시민이 중립을 취할 권리를 인정하지 않았다. 그는 어느 한쪽 편에서 싸워야 했다. 분파들로부터 벗어나 조용히 살기를 바라던 사람들에게 법은 시민권의 상실이라는 가혹한 벌을 내렸다. (……)

이렇듯 고대인들은 사적인 삶의 자유, 교육의 자유, 종교적 자유 등을 알지 못했다. 인간 개개인은 조국 또는 국가라고 불리는 신성하고 신적인 권위에 비해 한없이 미미한 존재로 여겨졌다. 국가는 현대 사회처럼 시민에 대한 재판권만 가진 것이 아니었다. 국가는 어떤 사람이 죄가 없다 하더라도 국가의 이익을 위해서라면 그를 처벌할 수 있었다. 아리스테이데스는 범죄를 저지르지 않은 것이 분명하며 또 그러한 혐의도 받지 않았다.

그러나 도시는 아리스테이데스가 고결한 덕성 덕분에 너무나 많은 영향력을 지니고 있어서 원하기만 하면 위험한 존재가 될 수도 있다는 이유로 그를 (도시에서) 추방할 권리를 가졌다. 사람들은 이것을 도편추방이라고 불렀다. 이 제도는 아테네에만 있던 것이 아니었다. 우리는 도편추방제를 아르고스·메가라·시라쿠사에서도 찾아볼 수 있는데, 아리스토텔레스에 의하면, 그것은 민주적인 정부를 가진 그리스의 모든 도시에 있었던 제도였다. 그런데 도편추방은 징벌이 아니었다. 그것은 언젠가는 도시를 방해할 것이라는 의심을 받던 시민에 대해 도시가 취한 예방조치였다. 아테네에서, 사람들은 비시민적이라는 이유로, 다시 말하면 국가에 대한 애정이 결여되어 있다는 이유로 사람을 고발하고 처벌할 수 있었다. (……) 조국의 이익이 법이나 정의, 도덕 등 그 어떤 것보다 우선한다고 믿었다.[11]

매우 긴 인용이기는 하지만, 고대 도시가 우리의 인식과는 달리, 아마도 고대인들의 인식과도 달리 자유롭지 않은 사회였음을 역설하고 있다. 고대 도시는 플라톤이나 토크빌이 분석한 대로 전체주의적인 사회였고, 플라톤이 비판했던 아테네나 찬양했던 스파르타도 이 점에서는 마찬가지였다는 것이다. 한마디로, 퓌스텔 드 쿨랑주가 전해주는 고대 도시는 거대한 병영을 연상시킨다. 퓌스텔 드 쿨랑주는 고대 도시의 공화주의를 모방하려던 1789년의 혁명가들이 결국에는 공포정치로 빠져들고 만 사실을 상기시키면서 고대 도시는 결코 모방할 가치가 없는 사회라고 고발한다. "고대 도시의 사람들이 자유를 누렸다고 믿는 것은 인간의 착각 가운데에서도 유례없는 착각이다." 정치적 권리를 가지는 것, 투표하고 행정관을 임명하는 것, 아르콘이 되는 것, 바로 이러한 것이 그들이 말한 자유였지만, 그러나 그것은, 우리의 관점에서 보면, 의무에 불과하다. 자유란 "~ 로부터의 자유"이지 "~ 을 할 자유"는 아니기 때문이다.

시민의 힘

이 글에서는 민주주의의 이면을 조명해보았다. 우리는 아테네 민주정을 공부하면서 시민들이 정치에 참여하고, 추첨이라는 방식을 통해 필요한 사람들을 뽑았다는 사실에 대해 놀라움을 금치 못한다. 사실 그들이 국가의 권력자들을 추첨으로 뽑았다면 그것은 민주주의의 상징이라기보다는 중우정치의 상징일 것이다. 그들은 그렇게 하지 않았다. 그들은 민중의 요구에 부응하기 위해 주요 공직을 개방하면서 대신 다른 관직을 만들어 권력을 유지해갔다. 아르콘이 추첨제로 바뀌면서 선거제인 스트라테고스가 권력의 핵심으로 부상한 것이 그 증거이다. 추첨제라는 환상에서 벗어나 아테네 사회를 바라볼 필요가 있다.

아테네 시민들은 정치에 참여하는 것을 '자유'라고 말했으나, 그것은 자연법적인 자유가 아니라 국가에 대한 의무, 다시 말하면 국가에 대한 예속이었다. 아테네 시민들은 자유로운 것 같았으나 사실은 국가에 예속되어 있었던 것이다. 노예는 시민들에게 예속되어 있었고, 시민들은 다시 국가에 예속되어 있었다. 플라톤이 우려했던 참주정은 민주정 내에서 이미 이루어지고 있었던 것이다.

도편추방제는 그 사회가 정의롭지 못한 사회였음을 말해준다. 그것은 죄 있는 사람을 벌하는 제도가 아니라 남보다 뛰어난 사람을 제거하는 평등의 기요틴이었다.

이러한 부정적인 인식에도 불구하고, 아테네 민주주의는 놀라운 제도이다. 특히 오랜 역사에도 불구하고 정치체제의 변화를 겪지 못한 우리에게 그것은 역동성의 상징이다. 부정적이건 긍정적이건 이러한 역동성의 배후에는 시민의 힘이 있다. 그들은 자유와 평등이라는 이념을 계속적으로 실험했던 것이다. 추첨제가 아무리 환상이어도, 그들이 누린 것은 자유가 아니라 의무요 예속이라고 해도, 시민들이 직접 정치에 참여했다는 그 사실 하나만으로도 아테네 민주주의가 정말로 경이로운 제도였음을 부정할 수 없다. 민회가 최고 의사결정기구로서의 역할을 어느 정도 수행했는지는 알 수 없지만, 그러나 그것의 존재만으로도 대단하다. 우리나라의 역사에 민회가 있었던가?

시민이 직접 정치에 참여한다는 정신은 중세 도시로 이어졌다. 시민들은 봉건적인 예속에서 벗어나 자치 도시를 결성하고 시의회를 구성했으며 시장을 뽑았다. 시민혁명은 바로 이러한 자치도시의 정신이 국가적인 차원으로 확산된 것으로 볼 수 있다. 서양이 동양과 달리 민주주의를 꽃피우고, 동양이 서양과 달리 민주주의의 문턱에서 고생하는 이유는 바로 이러한 역사적인 체험의 차이에서 비롯된 것이 아닐까 싶다.

대화로서의 역사

랑케가 말한 "그것이 본래 어떠했나"에 도달하는 것은 불가능하다. 어느 역사가도 만고불변의 진리를 계시할 수 없다. 대화가 필요한 것은 이 때문이다. 대화는 지적 겸손을 요구함과 동시에 지적 비판을 가능하게 해준다. 대화의 필요성은 포스트모던 역사 이론에 의해서도 인정된다. 포스트모던 역사 이론은 역사지식의 보편성과 절대성을 부정하고 역사 지식이 역사가가 생산한 상대적 지식임을 강조한다. 역사가마다 생산한 '나의 지식'과 '너의 지식'이 대화의 장에서 만나지 못하면, 그것들은 독백, 독단, 편견에 그치고 만다. 포스트모던 역사 이론의 지적 허무주의에 빠지지 않기 위해서도 '역사는 대화'임을 명심해야 한다.

역사는 설명이다

역사학은 본질적으로 사실적인 학문이며, 바로 이 점에서, 다른 학문들보다 우월함을 주장할 수 있다. 그러나 역사에 있어서도 사실은 스스로 말하지 않는다. 사실은 역사가의 입을 통해서 나온다. 무질서하게 흩어져 있는 사실들을 실로 꿰어 이야기를 만드는 것은 역사가의 몫이다. 이야기가 달라지는 것은 사실들의 차이 때문이기도 하지만 무엇보다도 역사가의 관점이나 플롯이 다르기 때문이다. 이 점에 대해서는 헤이든 화이트가 이미 상세히 설명한 바 있다.[1] 관점 자체는 우열이 없다. 역사가의 이야기가 옳은지 그른지를 판별할 수 있는 근거는 '사실'의 정확성이다.

역사학은 사실의 열거가 아니라 설명이다. 설명하지 않는 것은 역사가 아니다. 역사적 설명은 '왜?'에 대한 대답이다. 헤로도토스가 역사학의 아버지로 평가받는 이유는 페르시아 전쟁의 원인을 설명했기 때문이다. 역사학은 자연과학이 아니기 때문에 '설명'하지 않고 '이해'한다는 주장은 19세기 해석학의 낡은 주장에 불과하다. 역사학도 당당히 인과적인 설명을 시도하며 이러한 차원에서 과학이라는 지위를 주장할 수 있다.

과학이라는 말에 대해 거부감을 느끼는 사람들이 있을 것이다. 역사학이 과학이라는 말은 지난 세대 사회사가들의 말이지 지금과 같은 포스트모던 시대·문화사의 시대에는 어울리지 않는 말이라고 생각하는 사람들이 있을 것이다. 최근 역사가들의 관심이 '원인에서 의미로, 설명에서 이해로' 옮겨가고 있는 것은 사실이다.[2] 그러나 사건의 원인을 탐구하든, 경과를 추적하든, 의미를 해석하든, 역사가들이 논리적이고 체계적인 설명이라는 과정을 건너뛸 수는 없다. 그럴 경우, 그것은 비록 '이해'를 지향한다고 해도 도저히 이해할 수 없는 이야기가 되고 말 것이기 때문이다. 역사학이 '과학'이라고 말하는 것은 역사학이 논리적이고 체계적인 학문이라는 말이지 무슨 절대적인 진리나 보편적인 법칙을 추구하는 학문이라는 말이 아니다. 설명이라는 것은 무슨 법칙을 기계적으로 대입한다는 말이 아니다. 그것은 단지 상식적인 차원에서 이해할 수 있는 논리를 가지고 이야기 한다는 것이다. 적어도 이러한 차원 위에서만 '대화'라는 것이 가능하지 않겠는가? 몇 가지 설명 방식들을 살펴보자.

내적 설명과 외적 설명

- 노예제의 붕괴 : 서양 고대사회, 특히 공화정 말기의 로마에서 노예는 사회적으로 중요한 생산을 담당했다. 노예의 원활한 공급이 중요했으며, 이를 위해 노예의 주공급원인 전쟁이 지속될 필요가 있었다. 그러나 이 시대는 로마가 지중해 세계를 평정한, '로마의 평화기'였다. 평화 때문에 노예는 충분히 공급되지 못하니, 노예에 토대를 둔 노예제

사회가 흔들렸다. 평화가 로마를 멸망시켰다는 설명이다. 노예의 공급에 초점을 맞추는 이러한 '외적 설명'과는 달리, 수요에 초점을 맞추는 '내적 설명'이 있다. 핀리M. I. Finley 같은 역사가는 사회 내부에 노예제 사회를 필요로 할 만큼 충분히 집중된 토지의 사적 소유, 상품 생산과 시장의 충분한 발달 등과 같은 조건들 때문에 노예 소유주들은 대외정복전쟁을 통해 노예를 조달했는데, 이러한 내적 요인들이 변화함에 따라 노예제가 쇠퇴하게 되었다고 설명한다. 노예제 사회의 붕괴는 노예의 공급부족이 원인인가? 아니면 노예를 덜 필요로 했기 때문인가? 내적 동력을 중시하는 역사가들은 수요에 초점을 맞추며 외적인 충격을 중시하는 역사가들은 공급에 초점을 맞춘다.

– 중세의 페스트와 인구 감소 : 14세기에 유럽을 강타한 페스트는 인구의 절반을 앗아간 대재앙이었다. 그러나 유럽의 인구 감소는 페스트라는 외적인 요인에 의해서 시작되었나? 유럽의 역사는 이러한 우연적인 요인에 의해 좌우되었나? 내적인 요인을 중시하는 역사가들은 유럽의 인구 감소는 페스트 이전에 시작되었음을 강조한다. 즉, 10세기 말부터 13세기 말까지 유럽의 인구는 2배 내지 3배 증가했는데 13세기 말에 이르러 한계에 도달했고 감소하기 시작했다는 것이다. 페스트는 인구 감소를 촉발시킨 것이 아니라 이미 시작된 인구 감소의 폭을 크게 만들었다는 것이다. 유럽은 내적 요인에 의해 인구의 증감을 겪고 있었다는 설명이다. 이것은 페스트가 끼친 사회·경제적 및 심리적 영향을 과소평가하는 오류를 범하고 있음에도 불구하고 서양의 역사학자들이 강하게 집착하는 내적 설명의 전형이다.

– 봉건제의 붕괴 : 봉건제는 14세기에 가서 무너진다. 원인은 무엇일까? 외적인 힘을 중시하는 역사가는 상업의 충격을 강조한다. 봉건제는 기본적으로 폐쇄적인 자급자족적 농업 경제인데 12세기 이후 상업과

도시라는 요인이 발달하면서 붕괴했다는 것이다. 상업화론자들은 동유럽에서 농노제가 강화된 것도 지중해 세계와의 곡물교역 감소에 의해 설명한다. 반대로, 내적인 동력을 중시여기는 역사가는 14세기에 이르러 봉건적 생산양식 자체가 생산력 증대를 저해하는 질곡으로 작용함에 따라 영주와 농노 간의 대립이 심화되어 결국 봉건제의 위기로 이어졌다고 설명한다.

−가격 혁명 : 16세기의 가격 혁명을 설명하는 데 있어서, 외적 요인을 중시하는 역사가들은 신대륙으로부터의 은의 유입을 강조한다. 반면에 내적 요인을 중시하는 역사가들은, 페스트 이후 감소된 인구가 급속히 회복되면서 수요가 늘고 따라서 곡물가격이 상승하는 등 유럽에서는 '이미' 가격이 상승하고 있었다는 점을 강조한다. 신대륙으로부터의 은의 유입이라는 '우연적인' 요인을 배격하는 것이다. 아마도 유럽은 신대륙의 약탈이 아니라 자체의 힘에 의해 발전했음을 강조하려는 것인지도 모른다.

위에 소개한 사례들 외에도, 모든 역사적인 사건에 대해 내적인 설명과 외적인 설명이 가능하다. 마르크스주의 역사가들은 대체로 내적인 설명을 선호한다. 내적인 설명은 변증법적이며 구조적인 설명이라는 인식 때문일 것이다. 내적인 설명은 역사를 연속 개념으로 파악할 수 있도록 해주며, 외적인 설명에 비해 훨씬 과학적이다. 외적인 설명은 역사를 우연에 의해 설명하는 듯한 인상을 준다. 그렇지만, 외적인 요인이 무시되어서는 안 된다. 질병, 전쟁, 정복, 문화 이식 등에 의해서 하나의 구조가 파괴되거나 변하는 것은 부인할 수 없는 현상이기 때문이다.

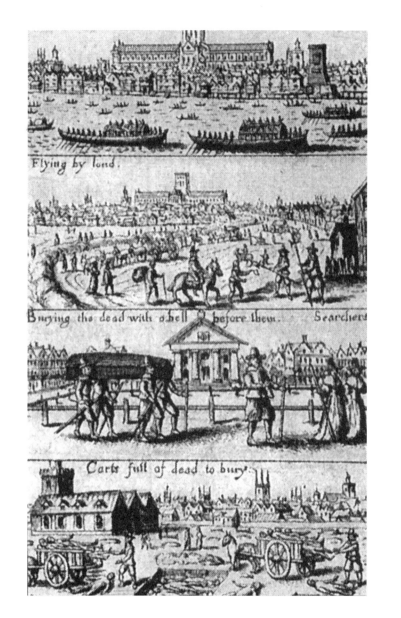

14세기 중세 유럽에 일어난 가장 극적인 변화는 페스트에 의한 인구의 급격한 감소였다.

비교사

비교사라는 것이 있다. 역사적 사건의 일회성·고유성·상대성 등을 강조하던 역사주의는 비교라는 방법을 거부했다. 랑케도 그러했을 것이다. 역사가들의 작업은 구체적이요 경험적인 사실들 위에서 이루어지기 때문에, 역사가들은 기질적으로 비교를 꺼린다. 그렇지만 역사학과 사회과학의 대화를 통해 역사학의 과학성을 제고하려는 현대 역사학자들은 비교라는 방법에 대해 거부감을 덜 느낀다. 블로크는 《봉건사회》에서 프랑스, 영국, 독일, 이탈리아 등지의 봉건제뿐만 아니라 프랑스 내에서도 북부와 남부의 차이점 등을 종횡무진 비교한다. 나아가 그는 유럽 봉건제를 일반화시킨 다음 그것을 일본의 봉건제와 비교하여, 유럽 봉건제의 특징을 부각시킨다. 서양 봉건제는 쌍무적이고 계약적인 반면 일본의 봉건제는 일방적이며 예속적이라고 구분한 후, 오늘날 유럽과 일본의 정치 문화의 차이는 이러한 봉건제의 성격과 무관하지 않다고 설명한다. 현대 역사학은 랑케가 아니라 블로크를 지지한다. 역사학이 과학을 지향할수록 '비교'가 필요해진다. 비교를 통해 일반화, 법칙 정립 등이 가능하기 때문이다.

그렇지만 엄밀히 말해, 비교는 어렵다. 현대 역사학자들은 비교라는 말에 대해 알레르기를 일으키지는 않지만 비교를 어려워한다. 역사학은 경험적인 관찰 학문이라는 기본적인 생각이 끈질기게 작용하고 있기 때문이다. 현실적인 이유로는, 역사가는 비교 대상을 동일한 지적 수준에서 파악하기 어렵다는 것이다. 예컨대, 블로크가 가지고 있던 일본 봉건제에 대한 지식은 유럽 봉건제에 대한 지식에 비해 부족하지 않았을까 싶다. 따라서 그의 언급을 하나의 문제제기 이상으로 받아들이는 것은 오해를 일으킬 위험이 있다. 블로크가 유럽의 봉건제를 일본의 봉건제와 비교한 것은 유럽 봉건제의 특징을 부각시키기 위한 것으로 받아들이는 게 좋다. 다른 예를 들어보자. 프랑스 혁명의 원인을 앙시앙 레짐의 모순에서 찾을 때, 역사가들은 앙시앙 레짐이나 계몽사상을 얼마나 단순화시키고 있는가? 앙시앙 레짐과 계몽사상은 그 자체로 얼마나 복잡하고 다양한 현상인가? 엄밀하게 말한다면 역사가는 비교할 능력을 가지고 있지 못하다. 그럼에도 불구하고 비교를 하는 것은, 페브르가 말했듯이, 공통점을 찾기 위해서가 아니라 상이점을 찾기 위함으로 이해해야 한다.

비교는 논쟁의 도구로 사용되기도 한다. 예컨대 자본주의 이행 논쟁에서, 상업화론을 거부하는 역사가는 상업의 발전이 '모든' 지역에서 동일한 결과를 낳지 않았다는 이유로, 인구의 역할을 거부하는 역사가는 인구의 증감이 '모든' 지역에서 동일한 결과를 낳지 않았다는 이유로, 이러한 요인들의 역할을 경시하거나 무시한다. 그러나 역사적 원인은 하나만 있는 것이 아니라 복합적이라는 점을 인정한다면, 인구의 영향, 상업의 영향의 크고 작음을 따질 수는 있어도 이러한 단순 비교를 통해 그것의 영향이 있다 없다 말하는 것은 정당하지 못하다. 바이러스가 돌아도 '모든' 사람이 다 병에 걸리지는 않는다는 이유로 바이러스의 영향 자체를 무시할 수는 없지 않은가?

구조적 설명

20세기 역사학의 특징은 사회사이다. 마르크스주의 역사학과 프랑스의 아날학파는 전통적인 정치사에서 사회사로 이행하는 데 선두에 섰다. 이들 역사가들이 선호한 설명방식은 구조적인 설명이다. 자의적이긴 하지만 정치, 사회, 경제, 문화 등으로 구분할 때, 전통적인 설명은 정치적 사건의 원인은 정치에서, 문화적인 사건의 원인은 문화에서 찾았다고 말할 수 있다. 이에 반해, 구조적인 설명은 공시적인 상관관계를 찾는다.

구조적인 설명은 제반 사건들, 제반 원인들을 입체적으로 구성한다. 예컨대 맨 아래에는 경제, 그 다음에는 사회, 그 다음에는 정치, 그 다음에는 문화 또는 브로델적인 시간지속을 따라, 맨 아래에는 장기지속적인 요인, 그 위에는 주기적인 요인, 맨 위에는 숨가쁘게 변하는 사건사적인 요인들을 놓는다. 어떻게 건축하든지, 맨 아래는 토대이고, 이 토대가 가장 중요한 요인이다.

이렇게 다양한 요소들을 입체화하는 구조적 설명은 체계적이고 총체적이며 과학적이라는 평가를 받을 만하다. 그러나 한계가 없지 않다. 우선 제기될 수 있는 문제는, 내적 설명과 외적 설명에서와 마찬가지로, 층을 나누는 것이 자의적일 뿐만 아니라, 공시적으로나 통시적

문화적 마르크스주의자라는 평을 받는 톰슨은 상부구조와 하부구조를 나누는 문제에 대해 비판을 가했다.

으로 항상 동일하지도 않다는 점이다. 이 점에 대해서는 톰슨E. P. Thompson의 경구를 경청할 필요가 있다.

봉건적 또는 자본주의적 사회를 그 생산양식에 특유한 권력 및 지배 관계, 사용권이나 사적 소유(그리고 그에 따르는 법률들)의 개념들, 문화적으로 확정된 규준과 문화적으로 형성된 욕구 등 모든 것을 도외시하고 '경제적' 견지에서만 기술한다는 것은 불가능한 일이다. 어떤 농경체계도 사용권·출입권·소유권 같은 복합적 개념들 없이는 단 하루도 지속될 수 없을 것이다. 그렇다면 이와 같은 개념들은 어디에 소속시킬

것인가? '토대'인가 '상부구조'인가? 또, 비'경제적'방식으로 끈질기
게 전달되어 왔으면서도 농경사에 심원한 영향을 미친 저 상속관습들
은 어디에 소속시킬 것인가? 그리고 전통사회들의 작업 및 여가(혹은
축제)의 관습적 리듬—생산 행위 자체에 내재하면서도 종교적 제도에
의해 그리고 종교적 신앙에 따라 종종 의식화儀式化된 리듬—은 또 어
떻게 할 것인가? 퓨리턴적 혹은 감리교도적 작업 규율은 '상부구조'의
한 요소로 기술하고 작업 자체는 '토대' 어딘가에 소속시키는 그 따위
짓이 도대체 가능한 일이라고 나는 생각할 수가 없는 것이다.[3]

마르크스주의 역사학자의 고백이요 비판이다. 경제적이다, 문화적
이다, 정치적이다 하는 구분 자체가 자의적이며, 그것들을 어느 층에
위치시킬 것인가 하는 것 역시 자의적이다. 구조적 설명에 담겨 있는 또
하나의 위험성은 모든 것을 토대로 귀결시키는 환원주의이다. 모든 것
을 경제로, 모든 것을 지리적 환경으로, 모든 것을 문화로, 그 나머지 요
인들은 토대에 따라 형태가 결정되는 그림자이다. 경제주의니 문화주
의니 하는 용어들은 다 나름대로 이러한 독소를 품고 있다. 이러한 결정
론을 분식하기 위해 일부 이론가들은 중층적 결정surdétermination이라는
용어를 꾸며내어, 상부 역시 하부에 영향을 미친다는 점을 인정한다.
하지만 최종적으로는 하부가 상부를 결정한다는 이야기를 빠뜨리지 않
고 있으니 본질적으로는 차이가 없다.

구조적 설명의 결정적인 위험은 인간과 구조의 관계에서 구조를 변
화시키는 인간의 힘을 축소시킨다는 점이다. 브로델 식으로 말한다면,
인간은 구조라는 "장기지속의 감옥에 갇혀 있는 수인"이 되고 만다. 심
지어 브로델의 역사에는 구조만 있고 인간은 없기 때문에 브로델의 역
사는 역사가 아니라는 비판이 나올 정도이다. 브로델 자신은 이러한 지

나친 비판을 받아들이지 않았지만 말이다.

　　나는 언제나 인간은 자신이 만들어내지 않은 운명 속에, 그의 앞과 뒤에 펼쳐진 '장기지속'의 무한한 전망 속에 갇혀 있다고 생각한다. 이러한 역사적 설명 속에서, 옳건 그르건 간에, 최종적으로 승리를 거두는 것은 언제나 긴 시간이다. 그것은 무수히 많은 사건들을 부정하고, 자신의 고유한 흐름 속으로 끌고 들어오지 못하거나 가차 없이 내팽개치는 모든 것들을 부정하는 등 확실히 인간의 자유와 우연의 몫을 제한한다. 나는 기질적으로 '구조주의자'이다. 사건에 의해서는 거의 자극을 받지 않으며, 동일한 기호를 가진 사건들의 집합인 국면변동에 의해서는 절반 정도만 자극을 받는다. 그러나 역사가의 '구조주의'는 동일한 이름으로 다른 인간 과학자들을 괴롭혀왔던 문제 틀과는 아무런 관계가 없다. 그것은 함수들로 표현되는 관계들의 수학적 추상화로 역사가를 이끌고 가지 않는다. 그것은 역사가를 삶의 원천 그 자체로 인도한다. 가장 구체적이고 가장 일상적이며, 더 이상 파괴할 수 없으며, 가장 익명적으로 인간적인 삶 속으로 말이다.[4]

　　구조적 설명은 인간을 에워싸고 있는 모든 요소들을 다 고려하며, 그 요소들의 상관관계를 인정한다. 이러한 의미에서 구조사는 전체사이다. 구조사는 한 시대를 공시적으로 파악하기 때문에 제반 요소들의 연동관계를 설명하지만 구조에서 구조로의 변동을 잘 설명하지 못하는 한계를 지닌다.

계량적 설명

가장 과학적인 역사는 계량사이다. 과학적인 역사를 지향하는 역사학자들은 계량적 설명을 망설이지 않는다. 전통적인 계량화의 대상이었던 가격, 임금, 지대, 인구, 국민총생산 등과 같은 요소뿐만 아니라, 언뜻 보아 계량화의 대상이 아닌 것 같은 문화 현상마저도 계량적 분석을 시도한다. 심지어는 경제학 법칙을 활용하여 허구적 사실을 만들어 내기도 한다. 계량화는, 문제점이 없지는 않지만, 역사학의 과학성을 제고시켜줄 수 있는 노력의 일환으로 평가할 수 있다. 논란이 되고 있는 두 가지 경우에 대해서 좀 더 자세히 살펴보자.

첫째, 문화의 사회사. 물질적인 현상을 계량화하는 차원을 뛰어 넘어, 문화적인 현상을 계량화하는 것이 가능할까? 이 문제에 관해 가장 많은 논란을 불러일으켰던 것은 보벨M.Vovelle의 연구이다.[5] 앙시앵 레짐 시대 프랑스의 프로방스 지방에서 작성된 유언장을 계량적으로 분석한 이 연구는 연미사 요구량, 교회 및 수도원에 대한 기부, 장례식의 규모, 심지어는 초의 개수 등이 점진적으로 감소했다는 사실을 밝혀냈고, 이를 토대로 프랑스 혁명기의 무신론적 경향은 탈기독교화 déchristianisation라는 장기지속적인 경향의 강한 시점이었음을 입증했다. 앙시앵 레짐 시대 프랑스 사회가 세속화되어갔다는 것은 새로운 발견이 아니다. 보벨의 연구는 역사가들의 심증에 물적 증거를 제공했다는 데서 그 의의를 찾을 수 있다. 그렇지만 통계 숫자는 스스로 말하지 않는다. 여전히 남는 것은 역사가의 개입이다. 통계를 어떻게 해석할 것인가? 무신론적 경향이라고 볼 것인가 아니면 정반대로 바로크적 신앙에 붙어 있던 허례허식을 벗어버리고 신앙심이 내면화되는 것으로 볼 것인가? 신앙심은 본질적으로 비교할 수 없는 것이기 때문에 이러한 시도 자체가 문제일까? 모두는 "각자의 방식대로 기독교인"인 것인가? 최근에 '문화의 사회사'에서 '사회의 문화사'로의 이행을 내세우고 있는 샤르티에R. Chartier 같은 신문화사가들은 계량화의 한계를 비판한다. 예컨대, 책과 독서에 대한 연구에서, 사후 재산 목록에 기재된 책이나, 출판사 또는 서점의 도서 목록을 통계 처리하는 것만으로는 충분하지 않다는 것이다. 독자는 책을 어떻게 읽었는가, 다시 말해서 어떻게 '자기 것으로 만들었는가appropriation'를 밝혀내는 것이 중요하다고 강조한다.[6]

역사가들을 당혹스럽게 만들었던 극단적인 경향은 신경제사이다.[7]

프랑스의 역사학자인 로제 샤르티에. 그는 문화의 전유에 주목했다.

경제학자인 포겔R. W. Fogel은 철도가 19세기 미국 경제 성장에 필수 불가결했다는 전통적인 역사가들의 주장을 수리경제학적으로 검토해보았다. 만일 철도가 없었더라면 국민총생산이 감소했을까? 그는 이러한 사실에 반대되는 가정counterfactuel을 세운 다음, 수송비, 경작지 증대 등의 여러 가지 상황을 경제학 이론을 동원하여 수량화해 낸 후, 철도의 기여는 5퍼센트에 불과했다는 결론을 내렸다. 역사가들은 이러한 통계 전문가의 주장에 대해, 반反사실적 가정은 사실을 다루는 역사학에는 어울리지 않는다는 식의 기질적인 거부감을 나타내거나, "숫자를 동원하여 사회계층 분리 및 계급투쟁을 감춘다"는 식의 이데올로기적 반감을 표출했다.[8] 그러나 과학성이라는 이상 앞에서, 역사가들의 이러한 반응은 설득력이 없는 것 같다. 계량화의 가치를 부정할 수는 없다. 있었던 사실이건, 없었던 사실이건, 계량화는 실재에 접근하려는 치열한 노력으로 받아들일 수 있을 것이다.

신경제사라는 극단적인 사례를 근거로 계량사를 비판하는 것은 적절하지 않다. 브로델, 보벨, 르 루아 라뒤리 같은 역사가들은 계량적인 분석을 망설이지 않았지만 통계에 머물거나 통계숫자를 맹신하지 않았다. 그들에게 있어서 계량적인 분석은 질적인 분석으로 나아가기 위한 토대 다지기였다. 통계 가능한 자료들이 있는데 이를 외면할 이유가 있는가?

국면의 변화들

역사학이 과학성을 지향하면서 가장 멀어진 대상은 역사철학이다. 역사학은 부단히 주변 학문과의 대화를 지속해왔지만 역사철학과의 대화는 여전히 어렵다. 오늘날 역사가들은 역사는 진보하는가 퇴보하는가 순환하는가 하는 식의 문제를 더 이상 제기하지 않는다. 역사학자들은 역사 발전이라는 말 자체에도 거부감을 느낀다. 역사가 직선적으로 나아간다든지 순환한다든지 또는 나선형으로 나아간다든지, 다선적이라든지 단선적이라든지 하는 것은 추상적이요 사변적일 뿐이다. 구체적인 토대 위에서 작업하는 현대 역사학자들에게는 공허한 이야기일 뿐이다.

그렇지만, 역사가는 '특정 시대'를 설명하기 위해 순환 모델을 사용하기도 한다. 두 가지 대표적인 사례를 들어보자. 브로델의 《지중해》에서, '집단적 운명들과 전체의 움직임들'은 주기적으로 반복한다. 국면변동들conjonctures 가운데 지배적인 국면변동인 경제적 국면변동부터 살펴보자. 이것은 다시 시간의 길이에 따라 10여 개의 움직임들로 구분된다. 장기적인 움직임들 가운데에서 가장 장기적인 움직임인 세기적인 추세trend, 콘드라티에프의 50년 주기와 같은 장기적인 국면변동들, 단기적인 국면변동들, 10년 이내의 주기, 계절적 움직임. 브로델에 따르면, 지중해 세계는 1470년경부터 1650년까지의 '장기 16세기' 동안 대체로 지속적인 상승기에 있었다. 이것은 다시 1460년, 1509년, 1539

년, 1575년, 1621년을 최저점으로 하고, 1483년, 1529년, 1595년, 1650년을 정점으로 하는 일련의 장기적 국면변동들로 나뉜다. 브로델은 4개의 연속적인 파도를 보여주는데, 각각의 파도는 밀물과 썰물을 가지며, 첫 번째 것은 49년, 두 번째 것은 30년, 세 번째 것은 36년, 그리고 마지막 것은 46년의 폭을 가진다. 여기에는 경제적 국면변동만 있는 것은 아니다. 인구의 변동, 국가와 제국의 크기, 사회적 이동성, 산업의 성장력 등은 세기적 추세에 비견되고, 산업화, 국가의 재정, 전쟁 등은 장기적 국면변동의 대열에 낀다.[9] 구조-국면변동-사건으로 구성되어 있는 브로델의 역사 구조에서 구조는 장기지속적이며 반복적이다. 사회사의 핵심이라고 할 수 있는 국면변동은 순환하고, 사건은 종잡을 수 없게 요동친다.

또 다른 예로는 맬더스적 순환론이 있다. 르 루아 라뒤리는 이 이론을 적용하여 근대 초 랑그독 지방의 장기적인 역사를 재구성한 바 있다. 맬더스적 순환론은 생산 기술이 정체되어 있고 경작지의 면적이 불변이라고 가정한다. 대규모 전쟁이나 치명적인 전염병이 발생하지 않는다면, 인구는 증가한다. 따라서 농민 수가 증가하고, 그 결과 총생산도 증가한다. 그러나 인구 증가에 따라 일인당 평균 경작 규모가 감소하여, 인구 증가는 총생산의 증가를 가져오되 생산 증가의 폭은 점점 감소해가는 한계 생산 체감 경향이 나타난다. 다시 말해서, 총생산 증가는 인구 증가에 비례하여 진행되는 것이 아니라 인구 증가보다 느리게 진행되고, 일인당 생산의 감소를 가져온다. 한계 생산 체감으로 인해 식량 생산의 증가 속도는 인구 증가 속도에 미치지 못하므로, 수요와 공급의 법칙에 따라 식량 가격이 상승하며, 이는 전반적인 물가 상승을 가져온다. 다른 한편, 인구 증가는 노동력 공급의 증가를 의미하므로 명목임금은 하락한다. 명목 임금 하락과 물가 상승은 실질 임금의 하락을 가

저온다. 토지의 크기는 불변인데 인구 증가에 따라 경작지에 대한 수요는 증가하므로 지대가 상승한다. 따라서 농민의 생활수준은 하락한다.

이렇듯 인구 증가가 계속되면 농민의 생계는 어려워지고, 질병에 대한 저항력도 약화되어, 결국 인구 증가는 중단되고 인구 감소가 시작된다. 인구 감소 국면에서는 위와 정반대 현상이 나타나 최저점을 지나면 인구 증가로 반전된다. 이렇듯 인구는 일정 수준을 중심으로 순환한다. 산업혁명 이후 이러한 순환에서 벗어나는 것은 '생산 기술의 정체' 라는 빗장이 풀렸기 때문이다. 산업혁명의 역사적 의의는 인간의 역사가 '맬더스의 저주' 에서 벗어난 데 있다.[10]

산업혁명 이전까지의 역사는 순환한다. 그리고 산업혁명 이후의 역사는 진보한다. 그러나 이 진보가 끝없이 지속될지 여부는 분명하지 않다. 혹시 산업혁명 이전에 있었던 비극적인 천장이 없어진 것이 아니라 더 높은 곳으로 이동한 것은 아닌가? 그렇다면 현재의 인구 증가 추세는 언젠가 천장에 부딪힐 것이고 그러면 인구는 파국을 맞이할 것이라는 불길한 예언이 가능하다.

관점의 역사학

역사가들이 구체적인 현상에 주목하고, 계량화하고, 상관관계를 따지고, 나아가 규칙성을 밝혀내려는 시도는 모두 역사학의 과학성을 높여준다. 그런데, 과학성이란 과연 무엇을 뜻하는 것일까? 이 말의 의미는 두 가지이다. 하나는 사실성이다. 랑케의 가르침을 따라 사실성을 추구하는 역사학을 '실증사학' 이라고 부를 수 있다. 또 하나는 법칙성이다. 법칙성을 추구하는 역사학은 '실증주의 역사학' 이라고 부를 수 있다.

역사가들이 사실성을 추구하는 것은 당연하다. 그것은 역사가의 기본 의무이다. 사실성을 추구하지 않는 역사학은 역사학이 아니다. 사실성에 머물지 않고 법칙성을 추구하는 것은 역사학의 과학성을 높이려는 노력으로 평가할 수 있다. 그러나 사실성과 법칙성이 대립적인 관계라는 점을 잊지 말아야 한다. 다시 말해 법칙성을 높이는 것이 자칫 사실성을 훼손시킬 수 있다는 말이다. '사실'은 원래 비교와 일반화를 거부하기 때문이다.

영국 마르크스주의 역사학자인 홉스봄. 그는 소련과 같은 사회주의의 소생은 가능하지도, 바람직하지도, 필요하지도 않다고 주장한다.

그런데 역사가가 '사실'을 재현하는 것이 가능할까? 역사가가 만든 '법칙'은 객관성과 보편성을 지닐까? 역사의 세계에는 이러한 사실과 법칙이 존재하지 않는다. 카가 말한 '대화'를 빌리지 않더라도 사실이나 법칙은, 적어도 부분적으로, 역사가가 '만든 것'임을 부인할 수 없다. 물론 사료를 토대로 만든 것이기는 하지만 사료 역시 인간이 기록한 것이라는 한계를 지닌다. 따라서 처음부터 끝까지 역사학의 생산을 주도하는 것은 인간이다. 역사는 역사가가 만든 것이다. '당파성'은 불가피하다. 이러한 상황에서, 역사가는 자기의 당파성을 감추지 말고 노출시키는 것이 나을 수도 있다. 홉스봄은 그것이 역사가의 의무라고까지 강조한다.

독자들에게 그 사가가 가진 선입견이 어떤 것인가를 알려서 그것을 참작할 수 있게 하는 것이 역사가의 의무라고 생각해서 나는 이 책의 서설에 이렇게 썼다. '이 책의 저자는 이 책이 다루는 시대에 대한 어떤 혐오—아마도 그것은 어떤 경멸일지도 모른다—를 감출 수 없다. 다만 그 시대가 이룩한 엄청나게 거대한 물질적 성취에 대한 경탄과 또 좋아하지 않는 일도 이해하려고 하는 노력이 나의 이러한 감정을 경감시키고 있는 것이다' 라고.[11]

당파성이라는 문제에 있어서 소극적인 국내 학계에서도 이 문제는 더 이상 회피되지 않는다. 이인호 교수는 '러시아 혁명, 끊임없는 문제 제기의 장'에서 다음과 같이 그 필요성을 인정한다.

역사 연구자 자신의 관점이 개재되지 않은 역사 서술이란 불가능할 뿐만 아니라 또한 이를 표방하는 것은 바람직하지도 않다. 그 같은 서술이란 최선의 경우 단순히 연대기적 사실의 나열에 불과하게 되며, 최악의 경우, 실상은 그 같은 사실의 선택에도 역사가 자신의 선호도 혹은 관점이 개입됨에도 불구하고 사실 자체를 은폐하려는 기도로 그치게 될 터이기 때문이다. 당파성에 입각한 해석을 제시하는 것, 그리고 역사 해석자 자신의 그 같은 당파성 자체를 아예 처음부터 독자들에게 밝히고 들어가는 것 등은 독자로 하여금 상충하는 당파성을 비교·검토하고 이를 상황에 비추어 판단할 수 있게 해줌으로써 오히려 전체적인 시각을 얻는 데 훨씬 큰 도움을 줄 수도 있다.[12]

역사가는 자신의 관점을 분명히 노출시켜야 한다는 것이다. 랑케조차도 자신의 당파성에서 벗어나지 못했다. 역사가는 역사적 진리를 계시하지 않는다. 역사가는 양심적이고 엄정한 사료 비판을 통해 역사학을 생산하는 것이다. 역사학은 역사가의 주장을 담고 있는 담론discourse이다. 담론은 또 다른 담론과 만나 대화한다. 월러스틴I. Wallerstein은 다음과 같이 말한다.

나는 가치중립적인 역사 사회과학이 있다고 또는 있을 수 있다고 믿지
않는다. 모든 개념적 틀의 선택은 정치적인 선택이다. '진리'에 대한 천
명은 모두, 그것이 비록 일시적인 진리요 해석학적인 이론이라 해도,
하나의 가치개입적인 주장이다. 모든 훌륭한 학문은 논쟁적이다(그러나
모든 논쟁이 훌륭한 학문인 것은 아니다).[13]

역사학이 객관적이지 않다고 해서 비관할 필요는 없다. 어떤 학문도
객관적인 진실이라고 주장할 수 없다. 모든 주장이 '부분적인 진실'에
불과할 때, 중요한 것은 타인의 입장을 무시하거나 자신의 입장을 강요
하지 않는 것이다. 위험과 거짓은 독단에 깃들어 있기 때문이다. 자신
의 한계를 솔직히 인정하고 완전성을 향해 노력하는 것이 역사가의 참
된 자세일 것이다.

포스트모던 역사 이론

역사학이 객관적일 수 없다는 점을 인정하는 것이 중요하다. 그렇다
고 해서, 역사학은 소설과 다르지 않다고 말하는 것은 너무 비관적이
다. 역사학과 과학의 차이 못지않게 강조되어야 할 점은 역사학과 소설
의 차이일 것이다. 소설이라고 말하고 싶을 때에는 최소한 폴 벤느처럼
"진실된 소설"이라고 말해야 한다.[14]

포스트모던 역사 이론을 신중하게 수용해야 한다. 포스트모더니즘
은 '근대'에서 벗어나자는 이념이다. 그것은 전쟁과 학살, 구체적으로
는 세계대전과 히틀러의 학살, 스탈린의 학살 등을 겪은 후 시작된 근대
문명 비판이다. 포스트모더니즘은 근대성을 상징하는 과학성, 합리성,
진보 등의 이면을 조명한다. 상실된 '인간다움'을 되찾자는 것이다. 이

러한 포스트모더니즘이 역사학을 공격할 때 그 대상이 과학적 역사인 것은 당연하다. 거대담론과 구조와 숫자에 밀려난 인간을 회복시키자는 것이 포스트모던 역사 이론이다. 구조사, 사회경제사에 반대하여 미시사와 문화사가 등장한 것은 이러한 배경에서이다.

포스트모던 역사 이론에서는 역사학이 '만들어진 것'임을 강조한다. 헤이든 화이트는 19세기의 대표적인 학자들—헤겔, 미슐레, 랑케, 토크빌, 부르크하르트, 마르크스, 니체, 크로체—의 서술상에 나타나는 형식적 측면의 심층구조를 분석하여, 역사 서술의 형식은 플롯구성(로망스, 희극, 비극, 풍자)의 형식 논증(형식주의, 유기체론, 기계론, 구조주의)과 이데올로기적 측면(무정부주의, 보수주의, 급진주의, 자유주의)을 "시적이며 언어학적"으로 결합시킨 것이라고 주장한다. 역사의 과학화란 역사적 개념화의 독특한 형식에 대한 선택 내지 인식론적 정당화에 지나지 않는다고 본다. 즉 역사학은 본질적으로 허구라는 것이다.

또, "텍스트 밖에는 아무것도 없다"고 주장한다. 역사가들은 텍스트가 사실의 반영이라고 가정하는데 반해, 포스트모던 이론가들은 그러한 실재반영설을 부정한다. 역사가들은 텍스트를 설명해주는 콘텍스트가 있다고 보는 데 반해, 포스트모던 이론가들은 텍스트들만 있을 뿐이라고 말한다. 텍스트의 해석은 외부적으로 정해지는 것이 아니라 내적으로 정해진다는 것이다. 텍스트는 다양한 의미를 담고 있고 해석을 기다리고 있다. 텍스트 해석의 자유가 늘어났다. 역사가도 자유이고 독자도 자유이다. 그런데 과연 그럴까? 이런 지적 허무주의와 무정부주의에 굴복하지 않을 수 없는 것일까? 역사가는 물론 자유롭지만 100퍼센트 자유롭지는 않다. 텍스트는 자료기록자가 쓴 것이어서 '사실'이 아닐수 있으며, 조작된 사료 또한 많다. 그렇지만 역사가들이 오랜 학문적 축적과 비판적 방법론을 적용하여 '사실'에 근접해가고 있음을 과소평가해서는 안 된다. 무엇보다도 '사실'에 다가서려는 노력이 중요한 것이다. 포스트모던 이론에 고무되어 이러한 노력을 포기하는 사람은 역사가가 아니다. 역사가는 소설가처럼 자유롭지 않다. 역사가는 블로크가 말한 대로, "지나간 시대가 남겨놓은 증거의 노예"이다.[15] 역사는 과학이 아니지만 소설은 더더욱 아니다. 역사가의 상상력을 강조하는 것이 사료 작업을 경시하는 것으로 이해되어서는 안 된다. 굳이 역사학을 문학과 관련시켜 이해하고자 한다면, 그것은 창작보다는 번역에 더 가까운 것이 아닐까? 번역은 제2의 '창작'이 결코 아니다. 번역자는 자유롭지 못하다. 폴 벤느처럼 "진실된 소설"이라고 말할 때, 강세는 '진실'에 놓여야 한다. 일찍이 과학적인 설명에 반대하여 "서사로의 복귀"를 제창했던 스톤L. Stone이 포스트모더니즘에 대해서 회의적이었던 것은 포스트모던 역사 이론의 한계와 비현실성을 잘 보여준다.

결국 필요한 것은 대화이다

역사는 대화이다. 카가 말하듯이, 역사가와 사실 사이의 대화요, 과거와 현재의 대화요, 과거의 사건과 미래의 목적과의 대화이다. 또, 역사는 역사가와 역사가 사이의 대화이다. 포스트모던 역사 이론가인 라카프라D. LaCapra도 궁극적으로는 대화를 강조한다. "과거사회의 텍스트나 사회적 실재는 다양한 관점에서 검토되고 침투되어야 하며 단일한 독백적 의미로 환원될 수 없는 항구적 대화를 통하여 전개되어왔다. 따라서 역사에 대한 대화적 접근은 다른 많은 차원에서 대립적 관념들 사이의 토론의 장을 연다. 예를 들면 특정 텍스트 내부의 대립적 관념들 사이의 대화, 역사가와 과거 사이의 대화, 텍스트와 콘텍스트 사이의 대화 등을 말할 수 있다."[16] '담론'이라는 말은 언어의 대화적 속성을 강조하는 말이다.

대화의 목적은 자기의 생각을 제시하고 상대방을 설득하는 것이지만 동시에 자기 생각의 한계를 인식하는 것이다. 일방적인 이야기는 독백에 불과하다. 브로델식으로 말하면, "귀머거리의 대화"이다. 대화가 생산적이기 위해서는 자기의 해석에 반대되는 목소리—그것이 사료의 목소리건 역사가의 목소리건—에 귀를 기울여야 한다. 역사가 과거와 현재의 변증법이듯이, 대화 역시 마찬가지이다. 대화는 상이한 관점들의 만남이다. 이 대화가 충돌로 그치지 않고 발전적으로 나아가기 위해서는 항상 '사실'로 되돌아가야 한다. 사실의 목소리에 함께 귀를 기울여야 한다.

오늘날 학계에서 논의되고 있는 '유럽중심주의'에 대한 비판도 이러한 차원에서 진행되어야 한다. 그동안 우리가 '진리'처럼 떠받들던 것들이 알고 보니 서구인들의 편견이요 비서구인들에 대한 무지와 무시의 소산이었다는 것이다. 따라서 문제는 두 가지이다. 하나는 서구인들의 생각이 결국에는 서구인들의 생각에 불과하다는 것이고, 다른 하나는 우리가 어리석어서 잘못 알고 있었다는 것이다. 서구인들이 서구인의 관점으로 역사를 보는 것은 당연하기에, 필요한 것은 우리의 어리석음을 반성하는 것이다. 그런데 여기에도 민족주의가 끼어들고 있어서 걱정이다. '민족중심주의'에 입각하여 유럽을 깎아내리기에 급급하지 않나 하는 생각이 든다. 예를 들면 서양은 동양에 비해 후진성을 면치 못하다가 16세기에 들어 아메리카 대륙에서 은을 발견하고 식민지를 약탈한 결과 세계를 지배하게 되었다는 식으로 바라보는 것이다. 이는 기본적으로 프랑크Andre Gunder Franck가 《리오리엔트ReOrient》(1987)에서 제시한 생각인데,[17] 이것이 국내의 반유럽중심주의자들에게는 '복음'으로 다가섰다.

서양중심주의를 지적하고 비판하는 것은 당연하고 필요하다. 왜냐하면 그것은 하나의 관점에 불과하기 때문이다. 서양중심주의의 대안으로 등장한 '민족주의적 관점' 역시 하나의 관점에 불과하다. 우리 것이 좋은 것일지는 모르지만 우리 것이라고 해서 반드시 옳은 것은 아니다. 옳고 그름의 판정을 내리는 것은 '사실'이다. 그런데 이 점에 있어서 국내의 서양사학자들은 절대적으로 불리한 여건에 놓여 있다. 우리가 서양의 역사학자들만큼 서양사를 잘 알 수 있는가? '사실'이라는 차원에서 그들과 대등한 수준에서 대화하고 그들의 허점을 비판할 수 있는가? 이것이 불가능하다고 해서 '사실'에서 떠나는 사람은 랑케의 제자가 아니다. 서양중심주의를 극복하는 것은 절대로 필요하지만, 그러기 위해서는 실력을 쌓아야 한다. 그들이 우리의 지적과 비판을 경청할 수 있도록 많이 알아야 한다. 관점만 가지고 달려들면 아무도 듣지 않는다. 그것은 대화가 아니라 독백에 불과하다. 역사는 대화이다.

1장 민족주의를 넘어서

[1] 예컨대, 이영훈, 〈국사로부터의 해방을 위하여〉, 비판과 연대를 위한 동아시아 역사 포럼에서 개최한 공개토론, 2003년.

[2] 임지현, 《민족주의는 반역이다 — 신화와 허무의 민족주의 담론을 넘어서》, 소나무, 1999.

[3] 르낭도 다음과 같이 구체적으로 반박한다. "결국, 진실은 순수한 종족이란 존재하지 않으며 종족적인 분석에 정치의 근거를 두는 것은 공상에 기초를 두는 것과 마찬가지라는 것입니다. 가장 우수한 나라들이라고 하는 영국, 프랑스, 이탈리아 등은 혈통이 가장 복잡하게 뒤섞여 있는 나라들입니다. 이 점에서 독일은 예외일까요? 독일은 순수한 게르만족의 나라일까요? 착각입니다! 독일의 남쪽 지역 전부가 갈리아족의 치세였고, 엘베 강에서부터 동쪽 지역은 전부 슬라브족의 세력권이었습니다" (에르네스트 르낭, 신행선 옮김, 《민족이란 무엇인가》, 책세상, 2002, p. 69).

[4] Fustel de Coulanges, *L'Alsace est-elle allemande ou française? Réponse à M. Mommsen, professeur à Berlin*, 1870, Raoul Girardet, *Le nationalisme français*, Seuil, 1983, p. 65에서 재인용. 르낭은 1882년 소르본 대학에서 '민족이란 무엇인가' 라는 유명한 강연을 했는데, 그 내용은 퓌스텔 드 쿨랑주의 논지를 발전시킨 것이었다. 르낭은 독일의 주장을 "민족의 원칙을 종족의 원칙으로 바꾼 것"이라고 평하면서, 다음과 같이 멋있게 말한다 : "인간은 인종의 노예도, 언어의 노예도, 종교의 노예도, 강물의 흐름의 노예도, 산맥의 방향의 노예도 아닙니다." 결국 르낭의 기준은, 퓌스텔 드 쿨랑주와 마찬가지로, 주민들의 의사였다.

[5] 임지현, 〈민족주의〉, 김영한·임지현 편, 《서양의 지적 운동》, 지식산업사, 1994, p. 548.

[6] 최갑수, 〈프랑스 혁명과 '국민' 의 탄생〉, 한국서양사학회(편), 《서양에서의 민족과 민족주의》, 까치, 1999.

[7] 같은 책, p. 119.

[8] 같은 책, p. 152.

[9] 에르네스트 르낭, p. 22.

[10] 베네딕트 앤더슨, 윤형숙 옮김, 《상상의 공동체-민족주의의 기원과 전파에 대한 성찰》, 나남, 2002.

[11] 부흥 민족주의와 통합 민족주의에 대한 기술은, 김기순, 〈자유주의와 민족주의〉, 배영수(편), 《서양사 강의》, 한울 아카데미, 2000, pp. 344~374 요약.

[12] 르낭, 앞의 책, p. 61.

[13] 에릭 홉스봄 외, 박지향·장문석 옮김, 《만들어진 전통》, 휴머니스트, 2004.

[14] 에릭 홉스봄, 강성호 옮김, 《역사론》, 민음사, 2002, p. 23. 이 글의 문맥에 따라 인용문을 약간 변형시켰음을 밝힌다.

[15] 패트릭 J. 기어리, 이종경 옮김, 《민족의 신화, 그 위험한 유산》, 지식의풍경, 2004, p. 219. 자크 르 고프는 이 책을 '혁명적인 책'이라고 높이 평가했다.

[16] 송기호, 〈중국의 한국고대사 빼앗기 공작〉, 《역사비평》 2003년 겨울호에서 재인용.

[17] 기어리, p. 58; John Jeffries Martin, *Myths of Renaissance Individualism*, Palgrave, 2004, p.20.

[18] 최광식, 《중국의 고구려사 왜곡》, 살림, 2004, p. 93에서 재인용.

[19] 나는 한국고대사 전공자가 아니어서 관련 연구서를 읽어보지는 못했다. "고구려사 왜곡"과 관련해서 내가 읽어본 글은, 최광식 교수의 《중국의 고구려사 왜곡》(살림, 2004)과 《역사비평》(2003년 겨울호)에 실린 송기호 교수의 〈중국의 한국고대사 빼앗기〉, 윤휘탁 교수의 〈현대 중국의 변강·민족의식과 동북공정〉 뿐이다. 윤휘탁 교수의 글은 동북공정을 추진하는 중국 측 입장을 분석하는 글이고, 송기호 교수의 글은 중국의 팽창적 민족주의를 고발하는 성격의 글이다. 송기호 교수가 고구려사가 한국사라고 말하는 구절은 하나밖에 없다 ("《삼국사기》에 이미 삼국을 한국사의 범주로 다루고 있고, 당나라에서 고구려를 마한으로 고구려인을 삼한인으로 불렀다는 사실만으로도 중국사가 아닌 것이 분명한데 자신들에게 불리한 사실들은 고려조차 하지 않고 있다"). 최광식 교수는 몇 가지 근거를 제시하고 있으나, 송기호 교수와 마찬가지로, 과거 우리의 역사서에 기록된 구절을 제시하는 수준이어서 객관성을 인정받기 어렵다.

[20] 《역사비평》(2004년 봄호)에 실린 김희교 교수의 〈중국의 동북공정과 한국 민족주

의의 진로〉는 민족주의적인 편견에서 벗어난 글처럼 보이지만 미국의 패권주의
에 맞서기 위해서는 중국과 가까이 해야 한다는 전략적인 의도가 강하다.

[21] 박지향, 《슬픈 아일랜드—역사와 문학 속의 아일랜드》, 새물결, 2002.

[22] 기어리, p. 58.

2장 혁명의 희생자들

[1] 브리태니커 백과사전.

[2] 이 시리즈는 3부 3권으로 되어 있는데, 제1부는 《영국 혁명의 꿈과 현실》이고, 제
2부는 《프랑스 혁명의 이상과 현실》이며, 제3부는 《러시아 혁명의 환상과 현실》
이다. 모두 역민사에서 1998년에 출판되었다.

[3] 신채식 · 홍성표, 《고등학교 세계사》, 보진재, 1995 ; 차하순, 《서양사 총론》, 탐
구당, 1986.

[4] 김민제, 《영국 혁명의 꿈과 현실》, pp. 43~44.

[5] 박지향, 《영국사—보수와 개혁의 드라마》, 까치, 1997. p. 324.

[6] 김민제, 《영국 혁명의 꿈과 현실》, p. 331.

[7] 같은 책, p. 171.

[8] 알베르 소불, 최갑수 옮김, 《프랑스 대혁명사》 하, 두레, 1984, p. 45. 위에 인용
한 자료들은 대체로 이 책에서 참고한 것이다.

[9] 김민제, 《프랑스 혁명의 이상과 현실》, p. 233.

[10] 구체적인 사실과 통계는 김민제, 《러시아 혁명의 환상과 현실》에서 차용했음을
밝힌다.

[11] 알렉시스 드 토크빌, 박지동 · 임효선 옮김, 《미국의 민주주의》 I, 한길사, 2002,
pp. 530~531.

[12] 에릭 홉스봄, 이용우 옮김, 《극단의 시대 : 20세기의 역사》 하, 까치, 1997, p.
681.

3장 박애인가 형제애인가

[1] 민석홍, 《서양사 개론》, 삼영사, 1984, p. 492.

[2] 이혜령 외, 《문화사》, 한국방송통신대학교, 1995, p. 440.

³ Mona Ozouf, "Fraternité", François Furet, Mona Ozouf(dir.), *Dictionnaire critique de la Révolution française*, Flammarion, 1988, p. 733. 프랑스의 국기를 비롯한 유럽의 삼색기들은 가톨릭의 영향을 받아 성부–성자–성령을 상징한다는 속설도 있는데, 저명한 역사가인 오주프의 견해는 어느 면에서 이러한 속설을 뒷받침해준다.

⁴ Jacques Le Goff, *Pour un autre moyen âge*, Gallimard, 1977, p. 374.

⁵ 린 헌트, 조한욱 옮김, 《프랑스 혁명의 가족로망스》, 새물결, 1999.

⁶ 린 헌트, 〈프랑스 혁명기의 불안전한 경계〉, 필립 아리에스 · 조르주 뒤비 책임편집, 미셸 페로 편집, 전수연 옮김, 《사생활의 역사》 제4권, 2002, p. 66.

⁷ Marcel David, *Fraternité et Révolution française* 1789~1799, Aubier, 1987, p. 18. 이 글은 이 책을 많이 참고했음을 밝혀둔다. 일일이 주를 달지 않은 데에 대해 양해를 구한다.

⁸ 최갑수, 〈프랑스 혁명〉, 배영수 편, 《서양사 강의》, 한울 아카데미, 2000, p. 301, 302.

4장 절대왕정의 명암

¹ 페리 앤더슨, 김현일 외 옮김, 《절대주의 국가의 계보》, 까치, 1997, pp. 13~39.

² Emmanuel Le Roy Ladurie, avec la collaboration de Jean-François Fitou, *Saint-Simon ou le sysètme de la cour*, Fayard, 1997, p. 589.

³ 박미애 옮김, 《문명화 과정》, 한길사, I(1996), II(1999).

⁴ 박여성 옮김, 《궁정사회》, 한길사, 2003.

⁵ 르 루아 라뒤리, 앞의 책, p. 38.

⁶ 《문명화 과정》 I, p. 267. 그 밖에도, "침실은 인간 생활에 있어서 가장 '사적'이고 가장 '은밀한' 영역이 되었다. 대부분의 다른 육체적인 용무와 마찬가지로 '잠'도 점점 더 사회생활의 '무대 뒤'로 옮겨졌다"(p. 326). "이 모든 것은 이성관계에 대해 다른 수준의 수치감이 적용되었음을 말해주는 징후들이다. 우리는 이런 예들을 통해 19세기와 20세기에 지배적이었던 수치감 수준의 특수성을 인식하게 된다. 이 시기에 성생활과 관련된 모든 것들은 어른들 상호간의 관계에서 감추어지고 무대 뒤로 사라졌다"(p. 349).

⁷ 《문명화 과정》 I, p. 143.

8 엘리아스와 Thomas Mann에 대해서는 르 루아 라뒤리, pp. 583~586과 Daniel Gordon, *Citizens without sovereignty. Equality and sociability in French thought, 1670~1789*, Princeton University Press, 1994, pp. 89~92 참조.

9 《문명화 과정》 I, p. 174.

10 《문명화 과정》 I, p. 168.

11 《문명화 과정》 I, p. 405, 원주 6.

12 Philippe Ariès, *L'enfant et la vie familiale sous l' Ancien Régime*, Paris, 1960, 문지영 옮김, 《아동의 탄생》, 새물결, 2003, p. 530.

13 한스 페터 뒤르, 차경아 옮김, 《나체와 수치의 역사》, 까치, 1998, '책 머리에'. 뒤르는 엘리아스의 문명 이론이 식민주의를 정당화시키는 이론이라고 보고 있으나, 이것은 오해이다. 이 글의 본문에서도 강조했듯이, 엘리아스는 식민주의 현상을 비판하기 위해서 문명화 과정 이론을 만들었다.

14 르 루아 라뒤리, 앞의 책, p. 44, 79, 249. 대귀족 집안의 여자들은 하급귀족 집안의 여자들이 귀족들과 결혼하고, 또 귀족 남자들이 전쟁터에서 많이 죽는 바람에 결혼할 기회를 잃어버리는 경우가 많았다. 실제로 17세기에 369명의 공작 딸 가운데 105명이 수녀원에 들어갔다(르 루아 라뒤리, pp. 284~5). 르 루아 라뒤리는 '노르베르트 엘리아스의 무덤' 이라는 제목의 책을 낼 것이며, 그러면 엘리아스의 개념은 '거대한 영구대의 슬픈 표상' 으로 남을 것이라 선언한다.

15 《문명화 과정》 I, p. 149 ; 《문명화 과정》 II, pp. 345~397.

16 르 루아 라뒤리, 앞의 책, pp. 518~519 ; Daniel Gordon, 앞의 책, p. 93.

17 Daniel Roche, 주명철 옮김, 《지방의 계몽주의》, 동문선, 2003, p. 480, 특히 역자 해제.

18 위르겐 하버마스, 한승완 옮김, 《공론장의 구조변동》, 나남, 2001 ; 최갑수, 〈서양에서의 공공성과 공공영역〉, 제44회 전국역사학대회 발표문, 2001.

5장 관용의 사도 피에르 벨

1 이 글의 첫 번째 부분은 Antony Mckenna(présentés et édités par), *Pierre Bayle. Témoin et conscience de son temps. Un choix d' articles du Dictionnaire historique et critique*, Paris, 2001의 서론을, 그리고 두 번째 부분은 Barbara Sher Tinsley, *Pierre Bayle' s Reformation. Conscience and criticism on the Eve*

of the Enlightenment, London, 2001의 서론과 결론을 저본으로 삼아 작성했음을 밝힌다.

2 이혜령, 〈근대 정신과 문화의 대두〉, 배영수(편), 《서양사 강의》, 한울, 2000.

3 네덜란드의 프로테스탄트 신학자인 Jacobus Arminius의 교리로, 칼뱅의 예정설을 비판한 것이다. Gomar는 이 교리를 새로운 pélagianisme이라고 비판했다. 이 교리를 추종하는 사람들을 remontrants이라고도 부른다.

4 Lelio Socini(1525~1562). 이탈리아의 종교개혁가로 삼위일체와 예수의 신성을 부정하는 교리를 주장했다. 소치니주의는 그의 조카 Fausto Socini에게 계승되었다.

5 J. Habermas, *L'Espace public. Archéologie de la publicité comme dimension constitutive de la société bourgeoise*, Paris, 1978.

6 《역사적 비판적 사전》의 저자가 세속적인 관점에서 역사를 쓴 최초의 '근대인' 이라거나 역사적인 사료를 비판적으로 검토한 최초의 역사가라고 말할 수는 없다. 이미 르네상스 시대의 역사가들은 그러한 작업을 했다. 그러나 그가 신성한 역사와 세속적 역사 사이의 전통적인 구분을 해체한 최초의 역사가 가운데 한 명인 것은 분명하다. 그의 시대까지 세속 역사가들은 대체로 신성한 역사, 예컨대 성서에 기술된 사건들이나 교회의 역사까지는 다루지 않았다. 그러나 벨은 거리낌 없이 그러한 영역을 침범했으며 거기에서 섭리적 후광을 벗기고, 그것이 다른 역사나 자연과 동일한 법칙에 의해 움직이는 것처럼 다루었다(Gabriel Vahanian, 'Pierre Bayle ou les prémice d'une théologie postmoderne', Hubert Bost, Philippe de Robert(ed.), *Pierre Bayle, Citoyen du Monde. De l'enfant du Carla à l'auteur du Dictionnaire*, Paris, Honoré, 1999. http://www.eglise-réformée-milhouse.org/bayle.htm에서 인용).

7 폴 아자르는 《역사적 비판적 사전》에 대해 다음과 같이 평했다. "이 《역사적 비판적 사전》은 인간의 부끄러움과 혼란에 대한 그 어떠한 논고보다도 무거운 논고이다. 매 이름마다 환상, 오류, 간교, 심지어는 범죄 등이 솟아오른다. 모든 왕들은 자기의 신민들을 불행하게 만들었고, 모든 교황들은 가톨릭을 자기들의 야심, 자기들의 열정 수준으로 전락시켰고, 모든 철학자들은 어리석은 체계를 세웠으며, 모든 도시, 모든 국가는 전쟁, 약탈, 학살 등을 상기시킨다 (…)"(Paul Hazard, *Crise de la conscience européenne*, Paris, 1935).

8 《사전》은 1696년에서 1820년 사이에 불어로만 11판이 나왔으며, 영어와 독일어로 번역되었다.

[9] 벨은 계몽사상의 선구자로 인정받는다. (Claude-Jean Lenoir, 'Pierre Bayle, précurseur du siècle des Lumières', http://www.prolib./histoire/204. 023.bayle.lenoir.htm 참고.) 이런 의미에서 계몽사상 연구자들이 연구 범위를 벨에게 까지 소급해 올라갈 필요가 있다.

[10] Straton. 기원전 3세기 그리스의 철학자. 우주는 유일하며 창조되지 않았고 지구가 중심이라고 주장한 점에서는 아리스토텔레스를 따랐으나, 아리스토텔레스와 달리 우주에는 빈 공간이 존재한다고 주장했다. 그는 자연의 진행은 신의 작용에 의해서가 아니라 자연적인 원인에 의해서 설명되어야 한다고 주장했다. 이 주장은 직접적으로는 스토아학파에 대한 공격이지만 동시에 아리스토텔레스의 신적인 부동의 원동인이 수행하는 대단히 제한된 역할을 필요 없게 만드는 것이었다.

[11] Bernadino Ochino(1487~1564). 시에나 출신 종교개혁가. 프란체스코 수도회, 카푸치노 수도회 수도자였으나 이단의 의혹을 받자 주네브에 가서 프로테스탄티즘으로 개종했다. 아우구스부르크에서 목사로 있다가 영국으로 망명한 후 다시 취리히에 와서 목사 생활을 했다. 그의 주요 저작인 《미궁》은 칼뱅의 예정설을 은근히 비판한 것이다. 일부다처제를 옹호했으며 삼위일체론에 대해 의심스러운 생각을 가지고 있다는 비난을 받고 취리히에서 추방되어 폴란드에 갔다가 모라비아에서 사망했다. 영국의 밀턴에게 많은 영향을 주었다.

[12] Ingrid Ellen Creppell, *The genesis of toleration as a value*, Chicago, 1994, UMI Dissertation Services, p. 91.

[13] Elisabeth Labrousse에 의하면, 벨은 비판적 정신의 모험에 이끌려 무신론의 한계에 가까이 갔을지는 모르지만, "일체의 진보 이론, 물질주의, 18세기의 이신론은 그와 관계가 없다. 그는 칼뱅주의자이며 신자였다"(Claude-Jean Lenoir 재인용).

6장 위대한 인문주의자 세바스티앵 카스텔리옹

[1] 안인희 옮김, 자작나무, 1998. 나는 여기서 이 책의 감동적인 구절들을 많이 인용했으나 일일이 인용 표시를 하지 않은 것에 대해 양해를 구한다.

[2] 참고로 한 고등학교 교과서에는 다음과 같이 기술되어 있다. "스위스에서는 루터의 영향을 받은 츠빙글리가 종교개혁을 일으켰으나 실패하고, 그 뒤를 이은 칼뱅

이 제네바에서 종교개혁에 성공하였다. 루터와 마찬가지로 칼뱅도 성서주의를 주장하고, '인간의 구원은 신에 의해 예정되어 있다'는 예정설을 내세웠다. 신자는 자신의 구원을 확신하고 금욕과 함께 세속적인 직업에 근면하게 종사할 것을 권하는 한편, 정당한 이윤 추구를 허용하였다. 이러한 생활 윤리로 상공 시민층의 환영을 받아 프랑스, 네덜란드, 영국, 스코틀랜드 등지의 시민계급에게 전파되었다."(신채식·홍성표, 《고등학교 세계사》, 보진재, 1995, p. 191). 주에서는 정당한 이윤을 추구하는 정신이 "근대 자본주의의 발달과 시민사회 형성에 크게 공헌하였다"라고 설명하고 있다.

[3] E. M. 번즈, R. 러너, S. 미첨, 박상익 옮김, 《서양 문명의 역사》 II, 소나무 1994, p. 591.

[4] "어떤 시민이 세례식에서 웃음 지었다 : 사흘간 감방 신세. 어떤 사람은 여름철 더위에 지쳐서 설교 시간에 잠들었다 : 감방. 노동자들이 아침식사 때 파이를 먹었다 : 사흘간 물과 빵만 먹을 것. 두 명의 시민이 구주희 놀이를 했다 : 감방. 다른 두 명은 포도주 1/4병을 걸고 주사위 놀이를 했다 : 감방. 어떤 남자가 자기 아들에게 아브라함이라는 이름붙이기를 거절하였다 : 감방. 눈먼 바이올린 연주자가 춤곡을 연주하였다 : 도시에서 추방. 어떤 사람이 카스텔리오의 성서번역을 칭찬하였다 : 도시에서 추방. 어떤 소녀가 스케이트를 타다가 잡혔다. 어떤 부인이 남편의 무덤에 몸을 던졌다. 어떤 시민이 예배 도중에 옆 사람에게 한 줌의 담배를 주었다 : 종교국에 출두하여 경고를 받고 참회할 것"(츠바이크, pp. 81~82).

[5] Joseph Lecler S. J., *Histoire de la Tolérance au siècle de la Réorme*, 제1권, Aubier, 1954, p. 323. 이 글은 이 책을 많이 인용했음에도 불구하고 일일이 인용 표시를 하지 않았음을 밝히며 양해를 구한다. 불어 번역판은 1555년에 출판되었으며 앙리 2세에게 헌정되었다.

[6] 후일 칼뱅은 다음과 같이 말했다. "세르베토가 교황의 종교재판 측에 체포되도록 내가 일을 꾸몄다는 소문이 돌고 있습니다. 어떤 사람은 내가 그를 신앙의 원수들에게 넘기고 늑대들에게 복수하라고 내던졌다고 말합니다. 하지만 대체 어떤 방식으로 내가 갑자기 교황의 추종자들과 연락을 취할 수 있겠습니까? 우리가 서로 교류하고 있으며 사탄과 같은 저들과 내가 함께 모의하였다는 것은 도저히 있을 수 없는 이야기입니다." 그러나 역사가들은 칼뱅이 거짓말을 했다고 판단한다.

[7] 12세기 교회법학자인 그라티아누스에 의하면, 이단이란 "성서에 위배되게, 인간

인식에 의해 선택되었으며, 공개적으로 주장되고 완고하게 옹호되는" 견해를 가진 사람이다.

8 이 구절은 칼뱅의 《기독교 강요》 초판에는 실려 있었지만 재판에서는 삭제되었다. 칼뱅이 인문주의자에서 종교개혁가로 넘어갔음을 보여주는 상징적인 증거이다.

9 카스텔리옹 전문가인 Roland Bainton은 "중세 말의 가톨릭에서 관용으로 향하던 두 움직임" 즉 인문주의와 신비주의가 카스텔리옹에게 영향을 주었다고 말한다(Roland H. Bainton, "Champion of religious liberty", Roland H. Bainton 외, *Castellioniana*, Leiden, 1951, p. 53).

10 송규범, 〈로크의 관용론〉, 《서양사론》 78, 2003. 영국 혁명기 독립파 내에서 가장 관용적이었다고 평가받고 있는 크롬웰과 밀턴도 관용의 대상에서 가톨릭을 배제하기는 마찬가지였다.

7장 virtue의 본뜻

1 브리태니커 백과사전, virtue 항목.

2 같은 책.

3 예컨대, "모든 역사는 인간은 포르투나와 조화를 이루며 행동할 수 있지 포르투나에 반대할 수 없다는 점을 보여준다. 인간은 포르투나의 거미줄을 짤 수는 있어도 그것을 파괴할 수는 없다"(《리비우스론》, II, xxix).

4 *Dictionary of the History of Ideas*, 'Virtù in and since the Renaissance' 항목. 이 글을 작성하는 데 이 항목을 많이 참고했음을 밝혀둔다.

5 켄틴 스키너, 박동천 옮김, 《근대 정치사상사의 토대》, 한길사, 2004, p. 250.

6 fortuna에 대한 기술은 대체로 Hanna Fenichel Pitkin, *Fortune is a woman. Gender and politics in the thought of Niccolò Machiavelli*, University of California Press, 1984, pp. 138~169를 참고했다.

7 몽테뉴는 《수상록》에서 이교도의 단어인 포르투나를 사용했다고 로마 교황청 검열관의 지적을 받았다. 이때 몽테뉴가, 포르투나는 세간에서 섭리의 대용어로 쓰이고 있다는 답변을 하자 아무 문제 없이 넘어갈 수 있었다.

8 알베르 소불, 최갑수 옮김, 《프랑스 대혁명사》 하, 두레, 1984, p. 25.

9 반동réaction이라는 표현도 재고해보아야 한다. 테르미도르의 사건은 잘 진행되던 혁명을 탈선시킨 것이 아니라 탈선되어 독재로 치닫고 있던 혁명을 구한 것으로

보아야 할 것이다.

8장 초야권은 없다

[1] Alain Boureau, *Le droit de cuissage. La fabrication d'un mythe XIIIe-XXe siècle*, Albin Michel, 1995.

[2] 《학원세계대백과사전》에 있는 설명인데, 《동아백과사전》이나 각종 인터넷 백과사전의 설명도 대동소이하다.

[3] 《브리태니커 백과사전》에 따르면, "a feudal right said to have existed in medieval Europe giving the lord to whom it belonged the right to sleep the first night with the bride of any one of his vassals. The custom is paralleled in various primitive societies, but the evidence of its existence in Europe is almost all indirect, involving records of redemption dues paid by the vassal to avoid enforcement, not of actual enforcement." 웹스터 사전 역시 초야권의 실재성을 부정하고 있다 : "a supposed legal or customary right at the time of a marriage whereby a feudal lord had sexual relations with a vassal's bride on her wedding night."

[4] 알랭 부로, pp. 27~30.

[5] 같은 책, p. 122.

[6] 같은 책, p. 247.

[7] 이와 비슷한 논의로는, 에릭 홉스봄 외, 박지향·장문석 옮김, 《만들어진 전통》, 휴머니스트, 2004.

[8] 알랭 부로, p. 217.

[9] Georges Duby, 최애리 옮김, 《중세의 결혼―기사, 여성, 성직자》, 새물결, 1999.

9장 이단과 정통의 차이

[1] 김호연, 〈봉건사회의 해체〉, 배영수(편), 《서양사 강의》, 한울, 2000.

[2] 마녀 사냥의 교본으로 사용되었던 《마녀의 망치 *The Malleus Maleficarum*》 (1486)의 두 저자(Heinrich Kranmer, James Sprenger. 이 둘은 이단 재판관이다)는 다음과 같이 이단의 조건을 정의한다(제3부, 서론). "한 사람이 이단으로 판결받기 위

해서는, 다음과 같은 다섯 가지 조건을 충족시켜야 한다. 첫째, 그의 논리상에 오류가 있어야 한다. 둘째, 그 오류는 신앙과 관계된 것이어야 한다. 그것이 진정한 교회에 대한 교회의 가르침에 위배되는 것이든지, 혹은 건전한 도덕에 위배되어 영생으로 이끌지 못하는 것이어야 한다. 셋째, 그 오류는 가톨릭 신앙을 가지고 있는 사람이 가지는 오류여야 한다. 그렇지 않으면 그는 유대인이나 이교도pagan 이지 이단이 아니기 때문이다. 넷째, 오류의 정도는 어느 정도냐 하면, 그 오류를 지니고 있는 사람도 그리스도의 신성이나 인성과 관계된 진리를 일부는 인정할 정도여야 한다. 왜냐하면 어떤 사람이 신앙을 완전히 거부하면 그는 신앙을 버린 자apostate이기 때문이다. 다섯째, 그는 끈질기고 완강하게 그 오류를 견지해야 한다. (……) 따라서, 어떤 사람이 지은 범죄가 무엇이든지 간에, 그가 이해상의 오류 없이 그러한 범죄를 저질렀다면 그는 이단이 아니다. 예를 들어, 어떤 사람이 간통이나 간음을 범했다면, 그는 '너희는 간음을 범하지 마라' 라는 계율을 따르지 않은 것이지만, 그가 간음을 범하는 것은 합법적이다 라는 견해를 가지고 있지 않다면 그는 이단이 아니다."

3 이 글은 Joseph R. Strayer(ed.), *Dictionary of the Middle Ages*, New York, Charles Scribner's Sons, 1982에 있는 관련 항목들을 저본으로 삼아 기술한 것이다.

4 Eckbert of Schönau는 《카타르파를 반박하는 13개 설교》(1163)에서 카타르파라는 이단의 이름을 소개하고 그 조직에 대해 상세히 기술했다.

5 Albigensis. 혹은 불어로는 Albigeois. 카타르파의 본거지였던 Albi라는 도시에서 유래한 명칭이다.

6 "리옹의 빈자들"은 다음에 다룰 발도파의 다른 이름이다.

7 육신에 갇힌 영혼(천사)은 완전자의 몸을 거쳐야만 천국으로 돌아갈 수 있다. 랑그독에서 한 완전자는 자신이 전생에 말이었으며 길가에서 전에 자기의 발에 끼어 있던 편자를 보았다고 말했다(M. D. Lambert, *Medieval Heresy. Popular Movements from Bogomil to Hus*, Edward Arnold, 1977, p. 125).

8 이러한 극단적인 이원론에 의하면 이 세상의 창조주는 악마이며 그 악마는 하느님과 대등한 힘을 지닌다. 따라서 카타리즘에는 두 개의 신이 있다. 그리고 예수는 구세주로 인정받지 못했다. 예수가 육신(즉 악)을 받고 태어났다는 것을 카타르파는 받아들일 수 없었다. 이러한 점에서 카타르파는 기독교의 일파, 즉 이단이라기보다는 별개의 다른 종교에 가깝다고 볼 수 있다(Lambert, p. 126).

[9] 이러한 분열을 전하는 자료들은 모두 카타르파에 적대적인 자료들이기 때문에 섹스 스캔들이 어느 정도 사실인지는 모른다. 그러나 분열이 있었던 것만큼은 사실로 보인다. 반면, 프랑스의 랑그독 지방에 있던 카타르파는 분열되지 않았다.

[10] 물론 여자가 완전자가 될 수 있고, 설교할 수 있었다는 점에서, 가톨릭에 비해 여성의 지위가 높아졌다는 것은 부인할 수 없다. 여성의 설교라는 차원에서는 발도파가 카타르파보다 더 활발했다.

[11] Lambert는 이단의 역사에서 도시가 지나치게 많이 강조되고 있다고 평했는데, 랑그독의 사례는 농민과 농촌 귀족이 이단에 참여한 좋은 예이다(Lambert, p. xiv).

[12] W. B. 바틀릿, 서미석 옮김, 《십자군 전쟁, 그것은 신의 뜻이었다!》, 한길사, 2004, pp. 391~392.

[13] Indulgence를 '면죄부'라고 번역하는 것은 잘못이다. 그것은 '죄'를 면해주는 것이 아니라 '벌'을 면해주는 것이기 때문에 '면벌부'가 옳다. '대사大赦'는 가톨릭의 용어다.

[14] 같은 책, p. 392.

[15] 카타르파도 다른 이단들과 마찬가지로 라틴어 성서를 지역어로 번역해서 사용했다.

[16] 후일 교황이 된 자크 푸르니에는 이 재판 기록을 교황청에 보관했다. 푸르니에 자료는 이단 재판 기록이면서 동시에 농민들의 일상생활과 심성을 생생히 전해주는 인류학적인 관찰 기록이다. 프랑스의 역사가인 엠마뉘엘 르 루아 라뒤리는 이 문서를 분석하여 《몽타이유·랑그독 지방의 마을, 1294~1324》(1975)를 출판했는데, 이 책을 통해서 카타르파 농민들의 일상생활을 살펴볼 수 있다. 이 책에 대한 소개로는, 김응종, 《아날학파의 역사세계》, 아르케, 2001.

[17] 그러나 그 청년은 예수의 말씀을 듣고 풀이 죽어 떠나갔다.

[18] 8세기에 교황청 서기들은 교황의 서유럽 지배권을 주장하기 위해 '콘스탄티누스 기진장'이라는 거짓문서를 작성했다.

[19] 1545년 프로방스의 발도파들은 엑스 고등법원장이 이끄는 프랑스 군대의 공격을 받았고, 이로 인해 3,000여 명이 목숨을 잃었다(William Monter, "Heresy executions in Reformation Europe, 1520~1565", Ole Peter, Bob Scribner(ed.), *Tolerance and intolerance in the European Reformation*, Cambridge University Press, 1996, p. 56). 1532년 도피네 지방의 발도파 지도자들은 종교개혁가인 기욤 파렐

을 만나 그의 신학을 받아들이기로 합의했으며, 독일과 오스트리아의 발도파는 재세례파에게 영향을 주었다(Lambert, p. 337). 1555년 칼뱅은 이 지역으로 목사들을 파견했다. 프랑스의 발도파는 16세기 말 종교전쟁기에 큰 피해를 입었으며, 1685년 낭트 칙령이 폐지되자 주네브로 망명했다. 그 후 발도파는 곳곳에서 박해를 받다가 1848년에 비로소 종교의 자유와 시민적 평등을 획득했다.

[20] Husinec. 여기에서 그의 별명인 Hus가 나왔는데, '거위'를 뜻하는 체코어 단어에서 파생된 말이다.

[21] 당시 구조적으로 성직자의 수가 너무 많았다. 14세기 말 프라하시의 인구는 3만 5천 내지 4만 명이었으며 그 가운데 1,200명이 성직자였고 이들 가운데 200명이 대성당에 있었다(Lambert, p. 280).

[22] 예수는 베드로, 야곱, 요한과 함께 타보르 산에 올라, 인간의 옷을 벗어버리고 현성용transfiguration된 모습, 얼굴은 태양처럼 빛나고 몸은 빛처럼 하얀, 신의 육체적인 아름다움을 보여주었다.

[23] 4만 내지 5만 명이라는 견해도 있다(Lambert, p. 310).

[24] Adamitism. 나체로 제식을 거행하면서 형제적인 사랑을 불태우는 것.

[25] 이 조항들은 편리하게 해석될 수 있었다. 귀족들은 public mortal sins을 뺐고, 급진파들은 그것이 혁명적 봉기의 기폭제가 될 것으로 보았다(Lambert, p. 320).

10장 중세의 위대한 발명―의회

[1] Anthony Grafton, "Middles Ages", Joseph R. Strayer(ed.), *Dictionary of the Middles Ages*, New York, 1987.

[2] 야콥 부르크하르트, 정운용 옮김, 《이탈리아의 르네상스 문화》, 을유문화사, 1986, p. 153.

[3] W. 울만, 박은구·이희만 옮김, 《서양 중세 정치사상사》, 숭실대 출판부, 2000, p. 185.

[4] 아론 구레비치, 이현주 옮김, 《개인주의의 등장》, 새물결, 2002.

[5] J. Huizinga, *The waning of the Middle Ages*, Doubelday Anchor Books, New York, p. 70. 국내 번역판으로는, 최홍숙 옮김, 《중세의 가을》, 문학과지성사, 1988.

[6] Jacques Le Goff, "For an extended Middle Ages", *Europe*, 654, 1983. 국내 번

역으로는, 쟈크 르 고프, 유희수 옮김, 《서양중세문명》 문학과지성사, 1992, pp. 11~24.

[7] John Jeffries Martin, *Myths of Renaissance Individualism*.

[8] Henri-Irénée Marrou, *Décadence romaine ou antiquité tardive?, IIIe-VIe siècle,* Editions du Seuil, 1977. 마찬가지 맥락에서, 피터 브라운도 후기 고대가 그 다음 시대에 많은 제도들 - 예컨대, 로마법, 가톨릭교회의 위계 구조, 기독교 제국의 이상, 수도원 등 - 을 물려준 시기였음을 강조한다(*Religion and society in the Age of saint Augustine,* London, 1972).

[9] Guy Bourdé, Hervé Martin, *Les écoles historiques*, Editions du Seuil, 1983, pp. 122~123.

[10] Georges Duby, *Le temps des cathédrales : L' art et la société* eacute; *980~1420,* 영어번역판, The University of Chicago Press, 1981, p. 99.

[11] 브라이언 타이어니, 시드니 페인터, 이연규 옮김, 《서양중세사. 유럽의 형성과 발전》, 집문당, 1988, p. 445.

[12] 같은 책, p. 404.

[13] H. G. Richardson, G. O. Sayles, *The English parliament in the Middle Ages,* Hambledon Press, London, 1981.

[14] William Huse Dunham, Jr., "Parliament", *Dictionary of the Middle Ages.* 의회에 관한 내용은 이 글을 저본으로 삼았음을 밝힌다.

[15] 이 회의체가 의회parliament인지에 대해서는 논란이 있다. 왜냐하면 의회가 성립하기 위해서는 국왕이 참석해야 하나 당시 국왕이 여기에 참석하지 않았기 때문이다. 14세기의 일부 연대기에서는 이것을 parliament라고 기록했다.

[16] 브라이언 타이어니, 시드니 페인터, 같은 책.

[17] 같은 책.

[18] 페리 앤더슨, 김현일 외 옮김, 《절대주의 국가의 계보》, 까치, 1997, pp. 473~474.

[19] H. G. Richardson, G. O. Sayles, 같은 책.

[20] 울만, 같은 책, p. 254. 블라이트도 봉건제가 혼합정체의 등장에 도움을 주었다고 말한다. James M. Blythe, *Ideal Government and the Mixed Constitution in the Middle Ages,* Princeton University Press, 1992, p. 31.

[21] 마르크 블로크, 한정숙 옮김, 《봉건사회》 제2권, 한길사, 2001, p. 366.

²² 참고로, 울만은 "영국의 상황과 달리 프랑스와 독일의 왕권은 신정적 기능의 행사에 의존했다"고 비교한다.

11장 율리아누스 황제를 위한 변명

1 〈율리아누스 황제의 이교주의〉, 《대구사학》, 1991; 〈베르길리우스 《Ecloga》 IV 와 율리아누스 《Logos VII》에 보이는 메시야 사상〉, 《서양 고전학 연구》, 1999; 〈율리아누스 태양신 헬리오스의 정치적 의미〉, 《서양사론》 61, 1999; 〈율리아누스 황제의 예루살렘 성전 재건 시도를 둘러싼 논쟁〉, 《서양 고대사 연구》 8, 2000 ; 〈《카이사르들》에 보이는 율리아누스의 역사 지식 - 보어삭의 견해를 반박하며〉, 《경북사학》 25, 2002. 이 글을 읽고 조언을 해준 최혜영 교수에게 고마움을 전한다.

2 내가 주로 참고한 책은 Lucien Jerphagnon, *Julien dit L' Apostat. Histoire naturelle d' une famille sous le Bas-Empire*, Edition du Seuil, 1986 ; 에드워드 기번, 황건 옮김, 《로마제국 쇠망사》, 까치, 1991이다.

3 황후 헬레나에 대한 흥미로운 이야기는, 노만 F. 캔터, 이종경 외 옮김, 《중세 이야기》, 새물결, 2001.

4 흥미롭게도 콘스탄티나는 성녀가 되었다. 이 시대에는 성인 심사를 해당 지역의 교민들이 했기 때문에 이렇게 성인이 되기 쉬웠다. 교황청에서 엄격하게 성인 심사를 한 것은 12세기의 일이다.

5 기번은 당시의 '신화'를 다음과 같이 전한다. "율리아누스는 반란에 관한 정보를 들은 후 잠시 졸았는데, 그가 나중에 친구들에게 밝힌 바에 의하면 그때 꿈속에서 제국의 수호신이 나타나 방문을 열고 들어오려고 하면서 그에게 용기와 야망이 없음을 나무랐다. 그는 깜짝 놀라 위대한 유피테르 신에게 기도했더니 즉시 하늘과 군대의 뜻을 따르라는 분명한 예언을 들을 수 있었다"(기번, p. 345).

6 율리아누스는 그리스 철학자들처럼 수염을 길렀는데, 이것은 면도를 한 기독교 황제들의 모습과 대조된다. 율리아누스가 존경했던 마르크스 아우렐리우스 황제도 수염을 길렀다.

7 이종경, 〈기독교와 중세유럽의 형성〉, 배영수(편), 《서양사 강의》, 한울, 2000, pp. 88~90.

8 같은 책, p. 93. 알렉산드리아 대주교가 폐교 명령을 내렸는데도 대학이 이에 응

하지 않자, 교구의 수도자들은 강의실로 쳐들어가 히파티아를 폭행하고 수족이 절단 난 그녀의 몸을 길거리에 내던져 개들의 처분에 맡겼다.

9 최혜영, 〈베르길리우스 Ecloga IV와 율리아누스 Logos VII에 보이는 메시야 사상〉, p. 219.

10 알렉산드리아의 대주교를 비롯해서 두 명이 죽었다. 알렉산드리아의 대주교는 어린 율리아누스의 기독교 교육을 담당했던 게오르기오스였다. 게오르기오스는 콘스탄티우스가 아타나시우스를 알렉산드리아의 대주교직에서 몰아낸 후 그 후임으로 들어앉은 사람이다. 그는 알렉산드리아의 모든 종파를 "공평한 손으로 탄압"했고, 소금, 종이, 장례용구 등의 사업을 독점했으며 시내의 부유한 이교 신전들을 약탈했다. 그는 사후에 정통파 및 아리우스파 기독교도들에 의해 성자, 순교자, 영웅으로 선정되었다. 그의 명성은 십자군 시대에 온 유럽에 널리 전파되어 여러 세기가 지나는 동안 마침내 영국의 수호성인인 성 조지George로 변신하게 된다.

11 Lucien Jerphagnon, p. 236.

12 몽테뉴는 이 일화를 소개하면서, 당시 종교전쟁 시대의 프랑스에서 국왕들은 정반대로 사회적 분쟁을 해결하기 위해 종교의 자유를 인정할 수 있음을 말하고 있다(몽테뉴, 《수상록》, 제2권 제19장 〈양심의 자유를 위하여〉).

13 율리아누스는 신과 여신들이 항상 그에게 이야기하고 있을 뿐만 아니라 잠자는 동안에 그의 손이나 머리를 어루만져주기 때문에 이 같은 미신적 신앙은 (기번이 분노하며 지적한 바에 따르면) "자칫 황제의 품위를 일개 이집트 수도자의 수준으로 떨어뜨릴 정도"였다. 그는 황제의 자리에 오른 후 궁전과 정원 안을 이교도의 사당과 신전으로 가득 채웠고, 여러 신들에게 정기적으로 제사를 지냈으며 가장 비천하고 혐오스러운 예배 행위를 스스로 행했다. 제물로 바치기 위해 수많은 수소를 도살했기 때문에 그 당시 사람들은 만일 율리아누스가 페르시아 전쟁에서 이겨 개선한다면 "뿔 달린 가축들이 반드시 멸종할 것"이라는 농담을 하곤 했다(기번, p. 359).

14 Lucien Jerphagnon, p. 293.

15 기번, p. 361; 프리츠 하이켈하임, 김덕수 옮김, 《로마사》, 현대지성사, 1999, p. 893.

16 "좀 더 오래 살았더라면 그는 자신의 관용 감각과 어리석음에 대한 증오 때문에 그 시대의 가장 불관용적인 사람이 되었을지도 모른다. 이제 병원 침대에 누워

서 그는, 재임 기간 중 단 한 사람도 사적인 견해 때문에 죽음의 고통을 겪지 않았다는 것을 반추할 수 있었다"(헨드릭 빌렘 반 룬, 김희숙 · 정보라 옮김, 《똘레랑스》, 길, 2000, p. 105).

[17] 당시 교황청 검열관들은 몽테뉴의 이러한 호의적인 평가를 문제 삼았다.

12장 아테네 민주정의 경이

[1] 크레인 브린톤 외, 양병우 외 옮김, 《서양문화사》 상권, 을유문화사, 1963, p. 67.

[2] 헤로도토스, 박광순 옮김, 《역사》, 범우사, 1987, pp. 243~245.

[3] 같은 책, pp. 515~516.

[4] 김봉철, 〈아테네의 역사〉, 김진경 외, 《서양고대사 강의》, 한울아카데미, 1996, p. 35.

[5] 같은 책, p. 20.

[6] François Chamoux, *La civilisation greque*, Arthaud, 1983, p. 62.

[7] 김봉철, 〈아테네의 역사〉, pp. 14~15.

[8] 앤토니 앤드류스, 김경현 옮김, 《고대 그리스사》, 이론과실천사, 1991, p. 94.

[9] 같은 책, p. 293.

[10] Chamoux, p. 94.

[11] 퓌스텔 드 쿨랑주, 김응종 옮김, 《고대 도시-그리스 · 로마의 신앙, 법, 제도에 대한 연구》, 아카넷, 2000. pp. 317~322. 이 책은 1864년에 출판되었다. 퓌스텔 드 쿨랑주의 책은 아테네 민주정을 부정적으로 평가하고 있는 반면, 윌리엄 포레스트, 김봉철 옮김, 《그리스 민주정의 탄생과 발전》, 한울아카데미, 2001은 아테네 민주정을 긍정적으로 평가하고 있다. 두 책을 비교해서 읽으면 유익할 것 같다.

에필로그-대화로서의 역사

[1] 헤이든 화이트, 천형균 옮김, 《19세기 유럽의 역사적 상상력》, 문학과지성사, 1991.

[2] 데이비드 캐너다인 엮음, 문화사학회 옮김, 《굿바이 E. H. 카》, 푸른역사, 2005, p. 17.

3 E. P. Thompson, "Folklore, Anthropology and Social History", *The Indian Historical Review* 3, no.2(Jan. 1978), p.262/유재건, 〈역사법칙론과 역사학〉, 《창작과 비평》, 1988년 봄호에서 재인용.

4 F. Braudel, *La Méditerranée et le monde méditerranéen à l'époque de Philippe II*, Paris, 1949, 제2권 결론 마지막 문장.

5 M.Vovelle, *Piété baroque et déchristianisation en Provence au XVIIIe siècle*, Paris, 1973/1978.

6 R. Chartier, *Lectures et lecteurs dans la France d'Ancien Régime*, Paris, 1982.

7 나종일, 〈신경제사의 방법〉, 《세계사를 보는 시각과 방법》, 창비사, 1992.

8 F.Mendels, "Histoire économique", André Burguière(ed.), *Dictionnaire des sciences historiques*, PUF, 1986.

9 《지중해》 제2부의 결론, '결론을 대신하여 : 국면변동과 국면변동들'.

10 차명수, 〈산업혁명〉, 배영수(편), 《서양사 강의》, 한울, 1992.

11 에릭 홉스봄, 정도영 옮김, 《자본의 시대》, 한길사, 1983, p. 9.

12 디트리히 가이어, 이인호 옮김, 《러시아 혁명》, 민음사, 1990, 역자 해설.

13 I. Wallerstein, "Some reflections on history, the social sciences and politics", *The capitalist World-Economy*, 1977, p.10.

14 P. Veyne, *Comment on écrit l'histoire*, Paris, 1971.

15 마르크 블로크, 이기영 옮김, 《서양의 장원제, 프랑스와 영국의 장원제에 대한 비교사적 고찰》, 까치글방, 2002, p. 40.

16 린 헌트, 조한욱 옮김, 《문화로 본 새로운 역사》, 소나무, p. 169.

17 안드레 군더 프랑크, 이희재 옮김, 《리오리엔트》, 이산, 2003.

□ 찾아보기

ㄱ

가상디 130, 133
가족 로망스 84
가톨릭 142, 159
가톨릭교회 37
간트너 166
갈레리우스 298, 314
갈루스 300, 301, 303
개인의 발견 265
개인주의 265, 266, 267
개혁종교 130
게오르기오스 302
결혼세 192, 193, 195, 197, 198, 200,
    201, 205, 207
계량사 357
계몽사상 25, 51, 81, 122
계몽사상가 85, 140, 264
고구려사 34, 35, 36, 37
고등법원 105, 287, 288, 290
고딕 성당 272
공개고해 224
공포정치 57, 58, 60, 64, 92, 96, 169,
    182, 342
관용 125, 127, 137, 142, 143, 154, 156,
    158, 163, 167, 168, 259, 313, 316
교황 그레고리우스 11세 246
교황 그레고리우스 9세 242
교황 루키우스 3세 235
교황 마르티누스 5세 255
교황 실베스터 238
교황 알렉산더 3세 233
교황 알렉산더 5세 247
교황 요한 23세 247
교황 이단 재판관 228, 257
국가사회주의 21
국가주의 19, 21
국민 102
국민의회 25
국민주의 21, 25, 39
《군주론》 175, 176, 181
궁정사회 111, 121
그노시스 218
그노시스파 217
그레구아르 신부 93, 98
근본주의 33, 125
기번 298, 314
기어리 39, 40
김기순 29
김민제 49

ㄴ

나지안주스의 그레고리오스 310, 312,
    313, 314, 315
나치 38, 110, 123

나치즘 21

나폴레옹 28, 62

낭트 칙령 130, 134, 137, 166

노르베르트 엘리아스 108, 109, 110, 111, 112, 114, 116, 117, 118, 119, 120, 121, 122, 123

노무현 75

니체 365

니케타스 219, 220, 224

니콜라 부아이에 205, 206

니콜라 투아나르 133

니콜라스 251, 252

니콜라스 추르킨덴 159

ㄷ

다니엘 고든 122

다니엘 드라로크 137

다니엘 로슈 122

다리우스 321

다비드 드 조리스 165

단군 신화 38

단테 174, 180, 275

달랑베르 85

당통 57, 62

대학 272

덕德 vertu 91, 99, 172, 182

덕의 공화국 169

데리다 191

데마라토스 321

데카르트 130, 134, 136

델로스 동맹 332

도나 백작 132

도나투스주의 236

도나티즘 236

도편추방제 333, 334, 335, 341, 343

동북공정 34

뒤베르디에 193

뒤보 신부 133

뒤팽 207

드니 도다르 133

드레퓌스 사건 30

디드로 85, 194

디오클레티아누스 296, 298, 299, 307, 309, 310, 314

ㄹ

라 바르 드 보마르셰 139

라디슬라스 247

라로슈푸코 리앙쿠르 45, 46

라마르틴 99

라부르스 130

라블레 270

라카프라 366

라코르데르 99

라파예트 79, 88, 89

랑케 8, 10, 11, 12, 345, 352, 361, 363, 365, 368

러시아 혁명 47, 49, 51, 64, 69

레날 86

레닌 66, 68, 69

레몽 7세 228
레오나르도 브루니 264, 270, 275
레이니어 리어스 138
로렌조 기베르티 264
로렌조 발라 264
로물루스 309
로버트 콩퀘스트 64
로베스피에르 57, 62, 78, 91, 92, 93, 100, 169, 182, 183
로아네 공작 133
로제 베르나르 128
로제 샤르티에 108, 357, 358
로크 125, 133, 137, 143, 167
롤랑 부인 52
루기오의 요한 217
루소 48, 85, 86, 87, 122
루이 14세 114, 120, 134, 137
루이 15세 289
루이 16세 45, 79, 88, 92
루이 9세 287, 288
루이 드 라 빌 134
루이 맹부르 135
루이 뵈이요 207
루이 블랑 99
루이 트롱생 130
루이 필립 80
루터 144, 156, 164, 258, 270, 375, 376
루터파 142, 216
뢱상부르 원수 134
르낭 26, 31, 32, 35

르네상스 173, 176, 177, 178, 180, 263, 265, 270
르루 99
리바니오스 315
《리비우스론》 175, 176
리샤르 시몽 133
리슐리외 130
리옹의 빈자들 217
리챠드 281
리챠드 2세 281
리챠드 3세 276, 281
리키니우스 299
리트레 194
린 헌트 83, 84

ㅁ
마그넨티우스 303
마담 롱그빌 133
마라 62
마르도니오스 301, 309
마르실리우스 파도바 48
마르쿠스 아우렐리우스 293, 305, 307, 309, 316
마르크 블로크 10, 12, 83, 200, 208, 286, 352, 366
마르크스 13, 69, 72, 100, 106, 107, 350, 353, 355, 365
마르크스주의자 71
마르티누스 벨리우스 159, 161
마르틴 후스카 254

마리스 311
마블리 86
마이클 드 라 폴 279
마케도니아의 필립 338
마크 219, 220, 224
마키아벨리 169, 174, 175, 176, 177, 178, 180, 181, 313
막센티우스 299
막스 베버 149
막시모스 303, 311, 314, 315
막시미아누스 298, 299
말브랑슈 133
망드빌 139
맬더스 360, 361
메가비조스 320, 335
멜 깁슨 188
멜란히톤 143, 144, 158, 165
모나 오주프 83
모레리 140
모레리나 벨 139
모범의회 277
몸젠 22, 24
몽테뉴 128, 143, 296, 316
몽테스키외 122
무신론 138, 139, 141, 144
문명 108, 114, 115, 116
문명화 116
문명화 과정 108~112, 116, 119, 120
문화 108, 114, 115
물시계 8
미노스 319

미뉘톨리 132
미슐레 86, 99, 115, 200, 207, 208, 268, 270, 365
민석홍 76
민스크 66
민족 14, 15, 17, 23, 33, 39, 40
민족사학 31, 38
민족사회주의 21
민족주의 14, 17, 19, 20, 21, 24, 25, 26, 28~34, 37~40, 42, 102, 123, 367, 368
민회 322, 325, 326
밀턴 48

ㅂ
바나주 133
바르나브 52, 62
바스티유 79
바실리나 300
바이이 79
박애 51, 73, 75, 76
반삼위일체론자 143
반유대주의 28, 30
발데스 230, 232, 234, 235, 237, 238, 240
발도파 216, 230, 233~238, 240~242, 251, 252
발랑탱 콩라르 132
방데 62, 63
배교자 295, 296

백과전서 122

뱅상 미뉘톨리 132

베네딕트 앤더슨 31

베네딕트 픽테 132

베들레헴 예배소 243, 245

베르나르 기 236

베인튼 168

베즈 142, 161

벤체슬라스 4세 244, 247, 250, 252, 253

벨리바스타 229

보고밀파 216, 217, 218, 219, 220

보나코르소 217

보벨 357, 358

보쉬에 136

보에티우스 178

보카치오 174

볼테르 122, 139, 194, 197

봉건사회 105

봉건제 283, 284, 291

부오나로티 99

부토르 207

불가리 216

불링거 158

뷔세 99

브레 203, 204

〈브레이브 하트〉 188, 194

브로델 10, 11, 14, 354, 355, 358, 359, 367

비르투 174, 177~181

빈니치아 66

virtue 171, 172, 173, 175, 177

virtue의 공화국 182

ㅅ

사도 바울 172

사보나롤라 174

사코니 225

사회계약 81

사회주의 14, 20, 64

산악파 62

삼부회 286

삼신분의회 93, 105, 275, 287, 290

상상의 공동체 26, 28, 31

상퀼로트 57, 58, 90, 98

생 드니 79

생시몽 99, 110, 120

생쥐스트 62, 69

샤를 10세 79

샤를 7세 79

샤를 마르텔 79

샤를마뉴 79

성 도미니코 219

성 바울 160

성 프란체스코 219

세르베토 142, 156, 157, 161, 162, 166

세베루스 황제 175

소불 60, 182

소비에트수정주의적 해석 50

소치니 136, 142, 143

소치니주의자 138

소크라테스 171, 325, 326, 332, 336, 337

손진기 34, 35

솔론 322, 324, 325, 326, 330

쇼메트 92

쉐나우의 에크베르트 216

쉬제 272

스타니슬라프 246

스탈린 64, 66, 68, 364

스토아 철학자들 303

스톤 366

스트라테고스 327, 328, 335, 342

스트라톤 141

스트리보의 자쿠벡 247, 250~253, 256

스피노자 133, 143

시계 8, 11, 13

시대착오 14

시몽 드 몽포르 226, 277

시민 15

시예스 25

식민주의사학 31, 38

신분의회 285

신분제 의회 286

신정정치 149

신플라톤 철학 309

신플라톤주의 철학자들 295, 303

실증사학 31

십자군 128

ㅇ

아날학파 110, 353

아다미티즘 255

아드리앵 오주 133

아레오파구스 회의 326

아르놀 아말릭 226

아르미니아니즘 133

아르장스 후작 140

아르콘 322, 326, 327, 342

아리스테이데스 334, 341

아리스토텔레스 171, 174, 285, 286, 303, 330, 332, 340, 341

아리에스 118, 119

아리우스파 216, 301, 308, 313

아벨라르 270

아우구스티누스 48, 143, 177

아타나시우스파 302, 308, 313

아테네 민주정 317

안토니우스 피우스 305, 316

알랭 부로 189, 207, 208, 209

알렉산드로스 314

알베르티 180

알비인 216

알키비아데스 333, 336

알프레드 베버 109

암미아누스 마르켈리누스 295, 312, 315

암브로즈 256

앙리 4세 128, 269

앙리 마르탱 207

앙리 이레네 마루 268

앙리 쥐스텔 132

앙시앵 레짐 102, 105, 206, 269, 290, 353, 357

앙투안 레제 132
앙투안 아르노 136
애국심 40
야노프의 마튜 244, 245, 250, 251
야스퍼스 109
야콥 부르크하르트 181, 265~268, 365
얀 젤리프스키 252, 253
얀센주의자 133, 136
양형영성체 251, 252, 253, 255
에드워드 1세 188, 277, 278, 279, 280
에드워드 2세 280
에드워드 3세 280, 281, 282
에드워드 4세 281
에라스무스 143, 144, 156, 159, 164
에메리크 비고 132
에베누스 194
에베르 92
에스프리 플레시에 196, 197, 198
에우로페 319
에우세비아 304
에우세비오스 304, 310
에크 258
에크베르트 219
에피알테스 334
엔두라 224
엠마뉘엘 르 루아 라뒤리 107, 110, 120,
    122, 358, 360
엥겔스 106, 107
역사 왜곡 20, 33, 38
《역사적 비판적 사전》 127, 128, 138, 140
역사주의 352

영국 혁명 47, 48, 49, 50, 52, 56, 137
오랑주 공 윌리엄 132, 137, 138
500인 협의회 325, 326
오캄 245
오키노 142, 143, 165
오타네스 320
올리버 크롬웰 52, 54, 55
왈터 울만 266, 285, 286
요한 타울러 165
요한 호이징거 266, 267
움베르토 에코 275
월러스틴 363
웨스터마크 190
위그노 137, 203
위령안수 222
위클리프 245, 246, 247, 248, 251
유대인 학살 38
유럽중심주의 367
율리아누스 295, 296, 297, 299, 300,
    301, 303, 304, 306, 308~316
율리우스 콘스탄티우스 299~301
의회 50, 51, 275, 276, 291, 292
이노켄티우스 177
이노켄티우스 3세 225, 228
이단 154
이단 재판관 225
이스나르 62
이신론자 137, 138
이인호 363
인권선언 76, 94
인문 공화국 132, 136, 137, 144

인문주의 147, 153, 162, 168, 174,
　263~265, 274
인민 법정 322, 326
인종 22, 23
인종주의 40
임지현 25

ㅈ
자콥 135
자크 뒤 롱델 133
자크 르 고프 83, 200, 208, 266~268,
　274
자크 바나주 132
자크 푸르니에 229
잔다르크 79
장 드 베링겐 132
장 제르송 248
장기 중세 267, 268
장-밥티스트 드 로콜 132
재세례파 143
전체주의 339, 342
절대왕정 50, 103, 105, 106, 108, 111,
　122~24, 137, 287, 292
절대주의 56, 76, 105
정통주의적 해석 50, 51
제3차 라테라노 공의회 233
제4차 라테라노 공의회 266, 275
제르파뇽 313
조르주 뒤비 200, 208
존 로키카나 256

존 메이저 194
존 밀리치 244, 251
존 왕 277, 281
존 지즈카 253, 255, 256
존 카페크 254
존 코벳 54
존 프리브람 256
종교개혁 149, 153, 270
쥘 델피 207
쥘 페리 208
즈비네크 243, 246, 247
지그문트 코리부트 256
지기스문트 248, 253, 254, 255, 257
지롱드파 62, 93
지오반니 피사노 174
질 메나주 132

ㅊ
찰스 1세 52, 53
천사장 미카엘 220
초서 275
초야권 185, 187~198, 200~209
최갑수 25, 102
최혜영 296
츠바이크 147, 149, 150, 152, 153
츠빙글리 156
친림법정 289, 290

ㅋ

카 12, 13, 362, 366
카를 4세 243, 244, 274
카를 5세 156
카를 만하임 109
카리에 58
카미유 데물랭 92
카베 99
카스텔리옹 142, 143, 144, 147, 153, 154,
    155, 156, 159, 161, 162, 163, 164, 165,
    166, 167, 168
카타르 216, 219, 222
카타르파 128, 216, 217, 220, 224, 225,
    228, 229, 230, 270
칸트 48, 109
칼뱅 133, 135, 142, 144, 147, 149,
    150, 151, 152, 153, 156, 157, 158,
    159, 161, 162, 164, 165, 166, 167,
    168, 258
칼뱅파 216
칼톤 56
케네크 255
코르테스 275, 286
코모두스 305
코페르니쿠스 45
콘스탄츠 248
콘스탄츠 공의회 250, 251, 252
콘스탄티나 301, 303
콘스탄티누스 황제 230, 238, 298, 299,
    301, 307, 308, 309, 315
콘스탄티우스 298

콘스탄티우스 2세 301, 303, 304, 305,
    306, 309, 313
콩티 공 133
쿨락 66, 68
크레인 브린톤 319
크로체 365
크리티아스 336
크세노폰 173, 336, 337
크세르크세스 321
클래런든 54
클레온 336
클레이스테네스 324, 325, 327, 328, 333
클렙시드라 8
클로드 136
클로드 파종 133
클로드 포셰 93
클로루스 298
클로비스 79
클로틸드 79
클리오 7, 8, 9, 14
키릴루스 308

ㅌ

타보르 253
타보르파 253, 254, 255, 258
타키투스 304
탈레랑 88
테르미도르 9일 58
테르미도르 반동 60, 92, 96, 98, 99, 183
테미스토클레스 334

테미스티오스 311
테오그니스 173
테오도라 299
토마스 만 109, 116, 122
토마스 아퀴나스 159
토크빌 70, 267, 339, 342, 365
톰슨 354
투키디데스 48, 328
튀르고 45
트리한 280
티르타이우스 173

ㅍ
파리 고등법원 290
파스칼 133, 135
파시즘 30, 38
페리 앤더슨 106, 107, 120, 285
페리에 133
페리클레스 328, 332, 335, 336
페브르 10, 11, 12, 353
페이시스트라토스 333, 334
페트라르카 174, 180, 263, 274
페티 56
펠라기우스 177
펠라지아니즘 133
펠로폰네소스 전쟁 333, 335, 336
펠리모프 니콜라스 256
포겔 358
포르 루아이알 136
포르투나 176~181, 311

포스트 모더니즘 346
포스트모던 시대 348
포스트모던 역사 이론 12, 345, 364
폴 벤느 364, 366
폴레마르코스 326, 327
폴리비오스 320, 338
폴리스 328
푸리에 99
푸코 118, 119
푸키에 탱빌 58, 61
퓌스텔 드 쿨랑주 22~26, 35, 36, 339, 342
프라트리아 324
프라하의 네 개 조항 255
프라하의 제롬 247
프란체스코 데 바르베리노 174
프랑수아 베르니에 133
프랑수아 블뤼슈 105
프랑스 혁명 25, 28, 30, 47~52, 57, 64, 73, 75, 80, 82, 98, 103, 105, 107, 169, 182, 206, 339, 353
프랑크 367
프로이트 84, 190
프로테스탄트 144, 159, 163
프로테스탄티즘 130, 142, 149, 258
프리드리히 2세 140, 141, 229, 283
프리메이슨 85, 86, 92, 93
플라비오 비온도 264, 270
플라톤 48, 171, 183, 302, 336, 337, 338, 340, 342
플라톤 철학 303, 309

플레하노프 71
플루타르코스 128, 334, 335
〈피가로의 결혼〉 188, 206, 207
피로니즘 138
피에르 니콜 136
피에르 다이이 248
피에르 르루 99
피에르 벨 125, 127, 128, 129, 130, 132,~134, 136~141, 143, 144, 167
피에르 부르디외 108
피에르 오티에 229
피에르 쥐리외 133, 134, 136~138, 141
피에르 코스트 137
피에르 파브리 132
피에르-다니엘 위에 132, 133
피코 델라 미란돌라 180
피터 게이 144
피터 카니시 255
피트킨 181
핀리 349
필라르테 174
필립 4세 283, 288
필립 오귀스트 225, 226

ㅎ
하버마스 42, 122, 136
한스 페터 뒤르 119
헤겔 365
헤라클레스 174
헤라클레이토스 278

헤라클리오스 316
헤로도토스 189, 347
헤시오도스 7
헤이든 화이트 347, 365
헥토르 보에티우스 194, 195
헨리 3세 276
헨리 7세 281
헨리 브랙튼 284
헬레나 298~300, 306, 308
헬레니즘 295, 296
헬레니즘 철학 308
헬리오스 309
형제애 73, 76, 82, 84~86, 94, 98, 102, 183
홀로코스트 119, 121
홉스 56
홉스봄 32, 33, 71, 362
회의주의 142~145
후스 243~248, 250, 251, 252, 258
휘그-마르크스주의적 해석 50, 51, 52
휘페르볼로스 333
휴머니즘 40, 42
히에로니무스 308
히틀러 111, 152, 364
히파티아 308
힙파르코스 333

서양의 역사에는 초야권이 없다

◉ 2005년 11월 5일 초판 2쇄 발행
◉ 2010년 1월 8일 2판 1쇄 발행
◉ 글쓴이   김웅종
◉ 펴낸이   박혜숙
◉ 편집인   백승종
◉ 영업 및 제작   변재원
◉ 인쇄   백왕인쇄
◉ 제본   정민제본
◉ 종이   화인페이퍼
◉ 펴낸곳   도서출판 푸른역사
            우 110-040 서울시 종로구 통의동 82
            전화: 02)720 - 8921(편집부) 02)720 - 8920(영업부)
            팩스: 02)720 - 9887
            E-Mail: 2007history@naver.com
            등록: 1997년 2월 14일 제13-483호

· 잘못 만들어진 책은 교환해드립니다.